DAVID WATSON

W0067164

JÜNGERSCHAFT

Projektion J Verlag GmbH, Wiesbaden

In Vorbereitung: Herbst 1993

David Watson
ICH GLAUBE AN DIE EVANGELISATION
24,80 DM · ISBN 3-89490-003-2

Frühjahr 1994

ICH GLAUBE AN DIE KIRCHE
24,80 DM · ISBN 3-89490-004-0

Titel der Originalausgabe: Discipleship

© 1981 by the Shalom Trust
Published by Hodder & Stoughton, 47 Bedford Square,
London WC1 B3 DP, England
© der deutschen Ausgabe:
Projektion J Verlag GmbH, Niederwaldstraße 14, D-65187 Wiesbaden

ISBN 3-9800258-6-1

Übersetzung: Christoph Bluth
Umschlaggestaltung: Büro für Kommunikationsdesign, Heidenreich, Haltern am See
Herstellung: Schönbach-Druck GmbH, Erzhausen

4 5 6 7 8   95 94 93

Vorwort des Autors

Während ich dieses Buch schrieb, diskutierte ich dessen Thema mit christlichen Leitern in verschiedenen Teilen der Welt, und in mir wuchs die Überzeugung, daß die Jüngerschaft eine der lebenswichtigen Fragen von heute ist. Die christliche Gemeinde hat weithin das eigentliche Ziel des Missionsbefehls vernachlässigt – *Jünger zu machen.* Das Ergebnis ist, daß andere Religionen und politische Gruppen den Weg gewiesen haben, und die Auswirkungen dessen sehen wir überall auf der Erde. Manche Christen sind jedoch ins andere Extrem gefallen bei dem Versuch, das Versagen der Kirche im Hinblick auf Jüngerschaft zu korrigieren. Dadurch sind viele Christen dieser Frage gegenüber mißtrauisch und vorsichtig geworden.

Ich danke vor allem Edward England, dessen Weisheit als Berater höchst wertvoll war und der mir dieses Thema vorschlug; ich habe persönlich von der Lektüre und den Studien profitiert, die für dieses Buch nötig waren.

Ich habe aus vielen Quellen hilfreiche Ideen bekommen, aber ich danke besonders Liz Atwood, gegenwärtig ein Mitglied meines Missionsteams, für ihre scharfsinnigen und ehrlichen Bemerkungen während der schmerzhaften Zeiten des Schreibens zwischen den verschiedenen Veranstaltungen während des Jahres. Ihre weitsichtigen Bemerkungen waren höchst wertvoll.

Für die Hauptarbeit des Tippens bin ich Jeni Farnhill höchst dankbar, und Bridget Hunt, die mir mit den ersten Kapiteln half, Jennie Lunn und Shirley Anderson, die das endgültige Manuskript überprüften, und Janet Lunt für ihre Diagramme.

Dieses Buch wurde in einem Jahr geschrieben, in dem außergewöhnlich viel los war, darunter auch einige spannungsgeladene Probleme in unserer Gemeinde in York (die mein Verständnis bestimmter Abschnitte in dem Buch geschärft haben). Ich habe die Ermutigung durch meine Frau Anne sehr geschätzt.

Biblische Zitate, wenn nicht anders angegeben, stammen aus der Luther-Übersetzung.

Inhaltsverzeichnis

Einführung

Es ist eine weitverbreitete Meinung, daß der Kampf der 80er Jahre zwischen dem Marxismus, Islam und dem Christentum der dritten Welt ausgetragen wird. Das westliche Christentum hält man für zu schwach und wirkungslos, um zu diesem weltweiten Kampf irgendeinen bedeutenden Beitrag zu leisten. Ohne Zweifel wird es sich um eine schwere Auseinandersetzung handeln.

Seit 1917 hat sich die skrupellose Entschlossenheit des Marxismus immer wieder aufs neue erwiesen, manchmal in erschreckenden Ausmaßen. In einer Rede vor amerikanischen Gewerkschaftlern im Jahre 1975 sagte Alexander Solschenizyn: »Während der 80 Jahre vor der Revolution . . . wurden etwa 17 Personen pro Jahr hingerichtet. In den Jahren 1918 und 1919 richtete die Tscheka ohne Prozeß mehr als eintausend Personen pro Monat hin . . . Zur Zeit des Höhepunkts von Stalins Terror 1937–38, wenn wir die Zahl der hingerichteten Personen durch die Zahl der Monate teilen, wurden mehr als 40 000 Personen pro Monat erschossen.« Stalin wurde der größte Massenmörder in der Geschichte. Das militante Fanatikertum des Islam hat sich ebenfalls in vielen moslemischen Ländern der Welt erwiesen. Jeder, der sich vom Islam zum Christentum bekehrt, riskiert sein Leben und muß sogar vor der eigenen Familie Angst haben.

Rein zahlenmäßig ist das Christentum immer noch die größte aller Religionen. Von einer Weltbevölkerung von fast 4 Milliarden Menschen bekennt sich etwa ein Viertel zum Christentum. Was seine Botschaft betrifft, gibt es nirgendwo eine bessere Nachricht für den Menschen als das Evangelium Jesu Christi. Wer sonst in der ganzen Weltgeschichte kann dem tiefsten Schrei des menschlichen Herzens antworten? Überall hören wir, wie die Menschen sich nach einem Sinn in der Sinnlosigkeit unserer Existenz sehnen, wie sie nach Liebe suchen in einer Welt, die vor dem Zusammenbruch steht, nach Vergebung in einem Zeitalter, wo innerer Frieden selten zu finden ist, nach Freiheit in einer Welt, wo wir von menschlichem Elend und von Unterdrückung umgeben sind, nach Hoffnung inmitten der Resignation, Apathie und des Trübsinns, die überall wachsen – in anderen Worten, Menschen suchen nach Gott. Die klare Antwort, die wir auf die Sehnsucht und Hoffnungslosigkeit der Welt geben können, heißt Jesus Christus! Er hat nicht nur eine relevante Antwort auf unsere tiefste Not, sondern auch seine lebendige Gegenwart unter uns hat die Kraft, selbst das Herz des Menschen umzuwandeln.

Angesichts der rein zahlenmäßigen Stärke dieser höchst relevanten Botschaft und solch großer geistlicher Kraft, warum ist die christliche Gemeinde, vor allem im Westen, so wirkungslos? Das Zentrum zum Studium der Weltevangelisation in Nairobi stellte kürzlich eine Computerstudie auf, die auf einer gründlichen Analyse der Statistiken von den 223 Ländern der Welt beruhte, ihrer 6270 ethno-linguistischen Gruppen, den 50 Hauptreligionen und mehr als 9000 Denominationen (diese letzte Zahl sollte uns nachdenklich stimmen angesichts der Tatsache, daß Jesus starb, damit wir eins wären). Nach dieser Untersuchung verließen im Jahre 1979 etwa 1 815 100 erwachsene bekennende Christen in Europa den Glauben und wurden zu Agnostikern, Atheisten oder Nachfolgern nichtchristlicher Religionen oder Sekten. Nordamerika registrierte ebenfalls einen Rückgang von 950 000. Bei diesen Statistiken handelt es sich um Nettozahlen, in die alle Bekehrungen zum Christentum mit einbezogen waren. Während der gleichen Zeitspanne jedoch erlebten Gemeinden in der dritten Welt einen phänomenalen Zuwachs. In Afrika betrug der Zuwachs insgesamt 6 152 800 oder 16 600 pro Tag. In Südasien betrug die Zahl der Evangelisierten 34 813 000. Warum erlebt die Kirche im Westen einen so stark ausgeprägten Niedergang im Vergleich zu der Kirche in den materiell armen Ländern der Welt? Warum ist das westliche Christentum zu weich, um in dem Kampf gegen den Marxismus und Islam viel auszurichten?

Solschenizyn sagte im März 1976 in einem Fernsehprogramm der BBC: »Ich wäre über den plötzlichen Fall des Westens nicht überrascht . . . Für die Sowjetunion ist ein Atomkrieg gar nicht nötig. Euch kann man mit bloßen Händen einnehmen.«

Warum ist das so? Es liegt daran, daß die Christen im Westen es weithin vernachlässigt haben, *Jünger Christi* zu sein. Die große Mehrheit westlicher Christen sind Gemeindemitglieder. Sie füllen die Kirchenbänke, singen Lieder, erfreuen sich guter Predigten, lesen die Bibel und sind sogar wiedergeborene Gläubige und geisterfüllte Charismatiker − aber keine wahren Jünger Christi. Wenn wir nur gewillt wären, die Bedeutung wahrer Jüngerschaft zu lernen und wirklich zu Jüngern Christi zu werden, würde sich die Gemeinde Christi im Westen völlig verändern, und die Auswirkung auf die Gesellschaft im allgemeinen wäre unermeßlich.

Das ist keine leere Behauptung. So geschah es nämlich im ersten Jahrhundert, als eine kleine Handvoll furchtsamer Jünger in der Kraft des Geistes die größte geistliche Revolution in Gang setzte, die die Welt je gekannt hat. Selbst das mächtige Römische Reich mußte innerhalb von drei Jahrhunderten der Kraft des Evangeliums Christi nachgeben. Alle großen revolutionären Führer haben sich mit dem scheinbar unlösbaren Problem auseinandergesetzt, das im Mittelpunkt dieser Fragen steht: das Wesen des Menschen.

Che Guevara sagte einmal: »Wenn unsere Revolution nicht zum Ziel hat, Menschen zu verändern, dann interessiert sie mich nicht.« Revolution ersetzt eine Gruppe von Sündern durch eine andere. Das Problem mit fast allen Formen der Revolutionen liegt darin, daß sie fast alles verändern können – außer dem menschlichen Herzen. Und bis das nicht geschieht, wird sich auf die Dauer nichts wirklich ändern. Durch die innere Macht des Geistes jedoch bietet Christus eine Revolution der Liebe, die das innerste Wesen und die Wünsche eines jeden von uns verändern kann.

Der Einfluß der Revolution Christi läßt sich zu verschiedenen Zeiten der Kirchengeschichte bis in die Gegenwart erkennen – aber immer nur dann, wenn Christen bereit waren, den Preis teurer Nachfolge zu zahlen. Deswegen ist das Christentum in der dritten Welt vergleichsweise so voller Leben. Es kann sein, daß auch politische und soziologische Faktoren mit im Spiel sind, aber oft sehen wir heute die deutlichsten Beispiele neutestamentlicher Jüngerschaft in den materiell verarmten Gegenden der Welt.

Die Zukunftsaussichten des wohlhabenden Westens sind derart beängstigend, daß es sich die christliche Gemeinde nicht leisten kann, den Plan zu ignorieren, den Jesus für die Erneuerung der Gesellschaft hat. Er kam ohne ein politisches Manifest. Er lehnte alle Gewalt ab. Er lehnte alle einflußreichen Positionen im öffentlichen Leben ab. Sein Plan zur Veränderung der Weltgeschichte auf einzigartige Weise war erstaunlich einfach. Er umgab sich mit einer kleinen Gruppe von entschiedenen Jüngern. Fast drei Jahre lang lebte er mit ihnen, kümmerte sich um sie, lehrte sie, korrigierte sie, vertraute ihnen, vergab ihnen und liebte sie bis zum Ende. Sie ließen ihn manchmal im Stich, verletzten ihn, enttäuschten ihn und sündigten gegen ihn. Trotzdem entzog er ihnen niemals seine Liebe. Später, mit der Kraft des verheißenen Heiligen Geistes, veränderte diese Gruppe ausgebildeter Jünger die ganze damalige Welt.

Ein Kommunist stellte an einen westlichen Christen einmal die folgende Herausforderung: »Das Evangelium ist für die Erneuerung der Gesellschaft eine viel wirksamere Waffe als unsere marxistische Philosophie, aber trotzdem werden wir euch letzten Endes schlagen . . . Wir Kommunisten spielen nicht mit Worten. Wir sind Realisten, und weil wir entschlossen sind, unser Ziel zu erreichen, wissen wir, mit welchen Mitteln wir das tun können . . . Wie kann jemand an den hohen Wert dieses Evangeliums glauben, wenn ihr dies nicht praktiziert, wenn ihr weder Zeit noch Geld dafür opfert . . .? Wir glauben an unsere kommunistische Botschaft, und wir sind bereit, alles zu opfern, selbst unser Leben . . . Aber ihr habt Angst, euch die Hände schmutzig zu machen.«

Jüngerschaft faßt den Plan Christi für die Welt zusammen. Trotz der brillanten Einfachheit dieses Konzepts ist es von den meisten westlichen

Gemeinden vernachlässigt worden. Statt dessen haben wir Berichte, Kommissionen, Konferenzen, Seminare, Missionsveranstaltungen, Kreuzzüge, Wiedervereinigungsschemen, liturgische Reformen – alles mögliche. Aber der Bedeutung der Jüngerschaft ist wenig Aufmerksamkeit gewidmet worden.

Dieses Buch ist in der Hoffnung geschrieben, daß wir erneut sehen können, was es bedeutet, Jesus nachzufolgen, und wie wir anderen helfen, das gleiche zu tun. Zusammen mit der ständigen Kraft zur Erneuerung vom Heiligen Geist liegt darin unsere wahre Hoffnung für die Zukunft. Nichts kann sonst unsere gegenwärtige Welt davor retten, kopfüber in die Verzweiflung und Zerstörung zu stürzen. Gott will, daß seine Gemeinde eine Welt vereint, die ohne ihn auseinanderbricht, und die Gemeinde soll sein Mittel zur Heilung der gesamten Schöpfung sein. Damit das möglich ist, ruft Christus diejenigen zu sich, die dazu gewillt sind, ihr Leben ihm ganz hinzugeben, sich allen anderen Christen aus Liebe für ihn zu verpflichten, und ihren Leib als lebendiges Opfer darzubieten für alles, was er heute in seiner Welt tun will. Das ist die Bedeutung von Jüngerschaft, und darum geht es hier in diesem Buch.

KAPITEL 1

Der Ruf zur Jüngerschaft

»Wenn Christus einen Menschen ruft, dann fordert er ihn dazu auf, zu kommen und zu sterben«, hat Dietrich Bonhoeffer gesagt. Diese erschreckende Feststellung gibt prägnant das Wesen radikaler, kompromißloser Jüngerschaft wieder. Sicherlich gibt es verschiedene Formen des Sterbens; nicht jeder Christ ist zu Märtyrertum im wörtlichen Sinne berufen wie Bonhoeffer selbst. Aber jeder Christ ist zu einer klaren und entschiedenen Jüngerschaft berufen, ganz gleich, welchen persönlichen Preis er dafür bezahlen muß.

Der allgemeine Begriff der Jüngerschaft war keineswegs neu, als Jesus Männer und Frauen dazu rief, ihm nachzufolgen. Es überrascht deshalb nicht, daß, obwohl das Verb »zu einem Jünger machen« (*manthano*) im Neuen Testament nur 25mal vorkommt (sechsmal in den Evangelien), das Substantiv »Jünger« (*mathetes*) nicht weniger als 264mal auftritt, und zwar exklusiv in den Evangelien und der Apostelgeschichte. Im säkularen Griechischen bedeutete das Wort Lehrling in irgendeinem Beruf ein Student irgendeines Themas oder ein Schüler irgendeines Lehrers. In neutestamentlichen Zeiten finden wir die gleiche primäre Bedeutung bei den »Jüngern des Moses«[1], die Studenten des mosaischen Gesetzes waren; und die »Jünger der Pharisäer«[2], die sich hauptsächlich mit einer akkuraten und detaillierten Kenntnis der jüdischen Tradition beschäftigten, wie sie sowohl in der geschriebenen Thora (dem Alten Testament) und der mündlichen Thora (den Überlieferungen der Väter) gegeben war. Diese Jünger waren ihrem Rabbiner völlig untertan, und sie durften die Schrift nicht ohne die Interpretation und Leitung ihrer Lehrer studieren, obwohl sie selbst erwarteten, nach langer Ausbildung selbst Lehrer zu werden.

Dem spezifisch christlichen Begriff stehen die Jünger von Johannes dem Täufer näher, die sich diesem neutestamentlichen Propheten anschlossen. Ihrem Lehrer, dem Täufer, folgend, fasteten und beteten sie[3], konfrontierten die jüdischen Führer[4] und blieben Johannes während seiner Zeit im Gefängnis[5] und bei seinem Tod treu. Anders als die Jünger von Moses oder die der Pharisäer, waren sie ihrem Führer genauso wie seiner Botschaft treu.

Aus allen bekannten Tatsachen können wir sehen, daß der Begriff der Jüngerschaft zu der Zeit, in der Jesus seinen Dienst begann, bereits weithin akzeptiert war. Zur gleichen Zeit, als Jesus selbst die Initiative ergriff und Menschen dazu rief, ihm nachzufolgen, als er sie primär dazu rief, *ihm* nachzufolgen und nicht nur seiner Lehre, als er von ihnen völligen Gehorsam erwartete, als er sie lehrte, zu dienen, und sie warnte, daß sie leiden würden, und als er um sich herum eine bunte Mischung von ganz gewöhnlichen Menschen scharte, wurde es offensichtlich, daß Jesus eine radikale und einzigartige Art der Jüngerschaft geschaffen hatte. In diesem Kapitel werden wir uns kurz den spezifisch christlichen Ruf ansehen und dann einzelne Aspekte in den späteren Kapiteln weiterentwickeln.

Von Jesus gerufen

In rabbinischen Kreisen wählte ein Jünger seinen eigenen Meister und schloß sich freiwillig seiner Schule an. Aber bei Jesus ging die Initiative völlig von seiner Seite aus. Simon und Andreas, Jakobus und Johannes, Levi, Philippus und andere wurden alle persönlich von Jesus gerufen, ihm nachzufolgen. Selbst als der reiche Jüngling zu Jesus kam und ihm eine Frage stellte über diesen »guten Lehrer«, anwortete Jesus, indem er die teuren und totalen Forderungen der Jüngerschaft darstellte und dann hinzufügte: »Komm, folge mir.«[6]

Es gab vielleicht manche, die, von der Integrität seiner Person angezogen, von der Qualität seiner Lehre und der Kraft seiner Wunder beeindruckt, sich Jesus und seinen Jüngern anschließen wollten, aber stets war es Jesus, der die strengen Bedingungen aufstellte, die er verlangte. Manchmal war es für sie zuviel: »Das ist eine harte Rede; wer kann sie hören?«[7] Und sie verließen ihn. Nur die zwölf blieben ihm, die er auserwählt hatte, nachdem er eine ganze Nacht lang im Gebet verbracht hatte. Gott hatte ihm speziell diese gegeben.[8] Obwohl in gewisser Hinsicht die zwölf Apostel einzigartig waren, liegt diese Tatsache der Initiative Gottes und des Rufes Christi aller Jüngerschaft zugrunde. »Ihr habt mich nicht erwählt, sondern ich habe euch erwählt und gesetzt, daß ihr hingehet und Frucht bringet, und eure Frucht bleibe, damit, wenn ihr den Vater bittet in meinem Namen, er's euch gebe. Das gebiete ich euch, daß ihr euch untereinander liebet.«[9]

Aus diesem Wort Jesu ergeben sich zwei wichtige Punkte. Erstens, wenn wir uns selbst als Jünger erkennen, die persönlich von Jesus auserwählt worden sind, dann sollte das unsere ganze Haltung zu ihm ändern und uns zu der Arbeit motivieren, die er uns gegeben hat. Wenn jemand dazu auserwählt worden ist, sein Land bei den Olympischen Spielen zu vertreten, dann wird seine ganze Einstellung zu diesem Ereignis anders sein als die einer Person, die selbst beschlossen hat, die Spiele als Zuschauer zu besuchen. Erstens wird es eine völlige und aufopfernde Hingabe an die Aufgabe geben, zum anderen Teil wegen des Privilegs, auserwählt zu sein. Es wird ein starkes Gefühl der Verantwortung geben, das selbst der höchst begeisterte Tourist nicht besitzen wird. Die christliche Gemeinde leidet heute daran, daß viele das Gefühl haben, daß *sie* eine »Entscheidung für Jesus« getroffen haben, oder daß *sie* sich eine bestimmte Gemeinde ausgesucht haben. Solche Vorstellungen, bei denen der Mensch im Mittelpunkt steht, drohen zu geistlichem Tod zu führen oder zumindest zu einer dürren Sterilität. Nur wenn wir uns als auserwählt verstehen, gerufen und von Jesus gesandt, werden wir eine wahre Empfindung unserer Verantwortung haben, unsere Körper ihm als lebendes Opfer darzubieten, das heilig und für Gott annehmbar ist.

Ohne Zweifel konnten die Apostel diesem Bewußtsein der göttlichen Mission nicht entrinnen. »Wie man aus Lauterkeit und aus Gott reden muß, so reden wir vor Gott in Christus.«[10] »Darum, weil wir ein solch Amt haben nach der Barmherzigkeit, die uns widerfahren ist, werden wir nicht müde . . .«[11] »Paulus, ein Knecht Jesu Christi, berufen zum Apostel, ausgesondert, zu predigen das Evangelium . . . allen Geliebten Gottes und berufenen Heiligen zu Rom.«[12] »Denn liebe Brüder, von Gott geliebt, wir wissen, daß ihr erwählt seid . . .«[13] »Denn ihr seid teuer erkauft; darum preiset Gott an eurem Leibe.«[14] Man könnte beliebig viele Beispiele dieser Art anführen. Dieses starke Gefühl des Rufes Gottes, der Initiative Christi, des souveränen Werkes des Geistes befähigte sie, in ihrem Zeugnis kühn zu sein, in ihrem Leid standzuhalten und ein Leben zu führen, »wie sich's gebührt eurer Berufung, mit der ihr berufen seid«.[15]

Der zweite Punkt ist, daß er uns in eine gemeinsame Jüngerschaft ruft. Er ruft uns dazu, unser Leben mit ihm und miteinander zu teilen. Deshalb folgt seiner Feststellung, daß nicht wir ihn erwählt haben, sondern er uns: »Das gebiete ich euch, daß ihr euch untereinander liebet.« Durch diese Liebe werden wir als seine Jünger bekannt werden.[16] Und nur indem wir einander lieben, werden wir in seinem Dienst fruchtbar und in unseren Gebeten effektiv sein.[17] Die Jüngerschaft ist nie einfach; oft wird es Schmerzen und Tränen geben, und häufig werden wir unsere Werte und Ambitionen neu umdenken müssen, wenn wir Christus ernsthaft nachfolgen wollen. Aber wir sind nicht dazu berufen, dieser Herausforderung allein entgegenzutreten. Neben der inneren Kraft des Heiligen Geistes will Gott, daß wir die ermutigende Liebe und Unterstützung der anderen Jünger Jesu erfahren. In der Stärke unserer gemeinsamen Beziehungen in Christus können wir die Kämpfe gegen die Mächte der Finsternis gewinnen und einander helfen, die Aufgabe zu erfüllen, die Gott uns gegeben hat.

Zu Jesus gerufen

Das war ebenfalls etwas Einzigartiges. Der Ruf *von* Jesus war auch ein Ruf *zu* Jesus. Der jüdische Rabbiner und der griechische Philosoph erwarteten, daß die Jünger sich einer bestimmten Lehre oder einer bestimmten Sache widmeten. Aber der Ruf Jesu war ganz und gar persönlich – seine Jünger sollten ihm folgen, bei ihm sein und sich aus ganzem Herzen ihm widmen. Sie sollten an ihn glauben und konnten nur dann Jünger werden, wenn sie Buße taten um ihrer Sünde willen und an ihn glaubten. In dem Bericht der Evangelien über die Berufung von Simon Petrus und Nathanael ist der wesentliche Faktor ihre Reaktion auf die Person Jesu. Als Simon etwas von der mächtigen Gegenwart Jesu erlebte, fiel er auf seine Knie und sagte: »Herr, gehe von mir hinaus. Ich bin ein sündiger Mensch.«[18] Als Nathanael die tiefe Erkenntnis über Jesu hatte, sagte er: »Rabbi, du bist Gottes Sohn, du bist der König von Israel!«[19]

In Kittels theologischem Wörterbuch des Neuen Testamentes (Band 4) bemerkt der Verfasser: »Die persönliche Loyalität der Jünger zu Jesus wird durch ihr Verhalten während der Tage zwischen der Kreuzigung und der Auferstehung bestätigt. Der Grund für die tiefe Depression, die diese Tage kennzeichnet, ist das Schicksal, das die Person Jesu erlitten hat. Ganz gleich, welche Anschauung wir bezüglich der Geschichte von den Jüngern zu Emmaus vertreten, die Tatsache, daß »Er« das Thema ihrer Unterhaltung auf dem Weg ist (Lukas 24,19ff.), bestätigt in jeder Beziehung das Verhältnis der Jünger zu Jesus vor seiner Verhaftung und Hinrichtung. Auf der anderen Seite wird nirgendwo gesagt oder sogar angedeutet, daß nach dem Tode Jesu seine Lehre eine Quelle der Stärke für seine Nachfolger war, oder daß sie unter dem Eindruck standen, in dem Wort Jesu eine wertvolle Hinterlassenschaft zu besitzen. Das ist ein äußerst wichtiger Punkt in bezug auf ein wahres Verständnis der *mathetes* von Jesus.«[20]

Als Jesus einzelne dazu berief, seine Jünger zu sein, teilte er sein Leben mit ihnen. Obwohl es mit den Zwölfen eine Tiefe des gegenseitigen Gebens gab, an dem nicht jeder teilhatte, so gab er sich jedoch in realer Weise allen, die auf seinen Ruf antworteten. Durch seine Inkarnation identifizierte er sich vollends mit ihnen, und in seiner Liebe machte er sich selbst verwundbar, indem er ihnen sein Herz öffnete. Ein Teil seiner großen Anziehungskraft lag darin, daß seine liebevolle Fürsorge so echt und offen war, daß andere wußten, daß sie ihm vertrauen konnten. Seine transparente Offenheit und Integrität zog andere in eine Qualität einer liebevollen Beziehung, die sie zuvor nie gekannt hatten.

Deshalb waren alle so völlig zerstört, als ein so vollkommenes Leben der Liebe am Kreuz zerbrochen wurde. Nach den entsetzlichen Ereignissen der Kreuzigung brauchte Jesus einige Zeit, bevor er den Glauben und die Hingabe der Jünger wiederherstellen konnte. Aber er tat das, indem er sie sanft in eine erneute Beziehung mit sich selbst zurückführte. Nachdem Petrus ihn dreimal verleugnet hatte, stellte Jesus dreimal die Frage: »Simon, Sohn von Johannes, hast du mich lieb?« Wiederholt erschien er den Jüngern nach seiner Auferstehung, einzeln und in Gemeinschaft, um sie seiner lebendigen Gegenwart zu versichern sowie seiner Liebe und Vergebung. Sie sollten seine Zeugen werden – nicht Rabbiner seiner Lehre. Sie sollten allen über ihn erzählen, und indem sie ihr Leben miteinander teilten, sein Leben offenbaren, indem sie der Leib Christi auf Erden waren.

Als Buddha im Sterben lag, fragten ihn seine Jünger, wie sie seiner am besten gedenken könnten. Er sagte ihnen, sie sollten sich nicht die Mühe machen. Was wirklich zählte, war seine Lehre, und nicht seine Person. Bei Jesus ist das völlig anders. Alles findet in ihm seinen Mittelpunkt. Jüngerschaft bedeutet ihn zu kennen, zu lieben, an ihn zu glauben, sich ihm zu widmen.

Zum Gehorsam berufen

Die Jünger eines jüdischen Rabbiners unterwarfen sich als Sklaven ihrem Meister, bis sie ihre Ausbildung verlassen konnten und selbst Meister oder Rabbiner wurden. Aber Jesus ruft seine Jünger zu bedingungslosem Gehorsam für ihr ganzes Leben. Wir werden unsere Ausbildung nie auf dieser Erde abschließen. Wir werden nie über ein Leben des Gehorsams hinauskommen. Gottes Willen zu gehorchen, ist die Erfüllung unseres Lebens. »Es werden nicht alle, die zu mir sagen: Herr, Herr! in das Himmelreich kommen, sondern die den Willen tun meines Vaters im Himmel!«[21] »Was heißt ihr mich aber Herr, Herr, und tut nicht, was ich euch sage?«[22]

Ein Jünger Jesu zu sein heißt ihm zu folgen, den Weg zu gehen, den er geht, seinen Plan und Willen für unser Leben anzunehmen. »Wer mir nachfolgen will, der verleugne sich selbst und nehme sein Kreuz auf sich und folge mir nach.«[23] Es ist ein Ruf, zum alten, selbstsüchtigen Leben der Sünde nein zu sagen, und ja zu Jesus zu sagen. Innerer Glaube muß von äußerem Gehorsam begleitet werden. Søren Kierkegaard hat einmal ganz richtig gesagt: »Es ist so schwer zu glauben, weil es so schwer ist, zu gehorchen.« Es gibt keinen wahren Glauben ohne Gehorsam und auch keine Jüngerschaft.

Die Welt von heute wird immer mehr von Jüngern einer anderen Art beeinflußt, die diese Frage des Gehorsams gut verstehen, sehr viel besser als der Durchschnittschrist. Ein Radioprogramm der BBC über weibliche Terroristen zeigte, daß sie treu bis zum letzten waren, daß sie nie einen Kollegen verraten würden, daß sie völlig skrupellos waren und alles tun würden, um ihr Ziel zu erreichen. Bernadette Evlin sagte: »Früher kam es zu einem Punkt, wo man sagte: ›Das kann ich nicht tun‹. Heute kommt es zu einem Punkt, wo man sagt: ›Das muß ich tun!‹«[24] Ein extremistischer Führer einer gewalttätigen revolutionären Gruppe in Nordamerika sagte, daß sie ihre

Zahl um zwei Drittel kürzten, bis sie eine völlig entschiedene Gruppe ausgebildeter Jünger hatten, die eine Revolution herbeiführen konnten.

Sollten wir weniger erwarten, wenn wir sehen wollen, daß die Revolution der Liebe von Christus die heutige Welt verändert? Aber bis wir diesem bedingungslosen Ruf zum Gehorsam folgen und das vorsichtige »Ja, aber ...« fortwerfen, werden wir nie sehen, wie das Licht Christi die Finsternis der heutigen Welt vertreibt. Zu sagen »Nein, Herr«, ist ein völliger Widerspruch. Trotzdem wollen viele in der christlichen Gemeinde den bequemen Kompromiß der bedingten Jüngerschaft. Auf lange Sicht hin wollen wir den Ton angeben. Wir wollen das letzte Wort haben, wenn wir ja und wenn wir nein sagen. Aber die Wahrheit ist leider klar: Wenn Jesus nicht der Herr unseres ganzen Lebens ist, dann ist er überhaupt nicht Herr. In der Jüngerschaft gibt es keine halbe Sache. Malcolm Muggeridge drückt es lebhaft aus: »Ich sehne mich so tief, daß ich es gar nicht zum Ausdruck bringen kann ... welche Gaben der Überredung ich auch besitzen mag dazu zu verwenden, anderen die Erkenntnis zu vermitteln, daß sie um jeden Preis an jener Realität festhalten müssen (der Realität Christi, sich daran festbinden, wie früher die Matrosen sich an den Mast festbanden, als die Stürme wehten und die Meere tosten). Denn ohne Zweifel, Stürme und tosende Meere liegen vor uns.«[25] Wir brauchen heute dringend wahre Jünger in der Gemeinde, die sich mit unbeirrbarem Gehorsam und mit Treue an Jesus Christus binden. »Die große Tragödie der modernen Evangelisation besteht darin, daß sie viele zum Glauben ruft, aber wenige zum Gehorsam«, schreibt Jim Wallis.[26] Biblische Evangelisation sollte das Reich Gottes zum Mittelpunkt haben, die Herrschaft Gottes betonen und Menschen zu radikalem Gehorsam rufen.

In diesem schmerzlichen, doch befreienden Leben des Gehorsams jedoch sollten wir nicht allein kämpfen. Wir sollen einander »jeden Tag« ermutigen. »Sehet zu, liebe Brüder, daß nicht jemand unter euch ein arges, ungläubiges Herz habe, das da abfalle von dem lebendigen Gott, sondern ermahnet euch selbst alle Tage, solange es ›heute‹ heißt, daß nicht jemand unter euch verstockt werde durch den Betrug der Sünde.«[27] Wieder müssen wir vielleicht eine demütigende Lektion von einigen der heutigen Kampfesgruppen lernen. Der Führer von El Fatah, einer Befreiungsbewegung in Palästina, erklärte die Stärke seiner Bewegung wie folgt: »Es kann immer mal geschehen, daß ich mich mit meinem Kameraden streite; ich kann mich von meiner Frau scheiden lassen, aber mein Bruder ist immer mein Bruder.« Ganz gleich, wie stark und bindend menschliche Beziehungen sein mögen, alle können gebrochen werden, außer den Bindungen der Familie. So sehen sich die Befreiungsbewegungen oder Terroristen: eine Bruderschaft, die sich nur durch den Tod auflösen läßt.

Innerhalb der Familie Gottes sind wir ewig miteinander verbunden. Wenn solches Verständnis zu einer Qualität der Liebe und des Vertrauens führt, die gewöhnliche menschliche Beziehungen übersteigt, dann ist die gemeinsame Stärke, die daraus entsteht, sehr groß. Der Geist Gottes, durch den wir den allmächtigen Gott »Abba! Vater!« nennen, ist der gleiche Geist, der uns befähigt, *jeden* anderen wahren Christen als Bruder oder Schwester zu erkennen. Jesus ruft uns zu absolutem Gehorsam, aber nur, weil er zuerst sein Leben für uns gegeben hat, seinen Geist in unsere Herzen gegossen und uns einander in Liebe gegeben hat.

Berufen zum Dienst

Obwohl die Jünger Jesu hauptsächlich dazu berufen waren, bei ihm zu sein, wurden sie auch gesandt, hinauszugehen und das Himmelreich zu verkündigen. Außerdem: »Macht Kranke gesund, weckt Tote auf, reinigt Aussätzige, treibt böse Geister aus.«[28] Sobald Jesus Simon und Andreas rief, ihm nachzufolgen, sagte er ihnen, er würde sie zu Menschenfischern machen.[29] Die siebzig wurden ebenfalls im Namen Jesu als Friedensbotschafter ausgesandt: »Heilet die Kranken ... und saget ihnen: Das Reich Gottes ist nahe zu euch gekommen.«[30] Jesus war gekommen, um für andere sein Leben zu geben, und seine Jünger waren von ihm berufen worden, genau das gleiche zu tun. Aber sie begriffen das nicht immer.

Jesus stellte wiederholt fest, daß er seine Jünger korrigieren mußte, wenn sie in zwei gleiche entgegengesetzte Versuchungen fielen, die den Geist des Dienstes in ihrem Leben verkrüppelten. Die erste Versuchung war die des Ehrgeizes. Mehrere Male diskutierten sie darüber, wer von ihnen der Größte sei. Jakobus und Johannes baten um die höchsten Ehrenplätze im Himmelreich. Das ist der Geist der Welt: die Suche nach Status statt Dienst. Jesus wies sie zurecht: »Wer groß sein will unter euch, der sei euer Diener; und wer der Erste sein will unter euch, sei euer Knecht; gleichwie des Menschen Sohn ist nicht gekommen, daß er sich dienen lasse, sondern daß er diene und gebe sein Leben zu einer Erlösung für viele.«[31] Später demonstrierte er seinen Geist des Dienstes auf eine Weise, die sie nie vergaßen, als er ein Handtuch um sich wickelte und ihre Füße wusch.

Die zweite Versuchung war die des Selbstmitleids. »Siehe, wir haben alles verlassen und sind dir nachgefolgt«, sagte Simon Petrus, als er den beträchtlichen Preis der Jüngerschaft zu empfinden begann. Aber Jesus versicherte ihm, daß diejenigen, die alles für das Reich Gottes verlassen hatten, es vielfältig wieder empfangen würden in dieser Zeit, »und in der zukünftigen Welt das ewige Leben.«[32] Wir müssen über unsere eigene Schwäche und unseren Schmerz ehrlich sein, aber sobald wir in Selbstmitleid verfallen, hindern wir das Werk Gottes in unserem Leben. Nur wenn wir unsere menschliche Schwäche akzeptieren und wissen, daß die Gnade Gottes uns stets genügen wird, und nur wenn wir allein für das Reich Gottes ehrgeizig sind, dann werden wir anderen mit dem liebevollen und demütigen Geist von Jesus Christus dienen können. Der Diener sollte keine Dienstbedingungen verlangen. Er hat seine Rechte aufgegeben und wird vielleicht die gewöhnlichen Komforts und Belohnungen aufgeben müssen. Wenn wir älter werden, ist es einfach, sich nach Privilegien, Positionen und Respekt zu sehnen. Das war nicht der Weg Jesu.

Leider werden Leute heutzutage durch manche Formen der Evangelisation dazu ermutigt, völlig selbstsüchtig zu bleiben, anstatt Gott zum Mittelpunkt ihres Lebens werden zu lassen. In diesem Zeitalter der Reklame ist es sehr einfach, Christus als jemanden darzustellen, der mit allen Nöten fertig wird. Haben Sie Angst? Christus bringt Ihnen Frieden. Sind Sie verloren? Christus wird Ihnen eine neue Richtung geben. Sind Sie depressiv? Gott wird Ihr Leben mit Freude erfüllen! All das ist wahr, und es gehört zur Guten Nachricht von Christus, daß er sich danach sehnt, die tiefsten Nöte eines jeden von uns zu beantworten. Aber das ist nur die eine Seite. Auf sich allein gestellt, spiegelt es den Betrug der falschen Sekten wider. In der Praxis werden viele unserer Nöte dann gestillt, wenn wir uns im Dienst an Christus und an anderen hingeben. Diejenigen, die bereit sind, ihr Leben zu verlieren, werden es finden. Nur wenn wir geben, wird auch uns gegeben: »Ein voll, gedrückt, gerüttelt und überfließend Maß wird man in euren Schoß geben; denn eben mit dem Maß, mit dem ihr messet, wird man euch wieder messen.«[33] Als die siebzig auszogen, um zu predigen und zu heilen, kehrten sie voller Freude zurück aufgrund all dessen, das sie erlebt hatten.

Die Not der Welt ist unvorstellbar groß. In seiner Liebe sehnt sich Gott danach, alle die zu erreichen, die innerlich oder auch laut nach Hilfe rufen; aber er hat sich entschieden, hauptsächlich durch die Jünger Jesu zu wirken. Wenn wir uns hauptsächlich mit unseren eigenen Bedürfnissen befassen, oder wenn es uns um Status und Position in der Gemeinde geht, werden wir für Gott nutzlos sein. Wir sind berufen, zu dienen, und ein Diener muß dahin gehen, wo sein Herr ihn hinschickt, und tun, was sein Herr gebietet.

Zu einem einfachen Leben gerufen

Ein Jünger eines Rabbiners mag materiellen Wohlstand aufgegeben haben, um die Thora zu studieren, aber er wußte, daß es sich um ein Opfer für eine begrenzte Zeit handelte. Später würde er für seinen Fleiß belohnt werden, wenn er selbst die Rolle des Lehrers annahm. Bei Jesus war das völlig anders. Er gab alle irdische Sicherheit und alle materiellen Bequemlichkeiten auf. Oft hatte er kein Dach über dem Kopf, und er lebte in völliger Abhängigkeit von der Liebe und Treue seines Vaters.

Er rief ebenfalls seine Jünger zu einem Leben der Demut und Armut. Obwohl es dem Vater gefiel, ihnen das Reich zu geben, sollten sie ihren Besitz verkaufen und Almosen geben. »Ihr sollt nicht Gold noch Silber noch Kupfer in euren Gürteln haben, auch keine Tasche zur Wegfahrt, auch nicht zwei Röcke, keine Schuhe, auch keinen Stecken. Denn der Arbeiter ist seiner Speise wert.« Sie sollten auf ihren himmlischen Vater vertrauen, daß sie es umsonst empfangen, und so mußten sie es auch umsonst geben. Wie ihr Herr mußten sie bereit sein, ihr Heim, ihre Familien, ihren Beruf, ihre Sicherheit zu verlassen – alles um des Reiches Gottes willen. Aber wenn sie erst nach seinem Reich trachteten, dann würde ihnen alles, was sie brauchten, gegeben werden. Darin mußten sie ihrem Vater vertrauen und nicht ängstlich sein wie die ungläubigen Heiden.

Es ist richtig, darauf hinzuweisen, daß eine solche radikale Jüngerschaft vor allem für diejenigen galt, die zu einem Leben der vollen Gemeinschaft mit ihm berufen waren. In dem völligen Teilen ihres Lebens und Besitzes schauten sie zu Gott allein für alle ihre Bedürfnisse. Andere Jünger, die nicht zu dieser engen Gemeinschaft gehörten, scheinen wenigstens einige ihre materiellen Besitztümer behalten zu haben, denn sie halfen bei der Versorgung von Jesus und den Zwölf. Trotzdem wurden alle Jünger dazu aufgefordert, ein einfaches Leben zu führen, bei dem ihr Besitz »gemein« gehalten wurde, und das war ohne Zweifel die Praxis der Urgemeinde.

Der Wohlstand vieler Christen heute, vor allem im Westen, ist fast mit Sicherheit ein Hindernis für effektive und radikale Jüngerschaft. Wir müssen und das etwas sorgfältiger in einem späteren Kapitel ansehen, denn es ist unwahrscheinlich, daß Gott uns die wahren Reichtümer seines geistlichen Lebens und seiner Kraft anvertrauen wird, bis wir wirklich ihm dienen und nicht dem Mammon. Wenn materielle Güter uns anvertraut werden können und wir nach den neutestamentlichen Prinzipien der Genügsamkeit (das »Genug«-Prinzip) zu leben lernen, wird Gott uns die Gaben seines Geistes anvertrauen, die unser eigenes Leben und das derer, denen wir dienen, immens bereichern werden.

Zum Leiden berufen

Als Jesus seine Jünger rief, ihm nachzufolgen, mußten sie bereit sein, seinen Weg zu gehen, und sein Weg war der Weg des Kreuzes. Wenn sie ihr Leben miteinander teilen sollten, dann beinhaltete das nicht nur ihre Freuden, sondern auch ihre Leiden. »Denn euch ist die Gnade gegeben, um Christi willen beides zu tun: daß ihr nicht allein an ihn glaubet, sondern auch um seinetwillen leidet.«[34]

Jesus versuchte oft, sie darauf vorzubereiten, indem er offen über sein eigenes Leiden sprach und über das, was seine Nachfolger erleben müßten. Aber manchmal konnten oder wollten sie nicht seine Warnungen begreifen. In Matthäus 16,21 lesen wir: »Seit der Zeit fing Jesus Christus an und zeigte seinen Jüngern, wie er müßte hin nach Jerusalem gehen und viel leiden von den Ältesten und Hohenpriestern und Schriftgelehrten, und getötet werden . . .« Petrus protestierte sofort: »Herr, das verhüte Gott! Das widerfahre dir nur nicht!« Darauf erhielt er die scharfe Antwort: »Hebe dich, Satan, von mir! Du bist mir ein Ärgernis; denn du meinst nicht, was göttlich, sondern was menschlich ist.« Falls sie noch immer Illusionen haben sollten, sprach Jesus zu ihnen auch über ihr eigenes Leiden. »Will mir jemand nachfolgen, der verleugne sich selbst und nehme sein Kreuz auf sich und folge mir. Denn wer sein Leben erhalten will, der wird's verlieren; wer aber sein Leben verliert um meinetwillen, der wird's finden.« Für den Herrn endete das Leben mit Verachtung, Schmerz und einem qualvollen Tod. Der Jünger sollte nie überrascht sein, wenn die Nachfolge Jesu auf den gleichen Weg führt.

Viele litten an körperlicher Verfolgung. Petrus und Johannes kamen ihrer Kühnheit wegen ins Gefängnis und wurden später geschlagen; Stephanus wurde zu Tode gesteinigt und Jakobus mit dem Schwert getötet. Bald »erhob sich aber . . . eine große Verfolgung über die Gemeinde in Jerusalem; und sie zerstreuten sich alle . . .«[35] Paulus schrieb später darüber, wie er mit den 39 Peitschenschnuren der jüdischen Peitsche fünfmal geschlagen wurde, dreimal mit Stöcken, und einmal wurde er gesteinigt. Nach den verschiedenen christlichen Überlieferungen erlitten die meisten, wenn nicht alle Apostel letzten Endes ihr Märtyrertum in irgendeiner Form. Während jener frühen Jahre der Gemeinde lösten eine Reihe von römischen Kaisern Wellen bitterer und furchtbarer Verfolgung aus: Nero, Domitian, Trajan, Plinius, Marcus Aurelius, Decius und Diocletian. Mit verschiedenen Graden der Strenge hielt die Verfolgung bis zum Jahre 305 n. Chr. an, und es hat sie natürlich während der gesamten Geschichte der christlichen Gemeinde gegeben. Es ist ernüchternd, sich daran zu erinnern, daß in den letzten Jahren zahllose Tausende von Christen für ihren Glauben ins Gefängnis gekommen und gefoltert worden sind, und das geschieht immer noch in vielen Teilen der Welt. Es wird geschätzt, daß es in diesem Jahrhundert mehr Märtyrertode für Christus als sonst in der gesamten Kirchengeschichte zusammen gegeben hat. Wie Francis Schaeffer gesagt hat: »Dies ist keine Zeit, ein weicher Christ zu sein.«

Das alles sollte uns nicht überraschen. Jesus warnte seine Jünger ständig über die physischen Gefahren, die vor ihnen lagen: »Hütet euch aber vor den Menschen; denn sie richten und werden euch geißeln in ihren Synagogen. Und man wird euch vor Fürsten und Könige führen um meinetwillen . . . Es wird aber ein Bruder den andern zum Tod überantworten und der Vater den Sohn, und die Kinder werden sich empören wider ihre Eltern und ihnen zum Tode helfen. Und ihr müsset gehaßt werden von jedermann um meines Namens willen . . .«[36]

Fast jeder erduldete geistigen und emotionalen Schmerz. Es ist nicht schwer, etwas von der Trauer des Paulus zu empfinden, wenn er schreibt: »Denn Demas hat mich verlassen und diese Welt liebgewonnen und ist nach Thessalonich gezogen, Crescens nach Galatien, Titus nach Dalmatien . . . Alexander, der Schmied, hat mir viel Böses erwiesen . . .«[37] Oft gibt es im Leib Christi viel Schmerz; manche fallen vom Glauben ab, andere trennen sich von ihren Brüdern und Schwestern wegen Fragen von nebensächlicher Bedeutung; andere gehen fort, um Christus woanders zu dienen; oft enttäuschen und verletzen wir uns gegenseitig, weil wir höchstens eine Gemeinschaft von Sündern sind. Die Notwendigkeit, siebzig mal sieben zu vergeben, wird offensichtlich, wenn wir uns ernsthaft einander verpflichten, genauso wie wir uns Christus hingegeben haben. Vergebung ist immer schmerzhaft. Sie kostete Jesus seinen Tod auf dem Kreuz. Für uns kann es auch ein Erlebnis der Kreuzigung sein, jemandem zu vergeben, der uns verletzt hat, oder sogar Vergebung anzunehmen, wenn wir wissen, daß wir gesündigt haben.

Die Jüngerschaft beinhaltet auch geistlichen Kummer. Paulus schrieb einmal über sein großes Anliegen betrefflich der Juden, die nicht an Jesus als Messias glaubten: ». . . ich große Traurigkeit und Schmerzen ohne Unterlaß in meinem Herzen habe. Ich selber möchte verflucht und von Christus geschieden sein meinen Brüdern zugut . . .«[38] Über seinen Dienst in Ephesus sagte er: ». . . daß ich nicht abgelassen habe drei Jahre, Tag und Nacht, einen jeglichen mit Tränen zu vermahnen.«[39] Gott in seinem großen Mitleid streckt seine Hände den ganzen Tag lang rebellischen Menschen entgegen. Er hat uns nach seinem Bild geschaffen und sehnt sich danach, daß wir an seiner Liebe teilhaben sollen. Trotzdem haben wir ihm meistens den Rücken gekehrt; wir ignorieren seine Liebe oder lehnen sie ab, und die Folge ist, daß wir uns einander so häufig ignorieren oder ablehnen. Da er seine Liebe nie unwilligen Menschen aufzwingt, sieht er, wie wir von ihm und voneinander abfallen, er sieht, wie wir uns übereinander ärgern, uns hassen, gegeneinander kämpfen und uns umbringen. Er sandte seinen Sohn, damit es »Frieden auf Erden« geben kann, aber wir wollen nicht, daß er über uns herrscht. Deshalb beschmutzen Mißtrauen, Verwirrung, Bitterkeit und Krieg das Antlitz der Erde. Überrascht es, daß ein liebender Gott Kummer erleidet, und will, daß auch wir an seinem Herz des Kummers teilhaben? Wenn Jesus um seinen Leib, die Gemeinde, weint, die zerissen, verwundet und gebrochen ist, können wir unberührt bleiben, die wir wahrhaft seine Jünger sind? Wenn Jesus weint, wie er einst um Jerusalem und diejenigen weinte, die den Dingen gegenüber blind sind, die zum Frieden führen, wie können wir gleichgültig bleiben? Wenn Jesus weint, wie beim Grabe von Lazarus, über die furchtbaren Folgen der Sünde des Menschen, können wir apathisch sein? Je mehr wir uns darum bemühen, Jesus zu lieben, und je näher wir seinem großen Herzen der Liebe kommen, um so weniger sollte es uns überraschen, wenn wir den Schmerz seines göttlichen Kummers empfinden.

Das Leid ist unausweichlich mit der Jüngerschaft verknüpft – »Freude und Weh sind fein gewoben«, um William Blake zu zitieren. Aber wir werden oft entdecken, daß inmitten des Leidens Gott tief in unserem Leben am Werk ist. Es ist eine einfache Tatsache, daß die Menschen mit der größten geistlichen Sensibilität und Tiefe gleichzeitig diejenigen sind, die das meiste Leid erfahren haben. Ein Christ, der mehr als zehn Jahre in einem kommunistischen Gefängnis in der Tschechoslowakei verbracht hatte wegen seines Glaubens an Christus, sagte, daß seine Folterer seine Knochen gebrochen haben, aber nicht seinen Geist. Er sieht sie als die reichsten Jahre seines Lebens. »Wir müssen beten«, sagte er, »nicht, daß die Verfolgung ausbleiben soll, sondern daß wir ihrer wert sein werden und für die Segnungen, die Gott durch sie geben will, offen sind«.

Berufen ohne Rücksicht auf Qualifikationen

Während die Rabbiner nur Jünger aus der Schar der zeremoniell »reinen« akzeptiert hätten, aus den Rechtfertigen nach dem Gesetz, und nur solche, die genügend Intelligenz besaßen, um die Thora zu studieren mit dem Ziel, selbst Rabbiner zu werden, rief Jesus einen seltsamen Querschnitt der damaligen Gesellschaft zu sich. Manche waren praktisch gesinnte Fischer; Jakobus und Johannes waren die Söhne eines Zeloten; der zweite Simon war mit Sicherheit ein Zelot; dann gab es einen verachteten Leviten, einen Verräter an seinem Stamm, und unter den Zwölf finden wir griechische und semitische Namen sowie wahrscheinlich einen Judäer als auch Galiläer. »Der Kreis der Jünger war in der Tat ein Mikrokosmos des Judentums der damaligen Zeit. Wir finden darin alle Kräfte und Gedanken des Volkes, selbst in den Punkten, wo sie auseinandergingen.«[40]

Am interessantesten ist die Tatsache, daß Judas auch zu ihnen gehörte, der Jesus verriet. Weil Jesus im voraus wußte, was Judas tun würde (Jesus nannte ihn in Johannes 17 den »Sohn des Verderbens«), war es eine äußerst seltsame Wahl, abgesehen von zwei wichtigen Tatsachen. Erstens liebte Jesus Judas bis zum Ende. Zweitens war Jesus gekommen, um die Prophetien des Alten Testaments in bezug auf den Messias zu erfüllen; er wußte deshalb von seiner Rolle als leidender Knecht, und er wußte auch Bescheid über die Rolle, die Judas zu spielen hatte, indem er seinen Herrn verriet, bis zu dem Detail über die dreißig Silberstücke. Dieses Wissen um den Verrat des Judas beseitigte keineswegs seine Verantwortung und Schuld; aber es ist von Bedeutung, daß nach dieser entscheidenden Nacht des Gebets Jesus alle Jünger auswählte, die der Vater ihm gegeben hatte, darunter auch den »Sohn des Verderbens«. Vom menschlichen Standpunkt aus hätten wir für diese besondere Gruppe von Aposteln Männer mit viel besseren Qualifikationen ausgesucht als diese zwölf, aber Gottes Wege sind nicht unsere Wege, und seine Gedanken sind nicht unsere Gedanken. In völligem Gehorsam zum Vater rief Jesus die, die ihn später immer wieder im Stich ließen und enttäuschten. Trotzdem entzog er ihnen nicht ein einziges Mal seine Liebe. Er liebte sie bis zum Ende.

In dieser bunt gemischten und fehlbaren Gruppe von Jüngern gab Jesus das Vorbild für den Rest der christlichen Gemeinde. »Sehet an, liebe Brüder, eure Berufung: nicht viele Weise nach dem Fleisch, nicht viele Gewaltige, nicht viele Edle sind berufen. Sondern was töricht ist vor der Welt, das hat Gott erwählt, damit er die Weisen zuschanden mache; und was schwach ist vor der Welt, das hat Gott erwählt, damit er zuschanden mache, was stark ist; und das Unedle vor der Welt und das Verachtete hat Gott erwählt, das da nichts ist, damit er zunichte mache, was ist, auf daß sich vor Gott kein Fleisch rühme.«[41]

Was wir über das einzigartige Konzept der Jüngerschaft gesehen haben, das von Jesus eingeführt wurde, bezieht sich nicht nur auf die Zwölf. Es bezieht sich auf alle, die den Ruf Jesu hören und die umkehren, um ihm, dem Heiland und Herrn, nachzufolgen. Obwohl zwischen Jesus und den Zwölf eine besondere und einzigartige Beziehung bestand, können wir den strengen Anforderungen, die an christliche Jünger gestellt werden, nicht dadurch ausweichen, indem wir sagen, daß sie nur für die Apostel gültig waren. Der Ruf zu gehorchen, zu dienen, einen einfachen Lebensstil zu führen, zu leiden und, wenn nötig, zu sterben, ist allen denjenigen gemein, die behaupten, Nachfolger Jesu zu sein. Vor allem müssen wir unser Leben ohne Rückhalt ihm und uns gegenseitig als Glieder seines Leibes hier auf Erden hingeben. Die christliche Gemeinde ist kein Klub, dem wir angehören, damit unsere Bedürfnisse gestillt werden. Sie ist ein Leib, ein Gebäude, eine Familie, eine Armee – das sind einige der Bilder, die gebraucht werden, um zu zeigen, daß wir Verantwortung auf uns nehmen, die wir nicht vermeiden können, wenn wir den Ruf Christi annehmen, wenn wir seine Jünger sein sollen. Es ist keine Frage unserer Gefühle oder persönlichen Wahl; es geht darum, mit dem größten Ernst die Bedingungen und Forderungen der Jüngerschaft zu akzeptieren, die Jesus uns auferlegt. Wir gehören uns nicht mehr selbst. Wir sind von ihm auserwählt, berufen, erkauft; deshalb gehören wir ihm, und deshalb gehören wir auch einander, ganz gleich wie einfach oder schwer, schön oder schmerzhaft wir das finden. Obwohl der Preis hoch ist, sind die Privilegien und Belohnungen unendlich größer.«»Und ich habe ihnen gegeben die Herrlichkeit, die du mir gegeben hast, daß sie eins seien, gleichwie wir eins sind, ich in ihnen und du in mir, auf daß sie vollkommen eins seien und die Welt erkennt, daß du mich gesandt hast und liebst sie, gleichwie du mich liebst. Vater, ich will, daß, wo ich bin, auch die bei mir seien, die du mir gegeben hast, auf daß sie meine Herrlichkeit sehen, die du mir gegeben hast; denn du hast mich geliebt, ehe denn die Welt gegründet ward.«[42] An der Erhörung eines solch tiefen und wunderbaren Gebets teilzuhaben, ist sicherlich der Aufopferung eines jeden Teils unseres Lebens wert.

1   Johannes 9,28 f.
2   Markus 2,18
3   Markus 2,19; Lukas 11,1
4   Johannes 3,25
5   Matthäus 11,2
6   Markus 10,21
7   Johannes 6,60
8   Johannes 17,9
9   Johannes 15,16 f.
10 2. Korinther 2,17
11 2. Korinther 4,1
12 Römer 1,1.7
13 1. Thessalonicher 1,4
14 1. Korinther 6,19 ff.
15 Epheser 4,1
16 Johannes 13,34 f.
17 Johannes 15,16 f.; siehe Matthäus 18,19
18 Lukas 5,1−11
19 Johannes 1,44−51
20 A. a. O., Bd. IV, S. 446
21 Matthäus 7,21
22 Lukas 6,46
23 Markus 8,34

24 *More Deadly than the Male,* gesendet am 4. Dezember 1978
25 *Christ and the Media,* Hodder & Stoughton, S. 43
26 *Agenda for Biblical People,* Harper, New York 1976, S. 23
27 Hebräer 3,12 f.
28 Matthäus 10,8
29 Markus 1,17
30 Lukas 10,1−10
31 Matthäus 20,26−28
32 Lukas 18,28−30
33 Lukas 6,38
34 Philipper 1,29
35 Apostelgeschichte 8,1
36 Matthäus 10,17.21 f.
37 2. Timotheus 4,10.14
38 Römer 9,2 f.
39 Apostelgeschichte 20,31
40 Kittel, a. a. O. Bd. IV, S. 452
41 1. Korinther 1,26−29
42 Johannes 17,22−24

KAPITEL 2

In die Familie Gottes gerufen

Nichts in der Schrift ist deutlicher als Gottes Fürsorge für den einzelnen. In einem Zeitalter, wo der einzelne immer überflüssiger und unbedeutender erscheint, ist es ein wesentlicher Teil der Guten Nachricht von Jesus Christus, daß für Gott jede einzelne Person von Bedeutung ist. Er kennt uns und ruft uns beim Namen. Er liebt jeden einzelnen von uns: »Zachäus!« rief Jesus zu dem erschrockenen Zöllner, der sich in dem Maulbeerbaum verbarg. Sein persönliches Verhalten gewann so schnell die Herzen vieler, die verloren und einsam waren. Hier war endlich jemand, der sich für sie als einzelne Person interessierte.

Obwohl das zu der Herrlichkeit des christlichen Evangeliums gehört, ist es genauso offensichtlich, daß Jesus einzelne nicht dazu beruft, als einzelne in der Isolation zu bleiben, sondern der neuen Gemeinschaft des Volkes Gottes anzugehören. Er rief die Zwölf, ihr Leben mit ihm und miteinander zu teilen. Sie sollten täglich in Gemeinschaft miteinander leben, ihre Unabhängigkeit voneinander verlieren und Abhängigkeit voneinander lernen und neue Reichtümer und Stärke als Mitglieder der neuen Gesellschaft Gottes erlangen. Sie sollten alles miteinander teilen, ihre Freude und ihr Leid, ihren Schmerz und ihren Besitz, um auf diese Weise die erlöste, messianische Gemeinschaft von Christus, dem König, zu werden. Und es waren nicht nur zwölf Männer; mehrere Frauen schlossen sich ebenfalls der kleinen Gruppe an und halfen, sie finanziell zu unterstützen. In gewisser Hinsicht wurden alle Jünger zu einer Art der Teilnahme gerufen, die sie bisher noch nie gekannt hatten. Das begeisterte Johannes so sehr, als er über die Realität des Lebens schrieb, das die Apostel mit Jesus teilten, und das jetzt allen Gläubigen zur Verfügung stand: »Was wir gesehen und gehört haben, das verkündigen wir euch, auf daß auch ihr mit uns Gemeinschaft habt; und unsere Gemeinschaft ist mit dem Vater und mit seinem Sohn Jesus Christus.«[1]

Die Bedeutung der Gemeinschaft

Heute leben wir nicht nur in einem Zeitalter der persönlichen Empfindung der Sinnlosigkeit, sondern auch in großer Einsamkeit. Das gemeinschaftliche Leben hat deshalb in der christlichen Jüngerschaft eine so hohe Priorität wie je. Durch drei Jahre einer engen Beziehung mit seinen Jüngern hat

Jesus uns ein Modell für die Gemeinde gegeben. Er liebte seine Jünger, kümmerte sich um ihre Bedürfnisse, lehrte sie, korrigierte sie, stimulierte ihren Glauben und lehrte sie über das Reich Gottes, sandte sie aus in seinem Namen, ermutigte sie, hörte ihnen zu, beobachtete sie, leitete sie und sagte ihnen, so sollte es auch unter ihnen geschehen. Die Gemeinde, die etwas von der gottgegebenen Qualität einer solchen Gemeinschaft neu entdeckt, wird in der heutigen Welt mit größerer Relevanz, Glaubwürdigkeit und geistlicher Macht reden. Die Gemeinde, schrieb Paulus, ist »erbaut auf den Grund der Apostel und Propheten, da Jesus Christus der Eckstein ist.«[2] Er sagt nicht, daß es ihre Lehre, Institution oder religiöse Tätigkeit war, die zum Fundament der Gemeinde wurde. Die offenbarte Wahrheit Gottes, die uns in der Schrift gegeben ist, ist sicherlich von einzigartiger Bedeutung. Vom pragmatischen Standpunkt her jedoch (wenn nicht vom theologischen) waren es die Apostel und ihr gemeinschaftliches Leben, die die Basis der christlichen Gemeinde bildeten.

Obwohl Jesus seine Jünger viele Wahrheiten über das Reich Gottes lehrte, wollte er vor allem, daß sie *ihn* kannten. Das ist die Bedeutung des ewigen Lebens.[3] In ihrem gemeinschaftlichen Leben zusammen lernten sie den kennen, der das Leben ist, und so konnten sie das Leben — sein Leben — anderen mitteilen. Das Wort »erkennen«, das »die Erkenntnis Gottes« oder »die Erkenntnis Jesu Christi« beschreibt, ist das gleiche Wort, das für die Erkenntnis einer Frau durch ihren Mann gebraucht wird. Es spricht von einer tiefen, intimen, persönlichen Beziehung. Um eine solche Erkenntnis zu erreichen, rief Jesus seine Jünger in eine lebendige, liebevolle Gemeinschaft. Das hatte für ihn die höchste Priorität, als er begann, seine Gemeinde zu errichten.

Die Art der Gemeinschaft, in der Jesus mit seinen eigenen Jüngern lebte, wurde von der Urkirche fortgesetzt und wurde zu einem ihrer kennzeichnenden Merkmale. »Alle aber, die gläubig waren geworden, waren miteinander und hatten alle Dinge gemeinsam.«[4] Sie trafen sich zum Gottesdienst, beteten zusammen, arbeiteten zusammen, legten gemeinsam Zeugnis ab und teilten ihren Besitz, je nachdem, welche Bedürfnisse erwuchsen. Die Realität ihrer Liebe füreinander war ein Ausdruck der Freude ihrer persönlichen Bekehrung und machte ohne Zweifel einen starken Eindruck auf die Welt um sie herum. Jesus sagte, daß die Liebe das Kennzeichen seiner Jünger sein sollte, und er betete, daß andere aufgrund der liebevollen Einigkeit ihres gemeinsamen Lebens die Wahrheit über ihn glauben und erkennen würden. Das ist genau das, was geschah. Es überrascht bei einer solchen, durch Liebe verbundenen Gemeinschaft von Jüngern nicht, daß Gott täglich zur Gemeinde hinzutat, die gerettet wurden. Durch ihre Hingabe zueinander und zu Gott wurden sie die sichtbare Manifestation des Leibes Christi auf

Erden und erlebten die Kraft seiner Auferstehung. Die Kraft Gottes galt stets für das Volk Gottes und nicht nur für einzelne Gläubige. Der Psalmist erklärt, daß der Herr seinen Segen verheißt, »wenn Brüder einträchtig beieinander wohnen«.[5]

Die Bildung der neuen Gemeinschaft des Volkes Gottes ist jedoch nur das Mittel zur Erfüllung eines sehr viel weiter gefaßten Plans, den Gott für seine ganze Schöpfung hat. Die beste Zusammenfassung dieses allgemeinen Planes befindet sich in Epheser 1,9–10, wo Paulus schreibt: »Denn Gott hat uns wissen lassen das Geheimnis seines Willens nach seinem Ratschluß, den er sich vorgesetzt hatte in Christus, damit er ausgeführt würde, wenn die Zeit erfüllt wäre: daß *alle Dinge zusammengefaßt würden in Christus*, beides, was im Himmel und auf Erden ist.« Heute ist es offensichtlich, daß wir in einer kranken Gesellschaft leben, die ohne Gott auseinanderfällt. Jeder Aspekt dieser Welt ist durch die Sünde des Menschen beschmutzt worden und ist in der Macht des Bösen. Die Schöpfung ist selbst »unterworfen der Vergänglichkeit«.[6] Aus diesem Grund kam Christus, um das Reich Gottes einzuleiten, und das Reich Gottes, um einen bemerkenswerten Ausdruck von Hans Küng zu zitieren, ist »geheilte Schöpfung«. Gottes Wille ist es deshalb, alles unter die Herrschaft Christi zu bringen, damit alle Dinge in ihm vereinigt und wiederhergestellt werden.

Um diesen großen Plan durchzuführen, hat Gott seine Kirche erwählt, sein Instrument zu sein. Aber die Gemeinde kann diesen Dienst der Heilung und Versöhnung erst dann wirkungsvoll ausüben, wenn sie diese Wirklichkeit in ihren eigenen Reihen erlebt hat. Deshalb ist die Existenz von mehr als 9000 christlichen Denominationen in der Welt eine Beleidigung dem Herrn gegenüber, eine Verleugnung des Evangeliums und das größte Hindernis zur Verbreitung des Reiches Gottes. Erst wenn Christen für die Zerrissenheit des Leibes Christi in Tausende von getrennten Stücken Buße tun und ernsthaft für die heilende und erneuernde Kraft des Heiligen Geistes beten, wird die Kirche je das Instrument Gottes zur Versöhnung aller Dinge in Christus sein können. Bis dann wird die Schöpfung selbst gebrochen und gebeugt bleiben und sich nach der Erlösung sehnen.

Um zugleich biblisch und realistisch zu sein, müssen wir erkennen, daß das Reich Gottes stets Aspekte des Gegenwärtigen und des noch nicht Erfüllten hat. In dem Ausmaß, in dem Christus gekommen ist und über die Menschen und Strukturen herrscht, die sich seiner Herrschaft unterworfen haben, ist das Reich Gottes bereits offenbar. »Jetzt aber sehen wir noch nicht, daß ihm alles untertan ist.«[7] Weil Christen nichts mehr als erlöste Sünder sind, die immer noch in einer gefallenen Welt leben, werden wir das Reich Gottes nicht in all seiner Macht und Herrlichkeit sehen, bis Christus im Triumph wiederkehrt, um »alles unter die Füße« zu tun.

Deshalb ist ein biblisches Gleichgewicht wichtig. Insoweit die Gemeinde eine vereinte und fürsorgende Gemeinschaft des Volkes Gottes werden kann, die sich durch Liebe auszeichnet, kann es »substantielle Heilung« innerhalb der Schöpfung Gottes geben, selbst wenn wir für eine völlige Wiederherstellung bis zur Wiederkunft Christi warten müssen. Gott in Christus hat mit Sicherheit begonnen, die Welt mit sich zu versöhnen, und hat uns sowohl die Botschaft als auch den Dienst der Versöhnung anvertraut. Aber wenn eine kranke Gemeinde versucht, die Heilung einer kranken Welt herbeizuführen, sollte sie nicht überrascht sein, wenn man ihr erwidert: »Arzt, heile dich selbst!« Deshalb ist es von so wesentlicher Bedeutung, daß wahre Jünger Jesu in bezug auf alle negativen, lieblosen Einstellungen, die uns trennen, Buße tun und sich fest entschließen, einander völlig verpflichtet zu sein in der Kraft des Geistes der Liebe. Nur so können Gottes Ziele für seine Welt je verwirklicht werden. Gott hat den Plan für seine Kirche nie zurückgezogen. »An der Gemeinde« wird »den Mächten und Gewalten im Himmel die mannigfaltige Weisheit Gottes« jetzt kund.[8] Aber bis die Gemeinde vereint die Weisheit, Kraft und Liebe Gottes verkörpert, bleibt die Welt in den Mächten der Dunkelheit gefangen, und der Teufel und seine Kinder spotten: »Wo ist euer Gott?«

Wenn wir einmal erkennen, daß die Gemeinde das Instrument Gottes zur Erlösung der Welt sein soll, können wir begreifen, warum die Verfasser des Neuen Testaments so stark betonten, daß Gläubige sich miteinander versöhnen, alle Bitterkeit und böse Nachrede aus dem Weg räumen, einander vergeben und in Liebe wandeln sollen, »wie Christus uns geliebt hat«. Ständig finden wir in den Briefen des Neuen Testaments den dringenden Ruf zur Wiederherstellung oder Erhaltung authentischer christlicher Gemeinschaft. Erst wenn das Reich Gottes sich in unseren Beziehungen der Liebe untereinander erweist, haben wir etwas glaubwürdig einer ungläubigen und gebrochenen Welt zu sagen.

Die Einheit des Volkes Gottes

Das ist das Anliegen Jesu in seinem hohepriesterlichen Gebet in Johannes 17. Man beachte seine wiederholte Bitte an seinen Vater, die vielleicht wegen seiner schmerzhaften Erlebnisse mit seinen eigenen Jüngern noch gestärkt wird: »Heiliger Vater, erhalte sie in deinem Namen . . ., daß sie eins seien gleichwie wir . . . auf daß sie alle eins seien, gleichwie du, Vater, in mir und ich in dir; daß auch sie in uns seien, damit die Welt glaube, du habest mich gesandt. Und ich habe ihnen gegeben die Herrlichkeit, die du mir gegeben hast, daß sie eins seien, gleichwie wir eins sind, ich in ihnen und du in mir, auf daß sie vollkommen eins seien und die Welt erkennt, daß du mich gesandt hast . . .« Da sich das Wesen der Dreieinigkeit als Gemeinschaft vollkommener Liebe beschreiben läßt, besteht die Realität Gottes, wie sie unter uns sichtbar wird, nicht vor allem in richtiger Lehre (so bedeutend diese auch ist), sondern darin, daß die Gemeinde eine Gemeinschaft der Liebe wird. Statt sich durch Sünde trennen zu lassen, muß die Gemeinde sich ernsthaft bemühen, die Einheit des Geistes in dem Bund des Friedens zu bewahren, wie schmerzhaft das manchmal auch sein mag. Auf andere Weise wird die Realität und Herrschaft Gottes nicht sichtbar werden. Nur wenn wir das Böse um uns herum durch stetige Liebe überwinden, wird es sich zeigen, daß das Reich Gottes größer ist als der Reichtum der Welt.

Unsere Einheit in Christus soll das Leben Gottes zum Ausdruck bringen. Durch sie offenbart sich die Natur des unsichtbaren Gottes hier auf Erden. Die Gemeinde soll das »fleischgemachte Wort« für unsere Zeit sein. Andere sollen sich unsere Gemeinschaft der Liebe ansehen und sagen: »So ist Gott!« Natürlich wird sie nicht die völlige Wahrheit über einen unendlichen Gott darstellen. Aber vielleicht wird sie einen einzigartigen Sinn und eine Relevanz besitzen, so daß sie die Herzen aller Menschen, aller Rassen, Kulturen und Sprachen berühren kann. Die Liebe ist eine universelle Sprache. Die Liebe Gottes unter Gottes Kindern ist stets das überzeugendste Argument für die Wahrheit des Evangeliums. Die fruchtbarste Mission einer Gemeinde, die ich je leiten durfte, war genau aus diesem Grunde so wirksam. Innerhalb der Gemeinde war die Liebe Gottes so offensichtlich gegenwärtig, daß sie in die sie umgebende Gesellschaft floß und ich nur zu sagen brauchte: »Das ist, was ihr gesehen und gehört habt . . .!« Kein Wunder, daß sie in Scharen ins Reich Gottes strömten, denn es war bereits unter ihnen. Jeder konnte es sehen, und viele glaubten an den König.

Als die Urgemeinde klar demonstrierte, daß das Kreuz Christi alle rassischen und sozialen Barrieren niedergerissen hatte, und daß sie durch die Macht des Geistes jetzt alle eins in Christus waren, hätte es für die Wahrheit des Evangeliums in der Welt der Antike keinen besseren Beweis geben können. Heute, wenn ich sehe, wie die versöhnende Macht Christi in einer Gemeinschaft tiefer Liebe politische Extremisten verbindet, die einander zuvor bitter feind waren, Terroristen, Marxisten, Schwarze und Weiße, Unterdrücker und Unterdrückte, dann gibt es keinen mächtigeren Beweis der Realität Christi, den ich einem Ungläubigen anbieten könnte. Wenn solche Beziehungen Heilung erfahren können, dann kann die Schöpfung selbst geheilt werden. Das Reich Gottes wird kommen, wenn wir dem neuen Gebot Christi gehorchen und einander lieben, wie er uns geliebt hat.

Deshalb ist Jüngerschaft, in Gemeinschaft begründet, für ein wirksames Zeugnis unerläßlich. Jüngerschaft bedeutet viel mehr, als den einzelnen

Gläubigen im persönlichen Evangelisieren auszubilden, so notwendig das auch ist. Ein rein individualistisches Vorgehen ist unbiblisch. Es wird im Neuen Testament deutlich, daß, obwohl jeder Christ unvermeidlich ein Zeuge für Christus ist, nicht jeder Christ dazu berufen ist, Evangelist zu sein. Die Gemeinde ist ohne Zweifel zur Evangelisation verpflichtet, aber die Gemeinde als Leib Christi hat viele Glieder mit verschiedenen Gaben. Nur wenn die verschiedenen Gaben des Geistes sich entwickeln können, »wie er es will«, kann der Leib Christi richtig funktionieren, und nur dann kann die Gemeinde ihren Missionsauftrag erfüllen. Die Realität des Evangeliums muß erst im Leben der Gemeinde deutlich sichtbar werden. Wenn das der Fall ist, dann brauchen die Evangelisten in der Gemeinde nur die Wahrheit hinter dieser Realität erklären und können das mit der Hilfe anderer Glieder des Leibes tun, die zur Verbreitung des Evangeliums entschlossen sind, wenngleich sie auch nicht die Gabe der Evangelisation besitzen.

Missiologen wie Peter Wagner haben drei verschiedene Dimensionen der Evangelisation aufgezeigt. Zuerst einmal muß eine *Evangelisation der Gegenwart* stattfinden. Das bedeutet, daß die Gemeinde durch ihren Gottesdienst, ihr Leben und Zeugnis der Welt ein Gefühl von der Gegenwart Gottes vermittelt, und Evangelisation ist heutzutage vielerorts so schwierig, weil dies wegen der moralischen und geistlichen Krankheit der Gemeinde fehlt. Zweitens gibt es die *Evangelisation der Verkündigung,* wo die Wahrheiten des Evangeliums denen verkündigt werden, die bereits die Gegenwart Gottes unter seinen Nachfolgern verspürt haben. Drittens gibt es die *Evangelisation der Aufforderung,* wo der Evangelist sich darum bemüht, Männer und Frauen davon zu überzeugen, sich der Buße und dem Glauben an Jesus Christus zuzukehren, auf der Grundlage, daß sie jetzt die Gegenwart Gottes gespürt und die Verkündigung seiner Botschaft verstanden haben. Sie werden jetzt dazu aufgefordert, darauf zu antworten und sich Gott zu öffnen. Snyder jedoch fügt noch eine vierte Dimension hinzu: *Evangelisation der Verbreitung.* Das letzte Ziel der Evangelisation ist weder die Bekehrung von Menschen zu Christus, noch daß sie Jünger werden. »Um dem biblischen Verständnis der Gemeinde gerecht zu werden, müssen wir noch einen Schritt weitergehen und sagen, das *Ziel der Evangelisation besteht in der Bildung christlicher Gemeinschaft . . .«*[9] Wenn Jünger sich nicht zu der Gemeinschaft Gottes bilden, kann die Verwirklichung des Planes Gottes zur Heilung der Schöpfung nicht einmal erst beginnen.

An anderer Stelle macht Snyder die folgende wichtige Bemerkung: »Manche Gemeinden verbreiten das Evangelium nicht wirkungsvoll, weil ihr gemeinschaftliches Erleben des Evangeliums zu schwach und fade ist, als daß es wert wäre, verbreitet zu werden. Es begeistert den Gäubigen nicht so sehr, daß er von seinem Glauben zeugen möchte, und (wie der Gläubige insgeheim vermutet) er ist für den Ungläubigen nicht besonders attraktiv. Aber wo christliche Gemeinschaft eine Demonstration des Evangeliums ist, werden Gläubige lebendig und Sünder neugierig. Sie wollen wissen, was das Geheimnis ist. Auf diese Weise wird christliche Gemeinschaft (*koinonia*) die Basis und das Ziel der Evangelisation.«[10]

Die meisten Evangelisten und Gemeindeführer sagen, daß, obwohl Ausbildung im Evangelisieren wichtig ist, der wesentliche Faktor die Motivation ist. Christen wissen vielleicht, was sie sagen sollen, aber sie besitzen nicht das Verlangen, es zu sagen. Das ist fast mit Sicherheit auf das niedrige Niveau christlichen Erlebens in der Gemeinde selbst zurückzuführen. Aber wenn die Gemeinde im Geist erneuert wird, wird das Leben Jesu auf andere »überschwappen«. Jede scharfsichtige Person wird die Realität (oder den Mangel an Realität) hinter dem, was wir sagen, erkennen. Wenn wir echt durch das Evangelium begeistert sind, weil Christus in uns lebendig ist, und wenn wir sagen können »Kommt und seht«, weil die Gemeinde das Leben Christi offenbart, wird die Evangelisation ganz natürlich geschehen.

Die alternative Gesellschaft Gottes

Wenn die Gemeinde sich zu einem gemeinsamen Leben auf der Grundlage radikaler biblischer Prinzipien hingibt, fordert sie unmittelbar die moralischen, politischen, wirtschaftlichen und sozialen Strukturen der sie umgebenden Welt heraus. Dadurch ist die Gemeinde durch ihre reine Existenz zugleich prophetisch und evangelistisch. Und nur so wird die Verkündigung des Evangeliums bei der großen Mehrheit der Menschen etwas ausrichten, die in diesem Augenblick von der Kirche als Institution völlig desillusioniert sind. Aus diesem Grund ist es unmöglich, den Ruf zur Jüngerschaft, den Ruf zur Gemeinschaft und den Ruf zur Mission voneinander zu trennen. Ohne eine starke Hingabe zur Jüngerschaft kann es keine authentische christliche Gemeinschaft geben; und ohne die Existenz einer solchen Gemeinschaft kann es keine effektive Mission geben.

Für viele Christen in vielen Gemeinden jedoch bedeutet Gemeinschaft wenig mehr als oberflächliche Bekanntschaft oder höchstens ein gutes Arbeitsverhältnis, weil wir zufälligerweise der gleichen Gruppe angehören, die aus irgendeinem besonderen Zweck gebildet wurde. Als Jesus Männer und Frauen zur Jüngerschaft rief, verlangte er eine Tiefe der Beziehungen, die sehr viel mehr forderte und deshalb sehr viel bereichernder und mächtiger war. Er wollte, daß sie ihre Identität als wahre Söhne und Töchter Gottes finden, wozu eine völlige Hingabe zu ihm selbst und zu allen anderen innerhalb der Familie Gottes gehört. Das sollte ihr Leben und ihre Sicherheit sein. Deshalb ist es so schwer für einen Reichen, ins Himmelreich zu kommen, denn seine Identität und Sicherheit wären fast mit Sicherheit mit seinem Reichtum verbunden und dem Status und der Macht, die aus ihm erwachsen würden. Aber Jesus versprach seinen Jüngern, die nervös protestierten, daß sie alles verlassen hatten, um ihm nachzufolgen: »Es ist niemand, der Haus oder Brüder oder Schwestern oder Mutter oder Vater oder Kinder oder Äcker verläßt um meinetwillen und um des Evangeliums willen, der nicht hundertfältig empfange jetzt in dieser Zeit Häuser und Brüder und Schwestern und Mütter und Kinder und Äcker mitten unter Verfolgungen, und in der zukünftigen Welt das ewige Leben.«[11]

Der Zusatz »mitten unter Verfolgungen« ist von Bedeutung. Der Ruf Christi zu einer radikalen, alternativen Gesellschaft wird durch ihre Existenz und ihre Werte die bestehende Gesellschaft von heute tief herausfordern. »Die Gemeinde sollte aus Gemeinschaften liebevollen Widerstands bestehen. Statt dessen besteht sie weitgehend aus bequemen Clubs der Anpassung.«[12] Niemand wird sich damit abgeben, langweilige Anpassung zu verfolgen. Aber sobald wir einen Lebensstil des »liebevollen Widerstands« annehmen, der den Status quo in bezug auf Habsucht, Unterdrückung oder Selbstsucht herausfordert, wird es wahrscheinlich starke und bittere Opposition geben. Gemeinschaft hieß für die ersten Christen »bedingungslos den anderen Brüdern und Schwestern zur Verfügung stehen – im emotionalen, finanziellen und geistlichen Bereich«.[13] Diese treffende Bemerkung zeigt die Oberflächlichkeit vieler kirchlicher Gemeinschaften heute auf. Es ist interessant, daß das Wort Gemeinschaft (*koinonia*) im Neuen Testament häufiger im Zusammenhang mit der Teilung von Geld oder Besitz als in anderen Zusammenhängen vorkommt. Wenn die Gemeinde eine Gemeinschaft des Volkes Gottes werden sollte, nach dem Vorbild von Christus und seinen Jüngern, bedeutet das sehr viel mehr als das Singen der gleichen Lieder, das Beten der gleichen Gebete, Teilnahme an den gleichen Sakramenten und den gleichen Gottesdiensten. Vielmehr bedeutet es die Hingabe unseres gesamten Lebens und alles dessen, was wir haben, füreinander. Nur wenn wir unser Leben verlieren, werden wir es finden, um das Leben Jesu anderen zu bringen. Diese praktische Demonstration der Liebe wird sehr viel machtvoller vom lebendigen Gott sprechen als alles andere.

Werte zu erhalten und vertreten, die sich von denen der Welt grundlegend unterscheiden, ist nie einfach. Aber wenn die Gemeinde Gottes Versöhnung bringen soll, dann muß sie zugleich *in* und trotzdem nicht *von* der Welt sein. In bezug auf diese Frage haben viele evangelikale und ökumenische Christen Stellungen bezogen, die sich stark widersprechen, und beide sind unbiblisch. Evangelikale haben die Gemeinde häufig als religiöses Ghetto gesehen, von der Welt getrennt, die sich hauptsächlich mit der Reinheit ihrer Lehre und der Moralität ihres Verhaltens befaßt und sich als den besonderen Gegenstand des Segens und Wohlwollens Gottes sieht. Christen ziehen dann in die Welt im Stil von militärischen Überfällen, um die befestigten Stellungen des Feindes einzunehmen, seine Verteidigungen zu schwächen und ganz allgemein den Weg für das Evangelium zu bereiten, aber dabei leben sie im wesentlichen von der Welt getrennt. Sozialem und politischem Engagement in der Welt wird deshalb mißtrauisch begegnet und beides als »liberal« eingestuft.

Ökumenische Christen, die stark dagegen reagiert haben und fest davon überzeugt sind, daß Gott die ganze Welt liebt, nicht nur die Gemeinde, haben oft das Evangelium säkularisiert, lassen die Welt die Tagesordnung bestimmen und haben somit das besondere Wesen der Gemeinde in der Welt aufgegeben.

Die Gemeinde jedoch ist »der experimentelle Garten Gottes in der Welt. Sie ist ein Zeichen des kommenden Zeitalters.«[14] Die Verkündigung des Evangeliums und soziale Aktion sind beide gleich wichtig. Sie sind wie die zwei Klingen einer Schere. Wenn eine fehlt, kann man nichts mehr schneiden.

Das Salz und Licht Gottes in einer dunklen und verfaulten Gesellschaft zu sein, ist nicht einfach. Um dem Druck der Welt standhalten und außerdem noch die Liebe und das Leben Jesu der Welt anbieten zu können, brauchen Christen dringend die Kraft und Unterstützung anderer hingabevoller Jünger. Es ist schön und gut für Paulus, zu schreiben: ». . . stellet euch nicht dieser Welt gleich.«[15] Auf sich gestellt ist es jedoch unmöglich, dem materialistischen und habsüchtigen Druck der Gesellschaft zu widerstehen, der uns von allen Seiten entgegenkommt. Ronald Sider schreibt: »Die Werte unserer Wohlstandsgesellschaft sinken langsam und auf heimliche Weise in unsere Herzen und unser Denken. Die einzige Art und Weise, auf die wir ihnen widerstehen können, ist, uns tief an eine christliche Gemeinschaft zu binden, damit Gott unser Denken grundlegend verändern kann, während wir unsere primäre Identität bei unseren Brüdern und Schwestern finden, die sich ebenfalls bedingungslos biblischen Werten hingegeben haben.«[16] Allein werden wir nicht gegen die Mächtigen und Gewaltigen ankommen, die gegen uns kämpfen. Wenn uns durch unsere Umstände keine Wahl bleibt – zu Hause, bei der Arbeit, im Gefängnis oder sonstwo –, dann haben wir die klare Verheißung Gottes – wir werden stets »Gnade finden auf die Zeit, wenn uns Hilfe not sein wird.«[17] Unter gewöhnlichen Umständen können wir im geistlichen Kampf nur dann überwinden, wenn wir in Christus stark verbunden sind.

Zeit zum Handeln

Die Ausbildung der Jünger war eine Art Schnellkursus. In weniger als drei Jahren mußte er ihre Herzen gewinnen, ihren Verstand lehren, ihren Willen beugen, sie in seine neue Gesellschaft vereinen und sie mit der Kraft und den Gaben des Geistes ausrüsten. Er wußte, daß seine Zeit mit ihnen kurz war. Er wußte auch, daß er sie in eine feindselige Welt schicken würde, die sie ablehnen, verfolgen und zerstören würde. Es gab keine Zeit zu verlieren. Obwohl er gekommen war, ihnen das »Leben in aller Fülle« zu bringen und ihre leeren Herzen mit seiner Liebe und Freude zu füllen, warnte er sie, daß Zeiten des Leids bald über sie kommen würden: »Siehe, es kommt die Stunde . . . daß ihr zerstreut werdet . . . Aber vor diesem allem werden sie die Hände an euch legen und euch verfolgen und werden euch überantworten in ihre Synagogen und Gefängnisse . . . Und ihr werdet gehaßt sein von jedermann um meines Namens willen . . . Dann werden viele der Anfechtung erliegen und werden sich untereinander verraten und werden sich untereinander hassen . . . Und weil der Unglaube wird überhandnehmen, wird die Liebe in vielen erkalten . . .«[18] Solche Worte waren keine leeren Drohungen. Die Verfolgungen der Urgemeinde waren erschreckend grausam. Nur die Liebe Christi, die sie beherrschte, befähigte sie, in seinem Namen zu überwinden. In ihren Herzen quoll die Gnade Gottes empor, so daß sie ihn mit unaussprechlicher Freude inmitten schrecklicher Anfechtungen preisen konnten.

Nur ein Narr wäre nicht in der Lage, die Parallelen zur heutigen Zeit zu erkennen. Während dieser Jahrhunderte sind unzählige Millionen von Christen in Gefängnisse geworfen, gefoltert, geschlagen und getötet worden, alles um des Namens Christi willen. Unzählige leiden heute. Trotzdem ist in vielen kommunistischen Ländern, wo es so hart hergegangen ist, die Gnade Gottes so offenbar geworden, daß die Jünger Jesu, die solche Anfechtungen mit viel Liebe und Glauben erdulden, oft allein dadurch die Kälte, Apathie und Gleichgültigkeit der Gemeinde im Westen stark tadeln. Es gibt jedoch viele Zeichen, daß selbst Christen, die in verhältnismäßig gesicherten Umständen leben, auf die Leiden bedacht sein müssen, die fast mit Sicherheit auf uns alle warten. Wenn wir irgendein Verständnis von der Rastlosigkeit und Aggression haben, die heute überall ständig wachsen, ganz zu schweigen von den großen Lagern von Atomwaffen, der Bevölkerungsexplosion, der Erschöpfung der Bodenschätze der Welt, der fortschreitenden Rezession der Weltwirtschaft, der Militanz des Marxismus und des Islam, müssen wir erkennen, daß wir der Zeit sehr nahe sind, wenn »die Menschen werden verschmachten vor Furcht und vor Warten der Dinge, die kommen sollen über die ganze Erde«.[19]

»Stärket euch in der Zeit des Friedens«, singen wir oft in unserer Gemeinde. Es ist wesentlich, daß wir uns jetzt auf jede Weise für die Kämpfe vorbereiten, die wir später werden kämpfen müssen. Wir müssen unsere persönliche Kenntnis und Liebe zum Herrn Jesus vertiefen; wir müssen unseren Glauben an unseren himmlischen Vater wachsen lassen; wir müssen lernen, wie wir ständig mit dem Heiligen Geist erfüllt sein können; vor allem müssen wir mit unseren Auseinandersetzungen aufhören, vergeben und Vergebung empfangen und unsere Hingabe zueinander aus Liebe für Christus erneuern. Es war die christliche *Gemeinschaft,* die die Verfolgung des ersten Jahrhunderts erduldete, und es sind die christlichen Gemeinschaften überall in der Welt, die heute den Druck überwinden, unter dem sie mehr und mehr stehen. Wenn Christen im Namen Jesu zusammenkommen, verspricht er, mit besonderer Kraft und Macht bei ihnen zu sein. Gemeinsam können wir den Schild des Glaubens emporheben, der alle feurigen Pfeile des Bösen auslöschen kann. Jetzt ist die Zeit zum Handeln.

Carlos Mantica, ein Leiter der christlichen Gemeinschaft »Die Stadt Gottes« in Managua, Nicaragua, schrieb 1978: »Seit 1973 sind wir durch Prophetie gewarnt worden, daß bald eine Zeit der Anfechtung kommen würde, und wir fingen an, das ernst zu nehmen. Als die Zeit der Prüfung kam, waren wir nicht vollends vorbereitet, aber stark genug, um den ersten Aufprall zu überstehen.« Christen in diesem Land erduldeten schwere Prüfungen durch Völkermord, die Folter und den Terrorismus, die 1977 aufflammten. *Diejenigen, die in tiefer Hingabe zueinander in einer wahren christlichen Gemeinschaft standen, konnten jedoch meistens inmitten des Leids standhaft bleiben* – eine Erfahrung, die die Kinder Gottes während der 2000 Jahre der Kirchengeschichte gekannt haben. Mantica faßte einige der wichtigen Lektionen zusammen, die sie dabei lernten:

1. Für den Krieg ist die wichtigste Zeit die Vorbereitung. Für alle von uns ist die wichtigste Zeit *jetzt.* Wenn die Zeit der wahren Anfechtung kommt, ist die Vorbereitung vorüber: Man ist entweder bereit oder nicht. Wenn man nicht bereit ist, muß man die Konsequenzen erdulden.

2. In Zeiten der Anfechtung wird der geistliche Krieg doppelt so intensiv. Die Welt, das Fleisch und der Teufel wirken mit großer Macht gegen uns. Es reicht nicht aus, so stark wie gewöhnlich zu sein . . . Es ist wichtig, eine Art der Festung zu haben.

3. Diese Festung ist mit tiefer Überzeugung gebaut, mit festen Entscheidungen und starken Beziehungen . . . Unsere feste Entscheidung besteht darin, das Reich Gottes zu wählen und jedes andere abzulehnen, Jesus als unseren absoluten und einzigen Herrn anzunehmen, als den Herrn unserer Zeit, den Besitzer unseres Geldes und anderer Besitztümer, den Herrn unserer Gedanken, Gefühle und Handlungen . . .

Jesus beschloß, daß die Gemeinschaft vor dem Leiden entstehen sollte, damit wir einander und vielen anderen helfen konnten, wenn es notwendig wurde. Jetzt verstehen wir die Bedeutung der Gemeinschaft und fühlen, wie wichtig es ist, daß sich unsere Beziehungen stärken. Zusätzlich zu Gottes Bund mit uns ist ein Bund mit unseren Brüdern und Schwestern die beste Versicherung für Zeiten der Härte.[20]

Die oberflächliche Gemeinschaft vieler Gemeinden wird nicht ausreichen. Ein persönlicher Glaube an Jesus, regelmäßige Andachten und treuer Kirchenbesuch – all das wird auch nicht ausreichen. Wir müssen uns als Glieder einer Familie sehen, eines Leibes. Wir sind in Ewigkeit mit Christus verbunden, und wir müssen diese Einheit jetzt durch starke Beziehungen der Liebe und der Hingabe zueinander Wirklichkeit werden lassen.

1   1. Johannes 1,3
2   Epheser 2,20
3   Johannes 17,3
4   Apostelgeschichte 2,44; 4,32
5   Psalm 133
6   Römer 8,19–22
7   Hebräer 2,8
8   Epheser 3,10
9   The Community of the King, IVP, S.104 f.
10 A.a.O.
11 Markus 10,28–31
12 Ronald J. Sider, Rich Christians in an Age of Hunger, Hodder & Stoughton, S.163
13 Ronald Sider, a.a.O., S.164
14 David J. Bosch, Witness to the World, Marshall, Morgan & Scott 1980, S.225
15 Römer 12,2
16 A.a.O., S.164
17 Hebräer 4,16
18 Johannes 16,32 f.; Lukas 21,12.17; Matthäus 24,10.12
19 Lukas 21,26
20 New Covenant Magazine, November 1978

KAPITEL 3

Gemeinschaft schaffen

Zur Jüngerschaft gehört ein Leben des Realismus und der Teilnahme. Wir wollen unser Leben mit Jesus und mit anderen Jüngern teilen, aber wir können nicht teilen, was wir nicht kennen. »Erkenne dich selbst« ist ein alter und weiser Spruch, aber der Druck der heutigen Welt ist derartig, daß viele Menschen sich in einer Identitätskrise befinden: sie wissen nicht, wer sie wirklich sind. Zum Teil liegt das an der heutigen Betonung auf dem *Tun* statt dem *Sein*. In der westlichen Gesellschaft ist vor allem wichtig, was wir tun, wieviel wir erreichen, was wir zuwege bringen. Während wir uns darauf konzentrieren, kann es sein, daß wir uns die Frage stellen, wer wir wirklich sind, und bis wir diesbezüglich etwas Erkenntnis und Sicherheit gewinnen, ist es uns nicht möglich, andere an unserem Leben teilhaben zu lassen.

Ein weiterer Grund für diesen Mangel an persönlicher Identität liegt an der Phantasiewelt, in der viele Menschen heute die meiste Zeit leben – eine Phantasie, die durch das Fernsehen, die Reklame und die Presse hervorgehoben und weiter durch die deprimierende Hoffnungslosigkeit eines großen Teils der »realen« Welt um uns herum gefördert wird. Weil die meisten Menschen mit der Komplexität und Größe der heutigen Krisen nicht fertig werden können, reagieren sie entweder mit stumpfer Apathie, verleugnen, daß es Probleme gibt, oder ziehen sich in eine gefährliche Welt der Illusion zurück.

Der Christ ist gegen solche persönlichen Konflikte nicht immun. Aber ein Jünger Jesu zu sein bedeutet keine Flucht vor der Realität, wie manche Kritiker glauben, sondern vielmehr das Umgekehrte. Jesus war ein totaler Realist. Statt sich von der realen Welt der Sünde und des Schmerzes zurückzuziehen, wurde er in sie geboren und hatte vollen Anteil an den Kämpfen, Versuchungen, Freuden und Leiden des Menschen. Er konfrontierte direkt die Realität der menschlichen Natur, die von Sünde gekrüppelt und verzerrt ist, und gab sein Leben, damit der Mensch erneut zum göttlichen Bild werden könne. Er konfrontierte den letzten Feind des Menschen, den Tod, direkt, und indem er starb und von den Toten auferstand, gab er dem Menschen die einzige solide, realistische Hoffnung angesichts des Todes, den es in der Welt gibt. Anders als die falschen Propheten rief er nicht »Frieden, Frieden«, wenn es keinen Frieden gab. Er warnte die Menschen seiner Zeit vor dem kommenden Gericht Gottes über Jerusalem und sagte uns allen, mit Kriegen, Hungersnöten, Erdbeben und viel Trübsal vor seiner Wiederkehr

37

zu rechnen. Er war mit Menschen auch ehrlich und direkt. Er wußte, was in ihren Herzen war. Manchmal ging er sanft, manchmal skrupellos direkt auf den Punkt ihrer größten Not zu, ob die einzelnen Personen es nun selbst wußten oder nicht.

Gleichermaßen ruft Jesus seine Jünger heute zu einem Leben des Realismus, der Offenheit und Ehrlichkeit. Wir sollen unsere Masken abnehmen. Wir sollen echt miteinander umgehen. Wir sollen im Licht wandeln, wie er im Licht ist; nur so können wir mit ihm und miteinander Gemeinschaft haben, und wenn das Licht Christi Sünde aufzeigt, dann reinigt uns das Blut Jesu ständig von aller Sünde. Wenn wir gegenseitig unsere Lasten und Sünden tragen und lernen, einander zu vergeben und zu akzeptieren, dann wird die Liebe Christi unter uns immer mehr wachsen.

Es gibt wahrscheinlich nichts, das unsere Traumwelt der Phantasie so völlig zerstört und uns damit hilft, unsere wahre Identität zu begreifen und offen und echt miteinander zu sein, als eine echte christliche Gemeinschaft. Damit meine ich nicht nur eine besondere Lebensweise, wo alle unter einem Dach leben, obwohl das häufig den Vorgang beschleunigen kann, durch den wir lernen, mit uns selbst und anderen fertig zu werden. Ich meine hiermit alle möglichen Ausdrucksweisen christlicher Gemeinschaft, vor allem diejenigen, die in der örtlichen Gemeinde zu finden sind und sein sollten. Es mag natürlich manche geben, die sich einer christlichen Gemeinde mit einer Traumvorstellung der christlichen Gemeinschaft anschließen, wonach sie der Himmel auf Erden sein wird, durch vollkommene Liebe, Freude und Lobpreis gekennzeichnet. Wenn es solche Träume gibt – und es ist anzunehmen, daß das der Fall ist –, dann müssen sie zerstört werden, und durch christliche Gemeinschaft wird die Desillusionierung bald eintreten. Bonhoeffer sagte dazu: »Gottes Gnade zerstört solche Träume schnell. Genauso sicher wie Gott es wünscht, uns zu einem Erlebnis wahrer christlicher Gemeinschaft zu führen, genauso sicher müssen wir von einer großen Desillusionierung mit anderen, mit Christen im allgemeinen, und, wenn wir Glück haben, mit uns selbst überwältigt werden . . . Gott ist kein Gott der Gefühle, sondern der Wahrheit. Nur eine Gemeinschaft, die solcher Desillusionierung gegenübersteht, mit all ihren unglücklichen und häßlichen Aspekten, fängt an zu sein, was sie von Gott her sein sollte . . . Wenn die Morgennebel der Träume verschwinden, dann dämmert der helle Tag christlicher Gemeinschaft.«[1]

In offener Gemeinschaft mit anderen Christen können wir sicher sein, daß wir echt Jesus nachfolgen und nicht nur religiöse Spiele spielen, ganz gleich wie korrekt unsere Theologie auch sein mag. Das Christentum hat mit Beziehungen zu tun – unserer Beziehung zu Gott und zu anderen. Aber das Wesen der Sünde ist derartig, und die Kräfte der Finsternis sind so mächtig, daß wir leicht über unsere Beziehungen betrogen werden und andere betrügen können. Jesus richtete seine strengsten Urteile gegen die Heuchler seiner Zeit. Viele von ihnen waren ohne Zweifel von der Anklage der Heuchelei erschreckt. Waren sie nicht fromme Männer, die an Gott glaubten und das Gesetz mit viel Anstrengung hielten? Waren sie nicht moralische und rechtschaffene, hoch respektierte Mitglieder der religiösen Gesellschaft von damals? Die ganze Zeit jedoch führten sie den anderen etwas über ihre Beziehung zu Gott vor. Sie hatte keinerlei Realität. »Dies Volk ehrt mich mit den Lippen; aber ihr Herz ist ferne von mir.«[2] Eine der besten Methoden, unsere eigene Jüngerschaft zu überprüfen, ist, anderen gegenüber echt und offen zu sein. Das mag schmerzhaft sein, aber es wird immer fruchtbar sein.

Das Gefühl der christlichen Gemeinschaft war für alle Jünger im ersten Jahrhundert so stark und grundlegend, daß die Erlösung außerhalb der Gemeinde als unmöglich betrachtet wurde. Als einzelne dem Herrn hinzugefügt wurden, wurden sie der Gemeinde hinzugefügt. Wenn sie zu Christus gehörten, gehörten sie genauso zu seinem Leib, der Gemeinde. Die schlimmste Strafe für schwere Sünde war die Ausschließung von der Gemeinschaft der Gemeinde. Das war, als liefere man denjenigen, der gesündigt hatte, dem Satan aus, denn die Gnade Gottes wurde besonders in der Gemeinde erfahren. Und weil dem Neuen Testament nach die Gemeinde weder ein Gebäude ist, noch eine Institution, noch eine Organisation, sondern das Volk Gottes, bedeutet das, daß die Jünger sehr dadurch gestärkt werden sollten, daß sie in Christus zueinander gehörten. Bonhoeffer schrieb einmal: »Wer sich einen Bruder ansieht, sollte wissen, daß er ewig mit ihm in Jesus Christus vereint sein wird.«[3]

Gemeinschaft und das Kreuz

Die wahre Grundlage für alle Gemeinschaft ist gegeben, wenn zwei oder mehr Personen am Fuße des Kreuzes Jesu Christi knien und sich völlig auf seine Barmherzigkeit und Liebe verlassen. Es kann wohl sein, daß in Gemeinschaft mit anderen Christen das Licht Christi meine Selbstgerechtigkeit zerstören und mein sündiges Herz enthüllen wird. An dem Punkt der Realität erkenne ich, wie meine Sünden Christus gekreuzigt haben und wie sie seinen Leib, die Gemeinde, heute verwunden. Wenn ich damit wirklich einmal konfrontiert worden bin, dann kann mich nichts, was ich tue oder sage, überraschen, was das Bild betrifft, das ich von mir selbst habe. Gleichfalls, wenn ich mich meinem Bruder zuwende, sollte mich nichts überraschen, was er tun oder sagen mag. Ich kann nicht mehr kritisch oder verurteilend sein, denn hier, am Kreuz, habe ich den Zustand meines eigenen sündigen Herzens entdeckt.

Weil das Kreuz im Herzen aller Gemeinschaft steht, kann die Gemeinschaft sich nur durch den Weg des Kreuzes vertiefen und reifen. Dazu gehört die häufige und schmerzhafte Kreuzigung aller Formen des Selbst – Selbstsucht, Egozentrik, Selbstgerechtigkeit – und die Bereitschaft, in offener Gemeinschaft mit anderen Christen schwach und verwundbar zu bleiben. Oft versuchen wir, einander mit einer Position der Stärke zu begegnen. Wir sprechen von unseren Gaben, Segnungen und dem, was wir im Namen Christi erreicht haben. Gegenseitige Ermutigung auf diese Art ist manchmal notwendig und hilfreich. Aber wahre Gemeinschaft, die unsere Herzen zusammen in Liebe verbindet, beginnt dort, wo wir uns an dem Punkt der Schwäche begegnen. Wenn ich bereit bin, mich dir gegenüber in bezug auf meine eigene persönliche Not zu öffnen, und somit deinen Schock und deine Ablehnung riskiere, und wenn ich bereit dafür bin, daß du mir die gleiche Offenheit erweist, dich mit Liebe und mit Freundschaft ohne Verurteilung akzeptiere, dann finden wir uns beide am Fuß des Kreuzes, wo wir beide auf dem gleichen Niveau sind, am Ort der Heilung und der Gnade Gottes.

John Powell beschrieb einmal die Ängste, die uns daran hindern, uns einander zu öffnen, mit den folgenden Worten: »Ich habe Angst, dir zu sagen, wer ich bin, denn wenn ich dir sage, wer ich bin, dann wird dir derjenige, der ich bin, nicht gefallen, und das ist alles, was ich habe.«[4] Wir finden es natürlich viel sicherer, ein Image zu bewahren, eine Maske aufzusetzen, unser wahres Selbst zu verbergen. Das ist nicht der Weg der Gemeinschaft oder Jüngerschaft, aber es erklärt, warum viele Gemeinden kaum die Rudimente des Gemeinschaftsleben aufweisen, die Jesus für uns gedacht hat, und deswegen haben wir so wenige echte Jünger (wenn überhaupt welche). Keith Miller beschrieb das Dilemma auf folgende Weise: »Unsere Gemeinden sind mit Menschen gefüllt, die nach außen hin zufrieden aussehen, aber sich innerlich dringend nach jemandem sehnen, der sie liebt ... genauso wie sie verwirrt, frustriert, oft ängstlich, schuldig und oft nicht in der Lage sind, selbst innerhalb ihrer eigenen Familien zu kommunizieren. Aber die *anderen* Leute in der Gemeinde sehen so glücklich und zufrieden aus, daß man selten den Mut hat, die eigenen tiefen Nöte vor einer solchen selbstgenügsamen Gruppe zuzugeben, wie die Durchschnittsversammlung einer Gemeinde sie zu sein scheint.«[5]

Der Durchbruch zu wahrer Gemeinschaft findet dann statt, wenn Christen aufhören, so zu tun, als seien sie alle rechtschaffene Heilige, und anfangen, einander als unrechtschaffene Sünder zu akzeptieren. Eine fromme Gemeinschaft hat für den Sünder keinen Platz. In einer solchen unwirklichen und supergeistlichen Atmosphäre muß jeder eine Maske tragen. Wir wagen es nicht, anders zu sein. Wenn die wahren Tatsachen über einen von uns ans Tageslicht kämen, würde der Schock das System zerstören; deshalb bleibt die Sünde in verborgener Heuchelei gefangen. Nur wenn wir die Freiheit haben, ehrlich zu sagen, wer und was wir sind, entdecken wir unsere wahre Freiheit als Kinder Gottes. In der Gegenwart Gottes können wir freimütig unsere Sünden bekennen, denn wir wissen von seinem Wort, daß er uns liebt und uns akzeptiert, trotz allem, was wir sind. Er hört nie auf, uns zu lieben, obwohl er das Schlimmste von uns weiß. Aber bis wir an den gleichen Punkt der Ehrlichkeit miteinander angelangt sind, werden wir nie die Tiefen der Liebe Gottes in unserem Leben erfahren, noch die Realität dieser Liebe, die uns annimmt, uns vergibt und für uns sorgt, und die in unserem Leben in der Gemeinschaft greifbar zum Ausdruck kommen soll.

Wenn wir unsere Herzen voreinander verschließen, schließen wir unsere Herzen vor Gott. Statt dessen sollten wir den Geist Christi ineinander erkennen. So wie wir einander lieben und dienen, lieben und dienen wir ihm. Paulus schrieb, daß wir deshalb niemanden mehr vom rein menschlichen Standpunkt aus betrachten, denn »ist jemand in Christus, so ist er eine neue Kreatur; das Alte ist vergangen, siehe, es ist alles neu geworden!«[6] In bestimmter Weise sollten wir uns nicht so sehen, wie wir natürlich sind, sondern so, wie wir in Christus sind und werden können. Wir sollten das enorme Potential erkennen, das wir in Christus haben, und dann einander ermutigen, das zu werden, was wir sind: in Gottes Augen, vollkommen in ihm.

Gemeinschaft und Bekenntnis

Wir leben heute in einer kranken Gemeinde, die dringendst die Heilung Gottes braucht. Jakobus zeigt uns ein wichtiges Heilmittel in seinem Brief: »Bekennet einer dem andern seine Sünden und betet füreinander, daß ihr gesund werdet.«[7] Unbekannte Sünde läßt uns in der Finsternis und zerbricht unsere Gemeinschaft mit Gott und miteinander. Sie verletzt den Leib Christi und reißt ihn auseinander. Sie raubt sowohl dem Gläubigen als auch der Gemeinschaft den *Shalom* Gottes. David beschrieb diese Situation in einem Psalm: »Denn als ich es wollte verschweigen, verschmachteten meine Gebeine durch mein tägliches Klagen. Denn deine Hand lag schwer auf mir, daß mein Saft vertrocknete, wie es im Sommer dürre wird.«[8] Die christliche Gemeinschaft erkrankt in ähnlicher Weise durch die Sünde eines ihrer Mitglieder. Der ganze Körper wird infiziert. Nur weil wir einander angehören, wirkt sich die Sünde eines Gliedes auf den ganzen Leib aus. Die Gemeinschaft wird nur dann wiederhergestellt und der Leib geheilt, wenn diese Sünde offen bekannt und ans Licht gebracht wird.

Dieses Bekenntnis der Sünde in der Gegenwart eines anderen Bruders ist ein Schutz gegen Selbstbetrug. Es ist eine seltsame Tatsache, daß es immer einfacher ist, unsere Sünden privat einem heiligen und sündlosen Gott zu bekennen, als sie offen einem unheiligen und sündigen Bruder zu gestehen. Wenn das der Fall ist, »müssen wir uns die Frage stellen, ob wir uns nicht oft mit unserem Bekenntnis der Sünde vor Gott selbst betrogen haben, und ob wir nicht vielmehr unsere Sünde uns selbst bekannt und uns selbst die Absolution erteilt haben. Und liegt der Grund nicht vielleicht für unsere zahllosen Rückfälle und die Schwäche unseres christlichen Gehorsams genau in der Tatsache, daß wir von Selbstvergebung und nicht wahrer Vergebung leben?«[9]

Das ist vielleicht der Grund, warum Jakobus uns versichert, daß alle Sünden ... vergeben werden, wenn ein offenes Bekenntnis stattfindet (vor einem anderen Bruder). Wenn eine Sünde einmal ans Licht gebracht worden ist, kann sie vergeben und vergessen werden. Ihre Macht ist gebrochen. Sie kann den Gläubigen nicht mehr binden, noch die Gemeinschaft zerreißen. Der Sünder kann ehrlich ein Sünder sein und immer noch sich der Gnade Gottes und der Liebe der Brüder erfreuen. In diesem Augenblick wird die Gemeinschaft in Christus eine tiefe Realität. »In dem Sündenbekenntnis gibt der Christ alles auf und folgt Christus nach. Bekenntnis ist Jüngerschaft. Das Leben mit Jesus Christus und seiner Gemeinschaft hat begonnen.«[10]

Man wird Weisheit brauchen, um zu entscheiden, wieviel man vor einer bestimmten Gruppen bekennen soll. Obwohl wir die Freiheit haben sollten, das in fast jeder christlichen Versammlung jederzeit zu tun, kann es nicht immer gut oder gesund für die Gruppe sein. Wenn zum Beispiel ein Leiter völlig ehrlich beschreibt, wie er bei einer jungen und unreifen Gruppe von Christen versagt hat, dann kann es sein, daß sie nicht wissen, wie sie mit dieser Situation fertig werden sollen. Diese Offenheit kann ein Hindernis statt einer Hilfe sein. Aber jeder Christ sollte eine Gruppe haben oder zumindest einen Seelsorger, in deren Gegenwart er fast alles sagen kann. Wegen bestimmter Mißbräuche in dem Beichtsystem der katholischen Traditionen der Kirche leugnen viele evangelikale Gruppen den Wert der Sündenbekenntnisse vor anderen Christen fast völlig. Aber diese Praxis ist zugleich biblisch und gesund. Bemerkenswerterweise ist ein gemeinsames Merkmal vieler großer Erweckungen in verschiedenen Gemeinden dieses offene Bekenntnis der Sünde voreinander gewesen. Wenn verborgene Sünde aus der Finsternis ans Licht gebracht wird, kann das Licht Christi scheinen wie nie zuvor. Gemeinschaft und Einheit werden wiederhergestellt. Der Geist ist frei, in Kraft zu wirken.

Miteinander auskommen

Je tiefer wir uns in der Gemeinschaft der Liebe einander widmen, um so mehr werden wir Verletzung erfahren. Als Sünder werden wir versagen und einander immer wieder enttäuschen. Doch gerade wenn wir die Eigenarten und Schwächen anderer mit Liebe und Verständnis akzeptieren, diese irritierenden Gewohnheiten, die unsere Geduld prüfen, die Sünden, die wir vergeben müssen, werden wir das Gesetz Christi erfüllen, das Gesetz der Liebe. Jesus mußte das alles von seinen eigenen Jüngern ertragen, und wenn wir ihm nachfolgen wollen, dann müssen wir das gleiche tun. Deshalb erklärt Paulus den Christen in Philippi, das Gemüt Christi zu besitzen. Genauso wie er sich demütigte und um unseretwillen zu einem Knecht wurde, so müssen wir uns demütigen und einander aus Liebe dienen für Christus. Wir dürfen uns nicht nur um unsere eigenen Interessen kümmern, sondern auch um die der anderen. Wir sollen weder richten noch kritisieren; statt dessen müssen wir lieben und vergeben. Wir dürfen andere nicht dominieren, noch sie für einen selbstsüchtigen Vorteil ausnutzen. Wir dürfen sie nicht nach unserem Bild formen, sondern statt dessen sie als nach dem Bilde Gottes geschaffen erkennen. Wir sollen sie dementsprechend ehren und respektieren.

Ein christlicher Leiter mit einiger Erfahrung in puncto Gemeinschaft fragte mich einmal: »Seid ihr in euren Beziehungen an dem Punkt angekommen, wo ihr euch auf den Heiligen Geist verlassen *müßt*?« Er wußte, daß wir in unserem erweiterten Haushalt einige Schwierigkeiten gehabt hatten. Als die Zeit der Flitterwochen − oder des Phantasietraumes − vorbei war, stellten wir fest, wie verschiedene Aspekte unserer Jüngerschaft stark herausgefordert wurden. Wir waren von dem Grad der Selbstsucht und Habgier, die immer noch in unseren Herzen sehr aktiv waren, überrascht. Mit List und Betrug versuchten wir vergeblich, die Bereiche der Finsternis in unserem Leben zu verbergen. Wir waren erschreckt, festzustellen, daß es solche Bereiche noch gab, und noch deprimierter bei der Entdeckung unserer natürlichen betrügerischen Reaktionen darauf. Bei der Selbstverteidigung wurden wir mißtrauisch und kritisch. Liebe und Vertrauen schwanden. Wir erkannten unseren geistlichen Bankrott in einer Weise, mit der wir nicht gerechnet hatten. Der Augenblick der Desillusionierung und der Realität war gekommen.

In jeder wahren Gemeinschaft in Christus wird alle Finsternis früher oder später ans Licht kommen. Die menschliche Liebe, trotz ihrer starken Emotionen, ist grundsätzlich egozentrisch und selbstsüchtig. Sie will haben, besitzen, erlangen; sie dient nicht. Menschliche Liebe wird den Gegenstand dieser Liebe nicht zum allgemeinen Wohl freigeben. Sie macht ihren Gegenstand zum Idol, das sie anbetet, und das jeden anderen Gedanken, jede andere Handlung zu beherrschen trachtet. Menschliche Liebe manipuliert Menschen und Situationen, um ihr Ziel zu erreichen. Sie ist rastlos und läßt sich nicht befriedigen, und selbst wenn sie sich als geistliche Gemeinschaft verkleidet, zerstört sie wahre Gemeinschaft.»Wenn wir sagen, daß wir Gemeinschaft mit ihm oder mit anderen haben, und wandeln in der Finsternis, so lügen wir und tun nicht die Wahrheit.«[11]

Wenn wir einmal die völlige Unzulänglichkeit der menschlichen Liebe für den Aufbau der Gemeinschaft erkennen und unsere eigene natürliche Sündhaftigkeit bekennen, können wir die Freude der völligen Vergebung Gottes kennen und dann bitten, daß seine Liebe, statt unserer, jeden Tag vom Heiligen Geist in unsere Herzen gegossen wird. Seine Liebe sorgt sich um Menschen als Menschen. Wenn wir von der Liebe Christi beherrscht werden, dann werden wir vergeben können, und zwar siebzig mal siebenmal. Wir werden uns um die Nöte anderer kümmern und für sie unser Leben geben. Wir werden unserem Bruder in Not geben. Wir werden Zeit und Geld für ihn opfern. Wir werden ihm zuhören und werden Gott durch ihn zu uns reden lassen. Gottes Liebe beschäftigt sich ganz und gar damit, eine ungebrochene Gemeinschaft zu erhalten, voll im Licht zu wandeln und stets Gott und anderen gegenüber offen zu sein.

Liebet einander

William Barclay beschreibt christliche Liebe wie folgt: »*Agape* ist der Geist der sagt: ›Ganz gleich, was ein Mensch mir antut, ich will nie danach streben, ihm Leid zuzufügen; ich werde nie mich rächen wollen, ich werde nur sein höchstes Gut anstreben.‹« Das soll heißen, daß christliche Liebe, agapé, ein unbesiegbares Wohlwollen ist. Liebe ist nicht nur eine Welle des Gefühls; sie ist eine Überzeugung, auf deren Grundlage eine bestimmte Handlungsweise absichtlich verfolgt wird . . .«[12] Diese Liebe ist natürlich auf vollkommene Weise in der Dreieinigkeit offenbart; sie ist in der Liebe zu sehen, die Gott für die ganze Welt hat; sie zeigt sich in der Motivation des Lebens und Dienstes Jesu; sie läßt sich an seiner völligen Selbstaufopferung an dem Kreuz messen; sie ergreift die Initiative gegenüber dem Menschen in seiner Sünde; sie verlangt eine Antwort der Liebe für den großen Liebhaber; sie läßt sich unter denen finden, die seine Jünger sind; sie ist das beste Kennzeichen des Christen und der christlichen Gemeinde in der Welt. Ohne diese Liebe haben wir nichts und sind wir nichts.

Weil die Liebe einen solch hohen Wert hat, wird es vielleicht helfen, wenn wir uns zuerst Gottes Liebe für den Menschen ansehen, zweitens die Liebe des Menschen für Gott, dann die Liebe von Menschen zu Menschen und schließlich die Eigenschaften der Liebe selbst.

Das Wesen Gottes ist Liebe.[13] Sie ist eine *alles umfassende* Liebe, denn Gott wünscht, daß alle errettet werden.[14] Sie ist eine *unverdiente* Liebe, denn als wir noch Sünder waren, starb Christus für uns.[15] Sie ist eine *opfernde* Liebe, die sich dadurch gezeigt hat, daß Gott uns seinen Sohn gab und ihn für uns selbst zur Sünde gemacht hat.[16] Sie ist eine *barmherzige* Liebe, denn Gott will unsere Sünden wegwaschen; er verharrt nicht im Zorn für immer.[17] Sie ist eine Liebe der *Eroberung*, die uns dazu befähigt, die Anfechtungen und Versuchungen zu überwinden, die uns Gott in seiner Weisheit erleben läßt, damit wir zur völligen Reife erwachsen.[18] Sie ist eine *untrennbare* Liebe, die nichts zerstören kann – weder Depression, Krankheit, dämonische Kräfte noch der Tod selbst.[19] Sie ist eine *züchtigende* Liebe, denn auch das ist für unser »höchstes Gut« notwendig.[20] Sie ist eine *ewige* Liebe, wie uns die Schrift 180mal erinnert. Sie ist auch eine *eifersüchtige* Liebe insofern, als daß Gott eine völlige Hingabe unseres Lebens an ihn erwartet, der sich uns rückhaltslos gegeben hat.[21]

In Antwort darauf sollte unsere Liebe für Gott *exklusiv* sein, denn unsere Herzen haben nur für eine höchste Hingabe Platz.[22] Sie muß gehorsam sein, denn darin besteht der größte Beweis unserer Liebe.[23] Sie geschieht stets in Antwort auf seine Initiative[24] und ist das wichtigste Anzeichen der Frucht des Geistes.[25]

Die Bibel besteht jedoch darauf, daß unsere Liebe zu Gott, obwohl sie stark persönlich ist, nicht etwas Privates sein soll. Sie soll sich in der Liebe sichtbar machen, die wir uns gegenseitig erweisen. Der Christ soll die Mitglieder seiner eigenen *Familie* lieben.[26] Wenn er in seinem eigenen Zuhause keine wahre christliche Liebe erweisen kann, ist er als Leiter des Haushalts Gottes nicht geeignet.[27]

In diesem Zeitalter, wo der Zusammenbruch des Familienlebens katastrophale Ausmaße erreicht hat und unermeßliche Probleme in der Welt von morgen verursachen wird, sind christliche Familien, vor allem die von christlichen Leitern, besonders angegriffen. Mehr denn je müssen wir einander helfen, an unseren Ehen zu arbeiten, zu lieben, Buße zu tun, zu vergeben und unsere Ehegelöbnisse zu stärken. Es ist wichtig, daß wir gute Zeiten mit unseren Kindern verbringen. Das ist vor allem für den aktiven Reichsgottesarbeiter von Bedeutung. Obwohl eine Reaktion auf Versagen in der Ehe sein *kann*, dieses Verhältnis zu einem Idol werden zu lassen, ist die christliche Liebe zwischen Mann und Frau, Eltern und Kindern häufig ein Bereich, wo wir die Hilfe des Geistes Gottes sehr nötig haben.[28]

Diese Familieneinheit, obwohl sie in Gottes Augen eine besondere und heilige Bedeutung hat, soll nicht exklusiv sein. Die christliche Liebe soll es uns allen ermöglichen, starke Bruder-Schwester-Beziehungen innerhalb der *Familie Gottes* zu bilden.[29] Wenn wir hier versagen, haben wir den einsamen, den alleinstehenden, den geschiedenen und verwitweten Mitgliedern der Gemeinde nichts zu bieten. Noch können wir alleinstehenden Eltern oder zahlreichen anderen, die einen echten und greifbaren Ausdruck seiner Liebe brauchen, helfen. »Seht, wie sie einander lieben!« Das sollte der vorwiegende Eindruck sein, den Außenstehende von der christlichen Gemeinde erhalten. Die Liebe der Agape richtet sich auch an unsere *Nächsten*[30]; Jesus läßt uns nicht im Zweifel darüber, daß jeder Mensch in Not unser Nächster ist, ungeachtet der Rasse, Hautfarbe, des Glaubens oder der gesellschaftlichen Stellung. Barclay bemerkt dazu: »Mehr Menschen sind durch die Freundlichkeit wahrer christlicher Liebe in die Gemeinde gekommen als durch alle theologischen Argumente in der Welt; und mehr Menschen sind aus der Gemeinde durch die Härte und Häßlichkeit sogenannten Christentums getrieben worden als durch alle Zweifel in der Welt.«[31]

Christliche Liebe gilt auch unseren *Feinden* gegenüber.[32] Eine der bemerkenswertesten Tatsachen in Hinsicht auf die Liebe Gottes, die er uns in Jesus Christus erwiesen hat, liegt darin, daß derjenige, der gebetet hat »Vater vergib ihnen, denn sie wissen nicht , was sie tun«, der gleiche ist, der uns durch seinen Geist helfen kann, jedem alles stets zu vergeben. Deshalb ist die Liebe die größte und stärkste Kraft in der Welt. Sie überwindet das Böse mit Gutem. Sie kann das härteste und grausamste Herz brechen. Sie ist standhaft in dem schlimmsten Sturm. Sie verwandelt Negatives in Positives, Schmerzen in Freude, Dunkelheit in Licht. »Die einzige Methode des Christen, seine Feinde zu zerstören, ist, sie zu lieben, daß sie zu seinen Freunden werden.«[33]

Wie können wir dann das Wesen dieser außergewöhnlichen Qualität der Liebe zusammenfassen? Die Liebe ist *ehrlich*[34]; sie hat ein offenes Herz und eine offene Hand; sie weiß nichts von Korruption und Betrug. Sie ist *großzügig*[35], was sich in der aufopfernden Gabe von Zeit, Geld, Energie und Gaben an alle die kennzeichnet, die sich irgendwie in Not befinden. Sie ist *aktiv*[36], sie unterstützt Liebesbezeugungen mit Handlungen des Dienstes. Sie ist *geduldig und vergibt*[37], sie ist gegenüber den Fehlern und dem Versagen anderer blind, und sie ist schnell bereit, anderen ihre Sünden zu verzeihen, selbst wenn sie verletzt haben. Sie *vereint*[38], sie will stets Frieden schließen und die Auseinandersetzungen in christlichen Familien und Gemeinden lösen. Sie ist *positiv*[39], sie glaubt vom anderen das Beste und fürchtet nicht das Schlimmste. Sie ist *sensibel*[40] und bemüht sich, nicht etwas zu sagen oder zu tun, das dem Bruder schaden oder ihn vom rechten Pfad bringen könnte. Sie ist *konstruktiv*[41], so daß, selbst wenn die Wahrheit, die gesprochen wird, manchmal weh tut, sie stets das Ziel hat, die andere Person in Christus zu stärken. Sie ist die *Zusammenfassung* des gesamten christlichen Glaubens[42], die Erfüllung des Gesetzes, und muß das erste Ziel des Christen sein.

Das ist eine atemberaubende Vorstellung von Liebe. Gott verlangt von uns nicht, daß wir solche Qualitäten aus eigener Kraft anstreben. Vom menschlichen Standpunkt aus ist eine solche Liebe ganz unmöglich. Aber wenn wir in unseren Beziehungen den Punkt erreicht haben, wo wir uns auf den Heiligen Geist verlassen, wird die Gnade Gottes für uns genügen. Es gibt kein Entrinnen von dem Schmerz der Kreuzigung. Jeder, der zur Jüngerschaft in einer Gemeinschaft bereit ist, wird manchmal Tränen, Depression und vielleicht sogar Verzweiflung erleben. Aber aus der Asche unseres eigenen Versagens kann eine neue Qualität der Liebe entstehen: die Liebe Gottes, die uns seiner ständigen Vergebung versichert und uns aus der Dunkelheit in sein wunderbares Licht bringt.

Bonhoeffer hat recht, wenn er die Unmöglichkeit christlicher Gemeinschaft ohne *Agape,* die Liebe Gottes, betont und die gewisse Zerstörung einer solchen Gemeinschaft, wenn die Schwäche menschlicher Liebe nicht richtig erkannt wird. »Die Existenz jedes gemeinschaftlichen christlichen Lebens hängt davon ab, ob es ihm gelingt, zur rechten Zeit die Fähigkeit hervorzubringen, zwischen einem menschlichen Ideal und der Realität Gottes zu unterscheiden, zwischen geistlicher und menschlicher Gemeinschaft.«[43] Viele Gemeinschaften begegnen Schwierigkeiten, weil sie nicht ausdrücklich zwischen diesen beiden unterscheiden. Wenn Christen versuchen, sich gegenseitig ihr Herz zu öffnen, einander zu lieben und zu dienen in ihrer eigenen menschlichen Kraft, werden die natürlichen Wünsche geweckt und emotionale Verstrickungen folgen bald, mit Verdacht, Eifersucht und Ressentiments. Was vielleicht wirklich im Geist begann, endete im Fleisch, mit Verwirrung und Katastrophe. Die natürliche Reaktion derer, die verletzt worden sind, oder derer von außen, die das fleischliche Chaos beobachtet haben, ist, sich jeder tieferen Beziehung zu entziehen, sich auf die sichere Distanz zurückzuziehen, kleine Schranken und Verteidigungsmechanismen zu errichten, damit keine weiteren Wunden zugefügt werden können. Das ist ebenfalls eine Reaktion des Fleisches und führt ebenfalls zu der Zerstörung der Gemeinschaft der Liebe, die in seiner Gemeinde zu sehen Christus sich so sehr sehnt.

Die Liebe des Bundes

Wir müssen uns daran erinnern, daß Jesus alle diese menschlichen Wünsche und Reaktionen in einem jeden von uns kennt. Er sah sie in seinen selbstsüchtigen Jüngern, als sie sich ehrgeizig um einflußreiche Stellungen im Reiche Gottes bemühten und untereinander diskutierten, wer von ihnen wohl der Größte sei. Er sah ihre Eifersucht, Kritiksucht und ihren Streit. Später sah der auferstandene Christus, wie menschliche Wünsche und Triebe in ihren vielen Formen in allen Gemeinden zum Ausdruck kamen. Manchmal stellen wir uns nur die Gemeinde in Korinth als fleischlich vor, aber die Briefe des Neuen Testamentes wären nie zu irgendeiner Gemeinde geschrieben worden, hätten sich nicht natürliche, menschliche Probleme innerhalb ihrer Gemeinschaften ergeben. *Aber nie entzog Jesus seinen Jüngern, deren Leben nicht völlig unter der Kontrolle des Heiligen Geistes stand, seine Liebe.* Hätte er das getan, könnte keiner von uns auf unsere Beziehung zu ihm bauen können. Statt dessen bindet er sich an uns mit seiner Liebe des Bundes und ruft uns dazu, auf der gleichen Grundlage miteinander zu leben. Nur so können wir einander helfen, in Christus zu wachsen, wenn seine Liebe unsere Herzen füllt und unsere Gemeinschaft durchdringt.

Die Grundlage der Liebe des Bundes ist die Verpflichtung. Das hat nichts mit natürlichen Gefühlen und Wünschen zu tun. Wir verpflichten uns unseren Brüdern und Schwestern, weil wir in ihnen Christus sehen. Wir geben uns ihnen in liebevollem Dienst, geben für sie unser Leben hin, denken in erster Linie an ihre Nöte und Interessen statt an unsere. »Gemeinschaft verlangt großes persönliches Opfer. Wahre Gemeinschaft wird nicht ohne die Liebe des Bundes funktionieren, deren Wesen darin besteht, andere mehr als sich selbst zu lieben und das eigene Leben für sie aufzugeben. Ohne Zweifel wird die praktische Wirklichkeit des Lebens in der Gemeinschaft die Liebe eines jeden, der es versucht, stark prüfen.«[44] Es ist nur die Liebe Gottes, die uns von seinem Geist gegeben wird, die das Leben in der Gemeinschaft ermöglichen kann. Deshalb ist die Liebe mehr als alles andere das einzigartige Merkmal unter denen, die Jünger Christi sind.

Die Gemeinschaft als Mittel zum Wachstum

Aus dem, was wir bereits über den Wert der Gemeinschaft für die Jüngerschaft gesehen haben, wird es klar geworden sein, daß die Umgebung der Gemeinschaft ein bedeutender Faktor im geistlichen Wachstum sein kann. Paulus stellt in Epheser 4 fest, daß Gott seiner Gemeinde verschiedene Gaben gibt »zum Werk des Dienstes. Dadurch soll der Leib Christi erbaut werden.«

In Wirklichkeit haben im Neuen Testament alle Geistesgaben den spezifischen Zweck, die Gemeinschaft zu erbauen und nicht nur den einzelnen. Die einzige Ausnahme ist die Gabe des privaten Zungenredens, die dem Gläubigen in seiner persönlichen Gemeinschaft mit Gott helfen soll und somit indirekt den Leib Christi stärkt. Nur wenn ich persönlich erbaut werde, kann ich hoffen, andere zu erbauen.

Gottes Ziel ist, »daß wir alle hinankommen zur Einheit des Glaubens und der Erkenntnis des Sohnes Gottes, zur Reife des Mannesalters, zum vollen Maß der Fülle Christi«. Paulus betont erneut unser Zusammensein in Christus. Wenn wir zusammen danach suchen, unsere Erkenntnis des Sohnes Gottes zu vertiefen, werden wir in geistlicher Einheit und Reife wachsen und somit etwas von der Herrlichkeit der Fülle Christi offenbaren. Kein einzelner Christ kann das alles allein zustande bringen. Paulus denkt hier und an vielen anderen Stellen hauptsächlich an das Wachstum des Leibes und nicht des einzelnen. Wenn der Leib wächst, werden auch die einzelnen Glieder ganz natürlich wachsen. Aber jedes Glied braucht das Leben und die Gaben des restlichen Körpers, bevor es eine echte Entwicklung geben kann. Damit das geschehen kann, müssen wir dazu bereit sein, uns gegenseitig unterzuordnen, voneinander zu lernen, darauf zu hören, was Gott vielleicht durch andere sagt, und allen einen höheren Wert beizumessen als uns selbst.[45] »Mit allen Heiligen« jeden Alters, Reifezustands oder jeder Tradition werden wir die Weite, Länge, Höhe und Tiefe der Liebe Gottes erkennen.[46]

Die Einsamkeit, privates Gebet und Meditation sind natürlich von großer Bedeutung, aber in der Kirche des Westens hat die Betonung zu stark und in ungesunder Weise auf dem einzelnen gelegen. Das ist nicht die Betonung des Neuen Testaments. Die vielen Anweisungen in den Briefen des Neuen Testamentes sind fast alle an die Gemeinden und nicht an einzelne gerichtet. Der Ausdruck »Heiliger«, ein Wort, das im Neuen Testament häufig mit der Bedeutung »Christ« gebraucht wird, kommt zweiundsechzigmal vor, davon einundsechzigmal im Plural. In dem einen Vers, wo es im Singular gebraucht wird, heißt es »Grüßt jeden Heiligen«! Die Betonung liegt immer wieder auf unserem gemeinschaftlichen Leben zusammen in Christus. Wir gehören zueinander; wir sollen einander dienen; wir sollen einander stärken und ermutigen.

Je mehr wir als Glieder des einen Leibes Christi leben, um so mehr werden wir erleben, wie die Gaben des Geistes den Leib erbauen. Die Offenbarung des Geistes ist nur zum »gemeinsamen Gut« gegeben. Wenn wir zusammen in Liebe leben, wird der Geist seine Gaben als Ausdruck seiner Liebe in seinen Leib geben, nämlich die Gemeinde. Wir alle brauchen einander. Kein Glied kann zu einem anderen sagen: »Ich hab' dich nicht nötig.« In Demut und Liebe müssen wir deshalb gewillt sein, das Wort Gottes oder eine geistliche Gabe einem anderen Bruder zu bringen, ganz gleich, wer er auch sein mag. Diejenigen, die älter und reifer im Glauben sind, müssen demütig erkennen, daß sie vielleicht Hilfe, Ermutigung, Vergebung und vielleicht Zurechtweisung von jemandem empfangen müssen, der möglicherweise viel jünger ist, denn trotz unserer angeblichen Reife sind wir alle Sünder, die ständig dringend der Gnade und Barmherzigkeit Gottes bedürfen.

Gottes Gnade kann uns durch jedes Glied des Körpers erreichen und hat nichts zu tun mit der geistlichen Reife des Gliedes, das Gott dazu auserwählen mag. Wenn diese Person jedoch extravagante Behauptungen über den eigenen Dienst aufstellt, dann ist das etwas anderes; seine Gaben und sein Dienst sollten auf jeden Fall von den Leitern der Gemeinschaft genau geprüft und abgewägt werden. Aber um uns zur Demut zu weisen und uns unserer Schwachheit ständig bewußt zu machen, kann Gott durchaus einen »schwächeren« Bruder gebrauchen, um einem »stärkeren« eine klare Botschaft zu geben. Dadurch erkennen wir stets unsere gegenseitige Abhängigkeit und wachsen zusammen in Christus.

Ich bin denen, die mir in Liebe die Wahrheit sagen, dankbar, selbst wenn sie weh tut; und ich bin noch dankbarer, wenn sie von denen kommt, die jung genug sind, um meine Kinder zu sein. Auf diese Weise fangen wir an, der Leib Christi zu sein, in dem jedes Glied dem anderen dient. Wie wir in Kapitel 4 noch ausführlicher sehen werden, ergeben sich viele Probleme, wenn ein Christ – jemand, der offensichtlich ein Führer oder Lehrer ist – als »Guru« angesehen wird und die anderen als seine Jünger. Natürlich kann es sein, daß ein Glied wegen seines größeren Wissens oder größerer Erfahrung viel beizutragen hat. Aber Christus macht uns zu Jüngern, er ist der Schafhirte; er ist der Lehrer in unserer Mitte. Deshalb ist es die Aufgabe der christlichen Gemeinschaft, einander zu einer reiferen Jüngerschaft zu ermutigen.

Das Abendmahl

Der deutlichste Ausdruck christlicher Gemeinschaft ist das Abendmahl. Vor allem beim Abendmahl danken wir Gott für die Grundlage unserer Gemeinschaft, nämlich das Kreuz Jesu Christi. Obwohl wir einst waren »ohne Christus, ausgeschlossen vom Bürgerrecht in Israel und fremd den Testamenten der Verheißung«, daher ohne Hoffnung und »ohne Gott in der Welt«, feiern wir jetzt die Tatsache, daß wir in Christus Jesus aber, die wir vormals ferne gewesen sind, nahe geworden sind durch das Blut Christi. Wir freuen uns auch, daß alle Schranken zwischen Menschen durchbrochen worden sind durch das Kreuz: »Denn er ist unser Friede, der aus beiden eines hat gemacht und abgebrochen den Zaun, der dazwischen war, nämlich die Feindschaft.«[47] Wir kommen alle zu dem Kreuz als Sünder, und Gott nimmt uns als Söhne an. Wir schauen vertrauensvoll zu ihm auf und sagen: »Abba! Vater!« Wir wenden uns einander in Liebe zu und sagen: »Mein Bruder! Meine Schwester! Hier, bei diesem herrlichen Mahl der Gemeinschaft, erkennen wir erneut, daß wir nicht mehr Fremde sind, sondern Glieder des Haushalts Gottes. Hier ist die feierliche Garantie unserer ewigen Beziehungen zu Gott und zueinander. Wir sind Glieder eines Leibes, und wir essen von dem einen Brot und trinken von einem Kelch. Wir preisen Gott und beten ihn an, der uns durch den Tod seines eigenen Sohnes miteinander verbunden hat, und niemand kann uns jetzt trennen.«

Beim Abendmahl erinnern wir uns an die unvergleichliche, grenzenlose Gnade Gottes. Wir gestehen offen, daß wir gegen ihn und gegeneinander gesündigt haben, »durch Unwissen, durch Schwachheit, durch unsere eigene, bewußte Schuld«. Wir versuchen nicht, unsere Sünde zu verbergen. Dieses Mahl ist nur für Sünder. Wir sind gegenwärtig an der Tafel des Herrn, ganz einfach weil wir gesündigt haben und seine Vergebung brauchen. In den Symbolen von Brot und Wein haben wir das feierliche Versprechen, daß, so wie wir unsere Sünden bekennen, Gott sich ihrer nie mehr erinnern wird. In diesem Abendmahl danken wir Gott, daß unsere Gemeinschaft mit ihm und miteinander wiederhergestellt ist. Weil der Leib Christi ein für allemal auf dem Kreuz zerbrochen wurde, kann der Leib Christi auf Erden heute geheilt werden. Wir kommen deshalb mit Glauben und Erwartung in dem Wissen, daß der auferstandene Christus bei uns ist, um uns zu sich selbst zurückzubringen, unsere Herzen in Liebe miteinander zu verbinden, uns zu nähren, zu stärken und zu heilen, nach dem unerforschlichen Reichtum seiner Gnade. Wenn wir unsere Herzen zu ihm erheben, können wir auch erwarten, daß uns geistliche Gaben zur Erbauung des Leibes Christi gegeben werden: Gaben der Prophetie, der Heilung, des Glaubens und der Liebe. Wenn wir uns einander zuwenden, können wir uns gegenseitig den Frieden und die Liebe Gottes bringen.

Hier müssen wir unsere Beziehungen miteinander bereinigen, denn wenn wir das nicht tun, werden wir »schuldig an dem Leib und Blut des Herrn« und somit das Gericht auf uns bringen.[48] Die Situation, in die Paulus diese Worte brachte, hatte zum Teil mit den Spaltungen in der Gemeinde in Korinth und zum Teil mit der materiellen Ungleichheit ihrer Glieder zu tun: »Denn ein jeglicher nimmt beim Essen sein eigenes Mahl vorweg, und einer ist hungrig, der andere ist trunken.« Hätten sie einander wirklich geliebt, hätten sie ihr Essen miteinander geteilt und wegen der Spaltungen innerhalb ihrer Gemeinschaft Buße getan. Statt dessen kamen sie gespalten und ohne Buße zu dem einen Mahl, das so machtvoll von ihrer Einheit in Christus sprechen sollte, und erfuhren deshalb die Strafe Gottes in Form von körperlicher Krankheit und sogar Tod. Dieses Gemeinschaftsmahl, das Jesus mit seinen eigenen Jüngern feierte, ist sowohl ein Mittel der Gnade Gottes und eine Art der Disziplin für alle, die ihm heute nachfolgen. Es hilft uns, ständig darauf zu achten, daß unsere Beziehungen innerhalb der Gemeinschaft gesund und richtig sind.

Bei dieser Mahlzeit werden wir auch geistlich gestärkt, um Gott in der Welt zu dienen. Der Schwerpunkt auf dem Tode Christi erinnert uns daran, daß der Jünger auch sein Kreuz auf sich nehmen und ihm nachfolgen muß. Wir sollen mit Christus in dieser Welt der Sünde wandeln, gewillt sein, um seinetwillen zu leiden, um die Welt durch Christus zu versöhnen. Wir bieten unser Leben dar vor allem im Dienst der Armen und Notleidenden. Als Dank für alles, was Christus für uns getan hat, bieten wir unseren eigenen Leib als lebendiges Opfer dar und bitten, mit der Macht seines Geistes erfüllt zu werden, damit wir zu seinem Ruhm und Preis leben und arbeiten mögen.

Keineswegs unbedeutend ist, daß dieses Gemeinschaftsmahl ein Vorgeschmack des Himmels sein soll. Wir erinnern uns, daß es höchstens nur ein Schatten des Hochzeitsmahles des Lammes sein kann. Mit unserer Hoffnung auf die Herrlichkeit gerichtet, die uns erwartet, verlieren wir in den leichten gegenwärtigen Anfechtungen nicht den Mut. Wenn zu diesem Augenblick unsere Freude mit Tränen vermischt ist, werden wir aus diesem Gemeinschaftsmahl Trost schöpfen, daß Gott eines Tages jede Träne von unseren Augen wischen wird. Bis zu jenem herrlichen Tag bleiben wir eine Gemeinschaft von Gottes Kindern, Gliedern seines Haushalts, ermutigen und dienen wir uns gegenseitig, werden täglich erneuert durch Gottes Liebe, während wir zusammen für das Reich Gottes arbeiten.

1 *Life Together,* SCM, S.15−17
2 Markus 7,6
3 A.a.O., S.13
4 *Why am I afraid to tell you who I am?*, Fontana, S.12
5 *The Taste of New Wine,* Word, S.22
6 2.Kor.5,16f.
7 Jakobus 5,16
8 Psalm 32,3f.
9 Bonhoeffer, a.a.O., S.90f.
10 A.a.O., S.90
11 1.Johannes 1,6
12 *More New Testament Words,* SCM, S.16 (Ich verdanke auch William Barclay einige der Gedanken über die »Liebe« in diesem Abschnitt.)
13 1. Johannes 4,7f.
14 1. Tim. 2,4
15 Römer 5,8.10
16 Johannes 3,16; 2. Kor. 5,21
17 Epheser 2,4; Psalm 103,8−10
18 Römer 8,37
19 Römer 8,38f.
20 Hebräer 12,6
21 2. Mose 20,5
22 Mat. 6,24
23 Johannes 14,15.21−24 und andere
24 1. Johannes 4,19
25 Galater 5,22
26 Epheser 5,25ff.; 1. Tim. 5,8
27 1. Tim. 3,1−5,12; Titus 1,5−8
28 Beachten Sie Eph. 5,18 gefolgt von Anweisungen über Beziehungen in der Familie, 5,21ff.
29 1. Petrus 2,17; Gal. 6,10
30 Lukas 10,27 und andere
31 A.a.O., S.21
32 Mat. 5,44; Lukas 6,27
33 William Barclay, a.a.O., S.21
34 Römer 12,9; 2. Kor. 6,6; 8,8; 1. Petrus 1,22
35 2. Kor. 8,24; 1. Joh. 4,11
36 Hebräer 6,10; 1. Joh. 3,18
37 Epheser 4,2; Kol. 3,12−14
38 Epheser 4,3; Phil. 2,2; Kol. 2,2
39 1. Kor. 13,4−7
40 Römer 14,15; Gal. 5,13
41 Epheser 4,15; 2. Tim. 2,22−26
42 Römer 13,10; Kol. 3,14; 1. Kor. 13,1; 1. Kor. 14,1 und andere
43 A.a.O., S.24
44 *New Covenant Magazine,* August 1977
45 Epheser 5,21; 1. Kor. 14,31; Phil. 2,3
46 Epheser 3,18
47 Epheser 2,13f.
48 1. Kor. 11,27−29

KAPITEL 4

Zu Jüngern machen

Das christliche Evangelium ist Gottes frohe Botschaft für die ganze Welt. Das war die erstaunliche Wahrheit, die die ersten christlichen Juden erschütterte, nämlich »daß Gott die Person nicht ansieht, sondern jeglichem Volk . . . durch einen Namen alle, die an ihn (Jesus) glauben, die Vergebung der Sünden empfangen sollen.«[1] Die letzten überlieferten Worte Jesu vor seiner Himmelfahrt waren: »Darum gehet hin und machet zu Jüngern alle Völker!«[2] Die apostolischen Führer brauchten einige Zeit, um ihre Bedeutung zu erkennen. Das war der Plan für die Erlösung der Welt, brillant in seiner Einfachheit, aber von einem Großteil der Gemeinde der meisten Generationen seltsam ignoriert. Seine Jünger sollten Jünger machen, die selbst andere zu Jüngern machten, die dann wiederum andere zu Jünger machten, *ad infinitum*.

Ein Jünger ist ein Nachfolger Jesu. Er hat sich Christus hingegeben, den Weg Christi zu gehen, das Leben Christi zu leben und die Liebe und Wahrheit Christi anderen mitzuteilen. Das Verb »zu einem Jünger machen« beschreibt den Vorgang, durch den wir eine andere Person dazu auffordern, ein solcher Nachfolger Jesu zu werden; es beinhaltet die Methoden, die wir anwenden, dieser Person dabei zu helfen, zu einem reifen Christen zu werden, damit er oder sie jemand anders zu einem Jünger machen kann. Da jeder Christ ein Jünger Christi ist, müssen wir darauf achten, keine »Jüngerschaftsprogramme« zu entwickeln, die so spezialisiert und stereotyp sind, daß sie sich fast zu einer neuen Denomination entwickeln oder zumindest zu einer besonderen Gruppe in der Gemeinde.

In den letzten Jahren haben manche christlichen Leiter eine starke Betonung auf »Hirtenschaft, Jüngerschaft und Unterwerfung" gelegt. Manche dieser Tendenzen haben sich als beunruhigend und spalterisch erwiesen, aus Gründen, die wir später untersuchen werden. Trotzdem muß man erkennen, daß Bewegungen in der Gemeinde, die zu unglücklichen Extremen neigen, fast stets aus unvermeidlichem Protest gegen bestimmte Schwächen in der Gemeinde entstehen. Wenn wir Dinge entdecken, die weithin vernachlässigt worden sind, ist es einfach, sie so stark zu betonen, daß sie extrem, umstritten und sogar zur Häresie werden. Das neutestamentliche Wort »Häresie« bezog sich ursprünglich auf eine spalterische Gruppe und hatte nicht unbedingt mit Irrlehre zu tun. Eine solche Gruppe wurde zur Häresie oder Splittergruppe[3] einfach durch die starke Persönlichkeit ihres Führers oder die

Überbetonung einer im Prinzip biblischen Wahrheit. Aber wir dürfen das Kind nicht mit dem Bade ausschütten. Wenn wir uns davor hüten, bestimmte Aspekte der Jüngerschaft überzubetonen, müssen wir gleichfalls aufpassen, daß wir nicht ein wichtiges biblisches Prinzip ablehnen, das die Gemeinde zu ihrer eigenen Gefahr vernachlässigt hat.

Die Notwendigkeit, Menschen zu Jüngern zu machen

Bestimmte Schwächen in der Gemeinde haben die Hirtenbewegung mit allen ihren Extremen unvermeidlich gemacht.

Erstens waren viele Christen, vor allem in den etablierten Kirchen, durch den Mangel an lehrmäßiger und moralischer Disziplin in der Kirche zutiefst beunruhigt. Ein Artikel in der Zeitung *The Times*[4] über den Bericht der Kommission für die Lehre kam zu dem Schluß: »Worüber die 18 Theologen sich einig sind, ist ein Glaube an die Wahrscheinlichkeit Gottes und eine Ehrfurcht vor Jesus. In bezug auf alle anderen Punkte sind sie unterschiedlicher Meinung.« Wenn ordinierte Geistliche offen die Göttlichkeit Christi oder seine körperliche Auferstehung leugnen, dann muß klare Disziplin geübt werden. Zwar müssen wir Mitleid haben, wenn ein Christ, selbst ein Leiter in der Gemeinde, offen und ehrlich mit seinen Zweifeln ringt, selbst in bezug auf grundlegende Lehren. Wir müssen jedoch den Mut besitzen, einen solchen Theologen oder Lehrer daran zu hindern, öffentlich einen Dienst auszuüben, solange er mit seinen persönlichen Ungewißheiten kämpft. Die römisch-katholische Kirche hat hier oft eine Disziplin erwiesen, die in anderen Kirchen fehlte. Die Einstellung vieler Gemeinden zu illegitimen sexuellen Beziehungen ist ein weiteres beunruhigendes Beispiel der Schwäche christlicher Jüngerschaft heute.

Zweitens herrscht bei zahlreichen bekennenden Christen heutzutage ein schlimmer Mangel an Hingabe, und daraus ergibt sich ein Zögern, in den Predigten viel über den Preis der Nachfolge Jesu zu sagen. Von Selbstverleugnung und dem Kreuz ist selten die Rede. Wir mögen uns darüber freuen, daß Jesus für uns am Kreuz gestorben ist, aber wie steht es damit, täglich unser Kreuz auf uns zu nehmen, um ihm nachzufolgen. Die Gemeinde hat viel zu lange die »Klub-Mentalität« in bezug auf Gemeindemitgliedschaft unterstützt. Ein »gutes« Gemeindemitglied, so erklärt Juan Carlos Ortiz, »ist wie ein gutes Klubmitglied: es kommt regelmäßig zum Klub, bezahlt seinen Beitrag und bemüht sich, den Klub nicht in Verlegenheit zu bringen.« Wo finden wir dieses Konzept der Gemeinde-Klubmitgliedschaft im Neuen Testament? Nirgendwo! Wir sind Glieder des Leibes Christi und sind so miteinander verbunden. In diesem Konzept kommt die totale Hingabe zu

Christus und zueinander zum Ausdruck. Mangel an Hingabe zeichnet sich aus durch oberflächliche Gemeinschaft, Schlaffheit bei der Evangelisation, die Abwesenheit von Dienst am Leib (»body ministry«), Vernachlässigung geistlicher Gaben, sterilen Gottesdienst, Schwachheit im Gebet und einen allgemeinen Mangel an Liebe.

Wer möchte zu einem solchen kranken und schwachen Leib gehören? In dieser sinnlosen Welt suchen immer mehr Menschen nach etwas, für das es sich zu leben oder sogar vielleicht zu sterben lohnt. Darin liegt ein Grund, warum die Sekten zahlenmäßig zunehmen, während die Mitgliedschaft der etablierten Kirchen abnimmt: Die Sekten verlangen strenge Jüngerschaft. Das gleiche gilt für alle revolutionären und Terroristengruppen, die in vielen Teilen der Welt am Werk sind. Die »Hirtenbewegung« ist ein verständlicher Protest gegen das Versagen der Gemeinde, die radikalen Anforderungen von Jesus ernst zu nehmen.

Drittens sehen wir in vielen Gemeinden eine deprimierende Richtungslosigkeit. Viele der Diskussionen und Aktivitäten der Gemeinde lassen sich mit der Situation auf der Titanic vergleichen, auf der man nach dem Aufprall auf einen Eisberg weiter Karten spielte. Die meisten Menschen sind sich der Ungewißheit dieser Zeit zutiefst bewußt, und überall herrscht das Gefühl, daß uns die Zeit schnell ausgeht. Zahllose Christen sind durch den Mangel an klarer Führung von oben zutiefst frustriert. Jemand bemerkte einmal, daß eine Institution versucht, alles zu tun, wenn sie nicht mehr weiß, was sie tun soll. Die Notwendigkeit, systematisch Jünger auszubilden, um sie mit den realen und dringenden Fragen dieser Zeit zu konfrontieren, scheint heute von größerer Bedeutung denn je zuvor. Eine große Zahl von Christen will Leitern folgen, die den Mut haben, einen klaren, prophetischen Ruf an die Gemeinde zu richten, und die die Gemeinde für die Aufgaben ausbilden und mobilisieren wird, die offensichtlich heute relevant sind. In anderen Worten: viele Christen sind bereit und wollen zu Jüngern ausgebildet werden.

Viertens, mit der Rückkehr zur biblischen Betonung der Teilnahme jedes Christen an dem Dienst der Gemeinde, und bei größerer Offenheit für die Gaben des Geistes, entstehen unvermeidlicherweise Verwirrung und Extreme in einer Situation ohne feste Führung und Kontrolle. Die traurige Tatsache ist, daß in bezug auf diese geistliche Erneuerung viele Geistliche und Pfarrer vorsichtig und mißtrauisch sind. Während die Gemeindemitglieder oft eifrig engagiert waren, wollten die Pastoren nicht mitmachen. Das hat dazu geführt, daß diese neu entdeckte Freiheit im Geist oft in »Gemeinschaften der Erneuerung« außerhalb der Gemeinde, in Gebetsstunden zu Hause praktiziert wird, wo es an erfahrener Führung fehlen mag. Wenn die Gaben des Heiligen Geistes nicht sorgfältig erwogen und geprüft werden, dann ist ein Grad an fleischlicher Selbstverherrlichung fast unvermeidlich. Durch den Mangel an Unterstützung und Lehre von seiten der Pfarrer der Ortsgemeinden werden Christen, die vom Heiligen Geist tief gesegnet wurden, an anderer Stelle nach geistlicher Leitung suchen.

Fünftens ist wegen der Tradition der Kirche der Bereich der Evangelisation entweder schlimm vernachlässigt worden, oder Gemeinden hängen zu sehr von großen Evangelisten ab, die die ihr zugeteilte Aufgabe für sie erfüllen. Keine dieser Einstellungen ist biblisch. Obwohl manche dazu berufen sind, Evangelisten zum Wohl der ganzen Gemeinde zu sein, liegt die Betonung des Neuen Testamentes ganz klar auf dem Zeugnis eines jeden Christen. Dr. James Kennedy illustriert den Wert dieses Prinzips auf folgende Weise: »Wenn Sie ein hervorragend begabter Evangelist von internationalem Ruf wären, und Sie mit der Kraft Gottes jeden Abend jeden Jahres 1000 Menschen für Christus gewinnen könnten, wie lange würden Sie brauchen, um die ganze Welt für Christus zu gewinnen? Die Antwort, ohne Rücksicht auf die Bevölkerungsexplosion, lautet 10 000 Jahre. Aber wenn Sie ein wahrer Jünger Christi sind, und Sie in Gottes Kraft jedes Jahr eine Person für Christus gewinnen können, und wenn Sie dann diese Person ausbilden könnten, um für Christus jedes Jahr eine andere Person zu gewinnen, wie lange würde es dauern, bis die ganze Welt für Christus gewonnen ist? Antwort: Nur 32 Jahre!« In Gemeinden, wo die Jüngerschaft ernst genommen wird, gibt es nur wenige, wenn überhaupt, Gottesdienste mit einem besonders begabten evangelistischen Prediger. Viele werden jedoch durch das Zeugnis des einzelnen für Christus gewonnen.

Die Notwendigkeit einer Art von Jüngerschafts- oder »Hirtenprogramm« sollte jetzt klar sein. »Wenn Jünger nicht richtig ausgebildet werden, dann wird es nicht genug kompetente Leiter geben, um das Werk der Gemeinde fortzusetzen.«[5] Wenn die Gemeinde als ganze das nicht ernst nimmt, ist sie selbst schuld an den Konsequenzen, die zu unangenehmen Spaltungen führen.

Die Gefahren des Hirtentums

Es gibt viele Bibelstellen, die davon reden, daß der Leiter einer Gemeinde die Rolle des Hirten (Pastors) auf sich nimmt. »So habt nun acht auf euch selbst und auf die ganze Herde ...«, sagte Paulus zu den Ältesten von Ephesus.[6] »Weidet die Herde Gottes, die euch befohlen ist ...«, schrieb Petrus.[7] »Weide meine Lämmer! ... Weide meine Schafe! ... Weide meine Schafe!« sagte Jesus zu Simon Petrus, als er ihn wieder zum Leiter der Gemeinde machte.[8] Aber in vielen Gemeinden wird das Konzept des Hirtentums mit

Mißtrauen und Ablehnung betrachtet. Woher kommt das? Es gibt einige offensichtliche Gefahren, denen man aus dem Weg gehen muß.

Erstens geschieht es häufig, daß ernsthafte Jüngerschaft in einer Gemeinde zu gesetzlich und autoritär wird. Es werden viele Regeln aufgestellt in bezug auf Erwartungsvorstellungen im Verhalten (von denen nicht alle in der Bibel zu finden sind). Oft ist das durch einen engstirnigen Pietismus gekennzeichnet, eine ungesunde Trennung von der Welt und eine intensive Geistlichkeit, die wenig von spontaner Liebe und Freude aufweist, die doch das Merkmal der neutestamentlichen Gemeinde war. All das kann zu einem harten, unbeugsamen Christentum führen, das von der Sanftmut Jesu weit entfernt zu sein scheint. Ich habe viele Christen gesehen, die einst entspannt und strahlend waren, dann aber wieder bedrückt und ängstlich dreinschauten, weil sie in die Ketten rein menschlichen Hirtentums geraten waren. Der Druck ist möglicherweise nicht struktur-, sondern emotional bedingt. Durch die echte und sich auf viele Einzelheiten des Lebens beziehende Fürsorge reifer christlicher Ehepaare können diejenigen, für die sie seelsorgerlich verantwortlich sind, starke emotionale Bindungen entwickeln (besonders wenn es sich um alleingestellte junge Mädchen handelt), die nicht leicht gebrochen werden können. Es kann sich eine starke Loyalität entfalten, und die kleinste Abweichung kann als Rebellion gedeutet werden.

Wenn man genau das tut, was diejenigen erwarten, die einem als Hirten zugeteilt sind, dann ist alles in Ordnung; aber wenn man sich etwas anders verhält, ganz gleich wie geringfügig die Abweichung von den Erwartungen ist, gibt es entweder eine starke Konfrontation, bis man sich wieder anpaßt, oder sonst wird das Verhältnis beendet und man ist auf sich selbst gestellt. Der emotionale Druck zur Anpassung ist deshalb äußerst stark; nur wenn man diesem nachgibt, bleibt die zerbrechliche Sicherheit der Beziehungen zu anderen Christen intakt.

Ähnliche Gefahren gab es zur Zeit des Neuen Testamentes. Paulus ermahnte die Kolosser, sich nicht neuen Regeln zu unterwerfen: »Du sollst das nicht angreifen, du sollst dies nicht kosten, du sollst jenes nicht anrühren? . . . es sind der Menschen Gebote und Lehren.« Solche Selbstdisziplin ist oft für Christen mit tiefer Hingabe anziehend, aber führt unvermeidlich entweder zu Selbstgerechtigkeit oder zu einem falschen Schuldgefühl. Paulus erklärte, daß solche »Frömmigkeit« göttlich und weise erscheinen mag, aber in Wirklichkeit geschieht es »nicht aus Ehrfurcht, sondern um des Fleisches Gelüsten zu dienen.«[9] Die Christen in Galatien waren in eine ähnliche Falle geraten. Paulus schrieb: »O ihr unverständigen Galater! Wer hat euch bezaubert?« Manche von ihnen waren Petrus gefolgt, der sich zurückzog »und sonderte sich ab, weil er die aus dem Judentum fürchtete«. Durch den Druck derjenigen, die meinten, alle Christen müssen dem jüdischen Gesetz folgen, waren Petrus und andere mit ihm von ihrer christlichen Freiheit in eine religiöse Gesetzlichkeit geraten. Paulus ermahnte sie: »Zur Freiheit hat uns Christus befreit! So stehet nun fest und lasset euch nicht wiederum in das knechtische Joch fangen!«[10] Gesetzlichkeit und Zügellosigkeit sind die zwei Hauptgefahren, die uns unserer wahren Freiheit in Christus berauben. Ja, es muß in jeder Gemeinde Führung und Disziplin geben, aber wenn sie den Geist im Leben der Menschen dämpft und Christen dazu veranlaßt, sich wieder voneinander zurückzuziehen und vorsichtig, kritisch und ängstlich zu werden, müssen wir die Relevanz der Lehre von Paulus bedenken.

Zweitens kann sich ein starkes Hirtentum zu einer neuen Art von Priestertum entwickeln. In manchen Fällen unterwirft jeder Jünger fast jeden Bereich seines Lebens einem Hirten, und jeder Hirte (mit nicht mehr als zwölf Jüngern unter sich) unterwirft sein Leben einem anderen Hirten in einer pyramidenartigen Struktur. Oft wird diese Unterwerfung auf breiterer Basis praktiziert als die der örtlichen Gemeinde. Die Leiter einer Gemeinde zum Beispiel unterwerfen ihr Leben den Leitern einer anderen Gemeinde, die vielleicht viele Kilometer weit entfernt ist, und diese wiederum unterwerfen sich möglicherweise internationalen Führern in einem ganz anderen Land. Eine solche Unterwerfung kann bedeuten, daß man den Zehnten an den Hirten abgibt und in allen Einzelheiten des Lebens verantwortlich ist sowie gehorsam die Führung des Hirten in bezug auf Fragen der Ehe, Familie, Wohnung, Arbeit, Geldeinteilung, Lebensstil und so weiter annimmt.

Das »neue Priestertum«, das aus solch einem System entsteht, ist somit deutlich erkennbar. Wie kann ich die Stimme Gottes hören? Ich muß auf meinen Hirten hören. Wie kann ich den Willen Gottes für mein Leben erkennen? Ich muß meinen Hirten fragen. Was ist die richtige Interpretation dieser Bibelstelle? Mein Hirte wird mich lehren. Eine Frau, die mir erklären wollte, wie wunderbar dieses System sei, sagte: »Es ist eine solche Erleichterung, nicht die Verantwortung für die Entscheidungen selbst übernehmen zu müssen.« Das ist jedoch der Gefahrenpunkt. Wenn das Hirtentum zu einer Kontrolle über die Einzelheiten des Lebens anderer führt, dann ergibt sich ein ernsthafter Verlust des persönlichen Verantwortungsbewußtseins, der Reife und selbst der Bedeutung des einzelnen. Da fast jeder Christ Schwierigkeiten mit der Führung Gottes hat, kann es am Anfang eine Erleichterung sein, jemand anders die Entscheidung treffen zu lassen. Auf lange Sicht jedoch führt das zu einer ungesunden Abhängigkeit des Jüngers von einem menschlichen Hirten statt einer gesunden Abhängigkeit von dem Guten Hirten. Pastoren und Lehrer gehören zu der Gabe Gottes an die Gemeinde, um treu die biblischen Prinzipien zu lehren, auf die wir unsere Entscheidungen gründen sollen. Ohne Zweifel können sie uns helfen, komplizierte Fragen objektiver zu durchdenken, aber wir müssen alle eines Tages vor Gott selbst

Rechenschaft ablegen. Wir sind ihm gegenüber persönlich verantwortlich, und wir sollten uns nicht in Situationen begeben, wo wir andere für die Fehler in unserem Leben verantwortlich machen können. Verantwortung und Reife gehören eng zusammen. Paulus und der Verfasser des Hebräerbriefs bejammerten die Unreife derer, die zu dem Zeitpunkt selbst Lehrer und Leiter sein sollten; statt dessen brauchten sie andere, um sie zu ernähren und für sie verantwortlich zu sein.[11]

Carl Wilson bemerkt, daß in manchen Gruppen die Führer »anfangen, das Recht für sich in Anspruch zu nehmen, anderen zu sagen, was Christus von ihnen will, ohne eine klare Autorität dafür zu besitzen. Manche . . . nehmen für sich eine Autorität in Anspruch, die sie zwischen Christus und die anderen Personen stellt. Sie sagen ihnen, wann sie heiraten sollen, sich scheiden, studieren und so weiter . . . Wenn die Menschen in den Gemeinden den Geistlichen das Recht zugestehen, Entscheidungen über Leben und Lehre zu treffen, abgesehen von der deutlichen Lehre der Schrift, dann wird das der Ausbildung von Jüngern in der Gemeinde den Todesstoß versetzen, genauso wie es in der Urgemeinde der Fall war.«[12] Aus dem gleichen Grund ermahnte Petrus die Ältesten, nicht über die Gemeinde zu herrschen.[13]

Ähnlich muß man in bezug auf starke prophetische Aussagen vorsichtig sein. Diese können zu Gottes Wort für die Gemeinde gehören, aber wenn diesen Prophetien fast eine größere Autorität beigemessen wird als der Schrift selbst, können sich ernste Probleme ergeben. Man sollte darauf hinweisen, daß im Neuen Testament die Prophetie als eine Gabe des Geistes verstanden wird, durch die jedes Mitglied der Gemeinde »zur Erbauung und zur Ermahnung und zur Tröstung« beitragen kann. »Ihr könnt alle weissagen, einer nach dem andern, auf daß sie alle lernen und alle ermahnt werden.«[14] Hier ist kaum ein Hinweis auf besondere Prophetie, die zur Tagesordnung Gottes für die Gemeinde wird. Manchmal will Gott der Gemeinde etwas ganz besonders Wichtiges sagen; in diesem Falle sollten wir damit rechnen, daß es von einer Reihe anderer Quellen bestätigt wird.

Drittens: Dominierendes Hirtentum wird unvermeidlich zu Spaltung führen. Wenn eine Gruppe von Jüngern sich zu sehr auf einen Leiter stützt, dann ist die natürliche Folge ein fleischlicher Geist des Wettbewerbs: »Ich gehöre zu Paulus, ich gehöre zu Apollos, oder ich gehöre zu Kephas.« Diese verschiedenen Gruppen waren dabei, den Tempel des Geistes in Korinth zu zerstören, und Paulus mußte ihnen ganz deutlich machen, was sie der Gemeinde Gottes, dem Gebäude Gottes, antaten. Es war nicht primär eine Zurechtweisung der Leiter, sondern eine Warnung an diejenigen, die den Leitern eine Position einräumten, die über die ihnen von Gott gegebene Rolle weit hinausging. Deshalb fragte Paulus: »Was ist dann Apollos?« Man beachte: Nicht »wer«, sondern »was«? »Was ist Paulus? Knechte . . .«

Er betonte, daß die Leiter selbst keine Bedeutung hatten, sondern alles Wachstum und alles Leben von Gott selbst kam. Wenn die verschiedenen Gruppen in Korinth weiter auf diesem Weg der Spaltung gingen und sich um verschiedene Leiter (oder Hirten) scharten, dann würden sie den Tempel Gottes zerstören. »Wenn jemand den Tempel Gottes verdirbt, den wird Gott verderben, denn der Tempel Gottes ist heilig; der seid ihr.«[15] Kein Mensch kann unbestraft dem Werk Gottes Schaden zufügen.

Es ist tragisch, aber nicht überraschend, daß eine unglückliche Betonung des Hirtentums, der Jüngerschaft und Unterwerfung zu scharfer Kontroverse geführt hat, vor allem innerhalb der charismatischen Bewegung in verschiedenen Teilen der Welt. Häufig haben sich Gruppen verschiedener Größe von Gemeinden getrennt, die Gott trotz vieler Mängel ohne Zweifel segnete. Unabhängige Hausgemeinden sind entstanden, die wohl geblüht haben, aber die auch die tiefen Wunden in dem Leib Christi vertieft haben.

1976 wurde zwischen prominenten Leitern in Nordamerika ein Grad der Versöhnung in bezug auf diese Frage erreicht. Die Verantwortlichen der Christian Growth Ministries, Fort Lauderdale, Florida, die sehr stark mit der »Hirtenbewegung« assoziiert waren, veröffentlichten eine Stellungnahme, die wie folgt begann: »Wir erkennen, daß unter Christen Kontroversen und Probleme in bezug auf Fragen wie Unterwerfung, Autorität, Jüngerschaft und Hirtentum entstanden sind. Wir bedauern diese Probleme zutiefst, und insofern sie auf unsere Schuld zurückzuführen sind, bitten wir unsere Mitgläubigen, die wir verletzt haben, um Vergebung.« Diese Stellungnahme wurde von Don Basham, Ern Baxter, Bob Mumford, John Poole, Derek Prince und Charles Simpson unterschrieben.[16]

Bob Mumford beschrieb die Situation später wie folgt: »In der Vergangenheit haben wir den Leuten beigebracht, so zu handeln, wie sie sich ›geführt‹ fühlten. Das Ergebnis war in vielen Orten Chaos. Um Menschen zu helfen, die Führung des Heiligen Geistes genauer zu interpretieren, baten wir sie, ihre Führung mit einem Pastor oder Hirten zu ›prüfen‹. Das Ergebnis war in vielen Fällen ein bürokratisches System, das die Spontanität zerstörte und die Freude vertrieb, Gott am Werk zu sehen . . . Ohne Zweifel ist es vorgekommen, daß Leiter ›die Rolle des Heiligen Geistes gespielt‹ haben und von den Gläubigen in ihrer Fürsorge eine Loyalität verlangten, die nur der Herr mit Recht verlangen kann . . . Als Leiter müssen wir unseren Gemeindemitgliedern genug Vertrauen entgegenbringen und ihnen gestatten, bei dem Lernprozeß, auf die Stimme des Heiligen Geistes zu hören, Fehler zu machen . . .«[17]

Eine der wichtigsten Aufgaben der Gemeinde heute besteht darin, Jünger auszubilden. Gleichzeitig muß sich die Gemeinde der Gefahren des Extrems bewußt sein und stets danach trachten, die Einheit des Geistes in dem Bund des Friedens zu bewahren.

Jünger und Leiter

Eine der ermutigenden Tatsachen über die Jünger Jesu ist, daß sie ganz gewöhnliche Menschen waren, mit all den menschlichen Schwächen und Versagen, die wir nur zu häufig in uns erkennen. Es gehört zur Integrität der Evangelien, daß wir die Jünger als ehrgeizig und selbstsüchtig erkennen, die sich manchmal darüber stritten, wer von ihnen der größte sei. Wir sehen, wie sie schwach im Glauben waren, voller Angst und Furcht, wie sie ständig sanft zurechtgewiesen wurden, weil sie nicht auf Gott vertrauten. In ihren Worten und Handlungen waren sie impulsiv und unreif, voller Zuversicht, wenn man sie vor Versuchungen warnte, faul, wenn zum Beten ermahnt, ungeduldig mit den Kindern, der Massen müde, verwirrt und deprimiert über die Ereignisse, die zur Kreuzigung führten, obwohl Jesus sie oft belehrt hatte, daß dies geschehen mußte. Wir sehen, wie langsam sie lernten, und wie schnell sie geistliche Lektionen vergaßen, die ihnen auf ganz dramatische Weise beigebracht worden waren. In anderen Worten, sie waren wie die meisten von uns! Und doch waren dies die Menschen, die Jesus zu seinen Jüngern auserwählte, um sie zu Leitern der Gemeinde heranzubilden.

Viele Pfarrer sagten mir, daß sie in ihrer Gemeinde keine potentiellen Leiter haben, und daß sie das als ernstes Hindernis für ihre Arbeit sehen. Vielleicht schauen sie sich sehnsüchtig einige der großen und blühenden Gemeinden an, die vor lauter Führungspersönlichkeiten zu bersten scheinen. Solche Gemeinden scheinen ein Wachstumspotential zu haben, das weniger glücklichen, führungslosen Gemeinden fehlt. In der Mehrheit der Fälle bezweifle ich jedoch, daß das eine richtige Einschätzung der Lage ist. Wir haben lediglich vergessen, wie Jesus zuerst Jünger machte und sie dann ausbildete — aus einem Rohmaterial, das alles andere als verheißungsvoll war. Wie er es machte, und was wir daraus für uns lernen können, werden wir später in diesem Kapitel sehen. Aber zuerst müssen wir beachten, daß die Kennzeichen eines Jüngers und die eines Leiters fast identisch sind. Es stimmt zwar, daß ein Leiter außerdem noch das von Gott gegebene *Charisma* der Leitung haben wird; die meisten anderen Merkmale sind jedoch die gleichen, denn jeder wahre Leiter muß zuerst lernen, selbst einer Leitung zu unterstehen. Wenn er nicht ein guter Schüler ist, wird er nie ein guter Leiter sein. Wenn wir die Aufgabe der Jüngerschulung ernst nehmen, werden wir der Gemeinde auch die Leitungspersönlichkeiten geben, die sie so dringend braucht.

Worauf zielen wir ab, wenn wir davon reden, Jünger auszubilden? Ich möchte hier eine Reihe von Merkmalen anführen, die ich im Laufe der Jahre beobachtet habe. Ich will nicht behaupten, daß diese Liste vollständig ist, oder daß bei jedem Jünger alle diese Eigenschaften aufzufinden sind; zumindest jedoch sollten wir wissen, warum wir beten und was wir zu erreichen hoffen. Ich möchte sie durch eine Reihe von Fragen ausdrücken, die sich selbstverständlich sowohl auf Männer als auch auf Frauen beziehen.

1. Ist er bereit zu dienen? Diese Lektion mußte Jesus seinen statussuchenden Jüngern wiederholt lehren, besonders als er sie dramatisch demütigte, indem er ihre Füße wusch. (Johannes 13; siehe Markus 10,35−45)
2. Lernt er, zuzuhören? Als Simon Petrus auf dem Berg der Verklärung voller Ideen war, sagte ihm Gott, er solle auf seinen Sohn hören. (Lukas 9,35) Als Martha sich ungeduldig damit beschäftigte, eine Mahlzeit zu bereiten, während Jesus sprach, wurde sie sanft zurechtgewiesen, doch dem Beispiel Marias zu folgen, die ruhig saß und dem Meister zuhörte. (Lukas 10,41f.)
3. Ist er bereit zu lernen? Als Jesus über sein kommendes Leiden und seinen Tod sprach, rief Petrus: »Herr, das verhüte Gott! Das widerfahre dir nur nicht!« Petrus sollte die scharfe Antwort, die er erhielt, nie vergessen. (Matthäus 16,22f.)
4. Ist er bereit, korrigiert zu werden? Wie bereit ist er, ehrlich Kritik zu akzeptieren, wenn andere in Liebe die Wahrheit sprechen? (Matthäus 18,15)
5. Wie gut unterwirft er sich denen, die über ihn gestellt sind? (1. Thess. 5,12f.; Hebräer 13,17). Ist er bereit, sich unterzuordnen, selbst wenn er nicht alle Beweggründe versteht oder nur ungerne das tut, worum er gebeten wird?
6. Kann er sein Leben in offener und ehrlicher Gemeinschaft mit anderen teilen? (1. Johannes 1)
7. Lernt er Demut? Kann er sich mit denen freuen, die sich freuen, und zeigt er echte Freude, wenn andere gesegnet werden? (Phil. 2,3f.)
8. Lernt er, sein eigenes Leben zu prüfen, bevor er andere kritisiert? (Matthäus 7,1−5)
9. Kennt er seine Schwächen? Lernt er, sie mit der Gnade Gottes zu überwinden?
10. Ist er ein Perfektionist? Das wird ihn entweder zu Selbstgerechtigkeit, Selbstverurteilung, Selbstmitleid oder zu einem Geist der Verurteilung führen. »Wir alle machen Fehler« (Jakobus 3,2; siehe 1. Johannes

1,8−10)! Lernt er, sich selbst zu akzeptieren, wie Gott ihn in Jesus annimmt − so, wie er ist?

11. Kann er vergeben? (Matthäus 18,21f.)
12. Hat er Durchhaltevermögen oder gibt er leicht auf? Wie wird er mit Enttäuschungen fertig? (Epheser 6,10ff.; siehe 2. Kor. 4,7ff.)
13. Kann man ihm vertrauen? (1. Kor. 4,2) Ist er zuverlässig? Vollendet er eine Aufgabe, ohne daß man ihn ständig drängen muß? Ist er bereit, anderen zu vertrauen, selbst wenn sie ihn enttäuscht und im Stich gelassen haben?
14. Kümmert er sich um seine eigenen Angelegenheiten? Oder will er sich ständig in das Leben anderer einmischen und klatscht gerne darüber? (Johannes 21,21f., 1. Tim. 5,13)
15. Erfüllt er kleine Aufgaben gut? (Kolosser 3,17)
16. Wie gebraucht er seine Freizeit? Erkennt er, daß alle seine Zeit eine Gabe Gottes ist, die weise gebraucht werden soll? (Epheser 5,15−17)
17. Will er vor allem Gott gefallen? Oder sucht er das Lob anderer, oder will er seine eigenen Wünsche befriedigen? (Johannes 12,43; 2. Kor. 5,9)
18. Gehorcht er schnell, wenn Gott zu ihm spricht? Als der Fischer Petrus den Anweisungen Jesu auf dem See von Galiläa sofort gehorchte, ganz gleich, wie töricht sie schienen, war das Ergebnis erstaunlich (Lukas 5,4−9). Das erwies sich als eine höchst wichtige Lektion in den folgenden Jahren (die mehr als einmal gelernt werden mußte!).
19. Glaubt er an Gott, besonders wenn es keine äußeren Zeichen gibt, die seinen Glauben stützen? (Lukas 18,1−8; Markus 11,12ff.)
20. Worin besteht seine Sicherheit? Ist er bereit, letzten Endes auf die Liebe und Treue Gottes zu vertrauen, oder sucht er zuerst und vor allem nach materieller und zeitlicher Sicherheit? (Matthäus 6,19−34) Ist er bereit, weiterzuziehen, wenn der Geist ihn führt, oder widersetzt er sich einer Veränderung?
21. Hat er ein klares Verständnis der Prioritäten Gottes in seinem Leben? (Apostelgeschichte 6,2−4)

Jünger machen

Die goldene Regel heißt, klein anzufangen. Obwohl Jesus einige Zeit vor großen Menschenmengen verbrachte und mindestens einmal siebzig Jünger auf eine besondere Mission aussandte, ist es klar, daß er den größten Teil seines Dienstes auf der Erde mit der kleinen Gruppe von zwölf Jüngern verbrachte. Von diesen zwölf konzentrierte er sich besonders auf drei: Jakobus, Petrus und Johannes. Diese drei waren bei ihm im Krankenzimmer der

Tochter von Jairus, auf dem Berg der Verklärung und im Garten Gethsemane. Ohne Zweifel riskierte Jesus die Eifersucht der anderen Jünger, indem er diesen drei besondere Privilegien einräumte; ohne Zweifel stellten die anderen Nachfolger eifersüchtige Fragen, wenn er soviel Zeit mit den Zwölf verbrachte. Aber es ist unmöglich, mehr als eine kleine Gruppe gleichzeitig zu Jüngern auszubilden, wenn diese zu wahrer geistlicher Reife heranwachsen sollen. Von diesen Zwölf hing die gesamte Zukunft der christlichen Gemeinde ab. Einer versagte völlig, und alle anderen enttäuschten Jesus von Zeit zu Zeit. Aber er gab nicht auf, sondern liebte sie bis zum Ende und errichtete somit ein festes Fundament für die ganze Gemeinde Gottes.

Jeder weise Leiter wird deshalb seine Zeit auf eine kleine Gruppe entschiedener Christen konzentrieren. Zwölf ist wahrscheinlich das Maximum für eine effektive Ausbildung von Jüngern. Je weniger, um so besser. Paulus verbrachte viel Zeit mit Timotheus, Lukas, Titus, Silvanus und einigen anderen. Was Timotheus von ihm gehört hatte, sollte er »treuen Menschen« anbefehlen, »die da tüchtig sind, auch andere zu lehren«.[18] Sich tief auf einige zu konzentrieren, damit sie wiederum andere ausbilden können, ist auf lange Sicht hin wesentlich wirkungsvoller, als oberflächlich vor einer größeren Gruppe zu lehren. Die Arbeit mit kleineren Gruppen ist weitaus fruchtbringender.

Es ist sehr wichtig, sich genau darüber im klaren zu sein, wer die Schulung der Jünger leitet. Die weitläufige und natürliche Antwort lautet, daß es der reifste und erfahrenste Leiter sein sollte. Eine viel gesündere Vorstellung ist jedoch, wenn man Christus hauptsächlich als denjenigen sieht, der die Jünger ausbildet, damit wir uns alle bemühen, einander zu ermutigen, zu korrigieren und in Liebe zu erbauen. Diejenigen mit größerem Wissen und mit weitreichender Erfahrung werden natürlich mehr zu sagen haben als andere; aber wir brauchen einander, um in Christus heranzuwachsen. Er ist derjenige, dem wir zuhören sollen, von dem wir lernen und dem wir gehorchen müssen. Er kann zu uns durch jedes Mitglied der Gruppe sprechen. Der Geist vergibt Gaben ganz wie er will, und sie dienen alle dem gemeinsamen Gut. Wenn ein christlicher Führer sich als »Guru« einer Gruppe sieht oder von anderen so gesehen wird, dann führt das wahrscheinlich zu Problemen. Dominierende Führung wird geistliches Wachstum und Entwicklung nicht fördern, sondern hindern. Außerdem bedarf jeder Führer ständiger Ermutigung und sogar Korrektur; der Heilige Geist kann sehr wohl ein viel jüngeres und weniger erfahrenes Mitglied der Gruppe gebrauchen, um klar und deutlich zu diesem Führer zu sprechen. Man erinnere sich, daß vollkommener Lobpreis aus dem Mund der Säuglinge zu hören ist! Obwohl der Verfasser des Hebräerbriefs die Christen ermahnte, ihrer Führer zu gedenken, ihnen zu gehorchen und untertan zu sein[19], kannte er auch die Bedeutung des gegenseitigen Dienstes: ». . . lasset uns aufeinander achthaben, uns anzureizen zur Liebe und guten Werken . . .«[20]

Gegenwärtig arbeite ich mit einem kleinen Team, das überallhin mit mir reist, und wir führen christliche Missionen oder Festivals in verschiedenen Teilen der Welt durch. Es ist fast immer das gleiche Team, und natürlich verbringen wir viel Zeit miteinander, arbeiten eng zusammen und beten gemeinsam. Aber selbst zu Hause, in der Zeit zwischen diesen Reisen, treffen wir uns mindestens viermal pro Woche. Wir fangen gewöhnlich mit einer Zeit des Gottesdienstes und des Lobpreises an. Dann reden wir über das, was Gott zu uns gesagt hat oder in unserem Leben tut. Fast immer bringen wir das in Beziehung zu Abschnitten aus der Schrift, die wir während des vorausgegangenen Tages gelesen haben.

Diese Zeit des Austauschs wird weder zum Problem noch »Erbauungsstündchen«, in dem wir uns schöne Bibelverse suchen. Es handelt sich um Zeiten der Realität, in denen wir unsere Masken ablegen, das mitteilen, was in unseren Gedanken oder unserem Leben vorgeht, und das in Beziehung mit dem bringen, was Gott uns in unserer gegenwärtigen Situation lehren will. Ich könnte zum Beispiel davon reden, daß ich mich kürzlich unter Druck gefühlt habe, weil ich dieses Buch schreiben soll, aber als ich morgens Psalm 37 las, war es so, als wollte Gott mich daran erinnern, mich an ihm zu freuen und mir seiner liebenden Gegenwart stärker bewußt zu werden. Ein anderes Mitglied des Teams könnte hinzufügen, was er (oder sie) auch kürzlich in ähnlicher Drucksituation vom Herrn gelernt hat. Er könnte mir sanft »in Liebe die Wahrheit« sagen, daß ich es meiner Arbeit gestattet hatte, mich in meinem Verhalten zum Team gespannt und irritiert werden zu lassen. Unser einziger Wunsch ist, einander zu ermutigen, auf jede Weise in Christus heranzuwachsen, und das in einer Atmosphäre der unveränderlichen Liebe Gottes. Manchmal wird es schmerzhaft, wenn wir mit der Wahrheit darüber konfrontiert werden, wie unser Verhältnis zum Herrn und zueinander aussieht. Das kann zu tiefer Buße und sogar zu Tränen führen. Aber viel häufiger noch haben wir viel Spaß zusammen, und fast immer handelt es sich um Zeiten großer gegenseitiger Ermutigung. Wir kennen alle die Gefahren jedes öffentlichen »Dienstes auf dem Podium«; wir wissen auch, daß die Glaubwürdigkeit dessen, was auf der Bühne oder auf der Kanzel geschieht, völlig von der Qualität alltäglicher Beziehungen mit Gott und untereinander abhängt. Nur wenn wir unser Leben miteinander teilen, wird das Leben Jesu unter uns klarer offenbar werden, und es gibt nichts von bleibendem Wert als Jesus, was wir anderen anbieten könnten.

Der genaue Ablauf unserer Teamtreffen ist natürlich nicht festgelegt. An manchen Tagen widmen wir uns der Fürbitte für ein kommendes Festival oder eine Reise; an anderen Tagen arbeiten wir sorgfältiger in der Bibel, oder wir beschäftigen uns mit einem bestimmten Thema, wie Seelsorge, persönliche Evangelisation, oder was sonst anstehen mag. Es handelt sich stets um Zeiten des Lernens, nicht nur auf Verstandesebene, sondern auch in unseren Beziehungen untereinander und zu Gott, z. B. in der Anbetung.

Ist diese Konzentration der Zeit auf eine kleine Gruppe eine Art geistlicher Luxus? Sollten wir nicht eher einer größeren Zahl von Menschen in Not zur Verfügung stehen? Ich glaube das nicht. Weil ein so großer Teil unseres Dienstes darin besteht, so viele Menschen in ihrer Not zu erreichen, ist unsere Zeit der gegenseitigen Jüngerschulung um so wichtiger, und ihre geistliche Fruchtbarkeit zeigt sich bald. Obwohl die Arbeit dieses Teams spezialisiert sein mag, ist das Prinzip der gegenseitigen Fürsorge, des gemeinsamen Betens, Arbeitens und der Aussprache in kleinen Gruppen für jede Gemeinde von lebenswichtiger Bedeutung. Wenn das gegenwärtige Programm einer Gemeinde diese Art der Heranziehung von Jüngern nicht erlaubt, dann sollte man das Programm so schnell wie möglich entsprechend ändern. Ein Mann mag sich umbringen, um auf die Nöte eines ganzen Pfarrbezirks oder einer Gemeinde einzugehen; könnte er sich jedoch einer kleinen Gruppe von Jüngern widmen, von denen viele oder alle später selbst zu Leitern werden, wird ihm die Gemeinde später danken, daß er in den frühen Jahren nicht allen ständig zur Verfügung stand.

In vielen Gegenden gibt es heute einen Mangel an ausgebildeten Geistlichen und Pfarrern. George Martin hat einen Plan vorgeschlagen, wie man dem erwarteten Mangel an katholischen Priestern begegnen könnte: »Vielleicht sollten Pastoren von dem Standpunkt ausgehen, daß sie noch drei Jahre ihrem Pfarrbezirk dienen werden – und daß niemand sie ersetzen wird, wenn sie fortgehen. Wenn sie danach handeln, würden sie der Auswahl, Motivation und Ausbildung von Laien, die als Leiter so viele missionarische Aufgaben des Pfarrbezirks wie möglich nach Ende ihres Dienstes fortsetzen könnten, die höchste Priorität einräumen. Das Ergebnis von drei Jahren intensiver Arbeit auf dieser Basis würde höchst bedeutend sein – sogar revolutionär.«[21]

Leben miteinander teilen

Es gibt ein altes Sprichwort, das lautet:
Ich höre, ich vergesse
Ich sehe, ich erinnere mich
Ich tue, ich verstehe
Genau nach diesem Prinzip bildete Jesus seine Jünger aus. Lukas schrieb an Theophilus über sein Evangelium: »Den ersten Bericht habe ich gege-

ben ... von all dem, was Jesus anfing *zu tun* und *zu lehren* ...«[22] Das Tun
kam selbst vor der Lehre. Jesus hatte keinen formellen Lehrplan und keinen
geplanten Kursus. Statt dessen rief er seine Jünger, *bei ihm zu sein*. Er sagte
zu ihnen: »Und auch ihr werdet meine Zeugen sein, denn ihr seid von
Anfang bei mir gewesen ... Ihr aber seid's, die ihr beharrt habt bei mir in
meinen Anfechtungen ... Ein Beispiel habe ich euch gegeben ...«[23] Sie
sahen ihm bei der Arbeit zu, sie arbeiteten mit ihm zusammen, sie fragten
ihn, wenn etwas schiefging oder sie etwas nicht verstanden, sie zogen in Paa-
ren aus, um die Theorie in die Praxis umzusetzen, sie kehrten zurück, um
von ihren Erlebnissen zu berichten, sie stellten weitere Fragen, und sie
erhielten weitere Anweisungen. Auf diese Weise lernten sie langsam, aber
sicher über das Reich Gottes. »Und die Apostel kamen bei Jesus zusammen
und verkündeten ihm alles, was sie getan und gelehrt hatten.«[24] (Man
beachte wieder die Reihenfolge.)

Das ist die beste Art der Schulung, wenn sich in einer kleinen Gruppe von
Christen persönliche Beziehungen bilden, wenn sie zusammen leben, arbeiten und so ihr Leben miteinander teilen. Nach Moses Auerbach war das
auch das ideale Muster der Beziehung zwischen Rabbiner und Jünger zu der
Zeit Jesu. Der Jünger verbrachte soviel Zeit wie möglich mit dem Lehrer
und wohnte oft im gleichen Haus. »Es wurde von Jüngern nicht nur erwartet, daß sie das Gesetz und alle seine möglichen Konsequenzen studierten,
sondern sie sollten auch mit einer bestimmten Lebensweise vertraut werden.
Das war nur dadurch möglich, daß sie sich ständig in der Gegenwart des
Meisters aufhielten ... Die Rabbiner lehrten viel durch ihr Beispiel und
nicht nur durch direkte Unterweisung. Aus diesem Grund mußte der Jünger
zusätzlich zu seiner Lehre das tägliche Verhalten und die Gewohnheiten seines Meisters beachten.« Einem Lehrer zu folgen bedeutete nicht nur, seiner
Lehre zu folgen, sondern wörtlich hinter ihm herzugehen. Seinem Meister
beim Baden zu assistieren wurde scheinbar so häufig mit Jüngerschaft in
Verbindung gebracht, daß die Redewendung »Ich werde seine Kleider zum
Badehaus bringen« die übertragene Bedeutung »Ich werde sein Jünger sein«
bekam. Der Meister hielt seinen Jünger jedoch keineswegs auf Distanz. Vielmehr versuchte er ihn großzuziehen, als sei er sein eigener Sohn; er kümmerte sich um ihn, versorgte ihn, ermutigte ihn und korrigierte ihn bis zu
dem Tag, an dem der Jünger selbst ein Lehrer wurde.[25]

Das alles ähnelt in bemerkenswerter Weise der Jüngerschaft des Neuen
Testaments. Obwohl Jesus von seinen Jüngern mehr forderte, als ein anderer Rabbiner es gewagt hätte, und obwohl er mehr gab, indem er sein Leben
niederlegte, waren die Prinzipien der Unterweisung durch Beispiel des Lernens, durch Beobachtung und Tun fast die gleichen. Jesus war der gute
Hirte, der sich um seine Schafe kümmerte, sie kannte, beim Namen rief, sie

liebte. Die Schafe wiederum kannten die Stimme ihres Hirten und folgten ihm.

Besonders lebhaft war die warme und zärtliche Beziehung, die sich zwischen dem Apostel Paulus und Timotheus entwickelte, den er »meinen rechten Sohn im Glauben« nannte.[26] Eine Zeitlang nahm Paulus Timotheus auf seine verschiedenen Missionsreisen mit, damit Timotheus einfach dadurch lernen konnte, daß er mit einem solch erfahrenen Christen zusammen war. Später sandte Paulus Timotheus auf seine eigenen Missionsreisen und gab ihm den Auftrag, sich um die große und blühende Gemeinde in Ephesus zu kümmern. Er schrieb Timotheus zwei lange Pastoralbriefe mit vielen Anweisungen, wie er mit verschiedenen Fragen fertig werden sollte, die sich in dieser wichtigen Gemeinde ergeben hatten. Er gab ihm Ratschläge, wie er älteren und jüngeren Männern und Frauen als Pastor dienen konnte. Er gab ihm spezifische Anweisungen für spezifische Situationen. Er hatte Empfehlungen in bezug auf seine persönliche Gesundheit. Er wies ihn sanft wegen seiner Furchtsamkeit zurecht und ermahnte ihn, die Gabe des Geistes in sich entfalten zu lassen. Er kümmerte sich um Timotheus in einer festen und liebevollen Art und Weise, in der sich ein Vater um seinen Sohn kümmern würde. Genauso wie ein hebräischer Vater seinen Sohn dazu ausbildete, um das Familiengeschäft zu *übernehmen,* genauso bedeutet die Ausbildung von Jüngern, unser Leben für sie zu lassen, sie auszubilden, damit sie die Verantwortungen übernehmen können, die wir bislang getragen haben.

Das schien auf jeden Fall gewöhnlich die Art des Paulus zu sein. Den Christen von Thessalonich schrieb er: »Aber wir sind bei euch linde gewesen, gleichwie eine Mutter ihre Kinder pflegt. So hatten wir Herzenslust an euch und waren willig, euch mitzuteilen, nicht allein das Evangelium Gottes, sondern auch unser Leben, darum daß wir euch liebgewonnen hatten . . . Denn ihr wisset, daß wir, wie ein Vater seine Kinder, einen jeglichen unter euch ermahnt und aufgerichtet und euch beschworen haben, daß ihr wandeln solltet würdig des Gottes, der euch berufen hat zu seinem Reich und zu seiner Herrlichkeit.«[27] Paulus war auch begeistert von der Art und Weise, in der sie selbst Verantwortung übernahmen: »Denn von euch aus ist erschollen das Wort des Herrn . . .«[28] Sowie die Jünger an geistlicher Reife wachsen, sollten auch ihre Gelegenheiten zum christlichen Dienst dementsprechend wachsen.

»Die meisten Menschen blühen auf, wenn man ihnen Verantwortung überträgt. Wenn die Leiter nicht andere ausbilden, um ihre Aufgaben zu übernehmen, wird das Wachstum der Gemeinde stagnieren, nachdem eine gewisse Grenze überschritten worden ist. Ganz gleich wie dynamisch der Pastor, ganz gleich wie finanziell stabil und gut organisiert die Gemeinde ist, ihr Wachstum wird sich nicht fortsetzen, wenn Menschen nicht dazu ausgebildet werden, Dienste zu übernehmen.«[29] Das ist genau die Methode Jesu: »Gleichwie mich der Vater gesandt hat, so sende ich euch.«[30] Ihre Verantwortungsbereiche wuchsen ständig, und gleichermaßen entwickelte sich ihre Reife. Er sandte sie allein aus und ließ sie einmal selbst versuchen; dann korrigierte er sie sanft, gab ihnen weitere Anweisungen, bis die Zeit kam, wo er sie ganz allein lassen konnte, in dem Wissen, daß sein Geist in ihnen sie weiterhin führen und ihnen helfen würde.» Jesus scheint seinen Männern so viel Verantwortung gegeben zu haben, wie sie allem Anschein nach verkraften konnten. Er schickte sie aus und ließ sie ihren Dienst ohne ihn ausüben. Somit bereitet er sie auf die Zeit vor, in der er nicht mehr dasein würde. Was ein Jünger selbst tun kann, sollte man nicht für ihn erledigen. Ihm muß eine Gelegenheit gegeben werden, unabhängig und verantwortlich zu handeln.«[31]

All das bedeutet, daß Jünger »gemacht« oder »gebildet« – nicht nur informiert werden müssen, wie es so lange die Praxis der Kirche gewesen ist. Genauso wie Gott verordnet hat, daß wir »gleich sein sollten nach dem Ebenbilde seines Sohnes«, so war Paulus in Ängsten, »bis daß Christus in euch Gestalt gewinne!«[32] Die Vermittlung von Information ist nicht ausreichend, wie wichtig sie auch sein mag. Vielmehr müssen wir unser Leben zu einem solchen Grad miteinander teilen, daß Gott sein Leben mit uns und durch uns teilen kann. Er will uns seinem Willen entsprechend in das Ebenbild seines Sohnes verwandeln, bis er die Gaben und den Dienst, den er uns gegeben hat, zur vollen Reife entwickelt. Letzten Endes geht es Gott nicht um akademisches oder theologisches Wissen, sondern um Leben – sein Leben in uns. Er will nicht nur, daß wir über Jesus Bescheid wissen, sondern daß wir ihm gleichen, von dem Geist Jesu erfüllt werden, den Duft Jesu um uns verbreiten und von der Liebe Jesu kontrolliert werden. Eine solche Qualität des Lebens erlangt man durch Nachfolge und nicht durch Lehre; wie wichtig es auch sein mag, daß wir uns der Lehre der Apostel widmen, wie es die frühen Christen taten, so ist es noch wichtiger, das Leben Christi unter uns offenbar werden zu lassen.

Lehre

Es wäre natürlich ein grundlegender Fehler, wahres geistliches Leben im Gegensatz zu guter biblischer Lehre sehen zu wollen. Die Worte Jesu sind die Worte des Lebens, wie seine Jünger ganz klar erkannten.[33] Im Zusammenhang eines gemeinsamen Lebens verbrachte Jesus viel Zeit mit der Unterweisung seiner Jünger. Man nehme zum Beispiel die Bergpredigt oder seine Ansprache während des Abendmahls oder seine vierzig Tage der Lehre über das Reich Gottes nach seiner Auferstehung. Paulus und die anderen

Apostel verbrachten ebenfalls soviel Zeit wie möglich mit der Predigt, Lehre, Unterweisung, Ermahnung oder dem Schreiben von Briefen. Wie Paulus zu den Ältesten in Ephesus sagte: »Ich habe euch nichts vorenthalten, was da nützlich ist, daß ich's euch nicht verkündigt hätte und euch gelehrt öffentlich und in den Häusern . . . denn ich habe nicht unterlassen, euch zu verkündigen den ganzen Ratschluß Gottes.«[34] Die Briefe des Neuen Testamentes sind deutliche Beispiele der Bedeutung, die die Urgemeinde der christlichen Lehre und ihrer praktischen Anwendung in den verschiedenen Gemeinden beimaß. So ermahnte Paulus Timotheus: »Halte an mit Lesen, mit Ermahnen, mit Lehren . . . Halte an dem Vorbilde der heilsamen Worte . . . das köstlich anvertraute Gut bewahre . . . Predige das Wort, stehe dazu, es sei zur Zeit oder zur Unzeit; weise zurecht, drohe, ermahne mit aller Geduld und Lehre . . . Befleißige dich, vor Gott dich zu erzeigen als einen rechtschaffenen und unsträflichen Arbeiter, der da recht ausstellt das Wort der Wahrheit.«[35]

In keiner Weise will ich den enormen Wert guter, gründlicher biblischer Lehre auf jedem Niveau geringschätzen. Ein Grund für die geistliche Erkrankung, die wir überall um uns herum spüren können, liegt darin, daß die Gemeinde die Predigt und Lehre nicht ernst genug genommen hat. Wenn die Betonung in vielen Gemeindekreisen jedoch auf theologischem Studium, Bibelkursen, Konferenzen, Seminaren und Schulung liegt, ist es wichtig, sich der Tatsache bewußt zu werden, daß die Ausbildung der Jünger hauptsächlich auf andere Weise erfolgte. Paulus konnte zum Beispiel Timotheus gegenüber zugleich streng und ermutigend sein wegen der hervorragenden Beziehung, die zwischen ihnen im Laufe der Jahre entstanden war. Das Leben von Timotheus und sein Dienst waren hauptsächlich aus dem Einfluß des Heiligen Geistes durch Paulus entstanden. Es war real, lebendig und mächtig. Es bestand jedoch die Gefahr, daß er sich angesichts des Drucks innerhalb der Gemeinde und der Verfolgungen von außerhalb in seiner natürlichen Nervosität zurückziehen würde, und dagegen ermahnte Paulus ihn, damit er weiterhin den guten Kampf für Jesus Christus bestreitet. Ohne Zweifel ist die Lehre zur christlichen Reife von höchster Bedeutung. Aber vor allem müssen wir danach streben, daß die Liebe und das Leben Gottes durch einzelne Christen und durch Gemeinden zum Ausdruck kommt.

Kennzeichen eines Leiters

Wir haben bereits gesehen, daß gute Jüngerschaft eine hervorragende Vorbereitung für gute Leiterschaft ist. Das Charisma der Leiterschaft ist jedoch nicht jedem Jünger gegeben, und es gibt bestimmte Qualitäten, nach denen wir Ausschau halten und die wir entwickeln müssen, um die Leiter heranzubilden, die die Gemeinde braucht. Jede natürliche Fähigkeit kommt von Gott und kann in seinem Dienst verwendet werden. Der Apostel Paulus zum Beispiel nutzte seine beträchtlichen intellektuellen Fähigkeiten voll aus, und der theologische Reichtum seiner Briefe hat seitdem den Verstand der fähigsten Theologen beschäftigt. Wir brauchen heute Männer und Frauen, die die bedeutenden Trends in Philosophie und Psychologie, in Soziologie und der Politik erkennen und sie zum Wohl der ganzen Gemeinde interpretieren können. Wenn wir nicht begreifen, was die Welt sagt und tut, können wir nicht mit der Schärfe eines relevanten und vielleicht prophetischen Wortes sprechen. Wir brauchen Christen mit akademischen Fähigkeiten, die sich mit der Auslegung biblischer Abschnitte auseinandersetzen, die sich in ernster theologischer Debatte oder religiösem Dialog engagieren, die erkennen, wenn Fragen in der Gemeinde auftauchen, die zu moralischer oder lehrmäßiger Verwirrung führen können, und die das Evangelium dem säkularen Menschen mit der Verwendung aller verfügbaren Medien verkündigen.

Zur gleichen Zeit ist es interessant, darauf hinzuweisen, daß das biblische Bild des Jüngers oder Leiters auf akademische Qualifikationen keine Rücksicht nimmt. Paulus und Lukas waren hochqualifiziert; Petrus, Jakobus und Johannes hingegen besaßen keinerlei akademische Ausbildung. Die meisten etablierten Kirchen legen zu großen Wert auf akademische Ausbildung und nicht genug auf geistliche Erneuerung und geistliches Leben. Das Ergebnis ist, daß es der Führung der Kirche nicht an intellektueller Glaubwürdigkeit mangelt – und in manchen Situationen ist das nötig und gut; die überwältigende und verzweifelte Not der Gemeinde ist jedoch fast überall in dem Mangel der geistlichen Erneuerung begründet. A. W. Tozer bemerkte einmal: »Die einzige Kraft, die Gott in der Gemeinde anerkennt, ist die Kraft seines Geistes; während die einzige Kraft, die heute von der Mehrheit der Christen anerkannt wird, die Macht des Menschen ist. Gott vollbringt sein Werk durch die Wirkung des Geistes, während christliche Leiter versuchen, ihr Werk durch die Kraft eines ausgebildeten und fleißigen Intellekts zu tun. Kluge Persönlichkeit hat den Raum der Macht Gottes genommen. Nur was durch den ewigen Geist getan wird, wird ewig bleiben.« Die Menschen sind hungrig nach Leben, und die Gemeinden können ihnen nicht geben, was sie selbst nicht haben.

Es ist auch ein Fehler für Gemeinden, *nur* nach natürlichen Leitern Ausschau zu halten – Menschen, die in jedem Lebenswandel Führungspersönlichkeiten sein würden. Solche Personen können zwar durchaus potentielle Leiter in der Gemeinde sein, denn *alle* guten Gaben kommen von Gott. Aber jemand mit einer natürlichen Neigung zur Leiterschaft ist nicht notwendigerweise ein guter geistlicher Leiter; es kann sehr gut sein, daß seine »natürliche« Stärke gebrochen werden muß, bis er zu einer demütigen und echten Abhängigkeit von Gott kommt für Qualitäten, die er nicht selbst besitzt. Wir können einen Hinweis darauf in den Worten Jesu sehen: »Ihr wisset: die Fürsten halten ihre Völker nieder, und die Mächtigen tun ihnen Gewalt. So soll es nicht sein unter euch; sondern wer groß sein will unter euch, der sei euer Diener; und wer der Erste sein will unter euch, sei euer Knecht.«[36]

Paulus mußte mit all seinen intellektuellen Fähigkeiten, mit aller natürlichen Stärke und geistlichen Erfahrung durch einen schmerzhaften Dorn im Fleische (vielleicht ein körperliches Handikap) lernen, daß Gottes Kraft in der Schwäche vollkommen wird. Er fuhr fort: »Wir freuen uns ja, wenn wir schwach sind . . .«[37] Geistliche Leiter wie Jünger müssen ausgebildet werden – sie werden nicht als solche geboren. Und wenn Jesus, der beste aller Ausbilder von Jüngern und Leitern, drei Jahre lang dafür brauchte, um seine Leiter auszubilden (vom menschlichen Standpunkt war er nicht sehr erfolgreich), können wir kaum damit rechnen, die Aufgabe in einer kürzeren Zeit bewältigen zu können. Eine Reihe von Vorlesungen über christliche Leiterschaft ist kein Ersatz für eine Nachahmung der Methode Jesu, der sein Leben mit den Zwölf teilte, sie führte, sie liebte, sie korrigierte, ermahnte, ihnen vergab und für sie betete.

Wofür sollen wir vor allem beten und arbeiten, um einen Jünger zu einem Leiter auszubilden? Zusammen mit den bereits erwähnten Qualitäten müssen wir einige bestimmte besonders fördern.

Erstens muß ein christlicher Leiter den *Geist des Dienens* besitzen. Ein Herrscher *sagt* seinem Volk, was es tun soll, aber ein Leiter *zeigt* anderen durch sein eigenes Beispiel. Jesus wusch zuerst die Füße seiner Jünger, und dann sagte er: »Ein Beispiel habe ich euch gegeben, daß ihr tut, wie ich euch getan habe.«[38] Paulus konnte an die Philipper schreiben: »Was ihr auch gelernt und empfangen und gehört und gesehen habt an mir, das tut.«[39] Er freute sich über die Thessalonicher: »Und ihr seid unserem Beispiel gefolgt und dem des Herrn . . .«[40] Ähnlich empfahl er Timotheus: »Sei ein Vorbild den Gläubigen im Wort, im Wandel, in der Liebe, im Glauben, in der Reinheit.«[41]

Fernerhin wird ein wahrer Leiter einem anderen Christen auf eine Weise dienen, die sein volles Potential entwickelt. Wenn der Jünger zur Reife heranwächst, wird der gute Leiter immer mehr in den Hintergrund treten. Der Trainer eines Fußballteams ist nicht der Starspieler; er schießt nicht alle Tore; er stiehlt nicht das Rampenlicht. Im Vergleich zu den Spielern ist bei den meisten Fußballteams der Trainer relativ unbekannt. Seine Aufgabe ist hinter der Bühne; er befähigt diejenigen, denen er dient, ihr Potential zu verwirklichen. Wenn der Christ den Ehrgeiz hat, selbst der Star zu sein, disqualifiziert er sich als Leiter. »Ein wahrer und sicherer Leiter ist wahrscheinlich derjenige, der keinen Wunsch hat, zu führen, sondern durch den inneren Druck des Heiligen Geistes und die Notwendigkeit der äußeren Situation in diese Rolle gezwungen wird ... Der wahre Leiter wird kein Verlangen haben, über Gottes Erbschaft zu herrschen, sondern wird demütig, sanft, selbstaufopfernd und genauso bereit zur Nachfolge wie zur Leitung sein, wenn der Geist es klarmacht, daß ein Mann mit größerer Weisheit und Gaben gekommen ist.«[42] Es ist klar, daß Johannes der Älteste Schwierigkeiten mit Diotrephes hatte, der sich selbst an erste Stelle setzen wollte. Offensichtlich war er ein unfähiger Leiter, denn er hatte den wichtigsten Grundsatz des Dienstes nicht gelernt.[43]

Zweitens muß ein Führer *geistliche Autorität* besitzen. Das zeigt sich nicht in Status, sondern in Gehorsam zu Gott und Erfülltsein durch den Heiligen Geist. Die sieben Almosenpfleger in Apostelgeschichte 6, die von der Versammlung gewählt und von den Ältesten ernannt wurden, waren Männer, »die einen guten Ruf haben und voll heiligen Geistes und Wahrheit sind.« Über ihre geistliche Autorität bestand kein Zweifel. Stephanus zum Beispiel wurde beschrieben als ein »Mann voll Glaubens und heiligen Geistes ... voll Gnade und Kraft.« Er tat »Wunder und große Zeichen unter dem Volk« und sprach ohne Furcht, als es bei seinem Prozeß um sein Leben ging. Wir erfahren, daß sein Angesicht wie das Angesicht eines Engels war. Das Kennzeichen der Gegenwart Gottes war offensichtlich bei ihm.

Bob Mumford schrieb einmal: »Wahre Autorität wird nie genommen, sie wird gegeben. Kein Leiter soll je mehr Autorität im Leben einer ihm anvertrauten Person nehmen, als dieser Gläubige ihm gibt.«[44] Eine gefährliche Situation kann entstehen, wenn der Gläubige dem Leiter zuviel Autorität gibt, entweder um sich persönlicher Verantwortung zu entziehen oder um den Bedingungen dieser speziellen Gemeinschaft gerecht zu werden. Die Ausübung einer gesunden Autorität in einer Gemeinde, die das richtige Gleichgewicht einhält, ist nicht einfach; es ist nur möglich, wenn man ständig mit Jesus wandelt, von seinem Geist kontrolliert ist, anderen Gläubigen gegenüber empfindsam ist und Christus ständig ähnlicher wird.

Ein solcher Leiter wird schnell jede Bewegung ausnutzen. Wenn der Geist sich in eine bestimmte Richtung zu bewegen scheint, dann muß der Leiter bereit sein, seine Segel aufzuspannen und mit dem Wind des Geistes zu ziehen. Er muß deshalb klare Entscheidungen treffen. Er wird vielleicht Zeit brauchen, um vor Gott stille zu werden und den Rat anderer Christen einzuholen. Aber ein guter Leiter wird feste und im großen und ganzen schnelle Entscheidungen treffen, obwohl er manchmal demütig seinen Irrtum eingestehen muß. Er muß auch voller Vision sein. Er muß lernen, auf den Herrn zu hören, wissen, wohin er sich bewegt, die Vision anderen mitteilen und sie dazu inspirieren, ihm zu folgen.

Obwohl die geistliche Autorität eines Leiters ihm von denen gegeben wird, die er führen will, kommt sie letzten Endes von Gott. Sie wird denen zuteil, denen es mehr als alles andere darum geht, Gott mehr zu gehorchen als den Menschen.[45] Das perfekte Vorbild ist natürlich Jesus selbst. Als Jesus auf der Erde wandelte, war er der Menschensohn genauso wie der Sohn Gottes, und durch sein eigenes Beispiel zeigte er uns ein Leben absoluten Gehorsams. Im Johannesevangelium sehen wir das besonders deutlich. »Ich kann nichts von mir selber tun« (5,30). »Denn ich bin vom Himmel gekommen, nicht damit ich meinen Willen tue, sondern den Willen des, der mich gesandt hat« (6,38). »Denn ich habe nicht von mir selber geredet; sondern der Vater, der mich gesandt hat, der hat mir ein Gebot gegeben, was ich sagen und reden soll« (12,49). In seiner völligen Unterwerfung fand Jesus seine geistliche Autorität und Macht. Deshalb war Jesus von dem Glauben des Hauptmanns zu Kapernaum beeindruckt, der ihm eine Botschaft wegen seines kranken Knechts schickte. Wie der Soldat erklärte: »Denn auch ich bin ein Mensch, der Obrigkeit untertan, und habe Kriegsknechte unter mir; und spreche ich zu einem: Gehe hin! so geht er; und zum andern: Komm her! so kommt er; und zu meinem Knecht: Tu das! so tut er's.« Wenn wir selbst bereit sind, »der Obrigkeit untertan« zu sein, dann werden wir sehen, daß wir geistliche Autorität über andere haben.[46] Gott gibt seinen Geist denen, die ihm gehorchen, und unser Gehorsam ihm gegenüber mag sehr wohl durch unseren Gehorsam gegenüber denen geprüft werden, die er über uns gesetzt hat. Bemerkenswerterweise ist es eine direkte Konsequenz der Erfüllung mit dem Heiligen Geist, einander untertan zu sein in der Furcht Christi[47], besonders denen gegenüber, die im Herrn über uns stehen. »Gehorchet euren Lehrern und folget ihnen; denn sie wachen über eure Seelen, als die da Rechenschaft dafür geben sollen.«[48] Genauso wie der Leiter eines Tages für seine Führung Rechenschaft ablegen muß, genauso muß der Jünger für seinen Gehorsam Rechenschaft ablegen.

Innerhalb der Dreieinigkeit wird jede Gefahr von unausgeglichener Unterwerfung durch das vollkommene Band der Liebe abgewehrt. Liebe ist wiederum der wesentliche Faktor der Kontrolle in einer christlichen Gemeinschaft. »Autorität« und Unterordnung können unverständlich oder furchterregend wirken, wenn sie nicht in einer Gemeinschaft praktiziert werden, die von Beziehungen der Liebe und Hingabe geprägt ist. Aber wir wissen, daß wir nicht dazu berufen sind, auf eigene Faust Christen zu sein. Vielmehr sind wir zur Gemeinschaft berufen, um tiefe Beziehungen zueinander zu entwickeln und unser Leben miteinander zu teilen.«[49]

In einem solchen Zusammenhang sind sorgfältig geordnete Strukturen der Beziehungen für die Gesundheit und Harmonie sowohl der Gemeinde als auch der einzelnen in der Gemeinde von lebenswichtiger Bedeutung. Nur so wird das Reich Gottes unter uns sichtbar und in der Welt Fortschritte machen. In einem hilfreichen Artikel »Woher kommt die Autorität?« zeigt Steve Clark, der Koordinator der »Word of God«-Gemeinschaft in Ann Arbor, Michigan, einige der biblischen Schutzmaßnahmen gegen den Mißbrauch der Autorität auf.[50] Er beschäftigt sich vor allem mit vier Punkten. Erstens: Autorität in einer Gemeinde oder Gemeinschaft sollte von einer Gruppe und nie nur von einem einzelnen ausgeübt werden. In der Zeit des Neuen Testamentes, als die Gemeinde sich etablierte, wurden Älteste (stets Plural) ernannt, um sich um diese Gemeinde zu kümmern. Zweitens wurden genaue Qualifikationen festgelegt, um soweit wie möglich sicherzugehen, daß die richtigen Leute Autorität ausübten. Paulus gab ausführliche Anweisungen an Timotheus und Titus, welche Art von Männer als Gemeindeleiter gewählt werden sollten.[51] Drittens stellte Jesus klar, daß sich Autorität durch demütigen Dienst auszeichnen muß, wie wir bereits betont haben. Viertens ist es letztens Gott, der richtet, »der diesen erniedrigt und jenen erhöht.«[52] Er beruft Leiter zu ihrer Position in der Gemeinde, und es ist die Aufgabe der Gemeinde zu erkennen, wen Gott berufen hat. Wenn Fehler gemacht werden, oder wenn ein Leiter fehlgeht, müssen wir darauf trauen, daß Gott sehr wohl in der Lage ist, zu korrigieren und Disziplin zu üben, denn er ist schließlich der Herr der Gemeinde.

Damit kommen wir zu dem dritten Merkmal eines Leiters: der Bereitschaft, Disziplin auszuüben, obwohl das stets in einem »Geist der Sanftmut«[53] geschehen muß. Ein junger Christ, mit dem ich damals eng zusammenarbeitete, sagte einmal: »Es tut mir leid, daß ich in den letzten Wochen eine schwere Zeit durchgemacht habe. Ich weiß, daß ich es keinem leichtgemacht habe. Aber warum hast du mir nichts gesagt? Ich brauchte deine Korrektur, aber sie blieb aus.« Hätte ich diesen Mann genug geliebt, hätte ich die notwendigen Schritte sanfter Disziplin unternommen, bevor er diesen Hilferuf an uns richtete. Manchmal entstammt unser Zögern, einen anderen Christen zu korrigieren, aus dem tiefen Bewußtsein unseres eigenen Versagens. Gott hat uns jedoch die Verantwortung gegeben, einander zu ermahnen[54], und das erwächst nicht aus unserer eigenen Rechtschaffenheit oder geistlichen Überlegenheit. Sie ist ein lebenswichtiger Ausdruck unserer gegenseitigen Fürsorge im Leib Christi. Während wir nicht zögern dürfen, diese von Gott gegebene Verantwortung auszuüben, dürfen wir das nur demütig tun. »Richtet nicht, damit ihr auch nicht in Versuchung geratet.« Jesus lehrte uns, nie zu kritisieren oder zu richten, damit wir nicht selbst gerichtet werden. Wenn wir einen Splitter im Auge unseres Bruders sehen, müssen wir erst prüfen, ob wir nicht selbst einen Balken in unserem Auge haben; vielleicht ist der Splitter im Auge unseres Bruders nur eine Reflektion des Balken in unserem eigenen.[55]

Wenn wir andere korrigieren, dann ist es wichtig, daß wir uns auf Dinge von Bedeutung konzentrieren und nicht auf triviale Dinge, die uns zufällig irritieren. Ständige Korrektur wirkt entmutigend; zuwenig führt zur Sorglosigkeit. Stets müssen wir positiv sein. Paulus versuchte in seinen Briefen stets seine Leser mit den Hinweisen auf Gottes Gnade in ihrem Leben zu ermutigen, auch wenn er sehr ernst mit ihnen reden mußte. Wir leben in einer Welt, die schnell verurteilt und wenig ermutigt; deshalb ist es besonders wichtig, daß wir positiv über das Gute reden. Korrektur sollte auch von Unterweisung begleitet werden: Was ist schiefgegangen, und warum? Wie kann es das nächste Mal richtig laufen? Selbst wenn die Lektion schon einmal erteilt wurde, dürfen wir uns nicht vor ständiger Wiederholung scheuen; die Apostel kannten den Wert dieser Praxis wie auch ihr Herr.

Der Leiter muß auch klare Warnungen aussprechen: über falsche Lehre und Lehrer, über Versuchungen und Anfechtungen, über die Aktivitäten des Bösen. Paulus war ständig darum bemüht, alle Menschen zu vermahnen und zu lehren.[56] Vorsorge ist besser als Korrektur, und gute Gemeindeleiter werden über die Pläne Satans nicht in Ungewißheit sein.

Jesus hat uns in Matthäus 18,15–20 das Muster der Disziplin in jeder Gemeinde klar gegeben. Disziplin innerhalb der Leitung folgt den gleichen Richtlinien; wenn man sich nach den wichtigen Prinzipien des Paulus richten würde, die er Timotheus gab, könnte man sehr viel schädlichen Klatsch über christliche Leiter vermeiden, der in der Gemeinde so viel Schaden anrichtet. »Wider einen Ältesten nimm keine Klage an ohne zwei oder drei Zeugen.«[57] Ich muß Stanley Jebb danken, der mir geholfen hat, die Bedeutung dieses Verses besser zu verstehen. Wir sollten nie negative Kritik gegen einen Christen anhören, vor allem nicht gegen einen christlichen Leiter, es sei denn, der Kritiker ist bereit, die Anklage in der Gegenwart der Ältesten zu wiederholen, oder wenn nötig sogar ein Zeuge vor Gericht zu sein. Dort muß es mindestens zwei oder drei Zeugen geben. Selbst dann hören wir nur die Anklage; wir schenken ihr keinen Glauben oder unternehmen irgend etwas aufgrund der Anklage, bevor sie nicht weiter untersucht worden ist. Verleumdung und falsche Anklage ist eine der beliebtesten Methoden des Teufels, Christen gegeneinander aufzuhetzen. »Darum lasset uns dem nachstreben, was zum Frieden dient und zur Auferbauung untereinander.«[58]

Die Ausbildung von Leitern

Alles, was bereits über die Ausbildung von Jüngern gesagt worden ist, gilt auch für die Ausbildung von Leitern. Eine weitere strukturelle Entwicklung in dem Gemeindewachstum durch kleine Gruppen sollte erwähnt werden.

Howard Snyder wies einmal darauf hin: »Fast jede größere Bewegung geistlicher Erneuerung in der christlichen Gemeinde ist durch eine Rückkehr zu kleinen Gruppen und durch Wachstum solcher Gruppen in Privathäusern im Bibelstudium, Gebet und zur Diskussion über den Glauben gekennzeichnet gewesen.« John Wesley erkannte die Notwendigkeit dieser Entwicklung, und sie war ein wichtiger Faktor in der Erweckung, die durch England lief. Dadurch wurde nicht nur der persönliche Glaube zahlloser Menschen beeinflußt sondern auch große soziale Veränderungen verursacht. Wesley selbst wurde durch die erstaunliche Wirksamkeit der Herrnhuter Brüder beeinflußt, die hauptsächlich auf der Tatsache beruhte, daß sie soviel Aufmerksamkeit auf ihre persönlichen Beziehungen in kleinen Gruppen richteten. Um wahre tiefe christliche Gemeinschaft entstehen zu lassen und zu bewahren, bildete Graf Zinzendorf zahlreiche kleine Zellen (Banden), die aus 8–12 Menschen bestanden. Diese trugen außerordentlich zur geistlichen Gesundheit der Gemeinde bei und erwiesen sich als Sprungbrett zur Evangelisation. In diesem Jahrhundert ist das außergewöhnliche Wachstum der Gemeinde in Südamerika primär auf zwei Faktoren zurückzuführen: erstens auf die Betonung der Kraft und der Erfüllung mit dem Heiligen Geist und zweitens auf die Entwicklung der Zellenstruktur, von denen Tausende entstanden sind und sich ständig vervielfachen.

Leiterschaft dieser Gruppen und Zellen ist jedoch von höchster Bedeutung für gesundes Wachstum. In unserer Gemeinde in York haben wir die Entwicklung einer »Unterstützungsgruppe« (»Support-group«) als hilfreich empfunden, die sich aus Hauskreisleitern einer bestimmten Gegend zusammensetzt. Der Leiter dieser Gruppe ist ein Ältester, der als Pastor für alle vertretenen Gruppen verantwortlich ist. So wie diese Gruppe von Leitern Gott gegenüber und untereinander offen ist, so wird diese Offenheit wahrscheinlich auch in den Gruppen bestehen, die sie leiten. Deshalb ist die Realität des geistlichen Lebens in der »Unterstützungsgruppe« von wesentlicher Bedeutung für ihren Gottesdienst, ihr Gebet, ihre persönliche Beziehung, ihr Studium und ihre Fürsorge. Wachsen diese Elemente im Kreis der Leiter, dann werden sie wahrscheinlich auch in dem Rest der Gemeinschaft widergespiegelt. Auf diese Weise findet eine ständige Ausbildung von Leitern statt, die sich mit der innerbetrieblichen Ausbildung in der säkularen Welt vergleichen läßt.

Zusammenfassung

Paulus erklärte in seinem Brief an die Kolosser, es sei sein Ziel, »einen jeglichen Menschen darzustellen vollkommen in Christus«.[59] Das ist letzten Endes das Ziel bei der Ausbildung von Jüngern. Weil Gott der Gott allen

Lebens ist, geht es ihm darum, daß wir nicht nur religiöse Menschen werden, sondern Menschen, die in jedem Aspekt ihres Seins gesund und heilig sind. William Temple nannte das Christentum einmal die materialistischste aller Religionen, weil sie jeden Bereich des Lebens betrifft: alles sollte für Christus erlöst sein. Reife in Christus bezieht sich deshalb auf unsere Beziehungen zu Hause und bei der Arbeit, auf unsere Freizeit, unseren Gebrauch von Zeit und Geld, unser Engagement in der Gesellschaft — in anderen Worten, unseren ganzen Lebensstil.

Wir dürfen Jüngerschaft nicht auf religiöse Ereignisse beschränken, wenn wir uns zum Gebet, zum Bibelstudium oder zur Evangelisation versammeln. Vielmehr teilen wir unser ganzes Leben miteinander. Die Ausbildung von Jüngern ist nicht einfach. Paulus schreibt von der harten Arbeit mit aller Kraft, die der Herr in ihm inspiriert. Es wird stets harte Arbeit bedeuten, verbunden mit geistlicher Weisheit und Urteilsvermögen, die Gaben des Heiligen Geistes sind. Darin liegt vielleicht zum Teil der Grund, warum die Gemeinde die Jüngerschaft nicht ernst genug nimmt. Wenige von uns, wenn überhaupt welche, fühlen sich für die Aufgabe qualifiziert. Paulus sprach jedoch von der mächtigen Inspiration des Geistes, wenn es darum ging, anderen zur Reife in Christus zu verhelfen. Wir müssen auf die Hilfsquellen des Geistes vertrauen, wenn wir uns bemühen, dem Missionsbefehl Christi zu gehorchen.

1 Apostelgeschichte 10,34−43
2 Matthäus 28,19
3 1. Korinther 11,19
4 16. Februar 1976
5 Carl Wilson, *With Christ in the School of Disciple Building*, Zondervan 1976, S. 25
6 Apostelgeschichte 20,28
7 1. Petrus 5,2
8 Johannes 21,15−17
9 Kolosser 2,20−23
10 Galater 3,1; 2,12; 5,1
11 1. Korinther 4,1−4; Hebräer 5,11−14
12 A.a.O., S. 24
13 1. Petrus 5,3
14 1. Korinther 14,3.31
15 1. Korinther, 3,5−17
16 Von Michael Harper zitiert in *This is the Day*, Hodder & Stoughton, 1979, S. 156
17 Zitiert in *Fulness*, Bd. 24, 47 Copse Road, Cobham, Surrey, England
18 2. Timotheus 2,2
19 Hebräer 13,7.17
20 Hebräer 10,24 f.
21 Zitiert in *Pastoral Renewal*, Juli 1978

22 Apostelgeschichte 1,1
23 Johannes 16,27; Lukas 22,28; Johannes 13,15
24 Markus 6,30
25 Information aus *Pastoral Renewal*, Juli 1978
26 1. Timotheus 1,2.18
27 1. Thessalonicher 2,7 f., 11 f.
28 1. Thessalonicher 1,8
29 Carl Wilson, a.a.O., S. 101
30 Johannes 20, 21
31 A.a.O., S. 209
32 Römer 8,29; Galater 4,19
33 Johannes 6,68
34 Apg. 20,20.27
35 1. Timotheus 4,13; 2. Timotheus 1,13 f.; 4,2; 2,15
36 Matthäus 20,25−27
37 2. Korinther 12,19
38 Johannes 13,15
39 Philipper 4,9
40 1. Thessalonicher 1,6
41 1. Timotheus 4,12
42 A. W. Tozer; Quelle unbekannt

43 3. Johannes 9f.
44 A.a.O., S. 18
45 Apostelgeschichte 5,29
46 Lukas 7,1–10
47 Epheser 5,18.21
48 Hebräer 13,17
49 Bob Mumford, *New Covenant*, Januar 1977
50 *New Covenant*, Januar 1977
51 1. Timotheus 3,2–13; Titus 1,5–9

52 Psalm 75,7
53 Galater 6,1
54 Kolosser 3,16
55 Matthäus 7,1–5
56 Kolosser 1,28
57 1. Timotheus 5,19
58 Römer 14,19
59 Kolosser 1,28

KAPITEL 5

Das Leben im Geist

Etwa sechzehn Jahre lang habe ich an Asthma gelitten. Sollten Sie auch darunter leiden, werden Sie wissen, wie sehr einen diese Krankheit lähmt. Wenn man um Atem ringt, kämpft man im wahrsten Sinne des Wortes um sein Leben. Man kann nicht reden, gehen, arbeiten oder sonst irgend etwas tun. Die Kirche in vielen Teilen der Welt heute ist in einem Zustand chronischen Asthmas. Vor einem Jahrhundert schrieb Edwin Hatch das Lied:
Erfülle mich, Odem Gottes
Fülle mich neu mit Leben
Damit ich lieben kann, was du liebst
Und tun, was du tun würdest.

Dieses Gebet müssen wir heute aus ganzem Herzen beten: daß der Geist Gottes mit seinem Atem neues Leben in die ganze Gemeinde und in jeden Christen haucht.

Alexander Solschenizyn sagte, daß er das Christentum als die einzig lebendige geistliche Kraft sieht, die in der Lage ist, die geistliche Heilung Rußlands herbeizuführen − oder die jeder anderen Nation. Fernerhin ist die Weltsituation jetzt so ernst, daß geistliche Erweckung für unser physisches Überleben unbedingt notwendig sein mag. Die Stimmung unserer materialistischen, wohlhabenden Gesellschaft ist die der Apathie, des Zynismus, der Frustration, Entfremdung und wachsenden Hoffnungslosigkeit. In unserer geistlich bankrotten Generation suchen Menschen nicht nach Religion, sondern nach Realität. Sie wollen nicht ein bedeutungsloses Glaubensbekenntnis in einem langweiligen Gottesdienst aufsagen, sondern sie wollen Gott in einem überzeugenden persönlichen Erlebnis kennenlernen. Wenn Gott nicht klar in unserer Mitte offenbar ist, hat die Welt für die Gemeinde keine Zeit. Wenn wir nicht der lebendige, liebevolle Leib Christi auf Erden werden, warum sollte jemand an den Heiland glauben?

Der Ruf Jesu an seine Jünger war absolut: sie mußten sich selbst verleugnen, ihr Kreuz auf sich nehmen und ihm nachfolgen − ohne umzukehren. Seine Hingabe an sie war ebenfalls absolut: Er gab sein Leben am Kreuz, und er versprach ihnen seinen Geist des Lebens in ihren Herzen. Ohne diese Gaben seiner Gnade wäre ihre Jüngerschaft hoffnungslos und verfehlt gewesen. Statt dessen wurden sie zur größten geistlichen Revolution, die die Welt je gesehen hatte. Als der Geist zu Pfingsten auf sie fiel, konnte sie nichts mehr aufhalten. Trotz Drohungen, Inhaftierungen, Schlägen und Mord mußten ihre wütenden Gegner zugeben, daß diese furchtsamen, gewöhnlichen Männer und Frauen die Welt auf den Kopf gestellt hatten. Es war ein missionarisches Unternehmen mit außergewöhnlicher Wirkung, das bislang ohne Parallele geblieben ist. Ohne menschliche Ressourcen waren sie völlig auf die Kraft des Geistes Gottes angewiesen. Heute hat die Gemeinde zahlreiche Hilfsquellen: Gebäude, Investitionen, Schätze, theologische Seminare, Büchereien, Filme, Kassetten – die Liste ist lang und eindrucksvoll. Sehr viel weniger eindrucksvoll ist das, was wir von der Kraft des Geistes heute sehen, obwohl wir sie heute mehr als je brauchen.

In den letzten Stunden seines Dienstes auf Erden sprach Jesus mehrere Male von dem Kommen des Heiligen Geistes. Er nannte ihn einen anderen Ratgeber, der für immer bei den Jüngern bleiben würde. Was Jesus für sie während der drei kurzen Jahre gewesen war, würde der Geist für sie überall und immer sein. Er würde sie führen und lehren, ermutigen und zurechtweisen, stärken und ihnen Kraft geben. Er würde der *Geist der Wahrheit* sein, den die Welt nicht verstehen oder akzeptieren, der aber stets in allen denen wohnen würde, die Jesus nachfolgen. Er würde sie alle Dinge lehren und sie daran erinnern, was er alles zu ihnen gesagt hatte.[1] Vor allem hat das Werk des Geistes vier Aspekte, die wir erkennen und erfahren müssen: geistliche Geburt, geistliches Wachstum, geistliche Gaben und geistliche Kraft.

Geistliche Geburt

Ein anglikanischer Pfarrer schrieb mir eines Tages wie folgt: »Du hast gebetet, daß der Heilige Geist mein christliches Leben erneuert; genau das ist geschehen. Ich wurde von neuem Leben und neuer Freude erfüllt, und auf jeder Seite meiner Bibel entdeckte ich den Lobpreis und die Liebe Gottes. Jetzt wußte ich nicht nur von Jesus, sondern ich kannte ihn persönlich!«

Während dieses neue Leben entsteht, gibt es Zeiten im Leben eines Menschen, zu denen der Heilige Geist in seiner Souveränität eingreift. Kein Mensch kann das zuwege bringen. Zuerst zeigt der Heilige Geist uns unsere Not. »Und wenn derselbe kommt«, sagte Jesus, »wird er der Welt die Augen auftun über die Sünde und über die Gerechtigkeit und über das Gericht.«[2] In den letzten Jahren hatte ich das Privileg und die Freude zu sehen, wie eine Reihe von Terroristen und Gefängnisinsassen mit langer Haftzeit zu einem lebendigen Glauben an Christus kamen. In ihren Briefen an mich haben sie fast alle genau die gleichen Worte gebraucht, um ihr Erlebnis zu beschreiben: »Zum ersten Mal fühle ich mich frei.« Niemand kann der ständigen Qual eines schuldigen Gewissens entkommen. Die meisten von uns versuchen Sünde zu verbergen, indem sie sich in Aktivitäten stürzen.

Unser Gewissen jedoch ist uns von Gott gegeben und ist ständig zugänglich für die Wirkung des Heiligen Geistes. Plötzlich und unerwartet empfinden wir Schuld für etwas, das wir in der Vergangenheit getan oder nicht getan haben. »Nichts ist für das menschliche Gefühl der Schuld bezeichnender als seine Unauslöschlichkeit, seine Kraft, sich mit unverminderter Schärfe erneut zu erheben, trotz der Zeit, die schon darüber vergangen ist, und trotz aller Veränderungen in der Person und ihrer Umgebung . . . Die Vergangenheit ist nicht tot; sie kann in diesem Leben nie begraben und abgeschafft werden.«[3] Deswegen weigerte sich der Apostel Paulus, Gottes Wort zu »fälschen«, sondern vielmehr durch »Offenbarung der Wahrheit« zielte er auf »aller Menschen Gewissen im Angesicht Gottes«[4] ab. Er wußte sehr gut aus seiner eigenen demütigenden Erfahrung, wie der Geist Gottes das Wort Gottes zu einem zweischneidigen Schwert machen konnte, das alle Barrieren und Verteidigung durchbrach, um ein schuldiges Gewissen zu offenbaren. Nur durch ein aufgewecktes Gewissen werden wir uns einer geistlichen oder moralischen Not für Gott bewußt, und nur wenn uns der Heilige Geist von dieser Not überzeugt, werden wir anfangen, Gott um seine Barmherzigkeit und Vergebung anzuflehen.

Zweitens bringt der Heilige Geist uns neues Leben. Da Gott Geist ist, müssen wir geistlich lebendig sein, bevor wir ihn kennen können. Durch unsere Sünde sind wir natürlich geistlich tot; wir haben uns von Gott getrennt, indem wir unserem eigenen Weg gefolgt sind und nicht dem seinen. Wir sind in dem Reich der Dunkelheit oder dem Reich Satans. Wie können wir in das Reich Gottes kommen? Wie können wir wiedergeboren, geistlich geboren werden? Jesus gab eigentlich keine direkte Antwort auf die Frage des verwirrten Nikodemus, aber er erklärte ganz deutlich: »Was vom Fleisch geboren wird, das ist Fleisch; und was vom Geist geboren wird, das ist Geist. Laß dich's nicht wundern, daß ich dir gesagt habe: Ihr müsset von neuem geboren werden.«[5] Dafür gibt es keinen Ersatz.

Ohne die neue Geburt können wir das Reich Gottes nicht *sehen*. Stellen Sie sich vor, Sie besuchen York, und ich versuche, Ihnen die wunderschönen Fenster des Münsters in York zu zeigen. Von außen können Sie sie nicht sehen, ganz gleich, wie akkurat und ausführlich ich sie Ihnen beschreiben mag. Nur wenn Sie hineingehen, können Sie sehen, wovon ich rede. Bis wir in das Reich Gottes durch die Wiedergeburt eintreten, können wir geistliche Wahrheit nicht erkennen – wir werden ihr gegenüber blind sein. »Einmal war ich blind, doch jetzt sehe ich« – so drückte John Newton es in seinem berühmten Lied »Amazing Grace« aus.

Ohne diese neue Geburt können wir das Reich Gottes nicht *betreten*. Genauso wie die Luft um mich herum ist, und ich sie atmen muß, um körperlich zu leben, so ist der Geist Gottes um mich herum, und ich muß ihn einatmen (oder empfangen), um geistlich zu leben. Malcolm Muggeridge entdeckte die Realität Christi nach einer geistlichen Pilgerschaft, die einen großen Teil seines Lebens dauerte. Kurz danach beschrieb er die Situation mit den folgenden Worten: »Ich kehre zu dem christlichen Gedanken zurück, daß die Anstrengungen des Menschen, sich ständig glücklich zu machen, zum Scheitern verurteilt sind. Er muß tatsächlich, wie Christus gesagt hat, von neuem geboren werden . . . Was mich betrifft, ist es Christus oder nichts.«[6]

Drittens bestätigt uns der Geist in der Erlösung »Der Geist selbst gibt Zeugnis unsrem Geist, daß wir Gottes Kinder sind«.[7] Wenn wir einmal diese tiefe, innere Gewißheit haben, die manchmal das »Zeugnis des Geistes« oder das »Siegel des Geistes«[8] genannt wird, dann sind wir für alles vorbereitet durch Christus, der uns stärkt. Deshalb konnte Paulus sagen: »Denn ich halte dafür, daß dieser Zeit Leiden der Herrlichkeit nicht wert sei, die an uns soll offenbart werden.« Deshalb war er so fest davon überzeugt, daß nichts »kann uns scheiden von der Liebe Gottes, die in Christus Jesus ist, unsrem Herrn«.[9] Durch das niedrige Niveau geistlichen Erlebens in einem Großteil der Gemeinde fehlt es Christen heute häufig an Gewißheit im Hinblick auf ihre Beziehung zu Gott oder die Vergebung ihrer Sünde. Das Ergebnis ist stets ein schwacher und ungewisser Glaube, der, anstatt die Welt zu erschüttern, leicht von ihr erschüttert wird.

Bei Evangelisationen erlangen manche, die »zu Christus kommen«, in Wirklichkeit eine Glaubensgewißheit. Sie stehen bereits in einer echten Beziehung zu Gott, und in dem Sinne akzeptiere ich den Vorwurf, daß ich häufig zu den Bekehrten predige. Aber William Temple sagte, daß »bis ein Mensch bekehrt ist und es *weiß*, nützt er Gott überhaupt nichts«. Ob eine Evangelisation deshalb zu Bekehrungen oder nur zu einer neuen Heilsgewißheit führt, ist ohne Bedeutung. Ohne diese feste Glaubenssicherheit sind wir Gott in bezug auf fruchtbaren Dienst zu nichts nutze.

Geistliches Wachstum

Wenn Jesus vom Heiligen Geist als Ratgeber sprach, gebrauchte er ein Wort, das bedeutet: »Jemand, der gerufen ist, um zu helfen« – ein Gehilfe. In allen Bereichen des geistlichen Wachstums, ob bei einzelnen Christen oder ganzen Gemeinden, ist die Initiative des Geistes absolut erforderlich. Manche dieser Bereiche sind an anderer Stelle in diesem Buch beschrieben worden. Ein schneller Überblick über andere Aspekte, die das Wirken des Geistes betreffen, mag jedoch hilfreich sein.

1. *Nach dem Bilde Christi.* Das primäre und souveräne Werk des Geistes besteht darin, Christus zu verherrlichen.[10] Eine Methode besteht darin, daß

er unsere blinden geistlichen Augen öffnet, damit wir selbst die Herrlichkeit Christi sehen können. Dann wirkt er in jedem Bereich unseres Lebens, damit in wachsendem Maß die Herrlichkeit Christi anderen durch uns offenbart werden kann: »Der Herr ist der Geist; wo aber der Geist des Herrn ist, da ist Freiheit. Nun aber spiegelt sich bei uns allen die Herrlichkeit des Herrn in unsrem aufgedeckten Angesicht, und wir werden verklärt in sein Bild von einer Herrlichkeit zur andern von dem Herrn, der der Geist ist.«[11] Dieses Werk der Transformation und Wiederherstellung beginnt in dem Augenblick, in dem wir unser Leben persönlich Jesus übergeben und seinen Geist in unserem Herzen empfangen. Gottes Bild in uns ist durch Sünde beschädigt worden. Nachdem er uns durch den Tod seines eigenen Sohnes erlöst hat, schickt Gott seinen Geist in unser Herz, um mit den Reparaturen anzufangen. Es handelt sich um eine delikate und lange Arbeit, die in gewissem Maße von unserer Bereitschaft zur Zusammenarbeit abhängt. Unser eigenes Ich zieht ständig gegen den Geist. »Denn das Fleisch streitet wider den Geist und der Geist wider das Fleisch; dieselben sind widereinander, daß ihr nicht tut, was ihr wollt.«[12] In diesem Abschnitt beschreibt Paulus die Auswüchse des Fleisches und stellt sie in Kontrast zu der Frucht des Geistes – Liebe, Freude, Frieden und so weiter.

Weil über das Thema des geistlichen Wachstums soviel Verwirrung herrscht, und weil viele Christen in eine Bindung geraten, weil sie sich so sehr bemühen, sich ihrer Vorstellung gemäß zu entwickeln, wird vielleicht ein einfaches Diagramm helfen.

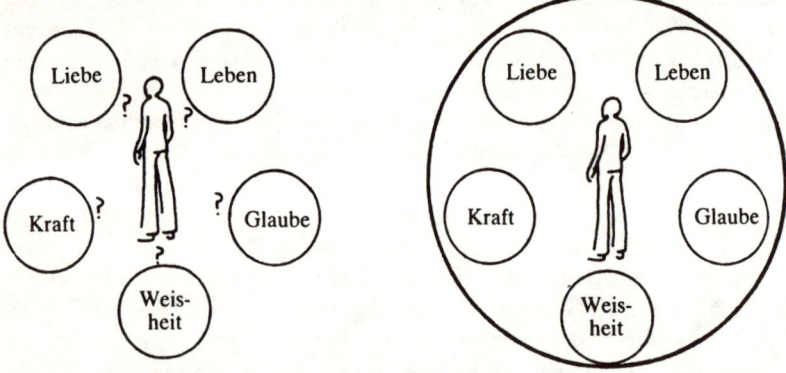

Wir wissen, daß wir voll Liebe, Leben, Kraft, Glaube und Weisheit sein sollen; aber für viele scheint es ein harter, langer und verwirrender Kampf zu sein. Sie sehen die Situation wie folgt – wenn diese christusähnlichen Eigenschaften von uns getrennt sind, wie können wir dann die Liebe und das

Leben erhalten, die wir jetzt nicht haben? Wir müssen erkennen, daß alles, was wir brauchen, in Christus ist, und wenn wir einmal wahrhaft selbst »in Christus« sind, wir in ihm vollständig sind. In ihm haben wir bereits all die Liebe, das Leben, die Kraft und Weisheit, die wir brauchen. Wir müssen sie einfach für uns in Anspruch nehmen und anfangen, die unerschöpflichen Reichtümer zu genießen, die Gott uns bereits in Christus gegeben hat. Es ist wichtig zu erkennen, wie anders diese Art des Wachstums ist. Statt uns darum zu bemühen, etwas zu bekommen, was wir nicht haben, geht es vielmehr darum, durch den Geist das freizusetzen, was wir bereits in Christus haben. Unsere Aufgabe ist es, in ihm zu bleiben, und dann darauf zu vertrauen, daß der Geist in uns und durch uns wirken wird.

2. *Heilung.* Der Heilungsdienst in der Gemeinde ist bis vor kurzem weitgehend vernachlässigt worden oder ist nur von »Exzentrikern« ausgeübt worden. Vom biblischen Standpunkt aus stellen wir jedoch fest, daß das Gebot Christi an seine Jünger, zu gehen und das Evangelium zu predigen, fast stets mit der klaren Anweisung zur Heilung der Kranken verbunden war. Es handelt sich dabei um einen wesentlichen Aspekt der Erlösung Gottes. Das Wort »Heil« stammt von dem Wort »heilen« ab. Heil bedeutet Sicherheit, Gesundheit und Wohlstand. Obwohl im Neuen Bund das Wort eine starke moralische und geistliche Bedeutung gewonnen hat, ist es keineswegs darauf beschränkt − Gott geht es um die Gesundheit des ganzen Menschen. Paulus betonte, daß er arbeitet und »mit der Wirkung dessen, der kräftig in mir wirkt« darum ringt, »auf daß wir einen jeglichen Menschen darstellen wollen vollkommen (*teleion*) in Christus«.[13] Das ist der Plan Gottes: daß wir in Christus vollkommen sind.

Durch Sünde sind wir natürlich von Gott und häufig voneinander getrennt. In gewissem Maße können wir auch von uns selbst entfremdet sein − emotional zerbrochen, verwundet und genarbt − und brauchen deshalb innere Heilung. Bis wir in unserem Inneren geheilt sind, werden wir durch bestimmte negative Haltungen und Reaktionen gebunden. Es war das Merkmal Jesu, daß er in jeder Situation mit vollkommener Liebe reagierte. Es war eine heilige Liebe, durch die Gott gerechten Zorn offenbaren konnte, wenn er mit Heuchelei oder Unterdrückung konfrontiert war; aber obwohl sich viele an ihm versündigten, reagierte er stets mit Liebe. Gott will deshalb in uns mit seinem Geist arbeiten, damit auch wir diese positive Reaktion der Liebe haben, ganz gleich, wie die Situation aussieht, in der wir uns befinden. Dafür ist ein Maß an innerer Heilung für jeden Jünger Christi notwendig.

In Gottes ursprünglichem Plan für seine Schöpfung soll jedes Kind, das in diese Welt geboren wird, die schützende Liebe seiner Eltern und Familien erfahren. Wenn das Kind sich zu entwickeln beginnt, wird es begrenzten Belastungen ausgesetzt als Teil des Entwicklungsvorgangs, aber schädliche

Belastungen werden durch die schützende Liebe des Familienkreises von ihm ferngehalten. Selbst Jesus mußte durch Leiden Gehorsam lernen[14], und deshalb ist etwas Schmerz für gesundes Wachstum notwendig.

Durch den Sündenfall ist jedoch in jeder Familie der schützende Kreis der Liebe zum Teil gebrochen. Deshalb erlebt jedes Kind Situationen, die zu emotionalen Wunden führen – vielleicht tiefen Wunden. Da das Kind selbst mit sündhaften Tendenzen geboren ist, wird es selbst andere und sich selbst durch negative Reaktionen auf verschiedene Ereignisse verletzen. Deshalb wachsen wir alle mit Persönlichkeiten auf, die auf verschiedene Weise aggressiv, defensiv, kritisch und launenhaft sind. In anderen Worten: wir verhalten uns nicht in einer christusähnlichen Weise. Wenn der elterliche Kreis der Liebe durch den Zusammenbruch einer Ehe und Familie schwer beschädigt ist, dann werden die Narben natürlich noch schlimmer sein. Die Kriminalitätsrate ist zum Beispiel bei Jugendlichen, die aus zerbrochenen Familienverhältnissen stammen, unvermeidlich viel höher als bei denen, die aus einem liebevollen und vereinten Zuhause stammen. Wir stehen deshalb nicht nur vor einem Problem »mißhandelter Babys«, sondern auch emotional mißhandelter Kinder, Teenager und Erwachsener.

Wenn wir aufwachsen, lernen wir, uns vor weiterer Verletzung zu schützen, indem wir unsere eigene Verteidigung oder Maske errichten. Wir halten andere auf Distanz, oder wir verbergen unser eigentliches Wesen durch eine äußere Show des Selbstbewußtseins, der Scheu, der Fröhlichkeit, der Aggression oder anderes. Wir werden Experten des Versteckens; wir möchten uns nicht so sehen, wie wir wirklich sind, und auf keinen Fall wollen wir, daß andere die Wahrheit wissen. Die schützenden Masken verhindern, daß wir verletzlich sind. Weil wir anderen unser Leben nicht öffnen, schützen wir uns vor weiterer Verletzung, die nur die Wunden weiter aufreißen würde, die verborgen, aber immer noch vorhanden sind.

Deshalb sind die persönlichen Beziehungen in vielen christlichen Gemeinden oberflächlicher Natur; wir sprechen über Fragen der Lehre oder Aspekte der Arbeit, aber oft kennen wir uns nicht richtig und haben Angst davor, daß andere uns kennenlernen. Unsere Gesellschaft lehrt uns, unsere eigenen Schwächen nicht preiszugeben, und die Gemeinde kann das noch verschlimmern, wenn sie uns zu dem Denken ermutigt, stets siegreich, strahlend, liebevoll, friedfertig und stark zu sein! Es kann dann sein, daß wir Kontakt mit Leuten haben, die unsere innere Verteidigung stärken (»es ist nicht gut, zu introvertiert zu sein«) und die nicht in die Bereiche hineinreichen, die immer noch verletzt sind. Wir schließen uns einer Bibelstunde oder Gebetsgruppe an oder nehmen sonst an irgendwelcher christlicher Aktivität teil, aber wir vermeiden jede Konfrontation mit dem, was wir wirklich sind. Wir brauchen innere Heilung.

Gottes Heilsplan ist klar. Durch den Tod und die Auferstehung Christi können wir mit Gott versöhnt werden und anfangen, die Heilung unserer Beziehung zu ihm zu erleben. Durch den Heiligen Geist in unseren Herzen empfangen wir eine Wiedergeburt und ein neues Leben – »Christus in euch, die Hoffnung der Herrlichkeit«.[15] Wenn wir Christus den Herrn unseres Lebens sein lassen, fängt der Geist an, uns in sein Bild zu verwandeln, von einem Grad der Herrlichkeit zum anderen.[16] Dadurch wird die Frucht des Geistes immer mehr in unserem Leben offenbar: Liebe, Freude, Frieden und so weiter. Durch unsere neuen Beziehungen in der Familie Gottes jedoch können das Werk Christi und die Wirkung des Geistes in uns wirkungsvoller werden. Unser Heil ist in Christus vollkommen. Aber wir müssen unser Leben Gott und einander öffnen, damit sein Geist unsere inneren Verletzungen heilen und uns in der Liebe Gottes erneuern kann.

Damit diese Heilung wirksam werden kann, müssen mehrere Schritte unternommen werden. Erstens müssen wir bereit sein, diese Schutzmasken fallen zu lassen. Es kann wohl sein, daß wir die Hilfe anderer Christen brauchen, um zu sehen, worin diese Masken bestehen: Wir sind unserer eigenen Verteidigung gegenüber erstaunlich blind! Es kann auch sehr gut sein, daß wir nur in der Geborgenheit christlicher Liebe, in der wir akzeptiert werden, bereit sind, diese Masken fallen zu lassen, und somit Bereiche des Versagens, der Wunden und Not zugeben. Das ist eine demütigende und oft schmerzliche Phase, und es kann sein, daß empfindsame Liebe nötig ist, um diese Barrieren wegzuschmelzen.

Zweitens müssen wir unser wahres Wesen vor Gott bekennen, unsere tiefen Wünsche, Einstellungen, und Reaktionen, und demütig um seine Vergebung und um die heilende Liebe seines Geistes beten. Weil Gott außerhalb der Zeit existiert, können wir im Gebet zu den Augenblicken zurückgehen, in denen wir verletzt wurden, und in unseren Herzen der Person vergeben, die uns verletzt hat. Vielleicht können wir bekennen, unsererseits einem Menschen Schaden zugefügt zu haben, und um Gottes Hilfe bitten, wenn möglich, dort Heilung zu schenken. In anderen Worten, wir bitten den Heiligen Geist ganz spezifisch, jene inneren Wunden zu heilen, die uns offenbart sind, wenn wir unsere Masken fallen lassen.

Drittens, indem wir unser Leben offen miteinander in Liebe teilen, machen wir die Heilung des Geistes zur Wirklichkeit. In einer christlichen Gemeinschaft, die von gegenseitiger Fürsorge gekennzeichnet ist, können wir die Wahrheit in Liebe sagen, ehrlich und echt miteinander sein, füreinander beten und somit die Heilung Gottes durch die Gemeinde empfangen, zu der wir alle gehören sollten. Es ist immer noch Gott, der heilt, aber der Geist Gottes kann mit größerer Freiheit im Leben der Christen wirken, die in liebevoller Fürsorge, ohne einander zu verurteilen, voreinander offen sind. »Bekennet einer dem andern eure Sünden und betet füreinander, daß ihr gesund werdet.«[17]

Alle drei Schritte sind für das Heil notwendig, das Gott durch die Gabe seines Sohnes und seines Geistes ermöglicht hat. Mein eigenes kulturelles Milieu war völlig gegen diesen dritten Schritt der Offenheit, und ich habe auch sehr gezögert, meine Masken fallen zu lassen! Privat jedoch konnte ich Gott alles sagen, um seine Vergebung bitten und für die verändernde Kraft seines Geistes beten. So weit, so gut. Aber meine Masken und meine Verteidigung waren immer noch fest an Ort und Stelle. Allmählich, durch die sanfte Liebe und Zärtlichkeit anderer Christen ließ ich einige Schichten meiner Verteidigung fallen. Es war ein niederschmetterndes Erlebnis, daß andere mich langsam kennenlernten, so wie ich wirklich war, und ich war sicher, daß man mich verurteilen und ablehnen würde. Aber in einer Atmosphäre von Gottes unerschütterlicher und barmherziger Liebe, die mir durch meine Brüder und Schwestern erwiesen wurde (die sie selbst genauso brauchten wie ich!), begann ich Gottes tiefe innere Heilung meiner ganzen Persönlichkeit zu erleben wie nie zuvor. Gott ist mit mir noch lange nicht fertig; aber ich bin mir bewußt, wie viel gesünder ich als Mensch in jeder Beziehung durch den heilenden Geist Christi geworden bin, indem er direkt in meinem Herzen am Werk ist und mich auch durch andere Christen erreicht, soweit ich ihnen und Gott mein Leben öffne.

Andere Formen der Heilung sind ebenfalls Gaben des Geistes und ein Ausdruck der Liebe Gottes. Stets müssen wir uns der Souveränität Gottes im Prozeß der Erlösung und auch der Heilung beugen. Gewöhnlich wird Gott durch medizinische Mittel wirken. Jede gute Gabe kommt von oben. Aber wir dürfen Gottes Handlungsbereich nicht einschränken, noch dürfen wir Möglichkeiten leugnen, die unser Verstand nicht erfassen kann. Der gleiche Geist, der durch Christus und die Apostel viele Wunder und Zeichen vollbracht hat, steht denen, die glauben, immer noch zur Verfügung. Er sehnt sich danach, wahrscheinlich viel mehr als wir ahnen können, uns von physischer Krankheit zu erlösen, von geistlichen Störungen und satanischer Bindung. Und selbst wenn sein unmittelbarer Wille keine körperliche Heilung zu bringen scheint, kann sein Geist in uns die Stärke und Schönheit Gottes inmitten der Schwachheit, die wir empfinden, offenbaren − eine Wahrheit, die sich im Leben zahlloser Christen überall in der Welt bestätigt hat.

3. *Anbetung und Gottesdienst.* Das ist die höchste Priorität eines jeden Christen. Anbetung ist für das erste und große Gebot von wesentlicher Bedeutung. Sie sollte unser direkter Wunsch sein, wenn wir in die Gegenwart Gottes kommen. Sie sollte unsere natürliche Reaktion sein, wenn wir unser Leben zum ersten Mal an Jesus übergeben. Sie ist das erste Zeichen des Heiligen Geistes in unserem Leben. Und trotzdem, wenn nichts wichti-

ger ist als Anbetung, dann ist nichts unmöglicher ohne die Hilfe des Heiligen Geistes. »Gott ist Geist, und die ihn anbeten, die müssen ihn im Geist und in der Wahrheit anbeten«, sagt Jesus.[18]

Das ist ein Grund, warum alle Erweckungen in der Kirchengeschichte durch großes Singen und Lobpreis begleitet worden sind.[19] Der Geist erzeugt in uns ein Verlangen, Gott anzubeten und zu preisen; wenn das geschieht, bewegt sich sein Geist frei unter uns. Die Gemeinde, der es um geistliche Erneuerung oder Erweckung geht, muß eine Gemeinde sein, die diese Angelegenheit der Anbetung ernst nimmt. Am Anfang kann es sein, daß unsere Herzen kalt sind und nicht reagieren. Aber wenn wir Gott ein Opfer des Lobpreises bringen, wird der Geist Gottes anfangen, jene kalten Herzen aus Stein in warme Herzen aus Fleisch zu verwandeln. Damit das geschehen kann, müssen wir uns Zeit zum Gottesdienst nehmen. Viele Formen des Gottesdienstes bleiben auf einer recht kühlen Ebene der Kommunikation mit Gott. Wir stehen auf, um ein Lied zu singen, dann setzen wir uns, um zu beten, dann stehen wir wieder auf, um zu singen, und so geht es weiter. Die Ordnung mag überall verschieden sein, aber auf diese Weise ist es schwer, zu einem intimen Gottesdienst überzugehen, und das ist für wahre Anbetung nötig. Das weitaus häufigste Wort für Anbetung im Neuen Testament (*proskuneo*), das 66mal vorkommt (die anderen sechs Wörter kommen nur je einmal vor), bedeutet eigentlich »ich komme, um zu küssen«. Das ist die Sprache der Intimität und Liebe. Das Christentum ist eine Liebesbeziehung zu Gott und seinem Sohn Jesus Christus. Wenn ich meine Liebe mit irgendeinem Gefühl für jemanden ausdrücken will, dann muß ich dieser Person Zeit geben. So ist es auch mit Gott. A. W. Tozer sagte einmal, daß Anbetung bedeutet: »Im Herzen fühlen«. »Eine Person, die lediglich die Formalität mitmacht und nichts fühlt, ist nicht an der Anbetung beteiligt . . . Anbetung bedeutet auch, in einer angebrachten Form zum Ausdruck zu bringen, was man fühlt.« Mit der äußerst nötigen Hilfe des Geistes müssen wir zu dem Punkt kommen, wo alles in uns seinen heiligen Namen ehrt.

Der Geist kommt, um uns Zugang zum Vater zu verschaffen.[20] Er kommt, um Gottes Liebe in unsere Herzen zu gießen, denn wir können ihn nur als Antwort auf seine Liebe zu uns lieben.[21] Er ergreift stets die Initiative. Der Geist kommt, um uns vom Selbstbewußtsein zu erlösen, störende Hemmungen zu beseitigen und uns somit der Gegenwart des lebendigen Gottes bewußter zu machen. Der Geist hilft uns, unserer Liebe auf eine Weise Ausdruck zu geben, an der sich unser Vater freut, die seinen Sohn ehrt und seine Familie ermutigt: »Preiset mit mir den Herrn und laßt uns miteinander seinen Namen erhöhen!«[22] In der Kraft des Geistes beten wir Gott an und bieten uns in seinem Dienst an. »Sende uns in der Kraft deines Geistes, um zu deinem Lob und Ruhm zu arbeiten und zu leben.«

4. *Großzügigkeit.* Ein bemerkenswertes Zeichen der Gegenwart des Geistes nach Pingsten war die außerordentliche Großzügigkeit der Urgemeinde. »Alle aber, die gläubig waren geworden, waren beieinander und hatten alle Dinge gemeinsam. Auch verkauften sie Güter und Habe und teilten sie aus unter alle, je nachdem einer in Not war . . . auch nicht einer sagte von seinen Gütern, daß sie sein wären . . . es war auch keiner unter ihnen, der Mangel hatte.«[23]

Warum ist das Spenden in den meisten westlichen Gemeinden so geringfügig im Vergleich zu Gemeinden des ersten Jahrhunderts oder sogar im Vergleich zu vielen Gemeinden heute in der Dritten Welt? Proportional gesehen kommt das wirklich aufopfernde Spenden aus Bereichen, wo, wie bei der mazedonischen Gemeinde zur Zeit des Neuen Testamentes, schwere Anfechtungen und extreme Armut herrschen.[24] In solchen Umständen sind die Menschen gezwungen, Gott für alles zu vertrauen; es gibt keine andere Alternative. Aber durch ihren echten und aktiven Glauben an Christus ist der Geist in der Lage, Wunder zu vollbringen, nicht zuletzt das Wunder der Großzügigkeit. Paulus spricht ständig von christlicher Gabe als »Gnade Gottes« – es ist stets ein Ausdruck dessen, daß der Geist Gottes in seiner Gnade im Leben seines Volkes wirkt. Wir, die wir in verhältnismäßigem Wohlstand leben, brauchen nicht unbedingt für unsere materiellen Bedürfnisse auf den Geist zu trauen; es gibt eine Alternative. Deswegen ist unser Glaube nicht so aktiv, und der Geist ist weniger in der Lage, Gottes Gnade in unser Leben zu gießen.

Clark Pinnock hat in bezug auf die Urgemeinde geschrieben: »Diese Fürsorge für diejenigen, die in Not waren, diese Bereitschaft, den eigenen Besitz zu opfern, entstand nicht (wie selten der Fall ist) aus einem rein menschlichen Beschluß, weniger selbstsüchtig und gar sittlicher zu sein. Sie entstand aus einer Begegnung mit dem Geist. Der Grund, weshalb wir heute Angst haben, unseren Besitz zu riskieren, in unsere Ersparnisse zu greifen, weniger lukrative Karrieren zu wählen, liegt vielleicht darin, daß wir uns nicht wirklich Gott hingegeben haben und nicht wirklich in der unbehinderten Gegenwart des Geistes leben. Die Liebe Gottes fließt nicht über in unseren Herzen, und wir haben Angst, daß Gott nicht in der Lage ist, für uns zu sorgen.«[25]

Geistesgaben

Jesus versprach seinen Jüngern, daß sie die gleichen Werke wie er während seines irdischen Dienstes tun würden, und dazu noch größere Werke.[26] Dann sprach er von dem Kommen des Heiligen Geistes. Durch die Kraft und Gaben des Geistes wurde diese Verheißung erfüllt.

Überall in der Welt sind in diesem Jahrhundert die Gaben des Geistes aufs neue entdeckt worden, die seit den ersten Jahrhunderten der Kirche verlorengegangen zu sein schienen. Es hatte auch zahlreiche unechte und vorgetäuschte »Gaben« gegeben – manchmal mit tragischen Folgen –, und dadurch sind manche christlichen Leiter vorsichtig geworden, wenn nicht gar kritisch oder feindlich. Obwohl das völlig verständlich ist, besteht die Antwort auf *Mißbrauch* nicht darin, daß man alles ablehnt, sondern im *richtigen* Gebrauch. Um zu erkennen, ob bestimmte Manifestationen vom Heiligen Geist stammen oder nicht, müssen wir uns mit der biblischen Lehre in dieser Hinsicht beschäftigen.

Zunächst einmal müssen wir die richtige Einstellung haben, und die Schrift gibt uns mehrere Warnungen. Erstens, *widerstrebt nicht dem Heiligen Geist.* Wie Stephanus den jüdischen Lehrern verkündete: jedes Mal, wenn Gott etwas Neues tut, dann gibt es Menschen, die dem widerstreben.[27] Wir müssen sehr vorsichtig sein, ein eventuelles Handeln des Heiligen Geistes abzuwerten, denn, wie Gamaliel einmal erklärte, es ist möglich, daß wir als solche erfunden werden, die wider Gott streiten wollen![28]

Zweitens: *Dämpft nicht den Heiligen Geist.* In der Gemeinde von Thessalonich waren einige der jüngeren Christen anscheinend nicht bereit, sich den Leitern der Gemeinde zu unterwerfen; Paulus sagt ihnen, sie sollten diejenigen respektieren, die in ihrer Gemeinde tätig sind und sie in Liebe respektieren. Aber einige der Gemeindeleiter waren angesichts des Enthusiasmus mancher jüngeren Mitglieder kritisch und waren dagegen, daß sie bestimmte Geistesgaben ausübten, vor allem die Gabe der Prophetie. Deswegen schreibt Paulus den Leitern: »Den Geist dämpfet nicht. Weissagungen verachtet nicht. Prüfet aber alles, und das Gute behaltet.«[29] Der Grund, warum es in manchen Gemeinden wegen der Geistesgaben zu Spaltungen kommt, liegt gewöhnlich darin, daß manche Leute versuchen, sie den anderen Gemeindemitgliedern zu stark aufzudrängen, während andere (häufig in der Gemeindeleitung) sie zu schnell ablehnen. Es wäre weiser, das zu fördern, was gut ist, und sanft das Falsche zu korrigieren.

Drittens: *Habt keine Angst vor dem Heiligen Geist.* Eine Frau sagte ängstlich zu ihrem Pfarrer: »Ich hoffe, daß in unserer Kirche nichts Übernatürliches geschehen wird!« Das Problem ist, daß durch Furcht tatsächlich nichts geschehen wird! Manche fürchten sich vor den Gefahren der Situation, wenn dem Heiligen Geist ganz die Kontrolle übergeben wird. In unseren Ängsten haben wir die Tendenz, Gott in die Grenzen unseres eigenen Verständnisses einzumauern. Wir sagen ihm, was wir wollen, und was wir nicht wollen. Wir definieren die Weisen, auf die wir bereit sind, sein Wirken zu akzeptieren – die sicher und respektabel sind, die niemanden beunruhigen oder verwirren, die wir einfach verstehen und fest unter unserer Kontrolle halten können. Aber die Wege Gottes sind nicht unsere Wege, und seine Gedanken sind nicht unsere Gedanken. Manchmal ist der Geist der unbequemste Tröster! Häufig schneidet er direkt durch unsere Vorstellungen und Gedanken. Kardinal Suenens sagte: »Der Geist Gottes kann durch das, was auf dem menschlichen Niveau vorausgesagt wird, mit einem Sonnenschein der Überraschungen hindurchatmen.« Fürchten Sie sich nie vor der erneuernden Kraft des Geistes. Gott ist der Geber aller guten Gaben. Er gibt keinen Geist der Angst, sondern einen Geist der Kraft, der Liebe, und der Besonnenheit.[30]

Viertens: *Bereitet dem Heiligen Geist keinen Kummer.* Manchmal kann es viel Zorn, Bitterkeit und Ressentiments über Geistesgaben geben − von den Gefahren des Stolzes oder der Eifersucht ganz zu schweigen. Wenn der Heilige Geist kommt, um uns in Christus zu vereinen und unsere Herzen mit der Liebe Gottes zu füllen, ist es tragisch, wenn wir negativen Einstellungen zueinander Raum geben. »Es ist besser zu lieben, als recht zu haben.« Wenn wir in unseren Beziehungen nicht harmonisch bleiben, bereiten wir dem Geist Gottes Kummer, ganz gleich wie sehr wir auch »recht haben« mögen.[31]

Fünftens: *Seid über den Heiligen Geist nicht unwissend,* besonders nicht in bezug auf seine Gaben.[32] Die Erfüllung der Prophezeiung von Joel zu Pfingsten bezog sich spezifisch darauf, daß alle, die den Namen des Herrn anriefen, Gaben empfangen sollten. Vor allem werden Gaben der Offenbarung erwähnt, die uns helfen sollen, den Willen Gottes zu verstehen. Durch Prophetie wurde die erste große Missionsreise unternommen, und die Gaben wurden allgemein gegeben, um die Gemeinde für den Dienst in der Welt zu erbauen.

Was sind denn diese Gaben? Es mag hilfreich sein, sich auf vier Hauptworte in 1. Korinther 12,4−7 zu konzentrieren.

1. *Gaben.* Paulus spricht von »mancherlei Gaben«. Das Wort mancherlei kommt in den Versen 4−6 dreimal vor, und ohne Zweifel gibt es eine reiche Vielfalt von Gaben. In den Versen 8−10 werden neun Gaben erwähnt, drei weitere in Vers 28, und weitere Listen sind in Römer 12, Epheser 4 und 1. Petrus 4 zu finden. Nichts deutet darauf hin, daß diese Listen vollständig sein sollen; sie sind einfach Beispiele von Geistesgaben. Auch finden wir im Neuen Testament keine scharfe Trennung zwischen »natürlich« und »übernatürlich«. Alle guten Gaben kommen von Gott, selbst wenn manche − Wunder zum Beispiel − die ungewöhnliche Handlung Gottes in dieser Welt auf offensichtlichere Weise demonstrieren. Das Wort *charisma* bedeutet Gottes Gabe der Liebe, und Paulus spricht von vielen solchen Gaben, darunter Vergebung, ewiges Leben, Gemeinschaft, Leiterschaft, Ehe und Zölibat.

Wir dürfen deshalb nie eine der Gaben Gottes verachten oder sie als unbedeutend einstufen. Ich habe gehört, wie manche Christen zum Beispiel verächtlich über die Gabe des Zungenredens gesprochen haben. Aber wenn Sie mir in Liebe eine Gabe geben würden, und ich würde sie verächtlich ablehnen, wären Sie doch verletzt. Alle Gaben Gottes sind gut und schön, selbst die »geringsten«.

Weil diese Gaben völlig von Gott stammen, brauchen wir die Führung des Geistes für ihre richtige Ausübung, bevor sie zu wahren Geistesgaben werden, die der Gemeinde nützen. Wir mögen auf natürliche Weise die Gabe der Musik, Verwaltung oder der Gastfreundschaft besitzen. Solche Gaben können entweder Ausdruck der Liebe Gottes sein oder Gelegenheiten zur Selbstdarstellung. Wenn ich eine Gabe als »meine« Gabe ansehe, die zur Selbsterfüllung gebraucht wird, dann beraube ich andere des Segens, den Gott beabsichtigt hat. Aber wenn ich die Gabe als »seine« betrachte und bete, daß er sie mit seinem Geist kontrollieren und zu seinem Ruhm gebrauchen wird, dann wird sie zu einer wahren Geistesgabe, die die Gemeinde erbaut.

2. *Dienst.* Das Wort für Dienst, *diakonia*, beinhaltet einen Eifer zum Dienst. Gott gibt uns Gaben oder gebraucht die Talente, die wir bereits haben, wenn wir ein echtes Verlangen haben, Christus zu dienen und seinen Leib, die Gemeinde, zu stärken. Gott zwingt seine Gaben nie auf einen Knecht, der sie nicht haben will.

An dieser Stelle ist es wichtig, die Beziehung zwischen den Gaben des Geistes und dem Leib Christi zu betonen, denn für Paulus gehören sie in 1. Korinther 12–14 eng zusammen. Ein Grund, warum die Gemeinde bestimmte Geistesgaben verloren hat, liegt vielleicht darin, daß sie so oft nicht wirklich der Leib Christi geworden ist. Nur wenn wir tief und liebevoll einander als Glieder desselben Leibes verpflichtet sind, wird Gott uns seine Gaben anvertrauen. Es gibt mancherlei Dienste innerhalb des Leibes Christi.

Diese Wahrheit hat auch eine wertvolle Sicherung gegen einen unabhängigen Gebrauch bestimmter Gaben. Alle sollten innerhalb der Gemeinschaft von Gottes Kindern abgewogen und geprüft werden. Ein Mann mag zum Beispiel denken, er sei dazu berufen, zu predigen und zu lehren, aber ein solcher Ruf muß in seiner Gemeinde erst geprüft und erwiesen werden. Die Anerkennung unserer Gaben von der Gemeinde und vor allem ihrer Leiter ist ein besonders wichtiger Schutz gegen den Mißbrauch der Geistesgaben. Alle Warnlichter sollten anfangen zu blinken, wenn eine Person nicht bereit ist, seine oder ihre Gaben prüfen zu lassen.

Wenn wir einmal erkennen, daß diese Gaben für den »Dienst« sind, dann müssen wir sie gebrauchen. Wenn wir es nicht tun, enthalten wir einander diese Ausdrucksweisen der Liebe Gottes vor. Paulus ermahnte uns, daß wir, die wir Gaben besitzen, je nach der Gnade, die uns gegeben ist, sie auch gebrauchen sollen.[33]

3. *Wirken.* Geistliche Gaben sind die Methoden, mit denen Gott in und durch seine Gemeinde heute am Werk ist. Sie sind »lebendige Bewegungen des Leibes Christi«, um James Dunn zu zitieren. Jemand wird geheilt oder bekehrt − Gott ist am Werk! Eine großzügige Geldspende wird gegeben − Gott ist am Werk! Eine neue Atmosphäre der Freude und Liebe wird in einer Gemeinde erlebt − Gott ist am Werk!

Es ist von lebenswichtiger Bedeutung, daß wir unsere Herzen stets weit offenhalten für das frische Wirken des Heiligen Geistes, denn Gott will unter seinen Kindern stets Neues tun. Er ist der Gott von heute. Er spricht heute, handelt heute, errettet heute. Obwohl wir dankbar auf alles zurückblicken können, was er in der Vergangenheit getan hat, müssen wir einen erwartungsvollen Glauben entwickeln und glauben, daß Gott heute etwas Neues und Frisches in unserer Mitte tun will. Soweit wir erwartungsvoll Gott gegenüber offen bleiben, wird er nach seinem Willen seine Gaben schenken, und wir werden Gott unter uns am Werk sehen.

4. *Offenbarung.* Geistliche Gaben werden gegeben, um den unsichtbaren Gott offenbar oder sichtbar zu machen. Wir können Gott vielleicht nicht so leicht hören, aber durch Prophetie oder Auslegung der Schrift kann Gott sprechen. Wir können Gott zwar nicht sehen, aber wenn wir einander lieben, wohnt die Liebe Gottes in uns und offenbart uns seine Gegenwart. Deswegen sollten alle wahren Geistesgaben Gottes Geist unter uns offenbaren.

Eine solche Offenbarung des Geistes wird jedem Christ ständig gegeben (*didotai* − ist im Griechischen im Präsens), vorausgesetzt, daß wir Gott gegenüber offen und bereit zum Dienst sind, in der Art und Weise, wie wir bereits beschrieben haben. Unsere Gaben und unser Dienst mögen sich im Laufe der Zeit ändern, aber jede Person ist im Leib von großer Bedeutung. Diejenigen, die »schwächer« zu sein scheinen, sind in Wirklichkeit Glieder, ohne die der Leib Christi nicht auskommen kann.[34] In seinem hilfreichen Buch *Fire in the Fireplace* (»Feuer im Kamin«) schreibt Charles Hummel: »Nehmen Sie einmal an, Sie gehen in der Nähe eines Sees spazieren und Sie hören einen Hilferuf. Wenn Sie sich dem Wasser zuwenden, sehen Sie, daß ein Kind hineingefallen ist. Sie eilen zu der Stelle hin, um das Kind aus dem Wasser zu ziehen. Es ist offensichtlich absurd, darüber zu diskutieren, welches Glied des Körpers für die Rettung am wichtigsten war − Ohren, Augen, Füße oder Hände −, denn jedes erfüllte eine bestimmte Funktion. Wenn eines von ihnen zur richtigen Zeit nicht funktioniert hätte, wäre das Kind nicht gerettet worden.«[35] Jede Gabe ist im Leib Christi von lebenswichtiger Bedeutung; jede braucht die anderen. Oft wird durch die kombinierte Anwendung verschiedener Gaben eine Person wortwörtlich gerettet − vom Reich Satans in das Reich des Sohnes Gottes.

Wenn geistliche Gaben in einer Atmosphäre der Liebe Gottes ausgeübt werden – das große Kapitel des Paulus über die Liebe befindet sich zwischen diesen beiden Kapiteln über die Gaben –, dann ist es immer zum gemeinsamen Wohl. Im Griechischen bedeutet dieser Ausdruck (*sumpheron*) wörtlich »für das Zusammenbringen«, »für die Heilung, Wiederherstellung, Erneuerung, Stärkung« des Leibes Christi. Liebe kontrolliert die Gaben. Liebe sichert, daß sie stets dazu gebraucht werden, um den Leib Christi zu erbauen, und nie zur Selbstdarstellung oder zur Manipulation anderer. Liebe fördert das Gute und korrigiert sanft das, was nicht so gut ist. Liebe ist »der bessere Weg, einander mit Geistesgaben zu dienen. Liebe kümmert sich um die Bedürfnisse anderer, damit geistliche Gaben zu einem echten Ausdruck der Liebe Christi für die Mitglieder seines Leibes werden. Deshalb sollten wir die Liebe zu unserem höchsten und wichtigsten Ziel machen *und* ernsthaft nach den Geistesgaben trachten.«[36]

Geistliche Kraft

Kardinal Newman sagte einmal, daß die Kirche der Statue eines Pferdes gleicht: die Vorderbeine sind für einen Sprung nach vorn hochgehoben, und jeder Muskel der Hinterbeine ist angespannt. Wenn man sich die Statue ansieht, rechnet man damit, daß sie jeden Augenblick nach vorn springen wird. Wenn man jedoch 20 Jahre später wiederkommt, hat sie sich nicht einen Bruchteil eines Zentimeters bewegt. Wenn man sich jedoch die Gemeinde zwanzig Jahre nach dem Ausgießen des Heiligen Geistes ansieht, dann stellt man fest, wie lebhaft sie sich bewegt hat, welche erstaunlichen Fortschritte sie gemacht hat. Das hatte einen einfachen Grund: die Kraft des Geistes war mit ihnen.

Wie können wir diese innere Kraft kennen? Wir müssen unseren himmlischen Vater darum bitten – so sagt Jesus. »So denn ihr, die ihr arg seid, könnt euren Kindern gute Gaben geben, wieviel mehr wird der Vater im Himmel den heiligen Geist geben denen, die ihn bitten!«[37] Es mag jedoch verschiedene Gründe geben, die uns daran hindern, die erneuernde Kraft des Geistes Gottes zu empfangen oder sogar darum zu bitten.

Mangel an persönlicher Hingabe ist ein häufiger Grund. Jesus verhieß seinen Geist denen, die sich bereits ihm als Jünger verpflichtet hatten. Sie hatten alles verlassen, um ihm nachzufolgen. Wie Petrus später sagte: ». . . der heilige Geist, welchen Gott gegeben hat denen, die ihm gehorchen.«[38] Eine Frau schrieb mir nach einem Gottesdienst in unserer Kirche: »Am Sonntag habe ich mein ganzes Leben Jesus hingegeben, mit allen Problemen, habe ihn für alles gepriesen und habe ihm gesagt, daß ich glücklich bin, alles anzunehmen, was er für mich geplant hat. Plötzlich war ich vom Heiligen Geist erfüllt, und seitdem hat sich mein Leben verändert.«

Ein weiteres Hindernis für die Macht des Geistes ist *unbekannte Sünde*. Die dritte Person der Trinität ist der *Heilige* Geist – er wird kein unsauberes Gefäß füllen. Wir können uns nicht selbst rein machen, aber wir können für jede uns bekannte Sünde Buße tun und darauf vertrauen, daß das Blut Jesu uns von aller Sünde rein macht. Es kann wichtig sein, den Geist darum zu bitten, jeden Teil unseres Lebens zu durchsuchen, um uns alles zu zeigen, was Gott mißfallen mag. Nur wenn wir das getan haben, in ehrlicher Demut, und nur wenn wir mit allem fertig geworden sind, was er uns gezeigt hat, können wir Gott bitten, uns mit seinem Geist zu füllen.

In unserer Gemeinde wurde während einer Zeit des Gebets das folgende Wort der Prophetie gegeben: »Ich habe in euren Herzen gesehen, daß ihr euch nach größerer Hingabe zu mir sehnt; zur gleichen Zeit jedoch habt ihr das Gefühl, daß das nicht geht, weil es Dinge gibt, die auf euch lasten, Teile eures Lebens, vor denen ihr euch schämt, Dinge in der Vergangenheit, die ihr zu verbergen versucht. Kleine Kinder, kommt zu mir mit diesen Dingen. Laßt sie uns zusammen ansehen . . . und dann werden sie verschwunden sein. Ihr seid wie Häuser mit Zimmern, die dunkel und schmutzig sind, und ihr versucht den Schmutz zu verbergen. Aber ich komme, euch zu helfen, die Zimmer aufzuräumen, denn alles, was in mein Licht kommt, wird zu Licht. Versteckt euch nicht vor mir, sondern kommt zu mir . . .« Gott liebt uns immer so, wie wir sind. Wenn wir zu ihm kommen und unsere Sünden bekennen, dann wird er sie fortwaschen und erneut mit dem Licht seines Geistes erfüllen.

Gleichgültigkeit ist ein anderes weit verbreitetes Problem, das uns in einem geistlich leblosen Zustand beharren läßt. Jesus beschreibt die Verheißung des Geistes im Zusammenhang mit der Geschichte eines Mannes, der um Mitternacht von einem Freund gestört wird, der an die Tür klopft und um etwas Nahrung bittet für einen späten Besucher. Weil der Freund nicht aufgab, stand der Mann schließlich auf und gab ihm, was er brauchte. Jesus lehrte oft durch Gegensätze. Wenn ein mürrischer Mensch jemandem um Mitternacht das geben wird, was er braucht, wieviel mehr wird unser liebender himmlischer Vater uns geben, was wir brauchen, vor allem die Kraft seines Geistes. Aber es muß von uns aus Anzeichen geben, daß wir das wirklich wollen, und daß wir uns danach sehnen, die Gaben Gottes zu gebrauchen, um Christus zu verherrlichen und anderen Menschen zu dienen. Bevor wir an diesem Punkt angelangt sind, kann es sein, daß Gott uns von geistlichem Stolz oder von Gleichgültigkeit befreien muß.

Vor einigen Jahren studierte ich die Bergpredigt in Matthäus 5. In einer Zeit von zwei oder drei Monaten führte mich Gott in meiner Erfahrung durch die ersten vier Seligpreisungen. Als sein Geist sich sanft in meinem Leben bewegte, fing ich an zu erkennen, wie arm ich geistlich wirklich war;

allein, auf meinen Knien vor Gott war ich bankrott – ich wußte es in meinem Herzen, obwohl ich versucht hatte, es mit christlichem Dienst zu vertuschen. Dann mußte ich vor Gott wegen meiner geistlichen Armut weinen. Ich wurde wirklich besorgt über meinen Mangel an Liebe für Jesus, mein niedriges Glaubensniveau, meinen Ungehorsam in verschiedenen Bereichen meines Lebens. Damit machte Jesus mich sanftmütig oder demütig vor ihm. Ich sah mich selbst am Fuß des Kreuzes und weinte leise um meiner geistlichen Armut willen. Dann wurde ich sehr hungrig und durstig nach Rechtschaffenheit. Ich sehnte mich nach einem Leben, das Gott wirklich verherrlichen und ihm in jeder Weise gefallen würde. Stolz und Gleichgültigkeit waren beseitigt worden. Es war ein schmerzhaftes und demütigendes Erlebnis, aber Gott bereitete mich vor, mit seinem Geist erfüllt zu werden. Ich fing an, die Weisheit all dessen zu erkennen, das Gott in meinem Leben tat.

Mangel an körperlichem Hunger ist gewöhnlich ein Anzeichen einer Krankheit. Wenn wir keinen Hunger nach Gott haben, ist es ein Zeichen dafür, daß irgend etwas mit unserer geistlichen Gesundheit nicht stimmt und es nötig ist, daß Gott diese harte Schale der Gleichgültigkeit in unseren Herzen zerbricht.

Eines der häufigsten Hindernisse ist *Unglaube*. Wir glauben nicht daran, daß Gott in unserem Leben etwas Neues tun wird. Wir haben ihn vielleicht viele Male gebeten, es zu tun, aber scheinbar geschieht nichts. Jesus stärkt unseren Glauben mit seinen Worten: »Bittet, und es wird euch gegeben, sucht, und ihr werdet finden, klopft, und euch wird aufgetan . . .« Er wiederholt dann die gleichen Worte in anderer Form. Was er also uns sagt, ist: »Es wird geschehen, es wird geschehen . . .« und wiederholt es sechsmal. Sobald wir ihn beim Wort nehmen, müssen wir unserem Glauben an ihn Ausdruck verleihen, indem wir Gott dafür preisen, daß es bereits geschehen ist. Gefühle und Erlebnisse sind immer sehr unterschiedlich: sie kommen zu Gottes Zeit und auf seine Weise. Es ist stets ein Fehler, auf eine bestimmte Art von Erlebnis zu warten, das vielleicht jemand anders widerfahren ist. Das wichtigste ist, der Verheißung Gottes zu vertrauen, sie für uns in Anspruch zu nehmen, anfangen, Gott dafür zu preisen, daß sie jetzt zutrifft, und die Erfüllung dieser Verheißung auf Gottes Weise und in seiner Zeit geschehen zu lassen.

Angst ist auch oft ein Problem. Was lasse ich hier geschehen? Welche Veränderungen werden stattfinden? Was wird Gott in meinem Leben tun? Jesus wußte, daß das immer eine natürliche menschliche Reaktion sein würde, wenn Gott etwas Neues in unserem Leben tut, und deshalb sagte er: »Wo bittet unter euch ein Sohn den Vater . . . um einen Fisch, der ihm eine Schlange für den Fisch biete?« Gott legt seine Kinder niemals herein. Und wenn wir, die wir böse sind, wissen, wie wir unseren Kindern gute Gaben geben, »wieviel mehr wird der himmlische Vater den Heiligen Geist geben denen, die ihn bitten?«

Es ist wichtig zu betonen, daß es sich nicht um ein Erlebnis ein für allemal handelt. Diejenigen, die behaupten, daß sie im Heiligen Geist getauft sind, kann man fragen: »Nun, wie zeigt sich das?« Die innere Erneuerung des Geistes mag sicherlich ein frisches Erlebnis der Liebe Gottes bringen oder einen Sprung in geistliche Realität. Irgend etwas mag sicher geschehen, ganz gleich, wie wir es beschreiben oder erklären. Aber das Gebot der Schrift lautet, immer wieder und ständig vom Geist erfüllt zu werden (Epheser 5,18 – das Verb ist im Präsens Imperativ im Griechischen). Jeden Tag müssen wir für eine neue Reinigung von unseren Sünden zu Jesus kommen und dann neu vom Heiligen Geist erfüllt werden. Wir lesen mehrere Male, wie die Jünger erneut mit dem Heiligen Geist erfüllt wurden. Es kann auch Zeiten der besonderen »Salbung« für bestimmte Aufgaben geben.

Ganz gleich, was unsere Erlebnisse sein mögen, wir sollten uns nicht davor fürchten, unsere Herzen ganz dem Geist Gottes und seiner Liebe zu öffnen. James K. Baxter hat es auf wunderbare Weise beschrieben: »Können wir es einfacher sagen? Liebhaber haben viele Weisen, ihrer Liebe Ausdruck zu verleihen, aber vor allem zwei. Eine besteht in den Worten ›Ich liebe dich‹, die andere in dem Kuß. Gottes Wort an mich, aufs Wesentliche reduziert, heißt ›Ich liebe dich‹. Das ist der Kuß. Und die Taufe im Heiligen Geist? Das bedeutet lediglich, daß ich mich küssen lasse.«[39]

Es wurde einmal von John Wesley gesagt, daß er ein seltsam warmes Herz zusammen mit einem seltsam kühlen Kopf hatte. »Der letztere wird allein immer tief überzeugende Gründe finden, warum er auf Nummer Sicher gehen, offen bleiben, einen Dialog einrichten, tief untersuchen, eine Kommission organisieren, ein Testschema einrichten, einen Artikel verbreiten oder etwas Forschung betreiben soll – alles mögliche, außer trunken im Geist auf die Straßen Jerusalems zu gehen und anderen es zu zeigen.«[40] Wir müssen unbedingt die Vision zurückerlangen, wagemutig für den Herrn zu leben, uns ganz auf die Kraft seines Geistes zu werfen, ohne den wir nichts sind. Alles andere ist ein Versuch, zu segeln, wenn Ebbe herrscht und der Wind stille ist.

»Die Krise in der Kirche ist letzten Endes keine Krise der Autorität oder der dogmatischen Theologie. Sie ist eine Krise der Machtlosigkeit, in der uns alleine übrigbleibt, um die Hilfe und innere Kraft des Heiligen Geistes zu flehen.«[41] Nichts weniger als das ist nötig, um die Kirche vor altersschwachem Zerfall und die Welt vor der drohenden Selbstzerstörung zu bewahren. Gott hat sein Versprechen nie zurückgezogen. Er gibt den Heiligen Geist immer noch denen, die ihn darum bitten. Wir müssen den nächsten Schritt tun.

1 Johannes 14,26
2 Johannes 16,8
3 A. E. Taylor, zitiert in *The Mark of Cain* von Stuart B. Babbage, Paternoster Press 1966, S. 73
4 2. Korinther 4,2
5 Johannes 3,6f.
6 Von einer Predigt in einer Kirche in London am 4. Februar 1968
7 Römer 8,16f.
8 2. Korinther 1,22
9 Römer 8,18.31–39
10 Johannes 16,14
11 2. Korinther 3,17f.
12 Galater 5,17
13 Kolosser 1,28
14 Hebräer 5,8
15 Kolosser 1,27
16 2. Korinther 3,18
17 Jakobus 5,16
18 Johannes 4,24
19 Psalm 103,1f.
20 Epheser 2,18

21 Römer 5,5
22 Psalm 34,4
23 Apg. 2,44f.; 4,32.34
24 2. Korinther 8,2
25 *Post American*, 1105 W. Lawrence, Chicago, Illinois 60630, USA
26 Johannes 14,17
27 Apg. 7,51
28 Apg. 5,39
29 1. Thessalonicher 5,12–22
30 2. Timotheus 1,7
31 Epheser 4,25–32
32 1. Korinther 12,1
33 Römer 12,6
34 1. Korinther 12,22
35 Veröffentlichung von Mowbrays, Oxford, S. 121f., 1978
36 1. Korinther 14,1
37 Lukas 11,13
38 Apg. 5,32
39 *Thoughts about the Holy Spirit*, S. 62
40 *The British Weekly*
41 James K. Baxter, a.a.O., S. 6

KAPITEL 6

Das Gebet

Jesus war allein mit seinen Jüngern. Er war tief im Gebet und offenbarte eine intime Beziehung zu seinem Vater, die seinen Jüngern unbekannt war. Sie beobachteten ihn von einem gewissen Abstand, fasziniert von seiner völligen Konzentration und seiner ruhigen Gemeinschaft mit dem Vater im Himmel. »Herr«, sagten sie, als er fertig war und sich wieder zu ihnen gesellt hatte, »lehre uns das Beten.«

Ein kurzer Blick auf die Evangelien zeigt, daß Jesus seine Jünger ständig das Beten lehrte, sie dazu ermahnte, ermutigte und inspirierte. Gebet war sein Atem, die treibende Kraft seines Lebens, das Geheimnis seines erstaunlichen Dienstes. Genauso war es auch mit den Aposteln: »Ich beuge die Knie vor dem Vater . . . welches ich allezeit tue in meinem Gebet . . . darum lassen wir nicht ab, für euch zu beten.«[1]

Das Gebet ist ebenfalls stets das primäre Merkmal der Heiligen Gottes in jeder Generation der Kirche gewesen. George Whitefield, der sich jeden Abend pünktlich um 22 Uhr zurückzog, stand ebenfalls pünktlich um 4 Uhr auf, um zu beten. John Wesley verbrachte jeden Tag zwei Stunden im Gebet und sagte häufig: »Gott tut nichts, es sei denn in Antwort aufs Gebet.« Martin Luther erklärte: »Wenn ich nicht jeden Morgen zwei Stunden im Gebet verbringe, gewinnt der Teufel während des Tages den Sieg.« Die Leiter der Clapham-Sekte, wie z. B. William Wilberforce, die weitreichende Sozialreformen in England bewirkten, verbrachten gewohnheitsmäßig jeden Tag drei Stunden im Gebet. Vor kritischen Parlamentsdebatten sorgten sie dafür, daß sich Christen überall im Land zum Gebet vereinten. Sie kannten und erwiesen ständig die Kraft des Gebets. William Temple antwortete seinen Kritikern, die Antworten auf Gebet für Zufälle hielten:»Wenn ich bete, kommen Zufälle vor; wenn ich nicht bete, dann nicht.«

Angesichts der Beispiele solcher Glaubenshelden ist es schwer, sich nicht als völliger Versager zu fühlen! Ich vermute, daß die meisten von uns sich über die Armut ihres Gebetslebens schämen. In der westlichen Gesellschaft sind wir besonders vom Aktivismus in Beschlag genommen und haben die gebetsvolle Meditation unserer östlichen Brüder verloren. Das Gebet dieser ersten Jünger ist deshalb von großer Relevanz für uns: »Herr, lehre uns das Beten.«

Warum betete Jesus?

Wenn Jesus der Sohn Gottes war, dem Vater gleich, warum verbrachte er dann so viel Zeit im ernsten Gebet? War es wirklich nötig für ihn? Die Antwort hat zwei Aspekte.

Erstens: Er war nicht nur Gott, er war auch Mensch. Und der Mensch, im Bilde Gottes geschaffen, soll in völliger und ständiger Abhängigkeit von seinem Schöpfer leben. Die wesentliche Natur der Sünde ist Unabhängigkeit: Ich lebe mein eigenes Leben auf meine Weise und tue, was ich will. Deshalb ist das Bild Gottes in mir beschädigt und vernarbt. Wenn ich will, daß das Bild wiederhergestellt wird, muß ich mich von meinen Sünden abwenden, Jesus als meinem Heiland vertrauen und in völliger Abhängigkeit von Gott leben – einer Abhängigkeit, die sich durch Gebet auszeichnet. »Wieviel wir beten, ist ein Maß dessen, wieviel wir von Gott erwarten,« hat Thomas Smail geschrieben. Das Hauptziel des Menschen ist, Gott zu verherrlichen und sich für immer an ihm zu freuen. Aber wir können nicht anfangen, uns an ihm zu freuen, wenn wir keine Zeit mit ihm verbringen.

Zweitens: Jesus war auch der vollkommene Mensch. Wenn er nicht ohne Mangel und Sünde geblieben wäre, dann hätte er nie der Träger unserer Sünden werden können. Es wird uns ausdrücklich gesagt, daß er auf jede Weise versucht wurde wie wir und dennoch ohne Sünde blieb.[2] Wie konnte er diesen ständigen Kampf gegen die Versuchung gewinnen? Es war einfach durch ständiges Gebet. Er sagte seinen Jüngern: »Betet, auf daß ihr nicht in Anfechtung fallet.«[3] Wenn es absolut notwendig war für Jesus, ständig zu beten, wieviel wichtiger sollte es für uns sein. »Gebet – geheimes, inbrünstiges, gläubiges Gebet ist die Wurzel aller persönlichen Gottesfurcht«, schrieb William Caray. Das Gebet hilft uns, Gott für alles zu vertrauen, es öffnet den Weg für den Heiligen Geist, uns in das Bild Jesu zu verwandeln, und es ermöglicht Gott, das Leben anderer zu berühren, denen wir begegnen.

Der Anfang mit dem Gebet

Gott weiß, daß das natürliche Ich vor dem Gebet zurückschreckt. Unser gefallenes Wesen versucht, sich vor der Gegenwart Gottes zu verbergen. Keiner sucht (von der Natur aus) Gott.[4] Genau an dem Punkt brauchen wir dringend die Hilfe des Heiligen Geistes, und er wird uns gegeben, um uns beim Gebet zu helfen: »Desgleichen hilft auch der Geist unsrer Schwachheit auf. Denn wir wissen nicht, was wir beten sollen, wie sich's gebührt; sondern der Geist selbst vertritt uns mit unaussprechlichem Seufzen.«[5]

Wenn wir Gottes Willen nicht kennen, oder wenn uns die richtigen Worte fehlen, dann ist der Heilige Geist da, um uns beim Gebet zu helfen. Er kennt das Denken Gottes, denn er ist der Geist Gottes. Er kann deshalb das Sehnen des Herzens Gottes in unsere Herzen bringen und unsere eigenen holprigen Gebete interpretieren, um sie wirkungsvoll und kräftig zu machen.

Ähnlich dem »unaussprechlichen Seufzen« (wenn auch nicht direkt dasselbe) ist das »Zungenreden«. Das ist eine gültige Form der Kommunikation des menschlichen Geistes mit dem Heiligen Geist. Es ist nicht so sehr irrational, sondern überrational. Der Verstand muß nicht unbedingt grammatische Sätze formulieren, bevor es sinnvolle Kommunikation zwischen zwei Menschen geben kann. »Denn wenn ich in Zungen bete, so betet mein Geist; aber was ich im Sinn habe, bleibt ohne Frucht.«[6] Ist das unsinniges Gebet? Natürlich nicht! Wer in einer anderen Sprache redet, »erbaut sich selbst«, er spricht Geheimnisse im Geist, er spricht zu Gott. Gott, der die Herzen der Menschen kennt, kennt die Wehrufe unseres eigenen Herzens, unabhängig von verständlicher Rede. Aber es muß »im Geist« geschehen. Der Apostel Paulus wußte, daß der Christ stets in einem geistlichen Kampf steht, und besonders dann, wenn wir uns dem Gebet zuwenden. Hier ist es ganz besonders der Fall, daß wir nicht gegen Fleisch und Blut kämpfen, sondern gegen die Mächtigen und Gewaltigen. Weil diese bösen Mächte alles unternehmen werden, um das Gebet zu erschweren, es langweilig oder unmöglich zu machen, müssen wir allezeit im Geist beten.[7]

Zunächst einmal müssen wir lernen, stille zu sein – bis wir uns der Tatsache bewußt werden, daß Gott Gott ist, und daß er zu dem Augenblick bei uns ist, sowohl als liebender Vater und mächtiger Gott. Wir müssen uns üben, auf ihn zu hören und von seinem Geist im Gebet geführt zu werden, für seine Führung empfindsam zu sein, seinen Willen zu verstehen, denn wenn wir um irgend etwas nach seinem Willen bitten, wird er uns hören.[8] Wir sollten spezifisch dafür beten, daß der Heilige Geist uns im Gebet inspirieren, führen und stärken wird.

Unsere körperliche Haltung kann uns oft dabei helfen, diese innere Stille zu pflegen. Obwohl es wichtig sein kann, die Haltung zu variieren – und wir können genauso wirksam im Stehen, Knien, Gehen oder Liegen beten –, so stellt man allgemein fest, daß, wenn man sich aufrecht auf einen Stuhl setzt, mit beiden Füßen auf dem Boden, die Arme entspannt auf den Oberschenkeln ruhend, die Muskeln und Nerven sich gut entspannen können. Dann ist es manchmal leichter, die ruhige, kleine Stimme des Geistes zu hören, wenn er uns sanft in das Bewußtsein der Gegenwart Gottes bringt. Einige tiefe Atemzüge und die Entspannung jedes Körperteils, der angespannt sein mag, können vor einer nützlichen Zeit der Meditation und des Gebets helfen.

Solche Stille vor Gott sollte natürlich zur Anbetung Gottes führen. Anbetung bedeutet, daß ich mein Herz der Liebe Gottes öffne, daß ich mich ihm als Kind nähere, um ihn zu lieben und zu preisen. Bibelstellen, vor allem die Psalmen, können uns zur Anbetung helfen. Das gleiche gilt für Lieder oder Chorusse. Beispiele der Schönheit Gottes in der Schöpfung können auch Bewunderung für den Herrn in uns regen. Wir sollten uns unserer Freiheit im Gebet als wahre Kinder unseres himmlischen Vaters freuen. Wir können natürlich, kühn und voller freudiger Zuversicht sein, wenn wir beten. »Denn ihr habt nicht einen knechtischen Geist empfangen, daß ihr euch abermals fürchten müßtet; sondern ihr habt einen kindlichen Geist empfangen, durch welchen wir rufen: Abba, lieber Vater! Der Geist selbst gibt Zeugnis unsrem Geist, daß wir Gottes Kinder sind. Sind wir aber Kinder, so sind wir auch Erben, nämlich Gottes Erben und Miterben Christi.«[9] Wir haben einen neuen und lebendigen Weg, der uns in die Gegenwart Gottes führt, und mit Zuversicht können wir uns seinem Gnadenthron nähern.

Gott sehnt sich deshalb danach, daß wir uns der herrlichen Freiheit der Kinder Gottes erfreuen. Wir können unserer Anbetung in Wort, Gesang, Bewegung, Tanz oder Sprachen, die uns vom Heiligen Geist gegeben sind, Ausdruck verleihen. »Lobe den Herrn, meine Seele, und was in mir ist, seinen heiligen Namen!«[10] Die Schrift ist voller Aufforderungen an uns, alles, was wir haben, zum Lobpreis des Herrn zu gebrauchen. »Israel freue sich seines Schöpfers, die Kinder Zions seien fröhlich über ihren König. Sie sollen loben seinen Namen im Reigen, mit Pauken und Harfen sollen sie ihm spielen. . . . Schlagt froh in die Hände, alle Völker, und jauchzet Gott mit fröhlichem Schall! . . . Lobsinget, lobsinget Gott, lobsinget, lobsinget unsrem Könige! . . . So will ich dich loben mein Leben lang und meine Hände in deinem Namen aufheben . . . ich will Psalmen singen im Geist und will Psalmen auch verständlich singen . . .«[11]

Danksagung ist ebenfalls ein wesentlicher Bestandteil des Gebets. Die Praxis des Gebets wird öde, wenn nicht gar sinnlos, wenn wir die Herrlichkeit und Größe Gottes aus dem Blick verlieren oder seine zahllosen Segnungen vergessen. Sobald wir jemanden als selbstverständlich hinnehmen, beginnt die Beziehung zu dieser Person zu zerbröckeln. Es ist wichtig beim Aufbau einer persönlichen Beziehung, daß man sich gegenseitig zum Ausdruck bringt, wieviel einem die andere Person bedeutet. »Wenn man sagt, daß Gott unseren Lobpreis wünscht, dann sagt man damit, daß er will, daß wir die herrliche Freude haben, ihn zu lieben und in intimer Verbindung mit ihm zu leben . . . Die Liebe wächst und vertieft sich nur, wenn sie zum Ausdruck gebracht wird. Vielleicht sind wir nicht in Liebe und Freude gewachsen, weil wir nicht unsere Liebe und Freude im Lobpreis zum Ausdruck gebracht haben. Liebe und Lobpreis ziehen sich gegenseitig an.«[12]

Interessanterweise sehen wir, daß bei der einen Gelegenheit, als Jesus in spontanen Dank an seinen Vater ausbrach, er von der Freude des Heiligen Geistes erfüllt wurde.[13] Wenn wir unsere Herzen dem Geist öffnen, werden wir anfangen, die Freude Gottes zu kennen oder die Liebe und das Mitleid Gottes oder vielleicht seinen Kummer, wenn wir beten. Das Gebet wird einfach bedeuten, Gottes Gedanken ihm nachzudenken, und wir erlauben ihm, unseren Leib als seinen Tempel zu gebrauchen – einen Tempel voll Lobpreis oder Fürsprache. Wenn wir im Gehorsam unsere Segel aufrichten und beginnen, Gott anzubeten, ihm zu danken und zu beten, ganz gleich, wie wir uns fühlen, dann werden wir oft feststellen, daß der Wind des Geistes diese schlaffen Segel füllt und uns in unserer Gemeinschaft mit Gott inspiriert.

Wie sollen wir beten?

Auf dem Gebiet des Gebetes gibt es keine Experten. Wir sind alle Kinder, und müssen von unserem himmlischen Vater lernen.

1. *Demut*. Es gibt nur einen Weg in die Gegenwart Gottes, und das ist durch das Blut Jesu. Wir können uns dem Thron Gottes überhaupt nicht nähern, bis wir alle bewußte Sünden bekannt und die Vergebung Gottes und die Reinigung durch den Tod seines eigenen Sohnes erfahren haben. Selbst dann brauchen wir immer noch die Hilfe und Inspiration des Heiligen Geistes, der uns »Zugang zum Vater« verschafft.[14] In anderen Worten – das Gebet ist nichts weiter als unsere demütige Antwort auf die Initiative Gottes. In seiner großen Liebe gab er uns seinen Sohn und sandte seinen Geist in unsere Herzen mit dem Ruf: »Abba! Vater!« Das Gebet bedeutet, daß wir zu Gott ja sagen.

Wir unterwerfen unser Leben seinem Willen, beugen uns seiner Souveränität und entdecken sie und freuen uns an der Liebe des Vaters.

Wenn wir glauben, daß der Weg Gottes vollkommen ist und daß er alles zum Besten wirkt für die, die ihn lieben, werden wir uns das Gebet nicht als einen Versuch vorstellen, Gottes strengen Arm zu drehen und einen zögernden Gott dazu zu überreden, etwas zu tun, was er nicht will. Abgesehen davon, daß es völlig sinnlos wäre, zeigt es ein völlig falsches Bild von Gott. Er ist viel mehr dazu bereit, uns zu segnen, als wir zum Beten bereit sind. Er sehnt sich danach, daß wir und andere seine unerschöpfliche Liebe kennen. Aber wir können Gottes Willen für unser Leben einschränken, indem wir uns gegen ihn auflehnen und auf unserem und nicht seinem Weg bestehen. Als Jesus sagte, wir sollten beten »Dein Wille geschehe, auf Erden so wie im Himmel«, sagte er damit nicht, daß wir uns mit irgendeinem furchtbaren Schicksal zufriedengeben sollen. Ein solcher Gedanke gleicht dem Denken des Mannes in dem Gleichnis von den Talenten, der zu seinem Herrn sagte: »Herr, ich wußte, daß du ein harter Mann bist . . .«[15] Wenn wir irgendein

Verständnis davon haben, welch ein unendlich barmherziger, sanfter, zärtlicher, liebevoller Vater Gott ist – stark, rein und heilig, aber im wesentlichen voller Liebe –, und wenn wir irgendeine Vorstellung davon haben, was es heißt, seine Kinder zu sein, dann ist es das Beste und Größte für uns, unser Leben seinem vollkommenen Willen zu unterwerfen.

Wir brauchen deshalb Demut und Einfachheit, wenn wir beten. Als die Jünger versuchten, Jesus vor den kleinen Kindern zu schützen, wies er sie zurecht: »Lasset die Kinder zu mir kommen und wehret ihnen nicht; denn solcher ist das Reich Gottes. Wahrlich, ich sage euch: Wer nicht das Reich Gottes annimmt wie ein Kind, der wird nicht hineinkommen.«[16] Das Reich Gottes ist voller Kinder und kindlicher Menschen. Wir sollen nicht kindisch bleiben. In unserem Denken und Leben sollen wir reif werden, aber wir sollen wie Kinder bleiben, die sich an der Liebe des Vaters erfreuen.

Du mußt dich mir völlig übergeben,
Du mußt erkennen, daß du weder groß genug noch stark genug bist,
Du mußt dich führen lassen wie ein Kind.
Mein kleines Kind,
Komm, gib mir deine Hand und habe keine Angst.
Wenn es Schlamm gibt, werde ich dich in meinen Armen tragen.
Aber du mußt ganz klein sein.
Denn der Vater trägt nur kleine Kinder.[17]

Oft werden wir unser Herz lehren müssen zu sagen: »Ich weiß es nicht.« Wenn ich alles, was Gott tut, begreifen könnte, dann wäre er es nicht wert, daß man an ihn glaubte, denn er wäre nicht größer als mein Verstand, und er wäre auf keinen Fall Gott. Manchmal reden wir oder gar beten wir so, als ob Gott vor Gericht stünde und müßte seine Existenz rechtfertigen oder seine Handlungen erklären. Als der Psalmist an der alten Frage des Wohlstands der Bösen und des Leidens der Rechtschaffenen herumrätselte, versuchte er sie mit seinem Verstand zu lösen. Er beschwerte sich über die ermüdende Aufgabe, bis er sich in die Gegenwart Gottes begab. Da wurde ihm plötzlich klar, daß er Gott gegenüber bitter geworden war. Dann sagte er weise und demütig:

Als es mir wehe tat im Herzen und mich stach in meinen Nieren, da war ich ein Narr und wußte nichts, ich war wie ein Tier vor dir.
Dennoch bleibe ich stets an dir; denn du hältst mich bei meiner rechten Hand, du leitest mich nach deinem Rat und nimmst mich am Ende mit Ehren an.
Wenn ich nur dich habe, so frage ich nichts nach Himmel und Erde.[18]

Wenn wir es nicht begreifen und uns trotzdem dem Willen des Vaters unterwerfen, werden wir seiner Liebe tief bewußt werden, und sein Frieden und seine Stärke werden neu in unser Leben strömen.

2. *Realität.* Die wunderbare Tatsache in bezug auf das Gebet ist, daß wir vor Gott nichts vorgeben müssen. Er weiß sowieso alles über uns. Er will lediglich, daß wir jeden Teil unseres Lebens mit ihm teilen, und dazu gehören unsere Ängste, unser Versagen, unsere Launen und Emotionen, Gedanken und Furcht – alles, selbst die Dinge, vor denen wir uns tief schämen. Wenn wir die Psalmen lesen, erkennen wir die völlige Ehrlichkeit des Psalmisten: »Herr, wie lange willst du mich so ganz vergessen? Wie lange verbirgst du dein Antlitz vor mir? Wie lange soll ich sorgen in meiner Seele und mich ängsten in meinem Herzen täglich?«[19] Ständig sprach er zu Gott über seine Zweifel, Verwirrung, Schmerz und Freude. Nichts hielt er von Gott zurück. Alle Masken waren abgenommen worden. Sein Gebet hatte Realität.

Genauso war es mit Jesus. Im Garten von Gethsemane können wir keine stoische Haltung erkennen: »Vater, wenn du willst, nehme diesen Kelch von mir ...« Dreimal betete er das gleiche Gebet, während der Schweiß in großen Blutstropfen auf den Boden fiel. Er schreckte vor der furchtbaren Qual des Kreuzes zurück, obwohl er sich vollkommen dem Willen des Vaters unterwarf. Sehen wir uns auch die transparente Ehrlichkeit des Apostels Paulus an. In seinen Briefen schrieb er nicht weniger als 22mal speziell über seine Schwächen. Er gab in Korinth zu, daß er nervös war und vor Furcht zitterte. Manchmal verzweifelte er am Leben selbst. Sein ganzes Leben, darunter auch sein Gebetsleben, hatte diese erfrischende Atmosphäre der Realität.

Haben Sie keine Angst, Ihre geheimsten Gedanken und Wünsche zu Gott zu bringen; was er in uns wirklich will, ist Ehrlichkeit. Sobald wir ihm gegenüber offen sind, wird er sanft in unserem Leben wirken, um uns mehr dem Bilde Christi anzupassen.

3. *Sympathie.* Manchmal meinen wir, daß unser Versagen im Gebet auf einen Mangel an Glauben zurückzuführen ist. Das mag oft der Fall sein. Aber vielleicht noch häufiger liegt es daran, daß es uns an Sympathie oder Mitgefühl mangelt. Jesus war wiederholt durch »Mitgefühl bewegt«, wenn er die große Not von sündigen, leidenden Männern und Frauen sah. Solches Mitleid führte natürlich zu Gebet und praktischer Hilfe. »Wenn wir ein von Gott gegebenes Mitleid und Fürsorge für andere haben, wird unser Glaube für sie wachsen, während wir beten. Wenn wir echt andere Menschen lieben, werden wir sehr viel mehr für sie wünschen, als es in unserer Macht steht, ihnen zu geben, und das wird uns dazu führen, für sie zu beten.«[20]

Mitleid bedeutet, mit jemandem zu leiden – zu versuchen, seinen Schmerz und seine Probleme zu erleben: »Gedenket der Gebundenen als die Mitgebundenen und derer, die Trübsal leiden, als solche, die auch noch im Leibe leben.«[21] Anne Townsend schrieb: »Wenn ich mir vorstellen kann, wie die Person fühlt, für die ich bete, dann kann ich anfangen, für diese Person Fürbitte zu tun. Meine Vorstellung führt mich dahin, mit dem Leben dieser Person mehr zu tun zu haben. Es kann sein, daß ich dieser Person nie begegnen werde, aber ich werde sie genug kennen, um ihr eines der kostbarsten Gaben zu schenken, die eine Person einer anderen geben kann – die der Fürbitte, ›Liebe auf den Knien‹.«[22] Das Gebet ist der größte Ausdruck der Liebe, den wir vielleicht anbieten können – und zwar völlig selbstlos, weil die Person, die von Gott gesegnet wird, selten, wenn überhaupt, wissen wird, daß wir für sie beten.

Mitleidvolles Beten wird auch positives Gebet sein. Es ist nie hilfreich, über alle Probleme im Detail zu beten. Wenn wir das tun, sind wir uns am Ende des Gebetes hauptsächlich der Probleme bewußt! Statt dessen sollten wir uns auf den Herrn konzentrieren und vielleicht auf die Aspekte in seinem Wesen oder auf bestimmte Verheißungen, die für diese Probleme relevant sind: »Herr, ich danke dir, daß du uns in allem hilfst, daß deine Gnade stets genügt ... danke dir, daß deine treue Liebe nie aufhört ... danke dir, daß du in allem souverän bist ...« Negative Gedanken, die oft von Furcht, Unglaube, Angst oder Bitterkeit erfüllt sind, können das Werk Gottes in unserem Leben beträchtlich hindern. Wir müssen deshalb jeden Gedanken einfangen zum Gehorsam Christi, wenn wir beten.[23] In Apostelgeschichte 4, als den Jüngern unter Drohungen befohlen wurde, nicht mehr über Christus zu lehren, kamen sie zum Gebet zusammen. Sie sagten nichts über die beträchtliche Gefahr, in der sie steckten, sondern erwähnten die Drohung nur vor dem Herrn und erfreuten sich dann zuversichtlich der souveränen Herrschaft des Herrn über alles.

Positives Gebet, wenn empfindsam angewandt, ist auch das Gebet bei der Evangelisation oder Heilung. Der Empfangende wird aufgefordert, zu glauben, daß Gott *jetzt* etwas in Antwort auf das Gebet des Glaubens tut. Ein solches Gebet wird uns auch helfen zu glauben, wenn wir privat beten. Selbst der Psalmist kam in seiner Depression zu dem Punkt, wo er sagen konnte: »Harre auf Gott; denn ich werde ihm noch danken, daß er meines Angesichts Hilfe und mein Gott ist.«[24] Viele der Gebete in den Psalmen kämpfen sich zu diesem Punkt des Glaubens durch, an dem der Psalmist sich auf eine Zeit der Befreiung und des Segens freut.

Mitleidvolles Gebet wird auch eine breite Dimension haben. Wir werden nicht mit *unserem* Freundeskreis aufhören wollen, unsere Gemeindeaktivitäten oder unseren evangelistischen Programmen. Wir werden uns gebetsvoll um soziale Ungerechtigkeit und soziale Nöte kümmern; Arbeitslosigkeit, Armut, Rassendiskriminierung, die Probleme der Obdachlosen und Unterdrückten, der körperlich oder geistig Kranken, der Menschen mit gebrochenem Herzen, der hilflosen Hoffnungslosen – die Liste ist endlos.

Es ist nicht schwer zu erkennen, warum die Clapham-Sekte zum Beispiel mit ihrer tiefen Geistlichkeit, verbunden mit einer tiefen Fürsorge und Mitleid für andere Menschen, jeden Tag drei Stunden im Gebet verbringen mußte. Diejenigen, die sozial engangiert sind, haben oft wenig Zeit für Gebet; diejenigen, die ernsthaft beten, sind oft von sozialen Nöten völlig losgelöst. Kein Wunder, daß die Gemeinde weithin ihre prophetische Stimme in der Nation verloren hat.

4. *Erwartung.* Wenn wir um etwas beten, sollten wir erwarten, daß unser Gebet beantwortet wird und daß Gott am Werk sein wird. Als sich die frühen Christen nach der Verhaftung von Petrus sich dem Gebet widmeten, konnten sie es nicht glauben, als Petrus zu ihnen kam. Sie erwarteten keine Antwort auf ihre Gebete. Gott »kann überschwenglich tun über alles, was wir bitten oder verstehen.«[25] Zur gleichen Zeit will er, daß wir glauben, daß er unsere Gebete beantworten wird.

. Das Wort »glauben« ist vielleicht etwas schwach. Wir glauben theoretisch, daß etwas geschehen kann, aber wir sind keineswegs sicher, daß es auch geschehen wird. Glaube bedeutet jedoch im biblischen Sinn, etwas zu akzeptieren, als sei es bereits geschehen. Jesus sagte einmal: »Alles, was ihr bittet in eurem Gebet, glaubet nur, daß ihr es empfangen habt, so wird's euch werden.«[26]

Die Schrift ist voller Beispiele des Glaubens, der eine Anwort erwartet. Als der Jungfrau Maria ein Sohn versprochen wurde, begann sie, Gott zu preisen, daß es jetzt Wirklichkeit geworden war: »Denn er hat große Dinge an mir getan.«[27] Als Jesus sich anschickte, Lazarus von den Toten zu erwecken, hob er seine Augen empor und sprach: »Vater, ich danke dir, daß du mich erhört hast.«[28] Als Paulus das Wesen des rettenden Glaubens beschrieb, gebrauchte er das Beispiel von Abraham: »Denn er zweifelte nicht durch Unglauben an der Verheißung Gottes, sondern ward stark im Glauben und gab Gott die Ehre und wußte aufs allergewisseste: was Gott verheißt, das kann er auch tun.«[29]

Die Verheißungen Gottes in der Schrift zu kennen und in Anspruch zu nehmen, kann uns helfen, mit einem Glauben voller Erwartung zu beten. Durch diese Verheißungen werden wir den Willen Gottes kennen, zumindest in allgemeiner Hinsicht. »Wenn wir etwas bitten nach seinem Willen, so hört er uns«, schrieb der Apostel Johannes.[30]

5. *Beharrlichkeit.* Es gibt möglicherweise keinen Bereich unseres Lebens, in dem wir so leichtsinnig und faul sein können wie beim Gebet. Wir können es völlig vernachlässigen. Wir können zwar sagen, daß wir ans Gebet glauben, aber wir geben nur abgedroschene Phrasen von uns, während unsere Gedanken ganz woanders sind. Zweifelsohne ist Gott gnädig und behandelt uns nicht so, wie wir es verdienen. Er mag deshalb sogar unsere lässigen

Gebete beantworten, aber normalerweise wartet er, bis unser ganzes Sein sich auf ihn konzentriert.

»Lobe den Herrn, meine Seele, und was in mir ist, seinen heiligen Namen!«[31] »Daran will ich denken und ausschütten mein Herz.«[32] »Ich danke dem Herrn von ganzem Herzen.«[33] Die Schrift ist voll von Beispielen von Männern und Frauen, die sich rückhaltlos dem Herrn im Gebet gaben.

Im Gegensatz dazu wies Jesus die Pharisäer zurück, weil sie Gott nur mit den Lippen ehrten, während ihre Herzen weit von ihm entfernt waren.[34]

Jesus sagte seinen Jüngern, daß sie allezeit beten und nicht nachlassen sollten.[35] Er erzählte dazu die Gleichnisse von der Witwe und dem Freund in der Nacht. Gott will, daß wir uns in allem auf ihn verlassen (nur dann werden wir uns seiner Liebe freuen), und deshalb schiebt er manchmal in seiner Weisheit die Antwort auf unser Gebet hinaus, um zu sehen, ob wir etwas wirklich nur zu seinem Ruhm und seiner Herrlichkeit wollen.

Die ersten Jünger kannten die absolute Notwendigkeit der Beharrlichkeit im Gebet. Als sie nach der Himmelfahrt Jesu wußten, daß sie nicht aus eigener Kraft Zeugnis ablegen konnten, widmeten sie sich alle dem Gebet.[36] Mehrere Male spricht Lukas in der Apostelgeschichte auf diese Weise vom Gebet — es bedeutet, daß man sich weigert, aufzugeben oder entmutigt zu werden; sie beharrten entschlossen im Gebet, sie wußten, daß es unbedingt notwendig war.

Als die Gemeinde in Jerusalem ständig wuchs, dachten die Apostel über ihre Prioritäten nach. Sie ernannten andere, um sich um die wachsenden Anforderungen der Seelsorge und Verwaltung zu kümmern. »Wir aber wollen anhalten am Gebet und am Amt des Wortes.«[37] Deshalb hatte der Geist Gottes die Freiheit, in Kraft am Werk zu sein.

6. *Einheit.* Jonathan Edwards sagte, daß jeder bedeutsamen geistlichen Erweckung in der Gemeinde stets ungewöhnliches, vereintes und beharrliches Gebet vorausgegangen ist. Jedes Nachlassen im Gebet hat früher oder später zu einer deprimierenden Sterilität geführt; die Herrlichkeit Gottes ist schnell verschwunden. Das ist eine Lektion, die die Gemeinde schmerzhaft immer wieder hat lernen müssen. Das Fleisch rebelliert gegen das Gebet, und der Teufel wird die Gelegenheit nutzen, um endlos viele Gründe vorzuschlagen, warum man nicht beten soll. Nur der Geist Gottes kann uns helfen, mit aller Beharrlichkeit wachsam zu bleiben.[38]

Das ist zum Teil der Grund, warum vereintes Gebet im Neuen Testament neben privatem Gebet so stark empfohlen wird.

Jesus verspricht, daß er mit besonderer Kraft gegenwärtig sein wird, wenn sich zwei oder drei seiner Jünger im Gebet vereinen.[39] Die Urgemeinde betete stets zusammen, sie widmete sich dem Gebet. Auf diese Weise ermutigen wir uns gegenseitig, stimulieren unseren Glauben, identifizieren wir uns als Glieder des Leibes Christi und bringen geistliche Gaben, um uns einander in ihm zu erbauen.

Gemeinsames Gebet bedarf oft guter Leitung von denen, die für den Geist empfindsam sind. Es kann hilfreich sein, mit einer Zeit der Anbetung anzufangen, in der wir unser Denken und unser Herz von uns selbst auf den Herrn richten. Zu viele Gebete sind an die Erde gerichtet. Wir müssen unser Denken nach oben richten und einander ermutigen in der Gewißheit, daß der Herr bei uns ist. Wir müssen das Niveau des gemeinsamen Glaubens und der Erwartung heben. Kurze Ausbrüche des Lobpreises und Gebets von so vielen wie möglich sind besser als lange Gebete von »Professionellen«. Solche ausschweifenden Gebete mögen gleichgesinnten Christen gefallen, aber sie töten die meisten Gebetsstunden. Wir müssen die Empfindsamkeit gegenüber dem Geist und anderen Betenden fördern. Es hilft, wenn man ein Thema erst einmal »durchbetet«, anstatt ungeordnet von einem Thema zum anderen zu hüpfen. Das neutestamentliche Vorbild für solche Versammlungen finden wir in 1. Korinther 14,26: Jeder sollte etwas beitragen; alle bringen verschiedene Gaben, um Christus zu verherrlichen und seinen Leib zu stärken.

7. *Vergebung.* Das ist auch für effektives Gebet von wesentlicher Bedeutung. Wir müssen zuerst Gottes Vergebung erfahren, indem wir ihm jede bewußte Sünde bekennen, Buße tun und um seine Reinigung bitten. Hier müssen wir zwischen der Überführung des Geistes und der Anklage des Teufels unterscheiden. Der Teufel ist der Kläger der Brüder, der Gottes Volk Tag und Nacht anklagt.[40] Die Symptome dieser Anklage werden ein *allgemeines* Schuldgefühl oder ein Mangel an Frieden sein, ohne spezifischen Grund. Wenn uns der Heilige Geist überführt, werden wir uns in fast 95 % der Fälle genau darüber im klaren sein, worum es geht. Er wird seinen Finger auf einen bestimmten Bereich unseres Lebens richten, der Gott nicht gefällt. Wir müssen den Geist bitten, in unserem Herzen zu suchen, und dürfen dem Teufel nicht erlauben, uns den Frieden Gottes zu rauben.

Wir müssen auch einander vergeben. »Und wenn ihr stehet und betet, so vergebet, wenn ihr etwas wider jemand habt, auf daß auch euer Vater im Himmel euch vergebe eure Übertretungen.«[41] Jesus spricht wiederholt auf diese Weise über die Vergebung. Nichts kann unsere Beziehung zu Gott oder zueinander so schnell verderben wie ein Geist, der nicht vergeben will. Es hindert uns sofort am Gebet. Sobald ich in meinem Herzen an Sünde festhalte, hört der Herr nicht mehr zu.[42] Weil er will, daß wir mit ihm ständige Gemeinschaft haben, anwortet er nicht auf unsere Gebete, bis wir in bezug auf alle bewußte Sünde Buße getan haben und aus ganzem Herzen zu ihm zurückgekehrt sind. Deswegen ermahnte Paulus die Christen von Ephesus, die Sonne nicht über ihrem Zorn niedergehen zu lassen. Wenn sie nicht vergaben, trennten sie sich damit von der Gnade Gottes, verloren seinen Schutz und gaben somit dem Lästerer Gelegenheit.[43]

Jesus hat einmal versprochen: »Wenn zwei unter euch eins werden auf Erden, worum sie bitten wollen, das soll ihnen widerfahren von meinem Vater im Himmel.«[44] »Eins werden« bedeutet mehr als nur Übereinstimmung in bezug auf den Gegenstand des Gebets. Das Wort bedeutet »harmonisch mit«; es ist eine Verheißung an die, deren Leben in Harmonie und Liebe verbunden ist; bedeutsamerweise finden wir diese Verheißung im Zusammenhang der Versöhnung, selbst wenn es bedeutet, daß wir jemandem siebzig mal sieben vergeben müssen. Nur wenn wir anderen vergeben, kann Gott uns vergeben – und nur wenn Gott uns vergibt, können wir überhaupt beten.

Wann sollten wir beten?

Das Beispiel Jesu ist wieder einmal unser vollkommenes Vorbild. Obwohl sein Leben ein ständiges Gebetsleben war, gab es bestimmte Zeiten des Gebets, die für alle wahren Jünger besonders instruktiv sind.

1. *Jeden Morgen.* Wenn wir annehmen, daß das erste Kapitel von Markus einen typischen Tag im Dienst von Jesus darstellt, erkennen wir die Bedeutung von Vers 35: »Und des Morgens vor Tage stand er auf und ging hinaus. Und er ging an eine einsame Stätte und betete daselbst.« Obwohl es einige Menschen geben mag, deren Veranlagung so etwas völlig unmöglich macht, besteht kein Zweifel, daß für die meisten Christen die wichtigste Gebetszeit früh am Morgen ist, wenn möglich vor dem Frühstück, und bevor der Rest des Tages anfängt. Damit können wir von Anfang an auf Gott eingestellt sein, ihm den ganzen Tag im Gebet anvertrauen, und das hilft uns während des Tages, uns ihm leichter zuzuwenden. In jedem Krieg ist die Kommunikation von lebenswichtiger Bedeutung. Jeder Tag beginnt mit einer sorgfältigen Prüfung der Kommunikation, damit im Laufe des Tages Anordnungen sofort weitergereicht und Hilferufe sofort verstanden werden können. Ohne dies würde jede Armee in völlige Unordnung geraten. Genau das gleiche gilt für die Armee von Jesus Christus.

Bevor wir uns allerdings zu leicht zu denen zählen, deren Veranlagung das alles unmöglich macht, möchte ich jedoch sagen, daß ich es persönlich nie leicht gefunden habe, morgens zum Beten aufzustehen. Fast jeden Tag ist es ein wahrer Kampf; aber weil ich glaube, daß es ein Kampf ist, der es wert ist, daß man ihn gewinnt, habe ich viel unternommen, um meinen Körper zu schulen! Viele Jahre lang habe ich zwei Wecker gebraucht, um mich aufzuwecken, weil manchmal einer nicht reichte. In den frühen Tagen nach meiner Bekehrung hatte ich einen Wecker neben meinem Bett und einen anderen billigen, aber lauten Wecker außerhalb meiner Tür, der zehn Minuten nach dem ersten klingelte. Weil der zweite Wecker den ganzen Haushalt aufweckte (und ich mich deshalb höchst unbeliebt machte), hatte ich ein gutes Motiv, um aufzustehen, sobald der erste Wecker geklingelt hatte. Diese Methode versagte nie! In vieler Hinsicht muß ich mich schämen, daß ich auf solche Methoden zurückgreifen muß, um zum Beten aufzustehen, denn das bedeutet doch, daß ich eine Begegnung mit dem großen, liebenden Gott haben werde; trotzdem bin ich denen dankbar, die mir geholfen haben, zu erkennen, daß dies ein wichtiger täglicher Kampf ist, den man ernst nehmen und gewinnen soll!

2. *Bevor man wichtige Entscheidungen trifft.* Die gesamte Zukunft der christlichen Gemeinde hing von der Wahl dieser ersten Jünger ab. Obwohl Jesus wahrscheinlich im voraus wußte, daß einer von ihnen ihn verraten und ein anderer ihn verleugnen würde und sie alle immer wieder versagen würden, war es von entscheidender Bedeutung, daß er die richtige Wahl traf. »Es begab sich aber zu der Zeit, daß er auf einen Berg ging, zu beten; und er blieb über Nacht im Gebet zu Gott.« Und da es Tag ward, rief er seine Jünger und erwählte aus ihnen zwölf, welche er auch Apostel nannte.«[45] Vom menschlichen Standpunkt aus war es eine erstaunliche Wahl: Fischer ohne Ausbildung, patriotische Freiheitskämpfer, ein Verräter (Zöllner), ein zukünftiger Verräter, ehrgeizige Männer, impulsive Männer, pessimistische Männer, fehlbare Männer. Jesus hätte wohl kaum eine gemischtere Gruppe von Männern wählen können. Und doch waren sie die Jünger, die Gott ihm gegeben hatte, die die Leiter der christlichen Gemeinde sein würden, nachdem sie im Glauben unterwiesen und mit der Kraft des Geistes ausgerüstet worden waren. Kein Wunder, daß Jesus die ganze Nacht im Gebet verbrachte.

»Wenn aber jemandem unter euch Weisheit mangelt, der bitte Gott«, schrieb Jakobus. »Er bitte aber im Glauben und zweifle nicht . . .«[46] Demütiges und ernsthaftes Gebet vor Gott ist von wesentlicher Bedeutung, wenn wir die Weisheit »von oben« kennen sollen. Wichtige Entscheidungen werden fast immer besondere Gebetszeiten erfordern.

3. *Wenn man viel zu tun hat.* Inmitten einer Zeit, wo viel Volk zusammenkam, »daß sie hörten und durch ihn gesund würden von ihren Krankheiten«, heißt es: »Er aber entwich in die Wüste und betete.«[47] Viele christliche Arbeit ist ermüdend und erschöpfend. Außer den gewöhnlichen körperlichen und geistigen Anforderungen ist auch noch ein geistlicher Kampf im Gange. Wenn Jesus anderen diente, merkte er manchmal, wie Kraft von ihm ausging.[48] Er fühlte sich erschöpft. Er mußte deshalb seinen Leib, Gemüt und Geist ständig erneuern. Aus diesem Grund entwich er den Men-

schen häufig, um zu entspannen und zu beten. Ohne dies hätte er bald nichts mehr zu geben. Er wäre wortwörtlich ausgetrocknet.

Durch seinen Propheten Jeremia wies Gott sein Volk einmal zurecht: »Denn mein Volk tut eine zwiefache Sünde: mich, die lebendige Quelle, verlassen sie und machen sich Zisternen, die doch rissig sind und kein Wasser geben.«[49] Das kann sehr leicht das tragische Bild des christlichen Mitarbeiters oder der christlichen Gemeinde sein. Die richtigen Worte und Handlungen mögen noch dasein, aber das lebensspendende Wasser des Heiligen Geistes ist vertrocknet. Nur der Geist gibt das Leben. Seine lebendige Gegenwart muß ständig durch uns fließen, wenn wir in anderen den geistlichen Durst stillen wollen. Bischof Taylor Smith warnte stets vor der Dürre eines geschäftigen Lebens, und diese Warnung ist angesichts des fiebrigen Aktivismus der westlichen Gesellschaft höchst relevant.

4. *Wenn man um andere besorgt ist.* »Simon, Simon«, sagte Jesus einmal zärtlich. »Der Satan hat euer begehrt, daß er euch möchte sichten wie den Weizen. Ich aber habe für dich gebeten, daß dein Glaube nicht aufhöre. Und wenn du dermaleinst dich bekehrst, so stärke deine Brüder.«[50] Wenn unsere Besorgnis für andere Christen sich eher in Gebet verwandeln würde, dann wären wir als Gemeinde sehr viel effektiver im Kampf gegen das Reich der Dunkelheit. Statt dessen kritisieren wir einander so häufig, reden einander übel nach, greifen uns gegenseitig an und verurteilen uns.

Ein Freund von mir sagte einmal, daß die Armee Christi wohl die einzige Armee in der Welt sei, in der die Soldaten ständig gegeneinander kämpfen. Auf diese Weise tun wir das Werk des Teufels. Aber wenn wir Kritik in Gebet verwandeln, erheben wir den Schild des Glaubens für den, der angegriffen wird, und entfachen die Kraft des Geistes, um den andern zu ermutigen oder von seiner Schuld zu überzeugen (je nachdem, was nötig ist), und wir lassen die Liebe Gottes zwischen uns fließen, obwohl der Teufel versucht, eine Spaltung zwischen uns zu schaffen.

5. *Wenn man in Versuchung gerät.* Jesus sagte zu seinen Jüngern, als ihnen eine schwere Prüfung bevorstand: »Betet, auf daß ihr nicht in Anfechtung fallet!«[51] Sie waren zugegebenermaßen sehr müde und schläfrig, aber zu dritt hätten sie sich gegenseitig im Gebet bestärken können. Leider übermannte sie bald die Furcht. Als Jesus gefangengenommen wurde, überkam sie die Panik, und sie flohen um ihr Leben. Aus Furcht verleugnete Petrus Jesus. Später verbargen sie sich hinter geschlossenen Türen aus Angst vor den Juden.

Im Gegensatz dazu konnte Jesus nur durch Fasten und Beten dem Betrug des Verführers in der Wildnis und später im Garten widerstehen. Wir können der Versuchung nicht aus eigener Kraft widerstehen. Viele Male mußte ich Gott sagen: »Herr, ich kann das nicht aus eigener Kraft tun. Ich habe es versucht und versagt. Bitte sei meine Stärke und mein Schild inmitten der Versuchung.« Wiederholt habe ich festgestellt, daß sich Gottes Gnade in der Zeit der Not als genügend erweist, wenn wir diese Abhängigkeit von ihm ausdrücken. Wir würden vielleicht ein automatisches Sicherheitssystem vorziehen, das uns vom Bösen schützt, aber Gott will, daß wir willentlich in seiner Liebe bleiben. Dort allein sind wir vor den Angriffen der Sünde sicher.

6. *Wenn man in Schmerzen ist.* »Vater, vergib ihnen«, betete Jesus, als die Nägel durch seine Hände und Füße getrieben wurden. »Sie wissen nicht, was sie tun.« Wenn wir unsere Gedanken bewußt an Gott richten und besonders für andere Menschen beten, können auf wunderbare Weise unsere Schmerzen erleichtert werden. In Zeiten extremer Qual, als ich ernsthaft krank war, verbrachte ich einen großen Teil der Nacht in aktivem Gebet. Es war das einzige, das mich vor dem Wahnsinn rettete, und machte mich der nie versagenden Gegenwart und Liebe Gottes bewußt inmitten eines Erlebnisses, das mir wie ein langer Alptraum vorkam. Ich habe auch die unglaubliche geistliche Schönheit in dem Leben derer gesehen, die, von ständigen Schmerzen geplagt, jeden Grund gehabt hätten, bitter zu werden, aber die sich bewußt aufopferndem und selbstlosem Gebet hingaben. Niemand mit gesundem Verstand wird Gott um Zeiten des Schmerzes bitten, aber Gott kann sie gebrauchen, um uns stärker dem Bild Jesu anzugleichen, wenn wir seinen souveränen Willen für uns im Gebet akzeptieren.

7. *Im Augenblick des Todes.* »Vater, in deine Hände befehle ich meinen Geist!« Der Tod ist als der alte Familiendiener beschrieben worden, der die Tür öffnet, um die Kinder im Hause willkommen zu heißen. Manchmal natürlich werden Menschen vom Tod überrascht. Aber wenn wir wissen, daß wir zu Hause willkommen geheißen werden, dann ist es gut, an der Tür mit dem reden zu können, dem wir jetzt von Angesicht zu Angesicht begegnen werden. Wenn wir zu fest an dieser Welt festhalten, dann kann uns das vielleicht schwerfallen. Aber wenn wir das, was wir jetzt besitzen, nur lose festhalten, dann ist es sinnvoll, sich auf die Herrlichkeit Gottes zu freuen.

Natürlich sollte im Ideal unser ganzes Leben ein Gebetsleben sein. Wenn wir aufwachen, essen, gehen, arbeiten, uns ausruhen, unterhalten oder schlafen legen, sollten wir uns der Gegenwart des Vaters erfreuen: uns an ihm freuen, ihn preisen, ihm danken, zu ihm reden, auf ihn hören, uns bei ihm entschuldigen, ruhig bleiben. Wenn wir unser Leben mit ihm teilen, so erlauben wir ihm, sein Leben mit uns zu teilen.

Um Faulheit oder Sorglosigkeit zu verhindern, können Fürsorgekarten oder Gebetskalender hilfreich sein, aber wir müssen darauf achten, daß sie unsere Diener und nicht unsere Herren sind. Ganz gleich, welches System wir haben, wir sollen auch spontan beten. Ich bete häufig für Menschen, denen ich auf der Straße oder in ihrem Zuhause begegne; ich bete gewöhnlich, bevor ich das Telefon beantworte oder die Haustür öffne. Wenn ich das tatsächlich tue, ist meine ganze Einstellung zu dieser Person viel positiver oder empfindsamer. Wenn wir als christliche Jünger für alle diejenigen, denen wir am Tag begegnen, beten würden, ganz gleich wie kurz, dann würde die Liebe Gottes eine phantastische Wirkung auf die Gesellschaft haben.

Die Macht des Lobpreises

Ein kurzer Blick auf die Psalmen wird zeigen, daß die Gebete der Heiligen voller Preis und Anbetung sind. Selbst in Zeiten des Schmerzes, der Depression, Einsamkeit oder Furcht richtet der Psalmist seine Aufmerksamkeit auf einen Aspekt der Treue, Barmherzigkeit oder Gerechtigkeit Gottes, für die man ihn anbeten kann. »Groß ist der Herr und hoch zu preisen« – nicht weil wir uns gerade gut fühlen, sondern weil er ewig groß ist und deshalb ewig gepriesen werden muß. Fernerhin, wenn wir Gott ehren, indem wir ihm ein Opfer des Lobpreises geben, wird er uns ehren.

Oft geschah es, daß das Volk Gottes auf seinen Lobpreis hin die Gegenwart Gottes in mächtiger und unmißverständlicher Weise erfuhr. »Und als sich die Stimme der Trompeten, Zimbeln und Saitenspiele erhob und man den Herrn lobte . . . die Herrlichkeit des Herrn erfüllte das Haus Gottes.«[52] Natürlich bringt Lobpreis selbst noch nicht automatisch das gewünschte Resultat. In 1. Chronik 13 brachte David die Arche Gottes zurück nach Jerusalem, aber er und diejenigen, die bei ihm waren, waren mit den genauen Anweisungen in bezug auf den Umgang mit der Bundeslade nicht sorgfältig gewesen. Deshalb geschah es, obwohl »David aber und ganz Israel tanzten mit aller Macht vor Gott her, mit Liedern, mit Harfen, mit Psaltern, mit Pauken, mit Zimbeln und mit Trompeten«, daß der Herr sich gegen Usa ergrimmte, als er die Bundeslade berührte, und er starb an Ort und Stelle. Wiederholt hat Gott seinem Volk zeigen müssen, manchmal auf dramatische und tragische Weise, daß er Gehorsam verlangt und nicht bloße religiöse Zeremonien; ohne diesen Gehorsam ist all unser Lobpreis, ganz gleich wie inbrünstig, vergebens und leer.

Trotzdem habe ich bei vielen Gelegenheiten erfahren, wie Gottes Gegenwart durch die Anbetung und den Lobpreis seines Volkes offenbar wurde. Ich nahm an der internationalen anglikanischen Konferenz für geistliche Erneuerung teil, die im Juli 1978 in Canterbury stattfand. Aus allen Teilen der Welt waren 350 Leiter gekommen, darunter dreißig Bischöfe und eine große Anzahl aus der Dritten Welt. Der letzte Abendmahlsgottesdienst, der in dem Chor der Kathedrale von Canterbury gehalten wurde, war tief bewegend. Es herrschte ein tiefer Geist des Lobpreises, und zur gleichen Zeit warnte uns Gott durch das Wort der Predigt und Prophetie, daß manche der Anwesenden Leid und sogar Märtyrertum erleiden würden. Als wir einander den »Frieden Gottes« wünschten, wurden wir dazu aufgefordert, einander zu grüßen, und ich wandte mich der Person rechts von mir zu. Ich entdeckte, daß er ein amerikanischer Tourist war, der wegen des Gesangs und Lobpreises zur Kathedrale gekommen war. Ich fragte ihn, was er von dem Gottesdienst hielt. »Ich bin noch nie irgendwo gewesen, wo es so lebendig zuging«, anwortete er. Sanft fragte ich ihn, ob er wirklich den Einen kannte, der uns Leben gibt, Jesus Christus, oder ob er sich darüber nicht sicher war.

Daraufhin gingen wir hinten zum Eingang, und als der Lobpreis wieder anfing, mußte ich ihm die Worte des Evangeliums zurufen. Plötzlich ergriff er mein Handgelenk: »Können wir beten?« Ich sprach ein einfaches Gebet mit ihm, durch das er sein Leben Christus übergeben konnte. Ich rief es ihm Satz um Satz zu, und er rief zurück. In dieser unglaublichen Art und Weise wurde er lebendiger Christ, und einige Augenblicke später empfing er die Zeichen der Vergebung und Annahme Gottes im Brot und Wein. Er begegnete sogar seinem eigenen Bischof von Colorado unmittelbar nach dem Gottesdienst! Gott war auf wunderbare Weise in das Leben dieses jungen Mannes gekommen, und es begann alles mit der Macht des Lobpreises. An einem Punkt zögerte er allerdings; er hoffte nicht einer von denen zu sein, die bald den Märtyrertod erleiden würden!

Wir sehen auch in der Bibel, wie Menschen Gottes Sieg als Antwort auf Lobpreis erleben. Das klassische Beispiel dafür finden wir in 2. Chronik 20, wo Josaphat und das Volk Israel einem scheinbar unmöglichen Kampf gegenüberstanden. Sie gaben sich demütigem Gebet und Fasten hin, und Gott sprach zu ihnen durch ein Wort der Prophetie. Sie sollten stille stehen und zusehen, wie der Herr für sie den Sieg errang. Sie beteten Gott für dieses Versprechen des Sieges an, und sie schickten die Sänger der Armee voraus, um Gott zu preisen. »Danket dem Herrn, denn seine Barmherzigkeit währet ewiglich.« Dann lesen wir: »Und als sie anfingen mit Danken und Loben, ließ der Herr einen Hinterhalt kommen über . . . die gegen Juda ausgezogen waren« – und sie erlebten einen erstaunlichen Sieg. Paulus schrieb: »Saget Gott Dank allezeit für alles.«[53] Und wiederum: »Seid dankbar in allen Dingen.«[54] Durch Lobpreis erklären wir unser Vertrauen auf den Herrn, der rettet, heben den Schild des Glaubens hoch, um jeden feurigen Pfeil des Bösen auszulöschen, verwandeln unsere Negative in Positive und erlauben es dem Herrn, seine Macht zu beweisen.

Durch den Lobpreis wird ebenfalls die Kraft des Geistes Gottes in unserem Leben zum Zuge kommen. Nach der Himmelfahrt Jesu versammelten sich die Jünger ständig zum Gebet, und vor allem »priesen sie Gott«.[55] In diesem Zusammenhang wurde der Geist Gottes über sie an Pfingsten ausgegossen, und als er ihr Leben erfüllte, beteten sie in Sprachen, die ihnen vom Heiligen Geist gegeben worden waren, in denen sie von den mächtigen Werken Gottes erzählten. In der Tat, wir fuhren fort, Gott täglich zu preisen; bei einer solchen Gemeinschaft der Anbetung und Liebe ist es kaum überraschend, daß »der Herr aber tat hinzu täglich, die gerettet wurden, zu der Gemeinde.«[56] Als sie ihrer ersten starken und gefährlichen Opposition begegneten, fingen sie sofort an zu beten – d. h. hauptsächlich, Gott zu preisen –, und das Ergebnis war: »Sie wurden alle des heiligen Geistes voll und redeten das Wort Gottes mit Freimut.«[57]

Später ermahnte Paulus die Christen von Ephesus, stets mit Heiligem Geist erfüllt zu werden; »redet untereinander in Psalmen und Lobgesängen und geistlichen Liedern, singet und spielet dem Herrn in euren Herzen . . .«[58] Der Lobpreis geht oft einer frischen Bewegung des Geistes Gottes voraus, und danach ist er immer das erste sichere Zeichen der Gegenwart des Geistes. In den Worten von Papst Paul VI.: »Der frische Atem des Geistes ist gekommen, um latente Energien in der Kirche zu erwachen, schlafende Gaben zu erwecken und ein Gefühl der Vitalität und Freude zu vermitteln. Dieses Gefühl der Vitalität und Freude macht die Kirche jung in jedem Zeitalter und veranlaßt sie dazu, in jeder neuen Epoche ihre ewige Botschaft freudig zu verkünden.«[59]

Lobpreis trägt auch viel zu der Einheit aller Christen bei. Wenn wir in einem Flugzeug fliegen, dann verlieren die Mauern und Hecken, die auf dem Boden ziemlich hoch aussehen, plötzlich ihre Bedeutung, und wenn uns der Geist Gottes durch Lobpreis bewußter in die Herrlichkeit und Schönheit Gottes erhebt, werden die Barrieren auf dem Boden bedeutungslos. Als es in der Gemeinde zu Kolossä Spannungen gab, ermahnte Paulus sie vor allem zur Liebe, die alles in vollkommener Harmonie verbindet. Dreimal in dem Abschnitt ermahnte er sie, dankbar zu sein.[60] Hier ist eines der großen Geheimnisse, die Einheit des Geistes in dem Bund des Friedens zu bewahren. Der Lobpreis hilft uns, unsere Aufmerksamkeit auf den Herrn zu richten, öffnet unsere Ohren, sein Wort zu hören, und bereitet den Weg für den Herrn, seine Liebe in unsere Herzen zu gießen. Eine Gemeinde des Lobpreises wird gleichzeitig eine Gemeinde der Liebe sein.

Der Lobpreis ist (oder sollte es sein) ein Vorgeschmack des Himmels. Dort hören sie Tag und Nacht nie auf, Gott zu preisen. »Und alle Kreatur, die im Himmel ist und auf Erden und unter der Erde und im Meer, und alles, was darinnen ist, hörte ich sagen: Dem, der auf dem Thron sitzt, und dem Lamm sei Lob und Ehre und Preis und Gewalt von Ewigkeit zu Ewigkeit!«[61] Lobpreis ist die Sprache des Himmels und kann deshalb einen Atem des Himmels jetzt in unsere Mitte bringen.

Häufig müssen wir durch die Barrieren unserer Stimmungen und Gefühle durchbrechen, bevor wir den Bereich des vom Geist inspirierten Lobpreises betreten können. Wenn Lobpreis der authentische Ausdruck von Liebe und Gehorsam ist, dann gibt es nichts, das Jesus derart verherrlicht, und deshalb nichts, wogegen der Teufel so hart kämpfen wird. Am Anfang ist es selten einfach. Bemerkenswerterweise spricht die Bibel von einem »Opfer des Lobpreises«. Aber Dr. Leon Morris sagte ganz richtig: eine »Anbetung, die nichts kostet, ist genausoviel wert, was sie kostet.«

In seinem hilfreichen Buch über das Leben im Lobpreis gibt Paul Hinnebusch einige lebhafte Beispiele über die Kraft des Lobens. Ein christlicher Geschäftsmann beschreibt seine Zeit in Saudi-Arabien auf einer Geschäftsreise: »Ich fühlte mich durch die Schwierigkeit unserer Verhandlungen dort deprimiert, durch die Stille des Hotels, in dem ich wohnte, und den Druck, der auf der Stadt lastete, in der ich war, wo Herz und Sinn eines jeden Menschen völlig gegen Jesus Christus und gegen die, die ihn als Herrn bekennen, gerichtet zu sein schien. Ich beugte meine Knie und fing leise an, in ›privatem Gebet‹ zum Herrn zu beten, aber wurde bald dazu geführt, in Sprachen im Geist zu beten. Bald erhob ich meine Hände und fing an, in Sprachen zu beten, und wechselte dann zu einigen Liedern unserer Gebetsstunde. Ich stand auf und pries den Herrn mit lauter Stimme, freute mich im Namen Jesu, den ich laut in diesem Ort aussprach. Lobpreis und Anbetung des Herrn und die Freude seines Heiligen Geistes erfüllten mein Herz und Sein, und innerhalb von wenigen Minuten machte meine Depression jener überschwenglichen Freude Platz. Die Freude wuchs und wuchs etwa anderthalb Stunden lang. Gott sei gepriesen! Ich habe nie zuvor so etwas erlebt.«[61]

Ähnliche Erlebnisse der intensiven Realität und Herrlichkeit Gottes während des Lobpreises werden von Christen berichtet, wie z. B. von Richard Wurmbrand. Vierzehn Jahre lang war er in kommunistischen Gefängnissen, wovon er drei in Einzelhaft zehn Meter unter dem Boden verbrachte, und er lernte Gott aus reinem Gehorsam zu preisen. Als er das tat, entdeckte er eine Schönheit in Christus, die er nie zuvor gekannt hatte. Er erlebte auch Visionen des Himmels, und diese Visionen halfen ihm, sein Leben in den extremsten Umständen zu erhalten.

Heute wird der geistlichen Erneuerung der Gemeinde positive und wachsende Aufmerksamkeit entgegengebracht. Seit der Ausgießung des Geistes zu Pfingsten hat Gott stets geantwortet, wenn Gebet in den Herzen des Volkes Gottes die Priorität gewesen ist. Charles Finney hatte recht, als er sagte: »Jeder Pfarrer sollte wissen, wenn die Gebetsstunden vernachlässigt werden, ist alle seine Arbeit zwecklos.«[62]

Gebet und Lobpreis sind die größten geistlichen Waffen, die Gott uns in unserem ständigen Kampf gegen die Kräfte der Dunkelheit gegeben hat.

Nichts – aber auch absolut nichts – kann an ihre Stelle treten. »Das Reich Gottes besteht nicht aus Reden, sondern aus Macht«[63] – und diese Macht wird nur durch Gebet frei.

1 Epheser 1,14; Philipper 1,4; Kolosser 1,9; 1. Thessalonicher 1,2
2 Hebräer 4,15
3 Lukas 22,40
4 Römer 3,11
5 Römer 8,26
6 1. Korinther 14,14
7 Epheser 6,12,18
8 1. Johannes 5,14 f.
9 Römer 8,15–17
10 Psalm 103,1
11 Psalm 149,2 f.; 47,2,6; 63,5; 1. Kor. 14,15
12 *Praise, A Way of Life,* von Paul Hinnebusch, Word of Life, S. 2–3
13 Lukas 10,21
14 Epheser 2,18
15 Mat. 25,14–30
16 Lukas 18,15–17
17 *Prayers of Life,* von Michael Quoist, Gill 1963, S. 102
18 Psalm 73
19 Psalm 13,1 f.
20 *Celebration of Discipline,* von Richard J. Foster, Hodder & Stoughton, S. 35
21 Hebräer 13,3
22 *Prayer without Pretending,* Scripture Union 1973, S. 93 f.
23 2. Kor. 10,5
24 Psalm 42,6
25 Epheser 3,20
26 Markus 11,24 (frei übersetzt)
27 Lukas 1,30–49
28 Johannes 11,41
29 Römer 4,20 f.
30 1. Johannes 5,14

31 Psalm 103,1
32 Psalm 42,5
33 Psalm 9,1–2
34 Markus 7,6
35 Lukas 18,1
36 Apg. 1,14
37 Apg. 6,4
38 Epheser 6,18
39 Mat. 18,20
40 Offenbarung 12,10
41 Markus 11,25
42 Psalm 66,18
43 Epheser 4,26 f.
44 Mat. 18,19
45 Lukas 6,12 f.
46 Jakobus 1,5 f.
47 Lukas 5,15 f.
48 Lukas 8,46
49 Jeremia 2,13
50 Lukas 22,31 f.
51 Lukas 22,40
52 2. Chronik 5,13 f.
53 Epheser 5,20
54 1. Thessalonicher 5,18
55 Lukas 24,53
56 Apg. 2,11,46 f.
57 Apg. 4,24–31
58 Epheser 5,18 f.
59 Zitiert von Kardinal Suenens in *A New Pentecost?* Darton, Longman & Todd, 1975, S. 89
60 Kolosser 3,12–17
61 Offenbarung 5,13
62 A.a.O., S. 222 f.
63 1. Korinther 4,20

KAPITEL 7

Das Wort Gottes

Die Wildnis, die das Tote Meer in Palästina umgibt, ist eine der verlassensten und feindlichsten Gegenden der Welt; felsig, verdorrt und voller Staub, zu jeder Zeit eine aggressive Herausforderung. Wenn ein Mann dort allein und ohne Nahrung sechs Wochen verbringt, während er sich mit den tiefsten Fragen der gesamten menschlichen Geschichte auseinandersetzt, dann wird er für jede Art der Versuchung anfällig sein. Fügt man noch hinzu, daß dieser Mann der Sohn Gottes ist, der die Macht hat, selbst Steine in Brot zu verwandeln, dann fangen wir an, die Kraft des völlig vernünftigen Vorschlags vom Teufel zu erkennen: »Bist du Gottes Sohn, so sprich, daß diese Steine Brot werden.« Warum nicht? Damit hätte er ein offensichtliches persönliches Bedürfnis erfüllt. Angesichts seiner körperlichen Schwäche und seines Hungers ist die Antwort Jesu erstaunlich: »Es steht geschrieben: Der Mensch lebt nicht vom Brot allein, sondern von einem jeglichen Wort, das durch den Mund Gottes geht.«[1] Wichtiger als alle unsere anderen Bedürfnisse und Wünsche, wichtiger selbst als unser physisches Leben ist das Wort Gottes für den Menschen. Was genau dieses Wort ist, wie es uns erreicht, wie wir es verstehen und darauf antworten können – mit diesen Fragen wollen wir uns in diesem Kapitel befassen. Kurz gefaßt, das »Wort Gottes« bezieht sich auf Gottes totale Offenbarung seiner selbst, in der Gott zum Menschen in Worten oder auf andere verständliche Weise spricht.

In der Gemeinde können wir heute zumindest im Westen einen starken geistlichen Niedergang feststellen. Die Gemeinde Christi kämpft ums Überleben. Ein Grund dafür ist die schwerwiegende Vernachlässigung des Wortes Gottes, ein Mangel an Mut bei der Verkündigung des christlichen Evangeliums. Die Gute Nachricht von Jesus Christus wird nicht mehr mit Vollmacht gepredigt. In der bildhaften Ausdrucksweise des Propheten Amos könnten wir sagen, daß eine Hungersnot herrscht, nicht in bezug auf Brot, sondern auf das Wort des Herrn.[2] Gott scheint jedoch in unserer Gesellschaft wieder einen echten geistlichen Hunger zu schaffen. »Menschliche Herzen rufen wie nie zuvor: »Gibt es ein Wort des Herrn?« ... Sie wollen nicht unsere Anschauungen, Meinungen oder Argumente. »Gibt es irgendein Wort des Herrn? Sagt es uns!« verlangen sie.[3] In der chaotischen Ungewißheit des modernen Lebens, wenn es einen Gott gibt, der letzten Endes diese Welt regiert und in unserem Leben herrscht, was hat er uns zu sagen?

Da diese Frage von höchster Bedeutung ist, sollten wir auf jedes Hindernis achten, das es für uns schwerer macht, Gottes Wort zu hören oder zu empfangen.

Hindernisse für Gottes Wort

1. Materialismus

Jesus warnte uns ganz speziell vor den Sorgen dieser Welt, der Freude am Reichtum, und dem Verlangen nach anderen Dingen, die so leicht Gottes Wort in unserem Leben ersticken können. Von allen Seiten werden wir mit der Verführung materieller Dinge bombardiert. Diese stehlen unsere Herzen von Jesus, schließen unsere Ohren seiner Stimme und wenden unsere Füße von seinem Pfad. Ein Großteil der christlichen Religionen im wohlhabenden Westen ist unter einer dünnen Schicht frommer Redensweise erschreckend weltlich. Warum hören wir nicht auf die radikale Lehre Jesu? Warum können wir keinen wirklich alternativen Lebensstil darbieten, Gottes neue Gesellschaft auf Erden? Warum haben wir unsere prophetische Stimme verloren? Warum haben wir so wenig Relevanz für die Armen und Unterdrückten? Warum macht die Kirche es den Menschen so schwer, an Jesus zu glauben? Wir haben viel von dem habsüchtigen Geist dieser Zeit in uns, und wir haben die Wahrheit ignoriert, daß wir nicht Gott und Mammon dienen können.

Der subtile Druck der Welt ist so massiv, daß wir ihm nur widerstehen können, wenn wir durch die Schrift ständig in unserem Geist erneuert werden. Wir brauchen jedes Wort, das Gott spricht. Der Teufel zeigte Jesus alle Reiche der Welt und ihre Herrlichkeit, und er sagte: »Das alles will ich dir geben, so du niederfällst und mich anbetest.«[4] Nur mit der Schrift konnte Jesus ihm widerstehen. Wieviel mehr müssen wir »Gottes Wort in unseren Herzen verbergen«.

2. Aktivismus

In seinem ausgezeichneten Buch über geistliche Disziplin schreibt Richard J. Foster: »In der heutigen Gesellschaft legt unser Feind vor allem auf drei Dinge wert: Lärm, Eile und Massen. Wenn er uns in vielem und mit vielen engagieren kann, ist er zufrieden. Der Psychiater C. G. Jung hat einmal bemerkt: ›Die Eile ist nicht *vom* Teufel; sie *ist* der Teufel.‹«[5] Unser Mangel an Hoffnung auf morgen hat uns vielleicht in bezug auf heute so rastlos gemacht. Wir sind geradezu besessen mit Zeitmangel und haben die Ewigkeit vergessen. Manchmal versuchen wir uns durch frenetische Geschäftigkeit vor persönlichem Schmerz, Frustration oder Unsicherheit zu schützen.

Jesus mußte einmal Martha sanft zurechtweisen, weil sie mit so vielen Dingen beschäftigt war und sich Sorgen machte, und ermutigte sie dazu, wie Maria zu sein, die ihm zuhörte und jedes Wort aufnahm, das er sagte.

In unserer ständigen Eile meinen wir, wir hätten keine Zeit für Gott, und vergessen, daß Gott selbst der Geber aller unserer Zeit ist. Es ist eine traurige Zurechtweisung aktiver Christen wegen ihrer geistlichen Dürre, daß eine zunehmende Zahl von Menschen sich heute statt dessen Yoga und transzendentaler Meditation zuwendet. Sie behaupten, das Studium und die Praxis von Yoga reinige den Körper, verbessere die Gesundheit und stärke den Geist; vor allem intensiviere es geistliches Wachstum. Solche Praktiken sind jedoch daraufhin ausgerichtet, den einzelnen mit dem unpersönlichen Weltbewußtsein zu vereinen, was etwas ganz anderes ist als der wahre und lebendige Gott, der uns durch Jesus Christus offenbart ist. Selbst wenn TM und Yoga psychologisch hilfreich sein sollten, sind sie doch geistlich irreführend. Der christliche Jünger soll statt dessen dazu aufgefordert werden, die vielen Anweisungen in der Schrift ernst zu nehmen, stille vor Gott zu sein und über seinem Wort zu meditieren.

3. HUMANISMUS

Jesus wies einmal Simon Petrus zurecht und sagte zu ihm: »Hebe dich, Satan, von mir! Denn du meinst nicht, was göttlich, sondern was menschlich ist.«[6] Das ist die klassische Beschreibung des Humanismus: Mit Gedanken, die vom Menschen ausgehen und nicht von Gott, wird alles vom menschlichen Standpunkt aus gesehen und nicht vom Standpunkt Gottes. Die Gedanken des Menschen über Gott werden für wichtiger gehalten als die Gedanken Gottes über den Menschen. Das gehört alles zu dem unabhängigen Geist dieses säkularen Zeitalters, das jeder äußeren Autorität widerstrebt. Es ist der Geist der Anarchie oder Gesetzlosigkeit. Ich tue, was ich will und nicht was Gott oder sonst jemand will. Ich akzeptiere, was für mich sinnvoll ist und lehne den Rest ab.

Die Folgen des säkularen Humanismus für die Lehre und das moralische Verhalten sind offensichtlich verheerend, und die beträchtliche Verwirrung in der heutigen Gemeinde ist eine direkte Konsequenz davon. Viele hören nicht auf Gott und lehnen die Autorität der Schrift ab; statt dessen basieren sie ihre Überzeugungen und ihr Verhalten auf menschliche Gründe oder gesellschaftliche Trends. Sie reduzieren ihr Konzept von Gott auf das, was gerade die Mode und akzeptabel ist. Wenn sie jedoch beim Menschen beginnen, werden sie dort auch aufhören. Der Gott, den sie wollen, ist es nicht wert, daß man an ihn glaubt. Paulus bemerkte ganz richtig über diejenigen, die die Wahrheit Gottes unterdrückten, die klar erkannt werden kann: »Sie haben ihre Gedanken dem Nichtigen zugewandt, und ihr unverständiges

Herz ist verfinstert. Da sie sich für weise hielten, sind sie zu Narren geworden ... Darum hat sie auch Gott dahingegeben« dem Lebensweg, den sie
sich auserwählt hatten, mit aller destruktiven Entfremdung dieser Wahl.[7]

4. TEXTUALISMUS

A. W. Tozer hat Textualismus als »Orthodoxie ohne den Heiligen Geist«
beschrieben. Über fundamentalistische Gemeinden, die zwar bibeltreu sind,
aber geistlich hart und dürre, sagte Tozer: »Überall finden wir unter Kon-
servativen Menschen, die von der Bibel, aber nicht im Geist belehrt sind ...
Wahrheit, die man nicht erlebt, ist nicht besser als Irrtum und kann genauso
gefährlich sein. Die Schriftgelehrten, die auf dem Stuhl von Moses saßen,
waren nicht die Opfer des Irrtums; sie waren die Opfer des Umstandes, daß
sie die Wahrheit, die sie lehrten, nicht erlebten.«[8] Bis der Heilige Geist unseren trägen Verstand erleuchtet und unsere kalten Herzen wärmt, empfangen
wir die offenbarte Wahrheit Gottes nicht, ganz gleich, wie genau wir die
richtigen Worte kennen und sie anderen lehren. Viele der Spaltungen im
Christentum werden durch hitzige Debatten über den Buchstaben des Gesetzes verursacht, ohne daß der Geist dahinter verstanden wird.

»Der Mensch braucht jedes Wort, das aus dem Mund Gottes kommt.«
Das Wort *ekporeumen* bedeutet »ständig herauskommt«. Weil Gott der
lebendige Gott ist, will er ständig zu uns sprechen, und wir müssen auf ihn
hören. Er spricht, natürlich, auf viele verschiedene Weisen, und wir werden
uns später im Kapitel kurz mit einigen von ihnen beschäftigen. Wir sollten
uns als Antwort üben und ständig fragen: »Was will Gott mir durch diesen
Bibelabschnitt, diese Person oder dieses Ereignis in meinem Leben sagen?«
Es reicht nicht aus, den Text zu kennen. Was sagt Gott speziell zu mir –
vielleicht durch den Text – in diesem Augenblick? Wenn wir geistlich lebendig und wachsam sein wollen, brauchen wir jedes Wort, das Gott ständig
spricht.

Richard Wurmbrand erläuterte einmal, daß er in kommunistischen
Gefängnissen Christen fand, die Bibelverse kannten wie »Meine Gnade ist
genügend für dich«, aber sie konnten in den Versen allein wenig Trost finden. Was uns genügt, ist die Gnade Gottes, nicht der Vers. »Man kann
schöne Liebesbriefe von einem Mädchen haben und Bilder, ohne das Mädchen selbst zu haben. Worum es hier geht: daß wir Gott selbst haben.«

5. BUCHSTABENTREUE

Das ist eine Ausdehnung des Textualismus und eine unvermeidliche Reaktion auf den heutigen säkularen Humanismus. In unserem Eifer, die skepti-
sche Zerstörung all dessen zu verhindern, das spezifisch christlich ist, laufen

wir leicht in die Falle des blinden Glaubens: »Es muß so sein, denn die Bibel sagt es.« Manche halten das für einen obskurantistischen Dogmatismus; vernünftige Diskussion wird unmöglich. Es führt zu einem legalistischen Christentum, das die herrliche Freiheit leugnet, die unser Erbe in Christus sein sollte.[9] Im schlimmsten Falle degeneriert sie zu einem Geist der Engstirnigkeit, der von der Richtigkeit der eigenen Person völlig überzeugt ist und die Möglichkeit eines Irrtums nicht in Betracht zieht. Solche Personen weigern sich, auf das zu hören, was andere sagen und, noch schlimmer, was Gott selbst vielleicht durch diese Menschen sagen will.

Diese Haltung findet man vor allem bei modernen Sekten, aber auch in den Bereichen der wahren christlichen Gemeinde, die zu einer Sekte werden könnte. Eine Sekte ist »die Hingabe an eine bestimmte Person oder Gegenstand durch eine Gruppe von Anhängern«. Eine Sekte folgt fast stets einer bestimmten Person und einer Reihe von strengen Regeln und Lehren. Dabei handelt es sich um ein geschlossenes System, das keine Abweichung, keine alternative Interpretation des gegebenen Textes zuläßt. Die Wissenschaft der Interpretation, die Hermeneutik, ist eine strenge Wissenschaft. Wir müssen uns stets fragen: Was ist der historische, kulturelle, sprachliche und religiöse Zusammenhang dieses bestimmten Verses in der Schrift? Was war die ursprüngliche Absicht dieses Abschnitts? Was wird hier eigentlich im Lichte dessen gesagt, was wird *nicht* gesagt? Wir werden uns später mit zwei Beispielen auseinandersetzen, aber wir müssen vorsichtig sein, wenn jemand sich rigoros auf bestimmte *Worte* der Schrift stützt, aber in seinem ganzen Denken nicht wirklich *biblisch* ist. Es ist eine gefährliche Wahrheit, daß man fast alles mit der Bibel beweisen kann, wenn man die genauen Prinzipien biblischer Exegese außer acht läßt. Wer pedantisch auf Buchstabentreue beharrt, richtet seinen Verstand und sein Leben ausschließlich auf den toten »Buchstaben des Gesetzes«, statt die befreiende Wirkung des Geistes zu erfahren. »Denn der Buchstabe tötet, aber der Geist macht lebendig.«[10]

6. Intellektualismus

Jesus kam, um uns Leben zu bringen. Wir brauchen jedes Wort, das Gott spricht, damit wir *leben* können. Es mag sein, daß wir über das Wort Gottes nachdenken und diskutieren müssen, aber wenn wir hier aufhören, dann verfehlen wir den ganzen Sinn. »Ihr suchet in der Schrift; denn ihr meinet, ihr habt das ewige Leben darin; und sie ist es, die von mir zeuget; aber doch wollt ihr nicht zu mir kommen, daß ihr das Leben hättet.«[11] Ein intellektuelles Verständnis der Bibel bringt von selbst noch kein Leben. »Das Verstehen ist ein kreativer Akt, ja sogar eine kreative Kunst, an der die ganze Persönlichkeit des Lesers beteiligt ist. Wenn er sich dem Inhalt nicht öffnet, ja wenn er sich Gott nicht öffnet, dann läßt sich das nicht durch eine Kenntnis bestimmter Regeln ersetzen.«[12]

Im Westen haben wir oft griechische Begriffe der Wahrheit und Erkenntnis übernommen, ohne auch hebräische Begriffe mit in Betracht zu ziehen. Die Griechen sahen Wahrheit in Form von Aussagen, Feststellungen und Worten, während im hebräischen Denken Wahrheit in tiefen persönlichen Beziehungen erkannt wurde. Wenn Jesus vom ewigen Leben als »Erkenntnis Gottes« sprach, dann gebrauchte er ein Wort (*ginoskein*), das manchmal für die intime persönliche Beziehung zwischen Mann und Frau gebraucht wird. Wenn wir deshalb behaupten, »die Wahrheit zu kennen«, und diese Erkenntnis dazu führt, daß wir anderen gegenüber eine kritische und lieblose Haltung einnehmen, stellt sich die Frage, inwieweit wir wirklich den kennen, der die Wahrheit ist, Jesus Christus. Wahre Lehre befähigt uns, den Gott der Liebe und des Lebens zu erkennen.

Eine rein intellektuelle Kenntnis der Schrift nährt den Verstand, aber wenn sie einen spalterischen, streitsüchtigen Geist hervorruft, kann sie kaum bibeltreu sein – denn das Wort Gottes gibt Gesundheit und Leben. Aggressiver Protestantismus kann zum Beispiel alle richtigen Begriffe der Bibel lehren, aber wieder müssen wir erkennen, daß es nur der Heilige Geist ist, der das Leben gibt. Der Ruf des christlichen Predigers besteht nicht hauptsächlich darin, theologische Information weiterzugeben, sondern das Wort Gottes zu predigen, und dieses Wort ist »lebendig und kräftig«.[13] Es ist stets die mächtige, dynamische Ausdrucksweise des Lebens und der Kraft des lebendigen Gottes. Im ersten Buch Mose lesen wir immer wieder: »Gott sprach . . . Und es geschah.« In der Offenbarung lesen wir an verschiedenen Stellen vom »Schwert in seinem Mund«. Das bezieht sich auf die mächtige Kraft des Wortes Gottes. So sollte es sein. Für den Jünger Jesu sollte das Studium der Bibel nie eine rein akademische Angelegenheit sein. »Zu sagen, daß die Bibel unsere Autorität ist, bedeutet, daß wir unser theologisches Denken durch sie prüfen und unser Leben verändern lassen sollen. Sie formt unsere Gedanken, Gefühle, Wünsche und unseren Willen.«[14] Ein gebetsvolles Studium der Schrift sollte im wörtlichsten Sinn ein Erlebnis werden, das unser Leben verändert.

7. ANTI-INTELLEKTUALISMUS

Das ist häufiger als der Intellektualismus der Geist unserer Zeit. Hier finden wir einen Grund für die Popularität des östlichen Mystizismus heute, der oft das Erleben auf gefährliche Weise überbetont und den Verstand ablehnt. »Guru Maharadschi (das göttliche Licht) kommt herab und gießt damit die Gnade und Erkenntnis aus. Die Gnade ist *Satsang*. Dann, wenn das Satsang die Maschine des Verstandes erreicht, schaltet es sie als erstes aus . . . Was wir heute bekämpfen müssen, ist der Verstand.«

Manche extreme Formen der charismatischen Bewegung sind dieser Gefahr anheimgefallen. Die endlose Wiederholung einfacher Chorusse *kann* zu einer Form von *Mantra* oder Beschwörung werden; wir müssen uns vor einem ungesunden Interesse an dem Spektakulären, dem Sensationellen und dem Dämonischen hüten und müssen über eine zu große Abhängigkeit von Prophezeiungen und Visionen im Bereich der persönlichen Führung Gottes anstelle eines Verständnisses biblischer Prinzipien und ihrer gebetsvollen Anwendung auf die spezifische Situation vorsichtig sein. John Stott warnt uns in seinem hilfreichen Büchlein *Dein Verstand ist von Bedeutung*[15] vor dem »Elend und der Bedrohung eines verstandlosen Christentums« und fordert zu »einer warmen Hingabe, angefeuert durch die Wahrheit«, auf.

Niemand kann das Neue Testament lesen, ohne zu erkennen, daß jene ersten Christen ein reiches Erlebnis mit Gott hatten, das manchmal tief mystische Züge aufwies. Der Apostel Paulus war jedoch extrem zurückhaltend über solche Erlebnisse und forderte seine Leser dazu auf, »geistlich gesinnt« zu sein, »im Geist zu leben« und zu »wandeln«.[16]

Das heißt nicht, daß wir ein mystisches Erlebnis nach dem anderen erwarten sollen; vielmehr sollen wir jeden Tag versuchen, so zu leben wie Christus, um die Frucht des Geistes in unserem Leben zu offenbaren.

Das Wort Gottes hören

Wenn das Wort, das Gott spricht, für uns lebenswichtig ist, wie spricht Gott heute zu uns? Wie können wir sein Wort richtig hören und verstehen?

Das Christentum ist eine Religion der Offenbarung. Hier sucht der Mensch nicht im dunkeln nach Gott, vielmehr offenbart sich Gott dem Menschen auf eine so persönliche Art und Weise, daß es eine Antwort verlangt. »Nachdem vorzeiten Gott manchmal und auf mancherlei Weise geredet hat zu den Vätern durch die Propheten, hat er in diesen letzten Tagen zu uns geredet durch den Sohn.«[17] Jesus ist Gottes höchste Selbstoffenbarung an den Menschen, und diese kann von jedem Menschen jedes Zeitalters und jeder Kultur verstanden werden.

Es ist wichtig, drei Hauptformen des Wortes Gottes zu unterscheiden.

1. DAS PERSÖNLICHE WORT

Das Wort Gottes wurde Mensch und lebte unter uns. Mehr als alles andere ist Gott eine Person. Wenn wir Jesus gesehen haben, haben wir den Vater gesehen.[18] Wenn wir zu Gott kommen wollen, müssen wir zu dem Sohn kommen. Gott kennen heißt den Sohn kennen. »Er ist der Abglanz seiner

Herrlichkeit und das Ebenbild seines Wesens . . .«[19] Er ist das Ebenbild des unsichtbaren Gottes, und in ihm wohnte die Fülle Gottes.[20]

2. DAS GESCHRIEBENE WORT,

wie es uns in der Schrift gegeben ist. Obwohl Gott definitionsgemäß unsere höchste Autorität ist, ist die Schrift das höchste Gericht in bezug auf das, was Gott gesagt hat. Hier ist der gottgegebene, objektive Prüfstein für unseren Glauben und unser Verhalten.

Nicht alle Theologen würden damit übereinstimmen. Obwohl jeder wahre Theist die höchste Autorität des Wortes Gottes anerkennen würde, hat es hauptsächlich drei verschiedene Anschauungen in bezug auf unser Verständnis des Wortes Gottes gegeben.

Erstens: *Gottes Wort in der Interpretation der Tradition.* Was die Gemeinde sagt, ist, was Gott sagt. Die Schwierigkeiten entstehen jedoch, wenn man die Frage stellt: Aber was sagt die Gemeinde? Während viele Traditionen gut und stabilisierend wirken, kann ein Traditionalismus verheerend sein. Jesus wies die Traditionalisten seiner Zeit klar zurecht, als er zu den Pharisäern sagte: »Ihr verlasset Gottes Gebot und haltet der Menschen Satzungen . . . Gar fein hebt ihr Gottes Gebot auf, auf daß ihr eure Satzungen haltet.«[21] Immer wieder brachte Jesus seine religiösen Gegner zur Autorität der Schrift zurück.

Zweitens: *Gottes Wort in der Interpretation der Vernunft.* Gott sagt, was die Vernunft akzeptieren kann. Deshalb lehnen viele, die sich zum Christentum bekennen, die Jungfrauengeburt Christi ab, seine Wunder, seine körperliche Auferstehung und seine persönliche Wiederkunft. Als die Rationalisten der Zeit Jesu, die Sadduzäer, erklärten, daß sie den Gedanken der Auferstehung nicht mit der Vernunft akzeptieren konnten, brachte Jesus sie schnell zu der Wahrheit der Schrift zurück. Er erinnerte sie daran, daß Gott sich in der Schrift offenbart hatte als der Gott von Abraham, der Gott von Isaak und der Gott von Jakob. Aber, sagte er, Gott ist der Gott der Lebenden und nicht der Toten, und daraus folgt, daß Abraham, Isaak und Jakob immer noch leben, obwohl sie physisch tot sind. »Ihr irret und kennet die Schrift nicht, noch die Kraft Gottes.«[22] Ihr Rationalismus und ihre Arroganz hinderte sie an der Erkenntnis Gottes.

Drittens: *Gottes Wort in der Interpretation der Schrift.* Was die Schrift sagt, sagt Gott. Jesus bestätigte ohne Zweifel, daß die Schrift das Wort Gottes ist: Er kannte sie, lehrte sie, lebte nach ihr, erfüllte sie. Sein eigenes Verständnis von der Schrift war ohne Zweifel, daß sie das inspirierte Wort Gottes war, und da die Schrift »das Lehrbuch Christi« war, wie Dr. J. I. Packer es ausgedrückt hat, kann man sagen: »Treue zu Christus, unserem auferstandenen Heiland und gekrönten Herrn, verlangt eine völlige Unterwerfung der Schrift gegenüber, und jede Person und jede Gemeinde, die nicht glauben will, was hier geschrieben ist, oder in der Praxis der Schrift nicht treu ist, rebelliert in dem Ausmaß, in dem das geschieht, gegen Christus.«[23] Dr. Packer nimmt kein Blatt vor den Mund. Wenn man Christus als seinen Herrn annimmt, dann muß man seine Lehre in allen Teilen als göttliche Autorität für sein Leben annehmen.

Die verschiedenen Autoren des Neuen Testamentes nahmen auch für sich in Anspruch, daß das, was sie schrieben, ihnen von Gott eingegeben worden war. »Wer aber das nicht anerkennt, der wird auch nicht anerkannt (d. h. von Gott).«[24] Manchmal wird gesagt, daß die Schrift fehlbar sein muß, weil sie von sündhaften Menschen geschrieben wurde. Das läßt sich daraus jedoch nicht schließen. Wenn die Schrift von *Gott geatmet ist* (theopneustos, 2. Tim. 3,16), wie Paulus behauptete, dann kann Gott durch seinen Geist durchaus durch sündhafte Menschen sprechen, und zwar akkurat und unfehlbar, genauso wie der Heilige Geist durch Maria Gottes vollkommenen Sohn zur Welt brachte. Gott gebraucht diese sündhaften Menschen nicht als Diktiergeräte für sein Wort; vielmehr bläst er mit dem Atem seines Geistes durch ihre Hintergründe, Persönlichkeiten, Erlebnisse und Anschauungen, die durch die Kultur ihrer Zeit gebildet worden sind. Es ist jedoch immer noch das inspirierte Wort Gottes, das uns durch Menschen gebracht wird.

Fernerhin wird der Anspruch der Bibel auf ihre eigene Autorität nicht durch ein »zirkulares Argument« ungültig, wie manchmal behauptet worden ist. Wenn ein solcher Anspruch erst durch eine äußere Autorität bestätigt werden müßte, dann müßte diese Autorität höher sein. »Eine höchste Autorität zu beweisen, indem man sich auf eine noch höhere Autorität beruft, wäre ein Widerspruch in sich.«[25] Der Anspruch der Bibel auf göttliche Autorität läßt sich nur durch ihre eigene Konsistenz, Zuverlässigkeit und durch die persönliche Erfahrung derer prüfen, die danach zu leben versuchen. Von dem Zeugnis Jesu, das sich selbst bestätigt, und dem der Apostel müssen wir die Schrift als das inspirierte Wort Gottes akzeptieren, *in seiner ursprünglichen Form*. Wir dürfen natürlich die Ergebnisse gründlicher biblischer Forschung nicht ablehnen, die sich darum bemüht, den ursprünglichen Text und den kulturellen und historischen Zusammenhang genau zu klären. Aber nachdem wir den Text geprüft haben, müssen wir es dem Text erlauben, uns zu prüfen. Unser Gewissen muß sich dem Wort Gottes unterstellen.

3. Das gesprochene Wort,

wie es durch die Predigt, Lehre, das Zeugnis oder die Prophetie gegeben wird. Obwohl Gott oft durch die stille Beredtsamkeit der Schöpfung spricht, durch Gewissensbisse oder inneren Frieden, durch die täglichen Ereignisse in unserem Leben, so werden wir auch Gottes Wort hören, wenn die Schrift ausgelegt wird, wenn ein prophetisches Wort gegeben wird (ganz gleich, in welcher Form) oder wenn ein Bruder oder eine Schwester mit uns spricht. Gott hörte nicht auf zu sprechen, nachdem die Schrift abgeschlossen war. Obwohl wir keine weitere Offenbarung der Lehre mehr zu erwarten haben, so muß das gesprochene Wort, wenn es authentisch sein soll, mit dem geschriebenen Wort übereinstimmen und das persönliche Wort verherrlichen. Gott ist der lebendige Gott, der Gott von heute; und jeden Tag will er, daß wir uns einer engen Beziehung mit ihm erfreuen, in der er mit uns spricht und wir mit ihm.

Das prophetische Wort

Der Apostel Paulus fordert uns auf: »Befleißiget euch der geistlichen Gaben, am meisten aber, daß ihr weissagen möget!« Da in vielen Teilen der Gemeinde mit einem Male prophetische Gaben und Dienste aufgetreten sind, zusammen mit zahlreichen Pseudogaben, die zu den zahlreichen Sekten heute geführt haben, ist es nötig, einiges über die Prophetie zu sagen.

Obwohl die grundlegende Gabe der Prophetie den Aposteln ein für allemal für die Vollendung des neutestamentlichen Kanons gegeben wurde, erlebte selbst die Urkirche verschiedene Grade an prophetischer Gabe. Paulus sah diese Gabe als natürlich und gesund in der örtlichen Gemeinde an (1. Korinther 14). Die große Mehrzahl der prophetischen Sprüche, selbst zur Zeit des neuen Testaments, waren nicht grundlegender Natur, sondern ein normaler Teil zum Aufbau des Leibes Christi an jedem Ort; diese Gabe ließ sich deutlich von der Lehre oder der Predigt unterscheiden. Während das geschriebene Wort Gottes Wahrheit für alle Menschen zu allen Zeiten ist, ist das prophetische Wort ein spezifisches Wort, von Gott inspiriert, einer bestimmten Person oder Gruppe von Personen gegeben, zu einem bestimmten Augenblick für einen bestimmten Zweck. Wir sollten nicht überrascht sein, wenn wir merken, daß die prophetische Aussage in den eigenen Worten und Denkformen des Sprechers formuliert ist und seine eigenen Anliegen widerspiegelt, denn Gott gebraucht uns als Menschen, mit allen unseren menschlichen Anschauungen und Erfahrungen, um sein Wort weiterzugeben. Noch sollten wir Verdacht schöpfen, wenn die Prophetie in biblischen Ausdrucksweisen formuliert ist, denn mehr als die Hälfte der Offenbarung des Johannes ist uns in dieser Form übermittelt. Noch dürfen wir die Prophetie ablehnen, wenn das Wort einfach ist — vielleicht sogar scheinbar »trivial«. Im Alten Testament lesen wir: »Da sprach Haggai, der Bote des

Herrn, der beauftragt war mit der Botschaft des Herrn an das Volk: Ich bin mit euch, spricht der Herr.«[26] Das war alles! Kein weiteres Wort kam für das Volk Gottes einen ganzen Monat lang. Es war nicht das tiefgründigste oder gewichtigste Wort, das sie je gehört hatten, aber es war das Wort des Herrn.

Gott kann prophetische Gaben für viele verschiedene Zwecke geben. Es könnte Führung in bezug auf zukünftige Bedürfnisse sein, wie zum Beispiel als Agabus »weissagte durch den Geist eine große Teuerung, die da kommen sollte über den ganzen Kreis der Erde.«[27] Es könnte sich um Anweisungen für den Dienst der Gemeinde handeln. So sagte der Geist den Leitern zu Antiochien, daß Barnabas und Paulus für den ersten missionarischen Dienst der Gemeinde ausgesondert werden sollten.[28] Meistens ist die Gabe jedoch »den Menschen zur Erbauung und zur Ermahnung und zur Tröstung.«[29]

Da bei der Prophetie Gott durch ein Glied des Leibes Christi spricht, muß sie sorgfältig abgewogen und geprüft werden, bevor sie als das Wort Gottes angenommen wird. In seiner Abhandlung über die Montanisten des zweiten Jahrhunderts betont Michael Green die Gefahren des Mißbrauchs sowie die Gefahren der Überreaktion gegen den Mißbrauch: »Als sie behaupteten, daß sie persönlich den Heiligen Geist verkörperten; als sie andere Christen als fleischlich abtaten und sich selbst allein als ›vom Geist erfüllt‹ verkündeten; als sie sich weigerten, ihre Lehre der Prüfung der Schrift zu unterziehen und sie für genauso autoritativ erklärten wie die Schriften des Neuen Testaments, da mußte die Gemeinde etwas unternehmen. Wieviel besser wäre es für die Gemeinde als Ganzes gewesen, wenn die Montanisten entschieden hätten, sich der Autorität der Schrift zu unterwerfen, und der Versuchung zur Exklusivität und der Ablehnung aller anderen Christen widerstanden hätten. Wieviel besser wäre es gewesen, wenn die Katholiken die Notwendigkeit der Prüfung der Prophetie betont hätten, statt das alles einfach abzulehnen, das Gute und das Schlechte.«[30] Das ist eine Lektion, die für die Gemeinde heute von großer Bedeutung ist.

Wie kann man die Prophetie oder jede andere Geistesgabe prüfen, vor allem, wenn sie vorgibt, das Wort des Herrn zu bringen? Man sollte die folgenden Fragen stellen:

(a) Verherrlicht sie den Herrn? Es kann zwar sein, daß die Prophetie Christus nicht beim Namen nennt, aber ehrt und verherrlicht die Botschaft ihn als Ganzes? Das ist immer das Hauptwerk des Geistes. (Johannes 16,14; 1. Korinther 12,1–4)

(b) Dient sie zur Erbauung des Leibes Christi? Dieser Punkt wird von Paulus bei seiner Diskussion der Gaben (vor allem Prophetie und Zungenreden) in 1. Korinther 14 nicht weniger als siebenmal betont.

(c) Stimmt sie mit dem geschriebenen Wort Gottes in der Bibel überein?

Wenn wir die Schrift verdrehen, führt das zu unserer eigenen Zerstörung. (2. Petrus 3,16)

(d) Wird das Wort in einem Geist der Liebe gegeben? Das ist das Merkmal der Gegenwart des Geistes, selbst wenn das Wort eine Zurechtweisung ist.

(e) Ist Jesus der Herr im Leben des Sprechenden? Den falschen Propheten wird man an den Früchten seines Lebens erkennen, hat Jesus gesagt. (Mat. 7,15−20)

(f) Untersteht der Sprecher der Führung der Gemeinde? Starke Persönlichkeiten mit unabhängigem Geist führten zu Spaltungen in der Gemeinde des Neuen Testamentes, und das Gleiche geschieht noch heute. Paulus warnte die Ältesten in Ephesus, daß »aus euch selbst« Menschen Jünger aus der Gemeinde ziehen und somit zu Spaltungen in der Gemeinde Gottes führen. (Apg. 20,19−31)

(g) Erlaubt der Sprecher anderen, zu beurteilen oder abzuwägen, was er gesagt hat? Das muß stets geschehen, und Schwierigkeiten entstehen, wenn ein solches Abwägen abgelehnt wird. (1. Korinther 14,29)

(h) Hat der Sprechende Kontrolle über sich selbst, wenn er spricht? Es ist das Zeichen der Gegenwart eines bösen Geistes, daß der Sprecher von jemand anders kontrolliert wird. Aber das ist nie so beim Geist Gottes. (1. Korinther 12,2 f., man beachte den Gegensatz zwischen »bewegt« und »sprechen«; siehe auch 14,32)

(i) Erfüllt sich die Prophetie, wenn sie von einem zukünftigen Ereignis handelt? Meist ist die Prophetie an die Gegenwart und nicht die Zukunft gerichtet. Ein Christ, der prophezeit, wird meistens etwas zur jetzigen Situation sagen, ein Wort Gottes zur Ermutigung oder Erbauung der gesamten Gemeinde. Nur selten wird die Prophetie ein zukünftiges Ereignis vorhersagen. In diesem Fall ist der biblische Test der Prophetie die Erfüllung (oder Nichterfüllung). (5. Mose 18,22)

Logos und Rhema

In den letzten Jahren ist eine populäre, aber zweifelhafte Lehre prominent in Erscheinung getreten, die versucht, zwischen *logos* und *rhema* zu unterscheiden. Verschiedene Bibellehrer drücken es auf verschiedene Weise aus. Im allgemeinen wird das so verstanden, daß sich *logos* auf die gesamte Lehre des objektiven Wortes Gottes in der Schrift bezieht, das immer wahr ist, während *rhema* ein spezifischeres Wort ist, das Gott jetzt spricht, sei es zu einem einzelnen, einer örtlichen Gemeinde oder der Gemeinde Christi als Ganzes. Die Unterscheidung, die manche zwischen diesen beiden Begriffen treffen, ist subtil, hat aber weitreichende Folgen.

Erstens, obwohl das *logos* Gottes ewig wahr und von Bedeutung ist, wird hier behauptet, daß wir vor allem das *rhema* Gottes besonders hören und ihm gehorchen müssen. Das *rhema* Gottes ist, so behauptet man, Gottes Wort für uns zu diesem besonderen Zeitpunkt; es ist das Schwert des Geistes[31], das Wort, das handelt. Es ist nicht nur Information, sondern ein dynamisches Ereignis. Es ist das Wort, das das Leben der Menschen verändert, das der Gemeinde ihren Richtungssinn vermittelt und den geistlichen Kampf gewinnt. Was wir brauchen, so heißt es weiter, ist nicht so sehr die allgemeine Auslegung der Schrift als vielmehr das prophetische Wort des Herrn für heute. Insoweit wir dem *rhema* des Herrn gehorchen, sehen wir ihn machtvoll am Werk unter uns.

Zweitens, obgleich es Bereiche der Übereinstimmung über das *logos* Gottes geben mag, hängt christliche Einheit in der Praxis, so wird behauptet, von unserer Reaktion auf das *rhema* Gottes ab. Wenn der Herr sein *rhema* zu uns spricht (vielleicht durch eine prophetische Aussage), dann ist es alleine von Bedeutung, dem zu gehorchen, auch wenn wir uns dabei von anderen Christen lossagen müssen. Ein christlicher Führer beschrieb mir das in einem Brief auf folgende Weise: »Einheit ist nicht auf einer Beziehung zu meinem Bruder begründet, sondern auf einer Antwort auf das Wort Gottes. Deshalb wird man genausoviel Einheit haben, wie man sich über das *rhema* Jesu Christi einig ist.« Wenn es in bezug auf »das *rhema* des Geistes« keine Einheit gibt, dann ist es praktisch unmöglich, in irgendeiner Weise noch Gemeinschaft zu haben. Aus diesem Grund ist eine Trennung von anderen Christen notwendig.

Aus biblischer, theologischer und sprachlicher Perspektive jedoch ist es unmöglich, diese Unterscheidung aufrechtzuerhalten. Nach Kittels Theologischem Wörterbuch scheint es zwischen dem Gebrauch von *logos* und *rhema* keinen grundlegenden Unterschied zu geben. Da *logos* im Neuen Testament 331mal vorkommt (in allen Büchern des Neuen Testaments außer Philemon und Judas) und *rhema* 67mal (32mal bei Lukas und 12mal bei Johannes), ist es unvermeidlich, daß sich ihre Bedeutung vielfach überschneidet. Das neue internationale Wörterbuch des Neuen Testamentes[32] gibt zwar zu: »Obwohl *logos* oft im Neuen Testament die christliche Verkündigung als Ganzes bezeichnet, bezieht sich *rhema* gewöhnlich auf einzelne Worte und Aussagen«, aber diese einzelnen Aussagen (rhema) werden dann mit den folgenden Beispielen illustriert:

»Ich sage euch aber, daß die Menschen müssen Rechenschaft geben am Tage des Gerichts von einem jeglichen nichtsnutzigen Wort, das sie geredet haben« (Matthäus 12,36); Jesus antwortet Pilatus »nicht auf ein Wort« (Matthäus 27,14); die Bewohner des Himmels sprechen »unaussprechliche Worte« (2. Korinther 12,4). In keinem Wörterbuch des Neuen Testaments oder griechischen Wörterbuch von Bedeutung läßt sich diese Unterscheidung finden.

William Barclay schrieb in seiner Studie des *logos*, wo er von Jesus als dem *logos* Gottes spricht: »Indem er Jesus das *logos* nannte, sagte Johannes zwei Dinge über Jesus. (a) Jesus *ist* die Schöpfungskraft von Gott, die zu mir gekommen ist. Er *spricht* nicht nur das Wort der *Erkenntnis*, er ist das Wort der *Kraft*. Er ist nicht hauptsächlich gekommen, um uns etwas zu *sagen*, sondern um etwas für uns zu *tun*. (b) Jesus ist das fleischgewordene Gemüt Gottes. Wir könnten die Worte des Johannes durchaus so übersetzen: ›Das Gemüt Gottes wurde zu einem Menschen.‹ Ein Wort ist immer ›der Ausdruck eines Gedankens‹, und Jesus ist der vollkommene Ausdruck der Gedanken Gottes in bezug auf den Menschen.«[33]

In dem *Wortschatz der Bibel* von JJ. von Allmen wird der gleiche Gedanke in dem Artikel über das »Wort« zum Ausdruck gebracht (wobei besonders auf *logos* Bezug genommen wird): »Das Wort zeigt nicht auf die Realität, wovon es lediglich die intellektuelle Ausdrucksweise ist. Es ist die Realität selber. Es ist ein Ereignis. Es ist keine Rationalität, sondern eine Tat . . . Die Predigt des Wortes beschränkt sich nicht auf das Sprechen, ganz gleich wie passend es für die treue Verbreitung des biblischen ›Denkens‹ sein mag. Die Offenbarung ist vor allem eine Handlung, und diese Handlung als ganze ist das Wort. Das Wort Gottes ist mehr als eine Aussage Gottes. Es ist eine Handlung Gottes. Denn Gott handelt nach seinem Wort und spricht durch seine Handlung.«[34]

Aus den Tatsachen des biblischen Textes geht deshalb ganz klar hervor, daß man keine scharfe Unterscheidung zwischen *logos* und *rhema* treffen kann, und die weitreichenden Schlußfolgerungen, die wir oben beschrieben haben, beruhen deshalb auf falschen Voraussetzungen. Erstens, Gott hat uns bereits in der Schrift sein geschriebenes Wort gegeben, und wenn wir es lesen, predigen oder hören, kann es zu jeder Zeit durch die Macht des Geistes für uns zu Gottes lebendigem Wort heute werden – ein Wort, das machtvoll in unserem Leben wirkt. Obwohl die Prophetie eine der Geistesgaben ist, ist es falsch, das prophetische Wort über das geschriebene Wort zu erheben. Da *logos* und *rhema* fast synonym sind, brauchen wir keine falsche Unterscheidung zwischen zwei griechischen Wörtern, sondern einen klaren Gehorsam gegenüber dem Wort Gottes.

Zweitens, christliche Einheit beruht immer auf unserer Beziehung zu Christus. Obwohl unsere Antwort auf Gottes Wort immer von Bedeutung ist, bestimmt sie nicht die Grenzen unserer Einheit. Ein wahrer Christ ist ein Mann oder eine Frau »in Christus«; wenn Sie und ich in Christus sind, sind Sie mein Bruder und meine Schwester, und ich bin Ihr Bruder, ganz gleich, welche Antwort es auf ein bestimmtes *logos* oder *rhema* Gottes geben mag.

Wenn wir uns voneinander trennen, dann sündigen wir gegen Christus und seinen Leib, denn wir sind alle eins in ihm. Die einzige theologische Grundlage, auf der uns die Bibel gestattet, uns zu trennen, bezieht sich auf die göttliche Natur Christi, seinen Tod für unsere Sünde und seine Auferstehung von den Toten. Wenn eine Person eine oder alle dieser grundlegenden Lehren leugnet, dann ist ein Bruch der Gemeinschaft nicht nur möglich, sondern unvermeidlich, denn unsere Einheit ist ganz und gar in Christus. Wenn wir jedoch auf der Basis verschiedener Antworten auf ein anderes *rhema* Gottes uns trennen, dann hat das überhaupt keine biblische Rechtfertigung. Die verwirrte Lehre mancher über *logos* und *rhema* zeigt, daß wenig »Wissen« gefährlich sein kann.

Gottes Wort verstehen

Wenn wir einmal die verschiedenen Formen des Wortes Gottes erkannt haben, die Autorität des geschriebenen Wortes, die Prüfung des gesprochenen Wortes, dann erlangen die Fragen der Interpretation höchste Bedeutung. Jesus wies seine religiösen Zuhörer ständig wegen ihrer falschen Interpretation der Schrift zurück. In der Bergpredigt sagte er wiederholt: »Ihr habt gehört . . . Ich aber sage euch.« In jedem Fall, wo Jesus diese Worte gebrauchte, änderte Jesus nicht einmal das Wort Gottes, wie es in der Schrift gegeben war; er korrigierte lediglich die falsche Interpretation dieses Wortes und wies auf die ursprüngliche Bedeutung und ihren Sinn hin. Als Jünger Jesu müssen wir lernen, richtig mit dem Wort der Wahrheit umzugehen.[35]

Sicherlich hängt viel vom Geist der Wahrheit ab, dem Heiligen Geist. Durch seine Wirkung wurde das persönliche Wort, Jesus, im Schoß seiner Mutter empfangen. Durch seine Inspiration kam das geschriebene Wort der Schrift zustande, und durch seine Eingebung wird jedes prophetische Wort heute gesprochen. Deshalb muß der Geist, der das Wort inspirierte, auch der Geist sein, der das Wort interpretiert. »Und das sollt ihr vor allem wissen, daß keine Weissagung in der Schrift eine Sache eigener Auslegung ist. Denn es ist noch nie eine Weissagung aus menschlichem Willen hervorgebracht worden; sondern von dem heiligen Geist getrieben haben Menschen im Namen Gottes geredet.«[36] Wir brauchen die Erleuchtung des Geistes, bevor wir je die Wahrheit Gottes erkennen können. »So weiß auch niemand, was in Gott ist, als allein der Geist Gottes«, und er ist uns gegeben, »daß wir wissen können, was uns von Gott geschenkt ist«.[37] Ständig betete Paulus für die christlichen Gemeinden, daß Gott »euch gebe den Geist der Weisheit und der Offenbarung, ihn zu erkennen. Er erleuchte die Augen eures Herzens . . .«[38] Weiterhin schrieb Paulus an die Gemeinde in Kolossä:

»Darum ... lassen wir nicht ab, für euch zu beten und zu bitten, daß ihr erfüllt werdet mit Erkenntnis seines Willens in aller geistlichen Weisheit und Einsicht, auf daß ihr des Herrn würdig wandelt zu allem Gefallen ...«[39] Ohne die direkte Hilfe des Geistes wären wir alle geistlich blind.

Zusammen mit dem Verständnis, das uns der Geist gegeben hat, muß unser Verstand jedoch einige Grundregeln der Interpretation befolgen. Zwei Fragen müssen gestellt werden. Erstens: Was bedeutete der Text für die ursprünglichen Hörer? Wir müssen uns von dem Text »distanzieren«, damit wir nicht unsere eigenen Ideen hineinbringen oder unsere Lieblingslehren hineinlesen. Wir dürfen nicht versuchen, dem Text das zu entnehmen, was jetzt in unserer Situation von Bedeutung ist, *bevor* wir verstehen, was es für die ursprünglichen Hörer in ihrer Situation bedeutete, was möglicherweise ganz anders war. Erst dann können wir die zweite Frage stellen: Was bedeutet der Text für uns heute? Und wir müssen lernen, die wahre Bedeutung des Wortes Gottes in unserer Situation anzuwenden, nachdem wir die erste Frage beantwortet haben.

Vor allem müssen wir sorgfältig die Worte untersuchen, ihren Zusammenhang, die literarische Form und den kulturellen Kontext.

a) *Die Worte*

Eine gute Übersetzung ist keine wortwörtliche Übersetzung, und deshalb finden wir wahrscheinlich in jeder Version, die wir zum Bibelstudium benutzen, etwas Interpretation oder eine Paraphrase des ursprünglichen Textes vor. Die New English Bible zum Beispiel übersetzt 1. Korinther 14,13 wie folgt: »... der Mann, der in eine ekstatische Rede verfällt ...«, während eine streng wörtliche Übersetzung des Griechischen lauten würde: »derjenige, der in einer Zunge spricht«. Das Zungenreden als »in ekstatische Rede verfallen« auszudrücken, ist eine unnötig beunruhigende Beschreibung dieses Erlebnisses. Es dient sicher dazu, die schlimmsten Vorstellungen mancher Leute über das Zungenreden zu bestätigen; als Übersetzung ist diese Ausdrucksweise jedoch nicht akkurat und als Paraphrase irreführend. Die vielen Millionen von Christen, die jeden Tag bei ihrer Andacht in Zungen reden, verfallen nicht in ekstatische Rede, es sei denn zu höchst seltenen Gelegenheiten. Wenn immer möglich, müssen wir zum ursprünglichen Text zurückkehren und sorgfältig untersuchen, was das Wort für die ursprünglichen Hörer zu bedeuten hatte.

Man darf auch nicht voraussetzen, daß das gleiche Wort überall in der Bibel das gleiche bedeutet. Paulus zum Beispiel erklärt, daß ein Mensch nicht durch Werke gerechtfertigt wird, während Jakobus darauf besteht, daß es doch so sei! Liegt hier ein Widerspruch vor? Auf keinen Fall. Paulus spricht über das Mittel der Rechtfertigung, und das sind auf jeden Fall *nicht* gute Werke; Jakobus spricht über die Frucht der Rechtfertigung, und das sind gute Werke auf jeden Fall, denn der Glaube ohne Werke ist tot.[40]

Große Sorgfalt muß auch bei der allegorischen Interpretation eines Bibelabschnitts an den Tag gelegt werden. Ich habe viele faszinierende Theorien über »Gold, Silber, edle Steine, Holz, Heu und Stroh« in 1. Korinther 3 gehört, aber ich bin häufig mehr von der Genialität des Predigers als von der Genauigkeit der Auslegung beeindruckt! Ein anderer Prediger, der in einer Reihe von Bibelstunden über die Beziehungen zwischen Saulus, David und Jonathan sprach, wies darauf hin, daß Saulus »Kopf und Schulter«, höher als jeder andere Mann war. So weit, so gut. Aber als er dann sagte, daß der »Kopf« sich auf menschliche Weisheit bezieht und »Schulter« auf menschliche Kraft, wurde es mir mulmig. Als er schließlich Saulus mit der etablierten Kirche und David mit der gesalbten Kirche identifizierte und behauptete, daß Jonathan starb, weil er bei Saulus, statt bei David geblieben war, bekam ich das Gefühl, daß dieser Prediger einen Kursus in Hermeneutik dringend nötig hatte!

b) Der Zusammenhang

Damit müssen wir uns auf zwei verschiedene Weisen sorgfältig befassen. Erstens muß jeder Vers und jeder Abschnitt im Licht des gesamten Teils der Schrift, in dem sie sich befinden, verstanden werden. Verse, die gebraucht werden, um eine Lieblingslehre, Idee oder Handlungsweise zu unterstützen, sind oft völlig aus ihrem Zusammenhang losgelöst, und eine genauere Prüfung des gesamten Abschnitts kann zeigen, daß der Vers eigentlich etwas ganz anderes sagt als das, was von ihm behauptet wird. Zum Beispiel handeln die etwa zehn Verse vor und nach der Erwähnung von »Gold, Silber, edle Steine usw.« alle von der Tragödie von Spaltungen in einer örtlichen Gemeinde und der Bedeutung der Einheit. In diesem Zusammenhang handelt es sich bei den Materialien, die der Prüfung des Feuers standhalten werden, fast mit Sicherheit um das Werk derjeniger, die den Tempel des Geistes stärken, indem sie die Einheit des Volkes Gottes bewahren.

Zweitens müssen wir versuchen, den historischen Zusammenhang jedes Abschnitts zu verstehen. Das fällt einem besonders auf in bezug auf die Briefe an die sieben Gemeinden in Offenbarung 2 und 3. Etwas Wissen über die Geschichte, Geographie und den Handel jeder Stadt ist notwendig, bevor man die bildhaften Beschreibungen verstehen kann. Der historische Kontext eines jeden der Briefe ist auch von großer Bedeutung, wenn man nicht zu falschen Schlüssen kommen will.

(c) Literarische Form

Die Bibel ist eine Zusammenstellung von 66 Büchern, die aus verschiedenen Quellen stammen, die von mindestens 40 verschiedenen Autoren über einen

Zeitraum von mindestens 1600 Jahren geschrieben worden sind. Nicht alle Bücher,oder alle Abschnitte innerhalb eines Buches gehören in die gleiche Kategorie. Die wichtigste Aufgabe ist dann, festzustellen, was der Abschnitt über sich selbst aussagt, und was er bedeutet.»So muß man Geschichte als Geschichte behandeln, Poesie als Poesie, Hyperbel als Hyperbel, Metapher als solche und Verallgemeinerungen und Annäherungen ebenfalls usw. Unterschiede zwischen damaligen und heutigen literarischen Konventionen müssen auch in Betracht gezogen werden; chronologisch ungenaue Erzählungen und unpräzise Zitate waren durchaus üblich und akzeptabel; sie verletzten keine Erwartungen an einen genauen Bericht in der damaligen Zeit, und wir dürfen sie deshalb nicht als Mängel ansehen, wenn wir sie bei den Autoren der Bibel finden. Die Schrift ist unfehlbar, nicht in dem Sinne, daß sie nach modernem Standard absolut präzise ist, sondern in dem Sinne, daß sie ihren eigenen Ansprüchen gerecht wird und das Maß an Wahrheit erreicht, auf das ihre Autoren abzielten.«[41]

d) *Kultur*

Diese Frage ist die komplizierteste von allen. Wir sollen uns dieser Welt nicht anpassen, und das Evangelium steht im Gericht über der Kultur jeder Generation. Viel zu häufig hat die Gemeinde unkritisch die existierende Kultur akzeptiert und hat oft bei ihrer prophetischen Rolle in der Welt versagt. Zur gleichen Zeit ist es jedoch klar, daß die Anwendung des Evangeliums sich mit jeder kulturellen Umgebung verändert; wenn das nicht so wäre, könnten wir die ewigen Wahrheiten Gottes nicht der sich rapide ändernden Gesellschaft, in der wir leben, mitteilen. Was sind die wahrhaft biblischen Konstanten, und was sind die praktischen Variablen dieser gottgegebenen Konstanten? Was sind die göttlichen Gebote, die für jede Kultur gelten, und welche Beispiele im Neuen Testament stellten die Anwendung dieser Weisungen in der Kultur des ersten Jahrhunderts dar, die in einer anderen kulturellen Umgebung ganz anders sein können? Das sind die wichtigen Fragen hinter solchen Themen wie Scheidung, Homosexualität, Apartheid, die Ordination der Frau, der Gebrauch von schöpferischen Künsten im Gottesdienst und der Evangelisation, Methoden der Kommunikation, Verhütungsmittel, Todesstrafe, Pazifismus, Lebensstil und einer Vielzahl von anderen Fragenkomplexen.

Um die Komplexität dieser Dinge zu illustrieren, führt Eugene Nida ein interessantes Beispiel kultureller Variationen an. Einmal kam es zu einer Meinungsverschiedenheit zwischen westlichen Missionaren und afrikanischen Gemeindeleitern über die Frage, ob christliche Frauen wie ihre nichtchristlichen Stammesgenossen mit nacktem Oberkörper herumlaufen sollen. Die Missionare betonten das biblische Prinzip sittsamer Bekleidung; die afrikanischen Ältesten erwiderten jedoch, sie würden es auf keinen Fall zulassen, daß ihre christlichen Frauen wie Prostituierte aussähen – die einzigen Frauen dieser Kultur, die sich die zusätzliche farbige Kleidung leisten konnten.[42] Was in einer Kultur als sittsam gilt, kann in einer anderen das genaue Gegenteil sein.

Ein ähnliches Problem, das unserer westlichen Kultur etwas nähersteht, ist die Unterweisung des Paulus in 1. Korinther 11, daß eine Frau beim öffentlichen Gebet ihr Haupt bedecken soll. Manche haben daraus den Schluß gezogen, daß, wenn es so in der Bibel steht, Frauen im Gottesdienst einen Hut tragen müssen, ganz gleich, was die kulturelle Norm zur Zeit sein mag. Die erste Frage, die man hier stellen müßte, ist jedoch: *Warum* betonte Paulus die Notwendigkeit für Frauen, sich so zu bedecken, als er im ersten Jahrhundert an die Gemeinde in Korinth schrieb? Ohne eine detaillierte Auslegung dieses Bibelabschnitts beginnen zu wollen, können wir sagen, daß damals jede ehrwürdige Frau ihren Kopf und wahrscheinlich ihren ganzen Körper verschleierte, wie es viele östliche Frauen heute noch tun. Es war und ist ein Zeichen, daß sie unter der Autorität ihres Vaters oder Ehemanns steht. Jede Frau in Korinth, die sich nicht so verschleierte, war eine Prostituierte. Manche christlichen Frauen freuten sich so sehr ihrer neuen Freiheit in Christus, daß sie ihre Schleier abwarfen und somit das Evangelium unnötig in Verruf brachten. Die feindliche und heidnische Welt setzte nur zu gerne an den Christen etwas aus, um ihrer Opposition gegen den Glauben Vorschub zu leisten; deshalb, in dieser kulturellen Umgebung, waren unverschleierte christliche Frauen ein Skandal. Ist das heutzutage der Fall in den meisten christlichen Ländern? Wenn nicht, dann verfehlen wir den Sinn der Anweisung von Paulus, wenn wir verlangen, daß unsere Frauen beim Gottesdienst Hüte tragen, und die Mehrheit ihrer anständigen Frauen außerhalb der Gemeinde tut es nicht.

Fragen, die mit Sexualität und Moral zu tun haben, sind oft anderer Art. Wir leben immer noch in unserem Körper, und wir können nicht sagen, daß die neutestamentlichen Verbote von Unzucht, Ehebruch und Homosexualität lediglich die strenge Moral der damaligen Zeit widerspiegelten. Weit entfernt davon! Sie widersprachen völlig dem Klima ihrer Zeit, in das die junge Gemeinde geboren wurde. Von den ersten fünfzehn römischen Kaisern zum Beispiel praktizierten vierzehn Homosexualität. Scheidung war ebenfalls in Mode. Wir lesen, wie damals eine Frau ihren 23. Mann heiratete – sie war seine 21. Frau! Christliche Maßstäbe waren damals nicht einfacher einzuhalten als heute, besonders wenn, wie in den nichtjüdischen Gemeinden, die meisten Bekehrten aus einem solchen Milieu stammten. Deshalb schreibt Paulus an die Korinther: »Lasset euch nicht irreführen! Weder die Unzüchtigen noch die Götzendiener, noch die Ehebrecher, noch die Weichlinge, noch

die Knabenschänder, noch die Diebe, noch die Geizigen, noch die Trunken-
bolde, noch die Lästerer, noch die Räuber werden das Reich Gottes ererben.
Und solche sind euer etliche gewesen. Aber ihr seid abgewaschen, ihr seid
geheiligt, ihr seid gerecht geworden durch den Namen des Herrn Jesus Christus und durch den Geist unsres Gottes.«[43] Es war in der Tat das Zeichen
des falschen Propheten, daß er diese moralischen Maßstäbe nicht so genau
nahm und statt dessen die »befreite« Promiskuität der Zeit predigte.

Grundlegende christliche Lehren haben auch mit dem, was kulturell
akzeptabel ist, nichts zu tun. Zur Zeit des Neuen Testaments leugneten die
Sadduzäer energisch die Auferstehung von den Toten; die Juden empfingen
die Predigt vom Kreuz als Schande. Die Gemeinde hörte jedoch nicht damit
auf, den gekreuzigten und wiederauferstandenen Christus zu predigen, »den
Juden ein Ärgernis und den Griechen eine Torheit«.[44] Es war die Botschaft
Gottes und die Kraft der Erlösung.

Wenn man deshalb sorgfältig nach dem kulturellen Milieu neutestamentlicher Lehre fragt, so bedeutet das nicht, daß man sich damit auf den Pfad in
den Abgrund begeben hat, in dem jede christliche Wahrheit verschwinden
könnte. Die meisten Aussagen der Bibel über Lehre und Praxis gelten für
jedes Zeitalter und jede Kultur. Aber manchmal geht es um spezifische Fragen, die an einem bestimmten Ort zu einer bestimmten Zeit von Bedeutung
waren. Ich vermute, daß die Apostel ganz entsetzt wären, wenn sie wüßten,
daß ihre detaillierten Anweisungen für die Christen ihrer Welt als Regeln für
die Christen aller Zeit ausgelegt würden. Wenn im Endergebnis die Kinder
Gottes ihrer herrlichen Freiheit beraubt werden, wird das Leben des Leibes
Christi dadurch ärmer und die Verkündigung des Evangeliums mit Relevanz
für diese Zeit behindert. Dann müssen grundlegende Fragen in Hinsicht auf
die Interpretation gestellt werden.

Fassen wir zusammen. Bei jedem Studium der Schrift müssen wir in ständiger Abhängigkeit vom Heiligen Geist Gottes bleiben. Er, der die Verfasser
des Originaltextes inspirierte, muß auch unseren Verstand erleuchten, bevor
wir das Wort Gottes empfangen können. Gott hat uns jedoch auch unseren
Verstand gegeben, und er will, daß wir ihn gebrauchen, um zwei grundlegende Fragen zu stellen: Was bedeutete der Text den ursprünglichen Hör-
ern? Hier müssen wir den geschriebenen Text in seinem Zusammenhang in
Betracht ziehen, die literarische Form des Abschnitts und die kulturelle
Umgebung. Dann stellt sich die Frage: Was bedeutet der Text für uns heute,
in einem wahrscheinlich völlig anderen kulturellen Milieu? An diesem Punkt
müssen wir die Autorität des Wortes Gottes anerkennen und ihm erlauben,
zu uns zu reden und unsere Herzen zu prüfen und uns durch das Wort zu
verändern. »Man interpretiert den Text nicht, sondern man wird durch den
Text interpretiert.« Unsere Schwierigkeit beim Hören auf Gott heute liegt

daran, daß die meisten von uns nur das hören, was sie erwarten. Wir kommen mit festgefügten Vorstellungen und gehen wieder mit den gleichen. Viele von uns müssen die Zurechtweisung Gottes an Simon Petrus hören, als er auf dem Berg der Verklärung Jesu drauflosschwafelte: »Und es geschah eine Stimme aus der Wolke, die sprach: Dieser ist mein auserwählter Sohn; den sollt ihr *hören!*«[45]

Hinweise für geistliches Leben

Aus den obigen Betrachtungen möchte ich drei wichtige Lektionen nennen, die wir daraus lernen müssen:

1. HÖRT AUF DAS WORT GOTTES

Das Volk Gottes zur Zeit der Bibel erwartete, die Stimme Gottes zu hören. »Ich harre des Herrn, meine Seele harret, und ich hoffe auf sein Wort.«[46] »Rede, Herr, denn dein Knecht hört.«[47] Im Neuen Testament sehen wir, wie Gott zu Philippus, Saulus, Ananias, Petrus und Cornelius spricht sowie zu den Lehrern und Propheten in Antiochien; in der Tat mit jedem in der christlichen Gemeinschaft. Paulus meinte, daß jedes Mitglied einer örtlichen Gemeinde eine Offenbarung von Gott empfangen könnte.[48] Heute ist es für die Mehrheit der Christen äußerst schwierig, wenn nicht unmöglich, die Stimme Gottes zu hören. Das Problem ist, daß wir vergessen haben, was es heißt, in Stille seiner zu harren, und wir verbringen nur wenig Zeit (wenn überhaupt) mit christlicher Meditation.[49]

Wir müssen das Wort Gottes gebrauchen, um uns bewußt in seine Gegenwart zu bringen. Das Wort Gottes soll zu uns reden, uns zu dem Vater bringen und den Sohn verherrlichen. Wenn wir unser ganzes Denken und Sein auf einem der Namen Gottes oder einem Aspekt seines Charakters ruhen lassen, wird der Geist uns helfen, »Gott zu sehen«. Worte, Sätze oder selbst ganze Abschnitte der Schrift sind für diese neue Begegnung mit Gott höchst wertvoll. Das Ziel ist nicht, den Verstand völlig zu entleeren, sondern vielmehr, ihn von den Sorgen der Welt zu lösen, um ihn an Jesus und sein Wort zu binden. »Dieser Aspekt wird oft vernachlässigt, denn in vielen Kreisen besteht die Annahme, daß der wichtigste Aspekt der Bibel ihre ›Lehre‹ ist. Jedoch ein Großteil ihrer Poesie, ihrer Psalmen, Gleichnisse, ihres Humors und ihrer Ironie geht verloren, wenn sie zu den Konzepten der ›Lehre‹ reduziert wird. Sie konfrontiert uns nicht nur mit Information, sondern auch mit Urteilen. In gewisser Hinsicht läßt sich der evangelikale Ansatz als zu zerebral kritisieren. Die Frage: ›Was kann ich davon lernen?‹ ist nicht immer die richtige. Manche Teile der Schrift wollen nicht über Freude reden, sondern sie vermitteln; manche dienen nicht dazu, uns über Versöhnung zu lehren, sondern uns auszusöhnen. Die Bibel erzählt uns nicht nur von Christus, sondern sie bringt uns auch Christus.«[50] Fangen Sie mit einer stillen Meditation von fünf oder zehn Minuten an. Im Laufe der Zeit werden Sie langsam die Zeitspanne vergrößern, und, was noch wichtiger ist, Sie werden anfangen, zu hören, wie Gott zu Ihnen durch sein geschriebenes Wort oder seinen Geist in Ihrem Herzen spricht. Bald werden Sie ein wachsendes Gefühl der Gegenwart Gottes erleben können und ihn besser hören, während er jeden Tag mit Ihnen spricht.

Dietrich Bonhoeffer schreibt: »Stille ist die einfache Ruhe des einzelnen unter dem Worte Gottes . . . Aber jeder weiß, daß das etwas ist, das geübt und gelernt werden muß in diesen Tagen, wo die Redsamkeit vorherrscht. Wahre Stille, echte Ruhe, die Zunge wirklich im Zaum halten, ist nur die nüchterne Konsequenz geistlicher Stille . . . Die Stille des Christen ist eine Stille des Zuhörens, ein demütiges Zuhören . . . Stille vor dem Wort führt zu richtigem Zuhören und deshalb auch zu dem richtigen Sprechen des Wortes Gottes zur richtigen Zeit . . .«[51]

2. Studiert das Wort Gottes

»Befleißige dich, vor Gott dich zu erzeigen als einen rechtschaffenen und unsträflichen Arbeiter, der da recht austeilt das Wort der Wahrheit.«[52] Vom Anfang der christlichen Jüngerschaft an ist es wichtig, das geschriebene Wort Gottes sorgfältig zu studieren und das Wort Christi reichlich in uns wohnen zu lassen.[53] Als die Juden in der Synagoge in Beröa das Evangelium hörten, reagierten sie auf folgende Weise: ». . . die nahmen das Wort auf ganz willig und forschten täglich in der Schrift, ob sich's so verhielte.«[54] Heute gibt es eine wachsende Zahl von geistlich lebendigen und begeisterten Christen, die leider eine erschreckend oberflächliche Kenntnis der biblischen Wahrheit haben. Wie können wir dann das Wort Gottes studieren, um am meisten dabei zu gewinnen?

a) *Ausrüstung*

Im Westen steht uns soviel Material zur Verfügung, daß wir für unsere Unwissenheit wirklich keine Entschuldigung haben. Biblische Textforschung ist eine der Gaben des Geistes zum Wohl des Leibes Christi und darf nicht vernachlässigt oder verachtet werden. Es ist hilfreich, mehr als eine Übersetzung zu haben, wenn möglich, vielleicht eine, die für die Genauigkeit der Übersetzung bekannt ist, und eine, die eine angehendere Paraphrase ist. Fernerhin sollte man sich einer guten Konkordanz bedienen, um ein Wort in verschiedenen Teilen der Schrift aufzuspüren. Es gibt auch mehrere wertvolle Handbücher und Wörterbücher, und ein Bibelatlas enthält nützliche Hintergrundinformationen.

Kommentare können auch äußerst hilfreich sein, wenn wir versuchen, der Bedeutung des ursprünglichen Textes auf den Grund zu gehen. Diese Kommentare unterscheiden sich so sehr im Stil, akademischen Niveau und Inhalt, daß es unmöglich ist, mehr darüber zu sagen, als daß man sich gut informieren sollte, bevor man sie kauft. Der Sinn dieser Ausrüstung besteht darin, das eigene Studium zu *ergänzen* und die Bedeutung bestimmter Wörter und Redewendungen zu überprüfen. Wenn man sich zu stark auf Kommentare verläßt, ist es möglich, daß man nicht mehr hört, was der Herr einem sagen will, wenngleich die Gedanken der Verfasser des Kommentars auch faszinieren. In anderen Worten, studieren Sie erst selbst die Bibel im Gebet und Vertrauen auf den Geist der Wahrheit; erst dann lohnt es sich, auch auf andere Hilfsmittel zurückzugreifen.

b) *Methoden*

Abwechslung ist das Schlüsselwort. Jede Methode kann nützlich sein, aber keine sollte unser Bibelstudium beherrschen. Am Anfang könnte man ein systematisches Hilfsmittel zum Bibelstudium gebrauchen – der Bibellesebund zum Beispiel hat ausgezeichnete Materialien für fast jedes Alter und jedes Bildungsniveau; Studienanleitungen, Kassetten, Diaserien, Bücher. Andere Bibelgesellschaften produzieren auch wertvolles Material; suchen Sie sich das aus, was Ihnen am besten hilft.

Ich habe auch folgende Methoden als nützlich empfunden:

Schnelles Lesen: Oft lese ich vier oder mehr Kapitel pro Tag, entweder nach dem anglikanischen Leseplan oder einem alten System von Robert Murray McCheyne. Dadurch erhält man einen breiten Überblick von der Schrift, ohne an Lieblingsabschnitten festzuhängen.

Vers um Vers: Das ist eine besonders wertvolle Methode zum Studium einer der Briefe des Neuen Testamentes oder eines Kapitels in einem der Evangelien. Versuchen Sie, den ganzen Brief zuerst mehrere Male durchzulesen, um die allgemeine Richtung der Gedanken des Verfassers zu erkennen, und dann können Sie mit einem sehr viel detaillierteren Studium beginnen. Dabei sind natürlich Kommentare, Lexika und Konkordanzen besonders nützlich. Wenn Prediger es lernen würden, wie man einen Bibelabschnitt »entfaltet«, damit Gemeinden die großen Reichtümer sehen könnten, die Gott uns in seinem Wort gegeben hatte, würde sich das Niveau der Predigt unermeßlich verbessern, und das gleiche würde wohl für die geistliche Gesundheit unserer Gemeinden gelten.

Das ganze Buch: Lesen Sie das ganze Buch durch, wenn möglich mehrere Male und in verschiedenen Übersetzungen. Dann schreiben Sie die Hauptthemen des Buches auf ein Stück Papier nieder. Dann sehen Sie sich jedes dieser Themen einzeln an und verfolgen Sie, wie es von dem Verfasser entwickelt wird. Gebrauchen Sie Kommentare für Stellen, die nicht ganz klar sind, und suchen Sie nach Schlüsselwörtern, bei denen es sich lohnen würde, sie einzeln unter die Lupe zu nehmen. Versuchen Sie, soviel wie möglich über den historischen Hintergrund jeden Buches herauszufinden, weil Ihnen sonst die Bedeutung des Inhalts größtenteils verlorengeht.

Studium bestimmter Themen: Das könnte entweder das Studium eines bestimmten Begriffs sein (zum Beispiel könnte man alle Verse nachschauen, in denen von »Vergebung« die Rede ist) oder ein allgemeiner gefaßtes Thema (so könnte man zum Beispiel alle Stellen, in denen von dem Heilungsdienst Jesu die Rede ist, nachsehen – kein einzelner Begriff würde ausreichen, dieses Thema zu erfassen). Man muß jedoch auf die Gefahren des Konkordanzgebrauchs aufmerksam machen. Das gleiche griechische Wort im Neuen Testament hat möglicherweise mehrere verschiedene deutsche Übersetzungen; umgekehrt kann es sein, daß das gleiche deutsche Wort mehreren griechischen Wörtern entspricht. Es ist fernerhin keineswegs sicher, daß das gleiche Wort oder der gleiche Ausdruck überall die gleiche Bedeutung hat (weder im Deutschen noch im Griechischen); an verschiedenen Stellen kann es durchaus einem anderen Zweck dienen.

Charakterstudien: Die Bibel ist erfrischend ehrlich über alle Persönlichkeiten, die sie schildert. Die Männer und Frauen werden so gezeichnet, wie sie wirklich waren, ohne Abstriche oder Beschönigung. David war ein Mann nach Gottes Herzen – ganz ohne Zweifel –, aber er war auch ein Mörder und Ehebrecher. Simon Petrus war der felsenfeste Führer der Urgemeinde und trotzdem hitzig, selbstbewußt und schwach. Als erstes könnte man sorgfältig eine der Charaktere studieren, über die wir nicht so viel wissen, wie z. B. Epaphroditus, Ananias oder Philippus. Solche Studien erweisen sich fast immer als höchst fruchtbar.

Das Bibelstudium ist sowohl privat als auch gemeinsam in einer Gruppe wertvoll. Lesen Sie Psalm 119: Sehen Sie, welcher persönliche Segen einem aus der privaten Meditation mit dem Wort Gottes zuteil wird. Dann sehen Sie, wie Jesus seine Jünger gemeinsam lehrte, eine Praxis, die in der Urgemeinde beibehalten wurde.[55] Beide Methoden sind wichtig, obwohl in manchen Situationen die eine der anderen vorzuziehen ist. Nachdem ich in Cambridge mein Studium abgeschlossen hatte, begann ich mit der Arbeit in einer Hafengemeinde. In meiner Naivität sagte ich einigen Mitgliedern unserer Jugendgemeinschaft, sie sollten die Bibel privat in ihrem Schlafzimmer lesen. Manche brachen in schallendes Gelächter aus. Ein Junge gehörte einer Familie mit 13 Kindern an, die in einem kleinen Haus wohnte. Der Gedanke einer »stillen Zeit« zum Bibellesen und Gebet war von Anfang an ausgeschlossen. Hinzu kam noch, daß manche von ihnen fast überhaupt nicht lesen konnten, und eine 1300seitige Bibel war von ihnen auf keinen Fall zu bewältigen. Glücklicherweise gibt es jetzt Kassetten und anderes einfallsreiches Material zum Bibelstudium, wodurch diesem Problem etwas abgeholfen werden kann. Trotzdem wurde mir bald klar, daß gemeinsames Bibelstudium die einzig realistische Methode war, überhaupt irgendein Bibelstudium durchzuführen, und selbst dann bedurfte es einiger Kunst, um das Ganze reibungslos ablaufen zu lassen.

3. GEHORCHT DEM WORT GOTTES

Gott spricht zu uns nicht hauptsächlich, um uns Information zu vermitteln, sondern um uns zu leiten, unserem Leben eine neue Richtung zu geben und uns ständig in das Bild Christi zu verwandeln. »Seid aber Täter des Worts und nicht Hörer allein, wodurch ihr euch selbst betrüget.«[56] J. Aitken Taylor hat es gut ausgedrückt: »Man betet nicht: ›Gott, hilf mir die scheinbaren Widersprüche aufzuklären, die ich in der Bibel gefunden habe‹. Man betet vielmehr: ›Gott, hilf mir, dein Wort ganz und vollständig, ohne Fragen und im Gehorsam anzunehmen. Laß es wirklich und ganz und gar die Leuchte für meine Füße und das Licht auf meinem Weg sein.‹«[57] Wir müssen es dem Wort Gottes erlauben, sich an uns zu richten, uns herauszufordern und zu verändern.

Gebraucht es, damit es euer Leben verändert
Wenn wir uns der Welt nicht anpassen wollen, müssen wir Gott erlauben, unseren Verstand von innen neu zu bilden.[58] Die Werte Gottes sind ganz anders als die Werte der Welt. Wenn wir gegen den ständigen Druck der Welt durch die Reklame und die Ereignisse jeden Tages standhalten wollen, müssen wir unseren Verstand und unser Herz mit dem Wort Gottes erfüllen.

Gebraucht es, um die Versuchung zu überwinden
Lernen Sie die Lektion von Jesus, der die Angriffe des Satans in der Wildnis überwand, in dem er ihn davontrieb mit »dem Schwert des Geistes, dem Wort Gottes«. Die drei Verse der Schrift, die Jesus bei der Versuchung gebrauchte, stammen alle aus 5. Mose 6 und 8. Es kann sein, daß Jesus damals gerade über diesen Stelle meditierte, so daß sie ihm angesichts der Versuchung schnell in den Sinn kamen.[59]

Gebraucht es, um euch führen zu lassen,
nicht als ein Kasten voller Verheißungen, aus dem Verse ganz willkürlich herausgezogen werden, sondern zielen Sie darauf ab, dieses Buch so gut zu kennen, daß Sie immer mehr »das Gemüt von Christus« besitzen und in der Lage sind, die von Gott gegebenen zeitlosen Prinzipien auf bestimmte Situationen anzuwenden.

Gebraucht es, um andern zu helfen

Ich unterhielt mich einmal zwei Stunden lang mit einem Rechtsanwalt über den christlichen Glauben ganz allgemein. Eine Zeitlang war es lediglich eine anregende Diskussion und nicht viel mehr. Dann öffnete ich meine Bibel und zeigte ihm sechs oder sieben Verse. Innerhalb von zwanzig Minuten hatte der Geist Gottes in seiner Kraft zu ihm gesprochen und hatte dessen intellektuelle Barrieren einfach beiseite geschoben. Ich war damals jung im Glauben, aber ich habe die Lektion, die ich dabei lernte, nie vergessen. Die Bibel, wenn sie richtig und in einem Geist des Gebets gehandhabt wird, hat die Kraft, Leben zu verändern.

Gebrauchen Sie es auch, wenn Sie ein Wort der Ermutigung, des Trostes, der Zurechtweisung, der Lehre oder Hoffnung zu sagen haben. Gottes Wort nährt unseren Glauben und erneuert uns in der Liebe Gottes. Das Zitieren von Versen allein ist vielleicht unnütz. Aber wenn jemand die Wahrheit und die Bedeutung des Wortes Gottes verstehen kann, ist es voller Autorität und Kraft, die unsere menschlichen Argumente nie besitzen werden. »Du hast Worte des ewigen Lebens«, sagte Petrus zu Jesus. Und er hatte recht.

1 Matthäus 4,3f.
2 Amos 8,11
3 James S. Stewart, *Preaching*, Hodder and Stoughton 1955, S. 20
4 Matthäus 4,8f.
5 A.a.O., Hodder & Stoughton, 1980, S. 13
6 Markus 8,33
7 Römer 1,21−32
8 Quelle unbekannt
9 Römer 8,15−21
10 2. Korinther 3,6
11 Johannes 5,39f.
12 Tony Thistleton, Aufsatz in dem Buch *Obeying Christ in a Changing World*, Collins, 1977, S. 99
13 Hebräer 4,12
14 Tony Thistleton, a.a.O., S. 116
15 IVP 1972
16 Römer 8,5; Galater 5,25
17 Hebräer 1,1f.
18 Johannes 14,9
19 Hebräer 1,3
20 Kolosser 1,15.19
21 Markus 7,8−13
22 Matthäus 22,29−32
23 *Under God's Word*, Marshall, Morgan & Scott, 1980, S. 41
24 1. Korinther 14,38; siehe Galater 1,11f.; 2. Petrus 3,15f.; Offenbarung 1,1f. und andere
25 Tony Thistleton, a.a.O., S. 114
26 Haggai 1,13
27 Apostelgeschichte 11,28
28 Apostelgeschichte 13,2−4
29 1. Korinther 14,3
30 *I Believe in the Holy Spirit*, Hodder & Stoughton, 1975, S. 173
31 Epheser 6,17
32 Herausgeber Colin Brown, Paternoster 1976
33 *More New Testament Words*, SCM 1948, S. 116f.
34 A.a.O., S. 460
35 2. Timotheus 2,15
36 2. Petrus 1,20f.
37 1. Korinther 2,11f.
38 Epheser 1,17f.
39 Kolosser 1,9f.
40 Jakobus 2,2b
41 Aus: Chicago Statement on Biblical Inerrancy, 1978, zitiert von J. I. Packer, a.a.O., S. 58
42 *Customs, Culture and Christianity*, Tyndale 1963

43 1. Korinther 6,9—11
44 1. Korinther 1,22—24
45 Lukas 9,35
46 Psalm 130,5
47 1. Samuel 3,9
48 1. Korinther 14,26—31
49 Siehe *Celebration of Discipline*, von Tichard J. Foster, Hodder & Stoughton 1980, für ein hilfreiches Kapitel über die »Disziplin der Meditation«
50 Tony Thistleton, a.a.O., S. 105 f.

51 *Life Together*, SCM 1954, S. 59 f.
52 2. Timotheus 2,15
53 Kolosser 3,16
54 Apostelgeschichte 17,11
55 Apostelgeschichte 2,42
56 Jakobus 1,22
57 Aus einem Artikel im *Presbyterian Journal* vom 12. April 1978 und zitiert von J. I. Pakker, a.a.O., S. 60 f.
58 Römer 12,1 f.
59 Matthäus 4,1—11

KAPITEL 8

Der geistliche Kampf

Jeder Christ weiß, daß Jüngerschaft ein Kampf ist. Im persönlichen Bereich stellen sich uns die Fragen: Warum zögern wir so oft, zu beten? Warum ist es so schwer, zu lieben und zu vergeben? Warum schrecken wir oft davor zurück, Gott und anderen Christen unser Herz zu öffnen? Warum sind wir nicht eher bereit, mit anderen über Christus zu sprechen? Warum sind wir weiterhin stolz, selbstsüchtig, zornig, eifersüchtig, habsüchtig? Warum erleiden wir ständig Niederlagen? Warum brechen Beziehungen überall auseinander? Warum gibt es soviel Unterdrückung, Ungerechtigkeit und Frustration? Warum gibt es im internationalen Bereich soviel Haß, Gewalt und Krieg? Warum ist es einfacher, auf den Mond zu fliegen, als Frieden in Nordirland zu schaffen? Warum zerstören wir uns selbst auf dieser Erde? Die Liste der Fragen ist endlos.

Die Bibel gibt hauptsächlich zwei Antworten auf diese Fragen. Erstens sind wir in unserer Rebellion gegen Gott zu Sklaven der Sünde geworden: »Denn ich weiß nicht, was ich tue. Denn ich tue nicht, was ich will; sondern was ich hasse, das tue ich.«[1] Zweitens sind wir in einen geistlichen Kampf verwickelt, in dem Satan ständig versucht, Gottes Willen für unser Leben zu verhindern.

Heute fällt es vielen Menschen schwer, an die Person des Teufels zu glauben, während einige Leute in jeder Ecke satanische Mächte entdecken. C. S. Lewis hat uns vor dieser zweifachen Gefahr gewarnt: »Es gibt zwei Irrtümer über die Teufel, in die das Menschengeschlecht leicht verfällt. Sie widersprechen sich und haben doch dieselbe Auswirkung. Der eine ist, ihre Existenz überhaupt zu leugnen. Der andere besteht darin, an sie zu glauben und sich in übermäßiger und ungesunder Weise mit ihnen zu beschäftigen. Die Teufel freuen sich über beide Irrtümer gleichmäßig. Sie begrüßen den Materialisten wie den Anhänger der Schwarzen Magie mit demselben Vergnügen.«[2] Selbst bei Christen, die an die Existenz des Teufels glauben, finden wir oft eine bemerkenswerte Blindheit angesichts der Realität des geistlichen Kampfes und in bezug auf die Taktiken des Feindes. »Ein Großteil des Krieges der Gemeinde wird heute von Soldaten mit verbundenen Augen geführt, die nicht in der Lage sind, die Kräfte zu erkennen, die gegen sie gerichtet sind, und die von unsichtbaren Gegnern geschlagen werden. Sie reagieren, indem sie blindlings gegeneinander ausschlagen.«[3] Das ist sicherlich der Grund für einen Großteil der Bitterkeit und Feindschaft innerhalb der christlichen Gemeinde: Wir stehen unter geistlichem Angriff, wir können das Wesen dieses Angriffs nicht erkennen, und in unserer Frustration greifen wir sichtbarere Ziele an.

Das biblische Zeugnis

Diejenigen, denen es schwerfällt, das ganze Konzept der Tätigkeit Satans ernst zu nehmen, lehnen es als phantastisch oder mittelalterlich ab. Sie sollten sich ernsthaft mit der umfangreichen Lehre der Bibel zu diesem Thema befassen. Ganz abgesehen von den zahlreichen Stellen im Alten Testament ist es von großer Bedeutung, daß Jesus sofort zu Beginn seines öffentlichen Dienstes »vom Geist in die Wüste geführt« wurde, »auf daß er von dem Teufel versucht würde«.[4] Später, als Jesus begann, sich auf das ihm bevorstehende Leiden und seinen Tod zu konzentrieren, was das höchste Ziel seines irdischen Dienstes war, wird der Kampf gegen Satan wieder ausdrücklich erwähnt. Als Simon Petrus der Lehre widersprach, daß Jesus »viel leiden . . . und getötet werden« müßte, wies Jesus ihn sofort zurecht: »Hebe dich, Satan, von mir! Du bist mir ein Ärgernis; denn du meinst nicht, was göttlich, sondern was menschlich ist.«[5] Satan versucht ständig, unseren Verstand in bezug auf das Ziel Gottes zu verblenden, und führt uns in die Versuchung, den Menschen zum Mittelpunkt und Maßstab zu machen. Als Jesus die Qual des Kreuzes durchmachte, stand er erneut in einem ungeheuren geistlichen Kampf im Garten von Gethsemane — einem Kampf, der mit Gebet und Gehorsam gegenüber dem Willen des Vaters gewonnen wurde.

Jesus sprach auch davon, daß »der Arge« die Saat des Wortes Gottes »wegreißt«[6]; er warnte davor, daß der Feind, der in dem Feld das Unkraut säte, der Teufel sei[7]; er erklärte den jüdischen Führern: »Ihr habt den Teufel zum Vater . . .«[8] Er betete, daß Gott die Jünger vor »dem Bösen« bewahren möchte.[9] Ein Großteil seines Heilungsdienstes bestand darin, böse Geister und Dämonen auszutreiben. Über die Existenz der Person des Teufels oder seiner Macht gab es in dem Leben, der Lehre und dem Dienst Jesu keinen Zweifel.

Die Apostel haben uns ebenfalls sorgfältige Unterweisung in dem geistlichen Kampf gegeben. Paulus warnte seine Leser, daß »er selbst, der Satan, verstellt sich zum Engel des Lichtes.«[10] Er betonte, daß er anderen vergeben hat, »auf daß wir nicht übervorteilt werden vom Satan; denn uns ist nicht unbewußt, was er im Sinn hat«.[11]

An anderer Stelle fordert er uns dazu auf, unsere Verhältnisse in Ordnung zu bringen, »und gebet nicht Raum dem Lästerer«.[12] Er warnte vor »des

Teufels Strick«[13] und den »Lehren böser Geister«.[14] Er forderte die Epheser auf: »Zieht an die Waffenrüstung Gottes, daß ihr bestehen könnt gegen die listigen Anläufe des Teufels. Denn wir haben nicht mit Fleisch und Blut zu kämpfen, sondern mit Mächtigen und Gewaltigen, nämlich mit den Herren der Welt, die in dieser Finsternis herrschen, mit den bösen Geistern unter dem Himmel.«[15] Er ermutigte die Kolosser, indem er sagte, Gott habe durch das Kreuz von Christus »die Reichen und die Gewaltigen ihrer Macht entkleidet und sie öffentlich zur Schau gestellt und hat einen Triumph aus ihnen gemacht in Christus.«[16]

Petrus warnte: »Seid nüchtern und wachet; denn euer Widersacher, der Teufel, geht umher wie ein brüllender Löwe und sucht, welchen er verschlinge. Dem widersteht, fest im Glauben . . .«[17] Viele weitere Stellen dieser Art sind im Neuen Testament zu finden.

Das Zeugnis der Geschichte

Während der ganzen Kirchengeschichte haben christliche Führer oft den geistlichen Kampf ernst genommen und andere gelehrt, wie sie in Christus den Sieg erleben können. Ignatius von Loyola (1491–1556) schrieb ein großes Lehrbuch über den geistlichen Kampf und Sieg (ein Buch, das noch häufig von Jesuiten gebraucht wird), und darin befinden sich »Regeln zur Unterscheidung der Geister«. Er zeigt zum Beispiel den Gegensatz zwischen dem Werk des Heiligen Geistes, der uns unsere Sünde bewußt macht, und der satanischen Fälschung der Verurteilung, die zur Verzweiflung führt; gleichermaßen lernen wir von dem Unterschied zwischen der Erleuchtung des Geistes und der falschen »Erkenntnis« des Teufels, die nur zu mehr Sünde und geistlicher Dunkelheit führt.

Die Reformatoren akzeptierten Loyolas Anweisungen mehr oder weniger als biblisch, und wenngleich sie einen großen Teil des Aberglaubens, der sich entwickelt hatte, ablehnten, nahmen sie den geistlichen Kampf ernst. Martin Luther (1483–1546) erlebte lange und schmerzhafte Angriffe des Bösen, vor allem im Bereich der Depression. Später wurden große Werke über den geistlichen Kampf geschrieben, darunter »Die christliche Waffenrüstung« von William Gurnall (1616–1679). Der bemerkenswerte volle Titel dieses Buches lautet: »Der Christ in vollständiger Ausrüstung, oder, eine Abhandlung über den Krieg der Heiligen gegen den Teufel, worin die Politik, Macht, das Übel und die Strategie dieses Feindes Gottes und seiner Nachfolger entdeckt wird. Ein offenes Magazin, aus dem der Christ mit geistlichen Waffen für den Kampf ausgerüstet wird, wo ihm geholfen wird, die Rüstung anzulegen, und der Gebrauch der Waffen beigebracht wird, zusammen mit der wunderbaren Geschichte des ganzen Krieges.« Meine Ausgabe aus dem Jahr 1837 hat 818 konzentrierte Seiten detaillierter Auslegung von Epheser 6, 10–20.

John Bunyan (1628–1688), vor allem wegen seines Buches *Die Pilgerreise* bekannt, zeichnet die Kräfte der Dunkelheit als Löwen, die auf beiden Seiten der Straße zur Himmlischen Stadt an kurzen Ketten festgebunden sind. Diese Löwen können Reisende angreifen, die von der Mitte des Weges geraten sind, aber können denen nichts anhaben, die sich im Zentrum des Willens Gottes befinden. Mit lebendigen Illustrationen und genauer Bibelkenntnis zeigt er, daß die Kräfte der Dunkelheit durch den Sieg Christi in Zaum gehalten werden, und sie können nichts tun, das letztlich das Reich Gottes und seine Herrlichkeit zerstören könnte.

John Wesley (1703–1791) und George Whitefield (1714–1770) hatten ebenfalls keinerlei Zweifel über die Realität dieses geistlichen Kampfes, wie aus ihren Schriften und Predigten hervorgeht. In Whitefields *Tagebücher* ist oft von diesem Kampf in den himmlischen Örtern die Rede: »Satan bemühte sich, uns zu stören . . . Satan ist bestürzt . . . Ich nehme an, daß Satan und seine Botschafter vor Wut außer sich sind. Ich bemühte mich darum, meine Zuhörer davor zu warnen. Herr, bereite uns vor auf einen Tag geistlichen Kampfes!«

Jonathan Edwards (1703–1758) war sich besonders der Gegenangriffe Satans zu Zeiten geistlicher Erweckung bewußt. Er sah die Hauptstrategien des Satans als Verfolgung, Anklage und Infiltrierung. Er beobachtete die Angriffe auf die Führer und die von der Erweckung Erfaßten in Form von Verzweiflung, Entmutigung und gegenseitigem Mißtrauen. Wenn möglich, hetzt Satan sowohl Christen als auch geistliche Leiter gegeneinander auf, nach dem Motto: Trenne und siege. Edwards beobachtete eine weitere Technik des Teufels: wenn es ihm nicht gelang, eine Erweckung zu verhindern, versuchte er diejenigen, die darin mitwirkten, zu ungesunden Extremen zu verführen: »Wenn wir uns die Geschichte der Gemeinde Gottes in vergangenen Zeitaltern ansehen, dann können wir beobachten, daß der Teufel häufig versucht, Menschen zu Exzessen und Extravaganzen zu treiben, wenn er feststellt, daß sie in Zeiten der Erweckung nicht mehr ruhig und sicher zu halten sind. Er hält sie zurück, solange er kann, aber wenn es ihm nicht mehr möglich ist, dann schiebt er sie vorwärts.«[18]

In diesem Jahrhundert schrieben Evan Roberts und Jessie Penn-Lewis ihr Buch *Krieg gegen die Heiligen* angesichts des verwirrenden Fälscherwerkes des Teufels während der großen Erweckung von 1904/05. In den letzten Jahren, wo das Okkulte soviel Interesse erregt hat, sind viele ernsthafte christliche Bücher aus einer klaren biblischen und seelsorgerischen Perspektive geschrieben worden.[19] Wegen der Probleme dieses Themas und dem morbiden Interesse von Sensationsjägern sind manche Gemeindeleiter heutzutage skeptisch in bezug auf jeden satanischen Konflikt mit Gott. Es ist heutzutage nicht sehr respektabel; trotzdem finden wir ernsthafte Lehre über den geistlichen Kampf durch die Jahrhunderte hindurch seit den Tagen der Urgemeinde.

Die Geister unterscheiden

Die Fähigkeit, die Geister zu unterscheiden, ist eine der Geistesgaben, die Gott uns zum Wohl des ganzen Leibes Christi gegeben hat, und ohne Zweifel spielte sie in dem Dienst Jesu und dem der Apostel eine bedeutende Rolle. Jesus wußte sofort, womit er zu tun hatte, wenn er mit solchen konfrontiert wurde, die von bösen Geistern gequält oder besessen waren. »Du sprachloser und tauber Geist, ich gebiete dir, daß du von ihm ausfahrest und fahrest hinfort nicht in ihn!«[20] Die Wirkung trat sofort ein, und der Knabe, dessen Krankheit den Heilungsversuchen der Jünger widerstanden hatte, wurde heil. Jesus behandelte nie gewöhnliche körperliche Krankheiten auf diese Weise, aber wußte sofort, wenn er es mit diesem Feind zu tun hatte. Petrus konnte auch Simon Magnus entlarven, der sich den getauften Gläubigen angeschlossen hatte, die sich durch den Dienst von Philippus bekehrt hatten; Paulus befreite das Mädchen, das von dem Geist der Weissagung besessen war. In jedem Fall mußten sie das Wesen des Konflikts genau erkennen. Ein biblisches Verständnis des geistlichen Kampfes vermittelt einen Einblick in die erstaunliche Verwirrung der Kirche im Laufe der Jahrhunderte.

»Ein Großteil der Kirchengeschichte wird etwas verständlicher, wenn biblische Prinzipien der Geisterunterscheidung angewandt werden. Sie müssen mit *absoluter Vorsicht* angewandt werden (Hervorhebung des Autors). Aber einige stürmische Zeiten der Erneuerung, der Gegeninfiltration und des Gegenangriffs können nur mit ihrer Hilfe sinnvoll gedeutet werden. Sonst ist die Szene so verwirrend wie ein Fußballspiel, bei dem die Hälfte der Spieler unsichtbar ist.«[21] Johannes schreibt in seinem ersten Brief, daß wir die Geister prüfen müssen, um zu sehen, ob sie von Gott sind[22], und das ist besonders wichtig in einem Zeitalter, wo es so viele neue Sekten gibt; aber das sollte mit großer Vorsicht geschehen, damit nicht ein echtes Werk Gottes als falsch, Häresie oder gar dämonisch verurteilt wird. Manche haben die ganze charismatische Bewegung, ihre guten und schlechten Aspekte, allesamt so verurteilt, aber es wäre weiser gewesen, die Vorsicht des Gamaliel zu üben: ». . . ist's aber aus Gott, so könnt ihr sie nicht hindern; auf daß ihr nicht erfunden werdet als solche, die wider Gott streiten wollen.«[23]

Satan wird als »Gott dieser Welt« beschrieben, der sich darum bemüht, den Verstand der Menschen gegenüber der Wahrheit von Jesus Christus zu verblenden.[24] Er ist derjenige, »der die ganze Welt verführt«[25] und mit einer Schar von bösen Geistern Menschen dazu überredet, Lügen über Gott zu glauben, nicht seinem Wort zu glauben und sich mit den Werken des Fleisches zu beschäftigen, die noch größere geistliche Finsternis und Elend bringen. Das Neue Testament nennt die Existenz von Geistern der Unwahrheit, der Lust und Furcht unreine Geister, verführende Geister, taube Geister, stumme Geister, lügende Geister, die Menschen mit falscher Führung und falscher Prophetie betrügen; bekannte Geister, die durch okkulte Praktiken wirken, und eine ganze Schar von anderen. Diese dämonischen Agenten verursachen eine starke Abneigung gegenüber biblischer Wahrheit, eine Blindheit in bezug auf ihre Bedeutung und eine Ablehnung dessen, was verstanden wird. Sie sind ebenfalls in den kirchlichen und in bestimmten akademischen theologischen Bereichen tätig. Die Leugnung der Göttlichkeit Christi, der Auferstehung von den Toten und seiner herrlichen Wiederkunft von manchen Kirchenvertretern und Akademikern sind Beispiele für den verblendenden Einfluß des Gottes dieser Welt.

Er wird auch der »Prinz der Macht der Luft« genannt, der in jeder Weise die Herrschaft Christi ablehnt und der böse Strukturen und ungerechte politische Systeme in seiner Hand hat. Sein mächtiges Werk scheint hinter dem massiven und illegalen Drogengebrauch zu stehen, hinter der pornographischen Industrie, der Bindung an den Materialismus, der so oft die menschliche Würde zerstört, und der sinnlosen, obszönen Gewalttätigkeit, die immer mehr unsere Welt beherrscht. Paulus warnte Timotheus, »daß in den letzten Tagen werden greuliche Zeiten kommen. Denn es werden die Menschen viel von sich halten, geldgierig sein, ruhmredig, hoffärtig, Lästerer, den Eltern ungehorsam, undankbar, gottlos, lieblos, unversöhnlich, Verleumder, zuchtlos, wild, ungültig, Verräter, Frevler, aufgeblasen, die die Lüste mehr lieben als Gott, die da haben den Schein eines gottesfürchtigen Wesens, aber seine Kraft verleugnen sie.«[26] Obwohl die Wurzel all dessen in dem sündigen Herzen des gefallenen Menschen zu finden ist, ist manchmal das Ausmaß der Korruption und des Bösen so gewaltig, daß nur die Adjektive »satanisch« oder »teuflisch« ihren heimtückischen Einfluß beschreiben können.

Der direkte Angriff

Es gibt eine Reihe von erprobten Taktiken des Bösen, die wir verstehen müssen. Erstens versucht Satan das Werk Gottes zu zerstören, durch den direkten Angriff der Verfolgung oder durch verschiedene Attacken auf den Körper, den Verstand oder den Geist der Nachfolger Jesu, insbesondere derer, die im christlichen Dienst stehen. Als Petrus seinen Lesern sagte, sie sollten wachsam sein, weil der Teufel wie ein »brüllender Löwe« umherschleicht, fuhr er fort: »Dem widerstehet, fest im Glauben, und wisset, daß ebendieselben Leiden über eure Brüder in der Welt gehen.«[27] Zuvor hatte er von »der Hitze, die euch widerfährt«, gesprochen und gesagt, sie sollten sich freuen, mit Christus zu leiden.[28]

Jedes aktive Werk Gottes ist auf diese Weise angegriffen worden, von den furchtbaren Verfolgungen gegen die Urgemeinde unter den römischen Kaisern bis zu den Folterungen und Verhaftungen von Christen in diesem Jahrhundert, vor allem in kommunistischen und islamischen Ländern. Es wird geschätzt, daß es im 20. Jahrhundert mehr Märtyrertode für Christus gegeben hat als in dem Rest der Kirchengeschichte zusammengenommen. Diese Angriffe basierten gewöhnlich auf falschen Anschuldigungen, denen ein völlig falsches Verständnis vom christlichen Glauben und Werk zugrunde liegt. Rechtsgerichtete Diktaturen und totalitäre Regierungen jeder politischen Richtung haben die Christen eines subversiven Einflusses, revolutionärer Intrigen und ungesetzlicher Aktivitäten beschuldigt. Falsche Anklage, gefolgt von einem lächerlichen Prozeß haben zu unbeschreiblichem Leid geführt. Diese unberechtigte Aggression gegen Christen, deren Leben sich durch göttliche Liebe und einen strahlenden Glauben auszeichnet, ist oft dämonisch in ihrer Intensität.

Es ist bekanntlich höchst schwierig, die eigentlichen Ursachen körperlicher oder geistlicher Anfechtungen zu erkennen, aber die Zeit des Auftretens, ihre Bedeutung und Intensität weisen manchmal auf das Werk des »brüllenden Löwen« hin. Manche christlichen Leiter zum Beispiel haben jahrelang mit der Depression gekämpft. Charles Spurgeon, der große Baptistenprediger, wußte »durch schmerzhafte Erfahrung, was eine tiefe Depression des Geistes bedeutet«, vor allem montags morgens nach einer erschöpfenden Zeit des Predigens am Vortag. Spurgeon schrieb über ähnliche Konflikte, die Martin Luther erlebte: »... sein Geist war oft im siebten Himmel des Lobpreises, und ebenso oft an der Grenze der Verzweiflung ... Er weinte sich in seinen letzten Schlaf wie ein großes, müdes Kind.« Luther selbst jedoch hatte dazu eine völlig praktische Einstellung. Seine Anschauung der Depression war: »Diskutiere nicht mit dem Teufel. Es ist besser, das ganze Thema zu verbannen ... Suche die Gesellschaft anderer oder diskutiere irgend etwas völlig Belangloses, z. B. was in Venedig geschieht ... Esse, tanze, reiße Witze und singe ... Bleibe nicht allein ... Körperliche Arbeit hilft; zäume die Pferde und verspritze die Jauche auf den Feldern.« Eine solche Einstellung kann eine gesunde Reaktion auf die satanischen Angriffe der Depression sein. Wir werden oft die Wechselwirkung von vier verschiedenen Quellen der Anfechtung erkennen müssen: körperliche Faktoren (Krankheit, Müdigkeit, schlechte Ernährung, hormonale oder chemische Gleichgewichtsstörungen); psychologische Faktoren (natürliche Veranlagungen); das gefallene Wesen; dämonischer Angriff. Der Teufel kann natürlich versuchen, aus jedem Bereich der Schwäche einen Vorteil zu gewinnen, aber wenn es irgendeine Störung gibt, dann sollte man sich dementsprechend behandeln lassen.

Anklage

Zweitens bemüht sich Satan, das Werk Gottes durch den indirekten Angriff der Anklage zu stören. Er ist der »Verkläger der Brüder«, der die Gemeinde mit einer Flut von Lügen überwältigen will.[29] Widerstand gegen das Werk des Geistes Gottes kann von innerhalb der Gemeinde genauso wie außerhalb kommen. Innerhalb der Gemeinde kann es eine stille Opposition gegen die geistliche Erneuerung geben, wenn sie höflich einfach ignoriert wird, vor allem von den Führern der Gemeinde. Oder sonst wird die Erneuerung durch völlige Übertreibungen ganz verzerrt dargestellt, ein Eindruck, der sich durch die Abweichungen und Extreme, die unvermeidlicherweise ab und zu einmal vorkommen, noch stärkt, und dann wird eine starke Opposition gegen die Erneuerung aufgebaut. Vernichtende Kritik, die Christen einer Gruppe aneinander üben, offenbart oft unglaubliche Mißverständnisse in bezug auf die wahre Situation. Ich habe oft gehört, wie sich gute und ehrliche christliche Leiter gegenseitig der falschen Lehre oder des unchristlichen Verhaltens bezichtigt haben in einer Art und Weise, die mich völlig sprachlos ließ, abgesehen davon, daß ich oft, ohne es zu merken, ähnlich gehandelt habe. Oft sieht man, daß die Wahrheit so stark verdreht wird, daß es sich nur darum handeln kann, daß der »Verkläger der Brüder« eifrig am Werk ist.

Ohne Zweifel profitiert Satan von den echten Fehlern und dem Versagen der Christen, um die Gemeinde zu spalten und dazu zu führen, daß »Gottes Name gelästert (wird) unter den Heiden«.[30] Paulus sorgte sich oft darum, daß Christen sorgfältig darauf achten, wie sie sich verhalten, damit der Name und das Wort Gottes nicht in Verruf geraten.[31] Das volkstümliche Image der Kirche in der säkularen Gesellschaft des Westens ist das des armseligen und nutzlosen Überbleibsels der Vergangenheit. Es gibt sicherlich *einige* kirchliche Elemente, die ein solches Image bestätigen – es ist nicht völlig falsch. Aber es ist trotzdem eine solche Verzerrung des wahren Bildes, daß es sich im Endeffekt um eine schlimme Lüge handelt, die traurigerweise von der Mehrheit der Bevölkerung geglaubt wird. Daraus ersieht man die Fähigkeit des Teufels. Er ist der »Lästerer« genauso wie der »Verkläger«.

Das Werk des Verklägers führt bei unzähligen Christen zu großem Leid. Mit beängstigender Genauigkeit und Häufigkeit werden wir an unsere Sünden und Schwächen erinnert und verfallen schnell in Selbstverurteilung und Verzweiflung. Gotteslästerliche oder böse Gedanken können das Gemüt angreifen, vor allem während Zeiten des Gottesdienstes oder Gebets, und viele Gläubige sind daraufhin von ihrem sündhaften Zustand entsetzt, der es ermöglicht, daß solche Gedanken entstehen. Wir müssen klar begreifen, daß es sich dabei lediglich um die »feurigen Pfeile des Bösen« handelt.[32] Wenn wir jedoch nicht lernen, wie wir den Schild des Glaubens hochhalten können, indem wir den Sieg Christi für uns und füreinander in Anspruch nehmen, können wir im Laufe der Zeit an quälerische Schuld und ständige Depression gebunden werden.

Ausbeutung

Drittens ist Satan darauf aus, dem Werk Gottes zu schaden, indem er die Fleischlichkeit der Christen ausnutzt, um die Aktivität des Geistes zu beschmutzen. Gott ist ein Gott der Wahrheit, aber Satan kann die starken Persönlichkeiten in der Gemeinde gebrauchen, um die Wahrheit Gottes in eine harte Engstirnigkeit zu verwandeln. Ein Christ wird sich so sicher, daß er recht hat und die anderen falsch liegen, daß er mit seiner Zunge oder dem Papier an anderen Brüdern in Christus beißende Kritik übt.

Gott ist ein Gott der Liebe, aber Satan kann die Schwäche des menschlichen Fleisches gebrauchen, um ein echtes Erlebnis der Liebe Gottes in emotionale Verwirrungen zu verwandeln oder gar in Akte des Ehebruchs oder der Homosexualität. Christliche Ehen stehen heutzutage unter großem Druck; ein Teil dieses Drucks läßt sich aus dem allgemeinen Zusammenbruch des Familienlebens in der Gesellschaft erklären, aber zum Teil scheint er besonders teuflisch in der Zerstörung hervorragender christlicher Leiter zu sein.

Gott ist ein Gott des Friedens; aber Satan kann so unsere Schwächen manipulieren, daß wir lieber den Frieden haben als Frieden schließen. Wir gehen dem Konflikt aus dem Weg; wir bemühen uns nicht darum, Spannungen in unseren Beziehungen mit anderen zu lösen; wir erlauben der Sünde, weiterhin in unserer Gemeinschaft zu bestehen, ohne etwas zu unternehmen; wir stimmen mit allen Standpunkten in einer Form von nebliger Ökumene überein, statt einer klaren Einheit in Christus. Christus, der Bräutigam, erwartet von seiner Braut moralische und lehrmäßige Reinheit, und die Gemeinde ist seine Braut. In seinem Wort ermahnt er uns, »in Liebe die Wahrheit zu sagen«, damit wir auf jede Weise in ihm wachsen können. Er weiß, daß wir nicht vollkommen sind; wir werden alle Fehler begehen, und wir sehen die Dinge jetzt noch nicht klar. Aber wenn wir unsere Beziehungen ehrlich klären, in einem Geist der Liebe und Vergebung, wird der Gott des wahren Friedens mit uns sein.

Fälschungen

Viertens bemüht sich Satan, das Werk Gottes mit Bewegungen falscher Lehre und Geistlichkeit in Verwirrung zu stürzen. Diese Bewegungen betrügen nicht nur viele Menschen, sondern bringen auch echte Bewegungen des Geistes Gottes in Verruf. Als »Engel des Lichts« verführt er tief religiöse Menschen mit »verführerischen Geistern und Lehren böser Geister«[33] und bindet sie entweder an das Gesetz oder an eine Gesetzlosigkeit. Er betrügt schwache Christen mit denen, die sich als »Diener der Gerechtigkeit«[34] tarnen, und »mit allerlei lügenhaften Kräften und Zeichen und Wundern«.[35] Er mag sie in eine falsche Religion verlocken, die der äußeren Form nach der wahren Gemeinde entspricht, die aber nichts von dem Leben und der Macht aus dem Geist Gottes kennt.[36] In dem heute so starken Interesse an Erlebnissen sind neben echten charismatischen Erfahrungen eine Unzahl okkulter Praktiken aufgewachsen, zusammen mit östlichem Mystizismus. Sekten, die geistliche Erfüllung und Realität versprechen, sind wie eine üble Krankheit aus dem Boden geschossen, gefördert durch die geistliche Dürre eines Großteils der rechtgläubigen Gemeinde.

Seit der Zeit des Neuen Testaments ist das in der Kirchengeschichte so gewesen. Die Apostel und Kirchenväter sahen die gnostischen Irrlehren und Geheimnisreligionen als Ausdrucksweisen betrügerischer Geister. Sie waren wachsam für den »Geist des Antichristen« und den »Geist der Irrlehre«. Sie warnten andere Christen vor falschen Propheten, die heimlich zerstörerische Lehren verbreiten[37]; sie nannten die Gegner der Wahrheit beim Namen, »Menschen mit zerrütteten Sinnen, untüchtig zum Glauben«.[38] Wenn wir heute die gleichen verwirrenden Einflüsse in Gemeinde und Gesellschaft sehen, dann wäre es töricht, diese apostolischen Warnungen als Aberglauben des ersten Jahrhunderts abzutun. Vielmehr sollten wir demütig anerkennen, daß unsere eigene Schau des geistlichen Bereichs begrenzt ist, und die Lehren der Schrift als Wort Gottes akzeptieren. Aus ihnen erwächst eine Warnung über die Gefahren von falscher Geistlichkeit an unseren Gemeinden heute.

Versuchung

Fünftens versucht Satan ständig, die Kinder Gottes durch Versuchungen zu besiegen. Er wird der »Versucher« genannt. Seine Handlungen sind im allgemeinen darauf ausgerichtet, Widersprüche im Leben und Zeugnis der Christen zu fördern. Wir geraten deshalb in die Versuchung, in Wut auszubrechen, unsere Arbeit nachlässig zu verrichten, das Eigentum anderer zu begehren, unseren Stolz zu nähren und für unsere Wunden Selbstmitleid zu empfinden.

Was vielleicht schwerer zu erkennen, auf lange Sicht hin aber sehr viel mächtiger und effektiver ist, ist die Versuchung zu einem subchristlichen Lebensstil: weltlicher Materialismus, gesellschaftlicher Status, die Moralität der Mittelklasse, westlicher Wohlstand – alles dünn mit einer Schicht Geistlichkeit bedeckt. Der Ungläubige blickt jedoch durch diese Verkleidung hindurch. Das christliche Zeugnis zeichnet sich nicht durch einen alternativen Lebensstil aus, das es glaubhaft macht. Nichts Handfestes unterscheidet den Gläubigen von dem Nichtgläubigen. Warum sollte man ihn dazu ermutigen, diesem »religiösen Klub« beizutreten? Der hat wenig über die Realität des Lebens zu sagen; er bietet lediglich einige religiöse Aktivitäten. Die Versuchung, der Herausforderung wahrer Jüngerschaft auszuweichen, ist zugleich subtil und stark. Sie ist unheimlich wirksam, und der Christ wird als Botschafter Christi machtlos.

Als Christen sind wir ganz klar dazu berufen, in der Welt zu leben und uns dennoch nicht an die Werte der Welt anzupassen. Es ist deshalb wichtig, ein gewisses Verständnis der Welt zu haben. Manche Christen denken sofort an Alkohol, Drogen, Sex oder Glücksspiele. Diese können alle ein armseliger und ungesunder Ersatz für Christus in unseren Herzen sein. Aber Johannes erklärt, daß die ganze Welt in der Macht des Bösen ist.[39] Dazu gehört die Welt der Bildung, Politik, Philosophie, Wirtschaft, Industrie, Unterhaltung, Fernsehen, Radio, Presse. Es ist nicht so, daß diese Dinge notwendigerweise an sich falsch sind; aber sie gehören natürlich der Welt an, die von Satan kontrolliert wird. Alles, was nicht direkt unter der Herrschaft Christi steht, gehört zu dem Reich dieser Welt und steht in Opposition gegen das Reich Gottes.

Jesus sagte einmal: »Und wie es geschah zu den Zeiten Noahs, so wird's auch geschehen in den Tages des Menschensohnes: sie aßen, sie tranken, sie freiten, sie ließen sich freien ...«[40] Man achte sorgfältig auf diese Worte. Jesus sagte nicht: Es gelüstete ihnen, sie begingen Unzucht, sie setzten aufs Los, sie brachten andere Menschen um. Nein! Es mag zwar wohl sein, daß alle diese Untaten begangen wurden, aber Jesus bezieht sich nur auf die gewöhnlichen, natürlichen Dinge des Lebens, denen sie nachgingen »bis auf den Tag, da Noah in die Arche ging und die Sintflut kam und brachte sie alle um«. Warum fiel Gottes Gericht auf sie? Weil das ihre ganze Welt war, ihr ganzes Leben. Sie beschäftigten sich mit allem, nur nicht mit Gott. Gott war nicht im Mittelpunkt ihres Lebens, wie er es immer sein sollte.

Das Problem für einen Christen liegt deshalb nicht darin, wie er das Essen, Trinken und Heiraten vermeidet. Natürlich nicht! Die Frage ist, wie man die *Macht hinter* diesen Dingen vermeidet, weil die ganze Welt in der Macht des Bösen ist. Selbst die gewöhnlichen, harmlosen, alltäglichen Dinge gehören der Welt an, die unter der Kontrolle Satans steht. Wie können wir dann von der starken Anziehung der Welt frei werden? Wie können wir die Wünsche, Ambitionen und Attraktionen überwinden, die uns so leicht von der Liebe Gottes wegziehen können? Die Antwort ist, daß in Christus und durch sein Kreuz wir bereits der Welt gegenüber gekreuzigt worden sind, und die Welt ist für uns gekreuzigt.[41] Wie in bezug auf die Sünde gehören wir nicht mehr zu dem alten Bereich. Wir sind in den Bereich versetzt worden, in dem Jesus regiert.

In der Praxis werden wir die Realität dieser Wahrheit nur sehen, wenn wir unsere Herzen für die Liebe Gottes offenhalten und seinem Geist vertrauen, unser Leben zu kontrollieren und uns ständig dem Ebenbild seines Sohnes gleich zu machen. »Er liebt mich, darum will ich ihn erretten . . .«[42] Wir können nicht Gott und die Welt gleichzeitig lieben. Wir können deshalb nur dann Freiheit von der Anziehung der Welt erleben, wenn die Liebe Gottes jeden Tag durch den Heiligen Geist in unser Herz gegossen wird. Es wäre töricht, anzunehmen, daß es sich hier um einen geistlichen Kampf handelt, der nur einmal in unserem Leben ausgetragen werden muß. Sicherlich gehören wir jetzt, für alle Zeit, in den Bereich der Gnade, in dem Jesus regiert. Aber jeden Tag müssen wir jeden Teil unseres Lebens seiner souveränen Herrschaft unterstellen und in seiner Liebe erneuert und mit dem Heiligen Geist erfüllt werden. Nur so werden wir immer mehr »frei werden . . . zu der herrlichen Freiheit der Kinder Gottes.«[43]

Besessenheit

Sechstens ist es möglich, daß Satan das Werk Gottes verspottet, indem er etwas nimmt, das von Gott zu seiner Herrlichkeit geschaffen wurde, gewöhnlich einen Menschen. Satan, der »Mörder«[44] und »Zerstörer«, will das Werk Gottes zerstören, und die Zerstörung der menschlichen Persönlichkeit durch das Innewohnen böser Geister ist eine erschreckende Realität. Wir sehen so etwas häufig in den Evangelien. Der Mann mit dem unsauberen Geist wurde davon gequält, bis der Geist ihn auf das Gebot Jesu verlassen mußte.[45] Die Dämonen in »Legion« trieben ihn dazu, die Ketten zu zerstören, mit denen er festgebunden worden war, und trieben ihn in die Wüste; als sie schließlich ausgetrieben wurden, zerstörten sie eine ganze Schweineherde.[46] Der Knabe mit dem unsauberen Geist wurde gequält und von dem Dämon hin- und hergerissen, so daß »er schäumte«. Erst als Jesus ihn zurechtwies, verließ ihn der Geist.[47] Wenn ein unsauberer Geist einen Menschen verließ, so warnte Jesus, würde er »Ruhe suchen«; wenn er später das Leben des Menschen gereinigt, aber leer vorfinden würde, würde er sieben andere Geister »ärger als er selbst« mitbringen, um dort zu wohnen, »und es wird hernach mit demselben Menschen ärger als zuvor«.[48]

Ich habe persönlich die zerstörerische Macht dämonischer Kräfte im Leben mehrerer Personen erlebt. Ich habe gesehen, wie spottende, lügende und quälende Geister die Persönlichkeit von Menschen ergriffen haben, die nach dem Bild Gottes erschaffen sind, und sie dazu getrieben haben, böse und gewalttätige Dinge zu sagen und zu tun, völlig außerhalb ihrer eigenen Kontrolle. Ich habe gehört, wie dämonische Stimmen durch Menschen sprechen. Ich habe das Elend derer gesehen, die durch Kräfte der Finsternis manipuliert worden sind – gewöhnlich durch Teilnahme an okkulten Praktiken, obwohl es auch andere Ursachen gibt. Ich habe durch Stunden furchtbaren Konfliktes gebetet, wenn diejenigen, die von satanischen Kräften besessen sind, anfangen, sich Jesus für ihre Befreiung zuzuwenden. Ich bin durch die Realität dieses Bösen erschreckt worden und habe dennoch die größere Macht Jesu Christi erleben dürfen. Aus dem, was ich persönlich in den letzten zehn bis fünfzehn Jahren erlebt habe, könnte ich die Existenz des Teufels nicht bezweifeln, selbst wenn mir einige der damit verbundenen Konzepte intellektuelle Schwierigkeiten bereiten würden.

Gewöhnlich jedoch kommt der zerstörerische Charakter Satans in weniger bizarren Formen zum Ausdruck, obwohl sie dann immer noch gefährlich und höchst real sind. Satan ist durch menschliche Institutionen am Werk, die den einzelnen demütigen, durch soziale und politische Systeme, die die Armen und Schwachen ausbeuten, durch menschliche Habgier, die die Wehrlosen für schmutziges Geld ausbeutet, und durch sündhafte Lust, die jeder Leidenschaft des Fleisches nachgibt und junge Menschen als Sexobjekte mißbraucht. »Die Tätigkeit finsterer Kräfte in der Inspiration und Ausführung dieser Werke der Zerstörung gegen Gottes Schöpfung eliminiert keineswegs die menschliche Verantwortung und Schuld. Sie erklärt lediglich die furchtbar logische Strategie, die oft im Bösen zum Ausdruck kommt, und die Blindheit und bösartige Energie, die in Menschen herrscht, die an solchen mörderischen Handlungen beteiligt sind, wie der Mord an sechs Millionen Juden unter Hitler.«[49]

Wenn wir den geistlichen Kampf nicht erkennen, werden wir in die Versuchung geraten, *Menschen* gegenüber mit Bitterkeit und Haß zu reagieren. Es sind jedoch nicht die Übeltäter in dieser Welt, die unsere Feinde sind, noch dürfen wir sie als solche ansehen. Deshalb hat Jesus uns gesagt, wir sollten unsere Feinde lieben und für die beten, die uns verfolgen. Alle Menschen, gut oder böse, werden von Gott geliebt und sollen auch von Christen geliebt werden. Gott liebt den Sünder, auch wenn er die Sünde haßt. Wir müssen klar erkennen, daß wir nicht gegen Fleisch und Blut kämpfen. Unser eigentlicher Kampf ist gegen die geistlichen Fürsten und Mächte, die über das Leben von Menschen herrschen und über die Struktur, in der wir leben. Angesichts der Größe, Subtilität und Intensität des geistlichen Kampfes ist Gottes Gabe der Unterscheidung der Geister sehr vonnöten. Wenn wir spezifisch darum beten, wird Gott sie uns immer mehr geben. Paulus betete, daß die Kolosser mit der Erkenntnis des Willens Gottes erfüllt werden und »aller geistlichen Weisheit und Einsicht«.[50]

Gottes Freiheitskämpfer

In den Briefen des Neuen Testamentes wird vorausgesetzt, daß die meisten Leser mit dem geistlichen Kampf vertraut sind, und deshalb werden die Gemeinden nur gelegentlich darin ermutigt. Heute kann man das nicht mehr voraussetzen. Deshalb könnte es nützlich sein, einmal kurz die Hauptprinzipien des Sieges und der Freiheit zusammenzufassen.

1. Kenne deinen Feind

Über den Satan sagte Paulus: »Uns ist nicht unbewußt, was er im Sinn hat.«[51] Wir müssen mit dem Charakter und der Strategie des Bösen gut vertraut sein, auch wenn wir uns nicht zuviel damit beschäftigen sollten. Vergessen Sie jedoch nie sein aktives und destruktives Werk: »Wachet und betet, daß ihr nicht in Anfechtung fallet!«[52] sagte Jesus zu seinen schlafenden Jüngern. »Erlöse uns von dem Übel« heißt es im Vaterunser.

2. Bleibe in der Liebe Gottes

Judas schrieb, »daß zu der letzten Zeit werden Spötter sein, die nach ihren eigenen gottlosen Lüsten wandeln. Diese sind es, die da Spaltungen machen, irdisch Gesinnte, die den Geist nicht haben.« Dann versicherte er seinen Lesern jedoch, daß Gott sie »kann behüten vor dem Straucheln«, und ermahnte sie: Erbauet euch auf euren allerheiligsten Glauben, betet im heiligen Geist und erhaltet euch in der Liebe Gottes.«[53] Manchmal wird gesagt, daß der Christ, der sündigt, ein Narr ist, weil dafür gar keine Notwendigkeit besteht, wenn wir in Christus sind. Ebenso brauchen wir die Macht Satans nicht zu fürchten, auch wenn wir darüber Bescheid wissen müssen. Wenn wir mit Christus im Licht wandeln, haben wir von den Mächten der Finsternis nichts zu befürchten. Paulus wußte, daß weder »Tod noch Leben, weder Engel noch Fürstentümer noch Gewalten, weder Gegenwärtiges noch Zukünftiges« uns von der Liebe Gottes, die in Christus Jesus ist, scheiden kann[54] – d. h. absolut gar nichts kann uns von Gottes Liebe trennen. Wenn wir uns in dieser Liebe erhalten, sind wir vollkommen und ewig sicher. Der Böse wird uns nichts antun.

3. Sei stark in Christus

Das war die Anweisung von Paulus an die Epheser: »Seid stark in dem Herrn und in der Macht seiner Stärke.«[55] Christus ist gesetzt »über alle Reiche, Gewalt, Macht, Herrschaft und was sonst genannt werden mag . . . und alle Dinge (sind) unter seine Füße getan«.[56] Wir können ihm in diesem Kampf nicht genug vertrauen, »denn der in euch ist, ist größer als der, der in der Welt ist«.[57] Unser Sieg über Satan ist in dem Kreuz Christi zu sehen, denn dort hat Gott die Fürsten und Gewalten entmachtet[58], und durch das Blut des Lammes[59] können wir den Verkläger der Brüder besiegen.

Die Kraft des Kreuzes kann ganz dramatisch die Befreiung von satanischer Bindung bewirken. Bei vielen Gelegenheiten habe ich erlebt, wie das Lesen von Versen und Abschnitten über das Kreuz im geistlichen Kampf sehr wirkungsvoll gewesen ist, vor allem in den schlimmsten Formen des Kampfes. Im allgemeinen ist ein gebetsvolles Vertrauen auf die Macht Gottes über Satan durch das Kreuz Christi alles, was nötig ist. Wir sollten deshalb ständigen und wahllosen Teufelsaustreibungen widerstehen. Nicht jedes Unwohl läßt sich auf satanische Unterdrückung oder Besessenheit zurückführen, und das kann nur zu großem Kummer führen und ernsthafte Verwirrung stiften. In der großen Mehrheit der Fälle werden die weniger sensationellen Prinzipien, die wir hier beschrieben haben, wirkungsvoll anzuwenden sein. Christus hat für uns den Sieg gewonnen. Wir müssen fest darin stehen, ihn verkünden und uns daran freuen. Das ist die richtige Art und Weise, dem Satan zu widerstehen. Wir müssen uns vor einer Formel der sofortigen Befreiungen hüten. Wir müssen das Fleisch kreuzigen und im Geist wandeln; in fast jedem Fall können wir das zusammen in der Macht Christi tun.

4. Seid vom Geist erfüllt

Nachdem Paulus die Epheser vor »unfruchtbaren Werken der Finsternis« gewarnt hat und vor der »bösen Zeit«[60], ermutigte er sie, ständig und immer wieder vom Geist erfüllt zu werden. Sie würden alle Gaben des Geistes brauchen, um für den geistlichen Kampf genügend gerüstet zu sein. Er schrieb an

Timotheus: »Diese Botschaft befehle ich dir an, mein Sohn Timotheus, nach den früheren Weissagungen über dich, auf daß du in ihrer Kraft eine gute Ritterschaft übest . . . im geistlichen Kampf.«[61] Wiederholt und vielleicht auf schmerzliche Weise wird Gott uns daran erinnern müssen, wie schwach wir ohne ihn sind. Stolz, der sich in Selbstbewußtsein und Verlassen auf die eigene Kraft zeigt, dominiert unser Denken sehr leicht. Wie Simon Petrus meinen wir, wir könnten es alles selbst fertigbringen; andere mögen versagen, aber wir werden standhalten. Wenn wir je durch die Sünde eines anderen Christen schockiert sind, dann sind wir gegenüber unserer eigenen Schwäche blind. Wir müssen in jedem Bereich unseres Lebens an den Punkt gelangen, wo wir uns auf den Heiligen Geist stützen *müssen*. Wenn wir nicht täglich durch das Blut Jesu von unserer Sünde gereinigt werden und täglich vom Geist erfüllt werden, werden wir den Bösen nie überwinden.

5. Sei aktiv im christlichen Zeugnis und Dienst

In dem gleichen Zusammenhang, in dem Paulus von der Erfüllung mit dem Heiligen Geist spricht, ermahnt er seine Leser, die Zeit zu nutzen und aus dem Schlaf zu erwachen. Judas fordert ebenfalls die Christen dazu auf, diejenigen, die zweifeln, zu überzeugen und andere aus dem Feuer zu retten. In anderen Worten: angesichts des kosmischen Kampfes, in den wir verwickelt sind, gibt es keinen Augenblick zu verlieren. Jeden Tag müssen wir wissen, was der Wille des Herrn ist und ihn tun. Isaac Watts hatte recht, als er sagte: »Der Teufel wird schon irgendeinen Unfug für müßige Hände finden.« Natürlich darf man auch hier nicht in Extreme verfallen, und wir haben bereits die Bemerkung von Carl Jung erwähnt: »Eile . . . ist der Teufel.« In den Evangelien sehen wir, wie Jesus das tat: Er arbeitete bis zur Erschöpfung und war dennoch ruhig und voll inneren geistlichen Friedens, aktiv, ohne es eilig zu haben, aufmerksam, ohne gespannt zu sein. Er hatte das Werk, das Gott ihm gegeben hatte, auf vollkommene Weise vollbracht, und Satan konnte bei ihm überhaupt nicht Fuß fassen.

6. Beeile dich, deine gestörten Beziehungen in Ordnung zu bringen

Jede Gemeinde ist eine Gemeinschaft von Sündern. Es ist ganz unvermeidlich, daß wir andere verletzen und selbst verletzt werden. Jesus wußte, warum es nötig war, ständig die Notwendigkeit der Vergebung zu predigen – sieben mal siebzig, wenn nötig. Paulus wußte, daß wir manchmal gerechtfertigter- oder ungerechtfertigterweise zornig sein würden. Wenn wir jedoch mit unserem Zorn und dem Problem, das ihn weckte, nicht sofort fertig werden – noch bevor die Sonne untergeht –, dann geben wir »Raum dem

Lästerer«.[62] Wenn wir zornig ins Bett gehen, kann es sein, daß wir nicht gut schlafen können, und am Morgen sind wir dann deprimiert und reizbar. Wenn es in der Gemeinschaft zwischen zwei Christen irgendeinen Bruch gibt, wird der Teufel das schnell ausnutzen.

Wir müssen unser Leben auch ständig in Liebe einander öffnen. Auf diese Weise können wir einander im geistlichen Kampf helfen. Aber wenn ich nicht weiß, was in deinem Leben geschieht, und du weißt nicht, was in meinem vorgeht, werden wir einander kaum helfen können, wenn einer von uns in Schwierigkeiten gerät. Wenn wir jedoch in echter Weise unser Leben miteinander teilen, werde ich dir helfen können, wenn es dir schlecht geht, und umgekehrt. »So ist es ja besser zu zweien als allein ... Fällt einer von ihnen, so hilft ihm sein Gesell auf. Weh dem, der allein ist, wenn er fällt! Dann ist kein anderer da, der ihm aufhilft ... Einer mag überwältigt werden, aber zwei können widerstehen, und eine dreifache Schnur reißt nicht leicht entzwei.«[63] Die Anweisungen von Paulus über den Kampf wurden an eine Gemeinde geschrieben und nicht nur an einzelne Christen. Sie sollten zusammenstehen, zusammen beten und sich gegenseitig auferbauen – und das konnten sie nur tun, wenn sie wahrhaft in Liebe vereint waren.

7. Ziehet an die Waffenrüstung Gottes[64]

Gott gibt uns allen Schutz, den wir brauchen. Wir müssen dafür sorgen, daß unser Wandel mit dem Herrn das Zeichen der Echtheit trägt, daß unsere Beziehungen zu ihm und untereinander rechtschaffen sind, daß wir uns um die Verbreitung des Friedens bemühen, wo immer wir auch sind, daß wir den Schild des Glaubens zusammen erheben, um alle feurigen Pfeile des Bösen auszulöschen, daß wir unser Gemüt vor den Ängsten und Zwängen bewahren, die uns leicht angreifen, und daß wir das Wort Gottes wirkungsvoll in der Kraft des Geistes gebrauchen. Man erinnere sich, daß Jesus seinen Feind in der Wildnis durch wiederholte Stöße mit dem Schwert des Geistes, dem Wort Gottes, überwand.

8. Seid beständig im Gebet

»Und betet allezeit mit Bitten und Flehen im Geist und wachet dazu mit allem Anhalten und Flehen für alle Heiligen.«[65] Wenn wir durch Gebetslosigkeit unseren engen Kontakt mit Gott verlieren, werden wir nie im Kampf fest bleiben. Wir brauchen seine täglichen »Marschbefehle«. Wir müssen zu ihm kommen, vor ihm stille sein, in ihm unsere Kraft erneuern, auf ihn hören und vertrauen und dann in die Welt gehen, um dem Feind zu begegnen. Wenn Jesus sich der ständigen Notwendigkeit des Gebets für sein Werk bewußt war, wieviel mehr sollten wir unsere Schwachheit durch demütiges, beständiges Gebet eingestehen.

9. Jauchzen vor dem Herrn

»Wohl dem Volk, das jauchzen kann«, sang der Psalmist.[66] Im Laufe der Jahrhunderte wurde das Volk Gottes häufig dazu aufgefordert, Lobpreisungen zu Gott zu rufen, vor allem während einer Schlacht. Josua sagte zum Volk: »Macht ein Kriegsgeschrei! Denn der Herr hat euch die Stadt gegeben . . . Und als das Volk den Hall der Posaunen hörte, erhob es ein großes Kriegsgeschrei. Da fiel die Mauer um . . . So eroberten sie die Stadt.«[67] Als Josaphat einem mächtigen Feind gegenüberstand, rief er das Volk Gottes zum Fasten und Beten auf. Der Herr sprach zu ihnen durch eine Prophetie und ermutigte sie, daß er ihnen im Kampf den Sieg geben werde. Sie fielen zur Anbetung nieder, und die Sänger standen auf und priesen den Herrn mit »schallender Stimme«. Als sie in den Kampf gingen, marschierten die Sänger vor den Soldaten und sangen Lobpreisungen Gottes. Und der Herr gab den Sieg.[68] »Jauchzet Gott mit fröhlichem Schall«, ruft der Psalmist. Denn »Gott fährt auf unter Jauchzen«.[69] In Apostelgeschichte 4, als Petrus und Johannes vor einem starken Konflikt mit der Obrigkeit standen, die ihren Herrn ermordet hatte, erhoben sie ihre Stimme zusammen zu Gott und sagten »Herr, der du Himmel und Erde . . . gemacht hast . . .« und priesen ihn mit lauter Stimme, daß er alles beherrschte, und baten lediglich um Freimut, sein Wort zu reden. Kein Wunder, daß sie erneut vom Heiligen Geist erfüllt wurden, und kein Wunder, daß die Mächte der Dunkelheit vertrieben wurden.

In vielen Versammlungen überall in der Welt habe ich Tausende von Christen dazu ermutigt, vor Gott zu jauchzen und zu rufen: »Der Herr regiert!« Nachdem viele große Versammlungen zusammen in »lauten Lobpreis der Freude« ausgebrochen sind, haben mir viele hinterher gesagt, was für ein Trost und eine Ermutigung diese einfache Handlung für sie gewesen ist. Wir müssen uns einander im Herrn stärken. Wenn Menschen überall in der Welt sich mit Haßrufen, Gewaltrufen und Rufen, die politische Kandidaten oder Fußballteams unterstützen, aufhetzen, dann sollten wir auf jeden Fall diesem biblischen Prinzip folgen und Lobpreis zu Gott rufen. Das kann uns helfen, uns über den Berg der Schwierigkeit zu heben und unseren Glauben an den lebendigen Gott zu stärken. Denn wenn Gott für uns ist, wer kann wider uns sein?[70] Wir müssen einander in diesen gefährlichen und verwirrenden Tagen unterstützen und zusammen verkünden, daß Jesus Christus der Herr ist, der regiert.

1 Römer, 7,15
2 *Dienstanweisung für einen Unterteufel,* Herder 1959, S. 7
3 Richard Lovelace, *Dynamics of Spiritual Life,* Paternoster Press, 1979, S. 18
4 Matthäus 4,1
5 Matthäus 16,23
6 Matthäus 13,19
7 Matthäus 13,39
8 Johannes 8,44

9   Johannes 17,15
10 2. Korinther 11,14
11 2. Korinther 2,11
12 Epheser 4,27
13 1. Timotheus 3,7; 2. Timotheus 2,26
14 1. Timotheus 4,1
15 Epheser 6,11 f.
16 Kolosser 2,15
17 1. Petrus 5,8 f.
18 Edwards, *Thoughts on the Revival*, S. 410
19 Michael Harper, Spiritual Warfare, Hodder
    & Stoughton, 1970. Kurt E. Koch, *Christian
    Counselling and Occultism, Occult Bon-
    dage and Deliverance*. John Nevius, *Demon
    Possession*. John Richards, *But Deliver us
    from Evil*. J. Stafford Wright, *Christianity
    and the Occult*. Michael Green, *I Believe in
    Satan's Downfall*, Hodder & Stoughton,
    1981
20 Markus 9,25
21 Richard F. Lovelace, a.a.O., S. 256
22 1. Johannes 4,1
23 Apg. 5,39
24 2. Korinther 4,4
25 Offenbarung 12,9
26 2. Timotheus 3,1−5
27 1. Petrus 5,8 f.; 4,12 f.
28 *Lectures*, Bd. 1, S. 167
29 Offenbarung 12,1−17
30 Römer 2,24
31 1. Timotheus 6,1; Titus 2,5
32 Epheser 6,16
33 1. Timotheus 4,1
34 2. Korinther 11,15
35 2. Thessalonicher 2,9
36 2. Timotheus 3,5; Offenbarung 13,13 f.
37 2. Petrus 2,1
38 2. Timotheus 3,8
39 1. Johannes 5,19
40 Lukas 17,26 f.
41 Galater 6,15
42 Psalm 91,14
43 Römer 8,21
44 Johannes 8,44; Offenbarung 9,11
45 Lukas 4,33−36
46 Lukas 8,26−33
47 Lukas 9,37−43
48 Lukas 11,24−26
49 Richard F. Lovelace, a.a.O., S. 140
50 Kolosser 1,9
51 2. Korinther 2,11
52 Matthäus 26,41
53 Judas 17−25
54 Römer 8,38
55 Epheser 6,10
56 Epheser 1,21 f.
57 1. Johannes 4,4
58 Kolosser 1,20
59 Offenbarung 12,10 f.
60 Epheser 5,1−18
61 1. Timotheus 1,18
62 Epheser 4,26
63 Prediger 4,9.12
64 Epheser 6,10−20
65 Epheser 6,18
66 Psalm 89,15
67 Josua 6,16.30
68 2. Chronik 20
69 Psalm 47
70 Römer 8,31

165

KAPITEL 9

Evangelisation

Der Ruf Christi zur Jüngerschaft ist nicht hauptsächlich zum Wohl des Jüngers. Seine eigenen Apostel erkannten das nur langsam und dachten ständig darüber nach, wie ihnen das alles zugute kommen würde, und wer von ihnen der Größte sein würde. Jesus wies sie zurecht. »Des Menschen Sohn ist nicht gekommen, daß er sich dienen lasse, sondern daß er diene und gebe sein Leben zu einer Erlösung für viele.«[1] Und Jesus gab sein Leben aus einem Grund: Weil er Mitleid hatte mit Menschen in Not. »Als er die Massen sah, empfand er Mitleid für sie, weil sie bedrängt und hilflos waren, wie Schafe ohne einen Hirten.«[2]

Worin bestand sein Handlungsplan? Er berief zwölf mögliche Führer, gab ihnen Anweisungen und sandte sie aus, zu predigen und zu heilen, mit den Worten: »Das Himmelreich ist nahe herbeigekommen.«[3] Etwas später wurden siebzig andere mit mehr oder weniger dem gleichen Ziel ausgesandt, »in alle Städte und Orte, da er wollte hinkommen«.[4] Es würde nicht einfach sein: manche würden sie ablehnen, andere sie verfolgen. Sie werden in einen großen geistlichen Kampf verwickelt. Die siebzig kehrten überschäumend vor Freude zurück; zweifelsohne war diese Mission für sie ein wunderbares Erlebnis des Lernens. Als Jünger wurden sie gerufen und ausgesandt; dabei wuchsen sie in ihrer Jüngerschaft. Später sagte Jesus ganz deutlich, daß jeder Jünger ein Zeuge für Jesus und dem Werk der Evangelisation hingegeben sein muß. »Gleichwie mich der Vater gesandt hat, so sende ich euch.« »Ihr . . . werdet meine Zeugen sein . . . bis an das Ende der Erde.«[5] Zuerst ruft Christus uns: »Komm!« Dann sendet er uns: »Gehet hin.« »Gehet hin in alle Welt und prediget das Evangelium.« »Gehet hin . . . und machet zu Jüngern . . .«[6]

Natürlich wurden sie nicht über Nacht zu großen Evangelisten mit Vollmacht. Sanft mußte Jesus ihnen helfen, ihre Ängste zu beseitigen, ihre Trägheit zu überwinden, die Dringlichkeit der Aufgabe zu erkennen und zu wachen und zu beten. Er mußte sie ständig über das Reich Gottes belehren. Er mußte ihren Stolz und ihr Selbstbewußtsein beseitigen und ihnen manchmal auf demütigende und schmerzliche Weise zeigen, daß sie von selbst nichts zustande bringen konnten; nur durch Beten und Fasten konnten sie die Macht Gottes am Werk sehen. Manchmal mußte er die Realität ihrer Liebe prüfen, ihre Hingabe einer Herausforderung aussetzen und sie auf den geistlichen Kampf vorbereiten. Oft warnte er sie über die schweren Zeiten in der Zukunft, aber er versprach ihnen auch die Kraft des Heiligen Geistes, durch dessen innere Hilfe sie die Werke, die er vollbracht hatte, und noch größere tun würden.

Wenn wir uns die frühe Gemeinde ansehen, die mit ihren menschlichen Ängsten und Versagen schwach, aber im Geist lebendig war, sehen wir, wie jeder von dem Evangelium sprach. Wer brachte die Gute Nachricht von Christus zu der großen heidnischen Stadt von Antiochien, entlang der großen phönizischen Küste? Es waren nicht die Professionellen. Es waren die namenlosen Laien, die *idiotes* – wie sie später genannt wurden –, die überall von Christus zeugten. Keine Opposition konnte sie aufhalten. Es war die ganze Gemeinde, die als aktive Zeugen und zuversichtliche Evangelisten dramatisch die Welt ihrer Zeit veränderten.

Heute müssen wir sorgfältig darüber nachdenken, wie wir den gleichen Geist der Evangelisation fördern können, der auf die ersten Jahrhunderte der Kirchengeschichte einen solchen enormen Einfluß hatte, und der heute in Südwestasien, einem Großteil Afrikas und Lateinamerikas so wirkungsvoll ist. Wie können wir die natürliche Zurückhaltung, die zum Teil kulturell bedingt ist, überwinden, die den Mund der meisten westlichen Christen erfrieren läßt wie die Mündungen der großen kanadischen Flüsse im Winter? Wie können wir unsere Versammlungen von der natürlichen Furcht vor Menschen und dem Widerstand gegen jede Veränderung befreien? Wie kann die Evangelisation von unseren Gottesdiensten und Versammlungen spontan auf die Straßen fließen, in die Heime und zu den Arbeitsplätzen – wo die Menschen sind?

Die Überwindung der Ghettomentalität

Nach einer Mission an der Universität von Oxford, an der er mit Kardinal Suenens teilnahm, schrieb Bischof Stephen Neill: »Wir stehen immer noch dem Problem des wirklichen Außenstehenden gegenüber. In dieser Mission, wie bei so vielen anderen, waren die meisten, die an den Versammlungen teilnahmen, gute Christen, Halbchristen oder ›verdorbene Christen‹. Wie können wir mit dem wahrhaft Außenstehenden Kontakt aufnehmen, und welcher Botschaft wird er wahrscheinlich zuhören? Keiner weiß anscheinend die Antwort auf diese Frage. Der größte Teil unserer sogenannten Evangelisation findet innerhalb oder am Rande der Gemeinde statt; wir wissen noch nicht, wie wir aus dem christlichen Ghetto in die Welt ausbrechen sollen.«[7] Christliche Missionen und Festivals, wo Christen sich zur Evangelisation oder freudigen Feiern versammeln, haben durchaus ihren Platz. Christen am Rande müssen sich eindeutig dem Herrn hingeben; andere müssen ständig ermutigt werden. Geistliche Erneuerung geht stets einer wirkungsvollen Evangelisation voraus. Im Laufe der vergangenen Jahre bin ich an zahlreichen Festivals in verschiedenen Teilen der Welt beteiligt gewesen, wo das Evangelium mit Musik und Lobpreis verkündet wurde, mit Tanzen, Schauspielen, mit bunten Farben und voller Freude. Solche Veranstaltungen haben ein dreifaches Ziel: Evangelisation, Erneuerung und Versöhnung von Christen − drei untrennbare Aspekte der christlichen Mission.[8] Trotzdem müssen wir ehrlich sein und zugeben, daß nur wenige Außenstehende Christus dort finden. Deshalb erkennen wir die unbedingte Notwendigkeit des persönlichen Zeugnisses, das zu wirkungsvoller Jüngerschaft führt. Es gibt andere Methoden, den Außenstehenden zu erreichen, aber nichts kann das persönliche Zeugnis ersetzen.

Angesichts dieser Situation muß die Gemeinde den Christen, die zu Hause und am Arbeitsplatz tätig sind, mehr Ausbildung und Unterstützung zukommen lassen. Das tägliche, wenig spektakuläre Zeugnis von Christen, die in Christus lebendig sind, wird am ehesten in Bereiche eindringen, die sonst von der Gemeinde völlig unberührt bleiben. »Geschäftsleute, Kaufleute und Industriemanager kommen und nehmen an unserem Gottesdienst teil, und wir sagen ihnen, sie sollten gute Ehegatten sein, und ernennen sie zu unserem Kassenwart. Wir tun fast nichts, um sie für ihre tägliche Arbeit auszurüsten, in die das Reich Gottes heute wirkungsvoll hinkommen muß . . . Wir müssen bei allen Christen, nicht nur den professionellen, ein Gefühl der Berufung entwickeln in bezug auf unseren Arbeits- und Lebensbereich. Was in der göttlichen Strategie zu fehlen scheint, ist eine bewegliche Arbeitstruppe, die Gott zur Verfügung steht.«[9]

In vielen westlichen Ländern wie in Europa zum Beispiel befindet sich die Gemeinde in einer missionarischen Situation. Die große Mehrheit der Menschen weiß nur wenig oder nichts über den christlichen Glauben und sieht die Kirche als irrelevant an. Die Gemeinde braucht kleine Gruppen von entschiedenen Christen, die in diese Bereiche als christliche Gewerkschaftler, Lehrer, Politiker und Sozialarbeiter und jeden anderen Lebensbereich eindringen − damit die Gemeinde sein kann, wozu Christus sie berufen hat − das Salz der Erde und das Licht der Welt. Der christliche Dramaturg Murray Watts hat es auf folgende Weise ausgedrückt: »Wir sehen uns heute das Fernsehen an und sagen: »Wie furchtbar! Die Gewalt, die Unzucht, die Pornographie − das Fleisch ist schlecht geworden!« Natürlich ist es schlecht geworden, weil das Salz nie dort hingekommen ist.« Aber andere sind dort hingekommen. Verschiedene säkulare, revolutionäre und religiöse Gruppen haben die strategischen Stellen der Gesellschaft mit einer Philosophie infiltriert, die in keiner Weise an das Evangelium Christi heranreicht. Sie haben das nur aus einem Grund erfolgreich gemacht: sie mobilisieren ausgebildete und entschlossene Jünger, die gewillt sind, alles ihrem Ziel zu opfern. Wenn wir Christen beten, das Reich Gottes möge kommen, müssen wir gewillt sein, die Antwort auf unsere eigenen Gebete zu sein, mit dem phantasievollen Mut der ersten Jünger.

Zeuge und Evangelist

Es ist wichtig zu betonen, daß nicht jeder Christ dazu berufen ist, ein Evangelist zu sein. Alle sind Zeugen Christi, alle müssen sich mit Hingabe der Aufgabe der Gemeinde zur Evangelisation widmen; nur einige jedoch sind Evangelisten.[10] Peter Wagner hegt die Überzeugung, daß in jeder Gemeinde nur etwa zehn Prozent diese Gabe besitzen.[11] Während diese zehn Prozent in dieser Gabe ausgebildet und ermutigt werden sollen, müssen die anderen neunzig Prozent einem nagenden Schuldgefühl widerstehen, daß sie nicht wie andere evangelisieren. Jede Gabe ist notwendig, um den Leib Christi für das gesamte Werk der Mission Gottes auf Erden zu stärken.

Was sind die Zeichen eines *Zeugen?*

a) Ein Zeuge muß ein *eigenes Erlebnis mit Christus haben.* Hörensagen ist einem Gericht nicht akzeptabel, noch in dem Gericht der Meinung der Welt. Die Menschen werden nur auf das hören, was wir selbst gesehen und gehört haben.

b) Ein Zeuge muß imstande sind, es *in Worten auszudrücken.* Obwohl wir durch unser Leben, unsere Arbeit, unsere persönlichen Beziehungen, Einstellungen, unser Leiden und sogar unseren Tod zeugen können, ermahnt uns der Apostel Petrus: »Seid allezeit bereit zur Verantwortung vor jedermann, der von euch Grund fordert der Hoffnung, die in euch ist.«[12] Wir müssen das »mit Sanftmut und Gottesfurcht« tun, und die Integrität unseres Lebens muß die Wahrheit unserer Worte beweisen.

c) Ein Zeuge wird *Zuversicht auf die Kraft Gottes haben:* die Kraft des Evangeliums, die Kraft der Botschaft des gekreuzigten Christus und die Kraft des Heiligen Geistes. Er weiß, daß Gott jede innere Verteidigung durchbrechen und jedes Herz verändern kann. Diese Zuversicht ist nicht stolz, sondern demütig und empfindsam, von viel Gebet geprägt.

d) Ein Zeuge wird *Mitleid für die geistlich Verlorenen empfinden.* Er wird sich um sie als einzelne Menschen sorgen, die für den Gott, nach dessen Bild sie geschaffen sind, von großer Bedeutung sind, die von seinem Sohn erlöst und seinem Heiligen Geist bewohnt werden.

Zweitens, was sind die Kennzeichen eines *Evangelisten?*

Er wird natürlich zumindest potentiell die nötigen Qualitäten für effektives christliches Zeugnis haben; manche von diesen sind vielleicht in seinem

Leben weiter entwickelt als in dem Leben einer Person, die Zeuge, nicht aber Evangelist ist. Zusätzlich sollte er oder sie das Potential für drei weitere Fähigkeiten haben.

e) Ein Evangelist wird *eine gewisse Klarheit* aufweisen, mit der er das Evangelium andern erklärt. Er muß sich über seine Botschaft im Klaren sein und in der Lage sein, sie mit Einfachheit und Relevanz weiterzugeben.

f) Ein Evangelist wird in der Lage sein, von einem Appell an den Verstand zu einem *Appell an den Willen überzugehen.* Nachdem er die grundlegenden Tatsachen des Evangeliums erklärt hat, zielt er darauf ab, daß die Menschen die Waffen ihrer Rebellion strecken, sich in Buße und Glauben Christus zuwenden und ihn als Herrn und Heiland annehmen.

g) Ein Evangelist wird *einen von Gott gegebenen Glauben* besitzen, daß, wenn der Heilige Geist wahrhaftig in dieser Situation am Werk ist, es hier und jetzt eine definitive Antwort auf den Ruf Christi geben kann.

Mehrfach haben wir auf die Notwendigkeit hingewiesen, das »Potential« beim Menschen zu entdecken. Nur wenn wir einander ermutigen, für dieses Potential zu beten und zu arbeiten, wird es sich in unserem Leben entwickeln. Andere können vielleicht die Gaben Gottes in uns leichter entdecken als wir selbst; dadurch werden wir vor selbstsüchtigem Ehrgeiz bewahrt, der diese Gaben verderben könnte. Jede Gabe soll zur Ehre Gottes und zum Wohl seiner Gemeinde gebraucht werden.

Motivation

»Um die Welt zu revolutionieren«, hat der Theologe Helder Camara gesagt, »brauchen wir nur das Evangelium von Jesus Christus mit echter Überzeugung zu leben und es zu verbreiten.« Das stimmt. Aber in vielen Gemeinden heute ist die wichtigste Frage die der Motivation. Es gibt mehr Kurse zur Ausbildung in der Evangelisation denn je zuvor; aber selbst mit allem Wissen, was und wie es zu sagen ist, stehen wir immer noch der Frage gegenüber: »Wie können Christen dazu motiviert werden, es auch zu tun?«

Es lohnt sich, einmal einen der Jünger des Neuen Testaments anzusehen: Philippus, den Evangelisten. Wir wissen wenig über seinen Hintergrund. Er wird zum ersten Mal in Apostelgeschichte 6 erwähnt, wo er und sechs andere zu einer praktischen administrativen Aufgabe in der Gemeinde ernannt wurden. Sein Einfluß als Evangelist war später jedoch beträchtlich. Was führt Philippus und viele andere wie ihn in der Urgemeinde dazu, so bereitwillig Christus zu predigen?

1. Er war vom Heiligen Geist erfüllt

Das ist die eine besondere Tatsache, die wir von allen sieben (darunter Philippus) wissen, die in Apostelgeschichte 6 dazu ernannt wurden, mit dem Gemeindedienst in Jerusalem zu helfen: sie waren voller Glauben, Weisheit und erfüllt mit dem Heiligen Geist. Und der Geist, der sie füllte, ist der Geist, der kommt, um Christus zu bezeugen. »Der Drang zum Zeugnis ist der Gemeinde angeboren, es ist ein Teil ihrer Natur, ihres Wesens. Sie kann unmöglich kein Zeugnis ablegen. Sie hat dieses Wesen aufgrund des Geistes, der ihr innewohnt. Pfingsten machte die Gemeinde zu einer Gemeinde des Zeugnisses, denn zu Pfingsten identifizierte sich der Geist des Zeugnisses mit der Gemeinde und machte den Missionsbefehl zum Gesetz ihres Lebens . . . So spontan war die Reaktion der Gemeinde auf das vom Geist verwirklichte Gesetz, daß die Notwendigkeit, bewußt dem Gebot Christi zu gehorchen, nicht empfunden wurde . . . Es gehörte einfach zu ihrer Motivation.«[13] Die Liebe Christi wurde vom Geist ständig in die Herzen jener ersten Jünger gegossen und floß natürlich zu anderen.

Paulus schrieb einmal: »Denn unsere Predigt des Evangeliums kam zu euch nicht allein im Wort, sondern auch in der Kraft und in dem heiligen Geist und in großer Gewißheit.«[14] Das griechische Wort für »große Gewißheit«, *plereophoria*, vermittelt den Eindruck eines überfließenden Kelches. Wenn Menschen uns begegnen, wird der Geist, der unsere Herzen bis oben hin anfüllt, spontan ihr Leben mit der Gegenwart Christi berühren. Wenn unsere Herzen nicht voll des Geistes sind, zögern wir, ein Zeugnis abzulegen, denn wir haben kein Zeugnis, das wir geben können, und wenn wir aus einem Gefühl der Pflicht über Christus sprechen, kann es sein, daß unsere Worte leer sind − sie werden nicht die Realität Jesu vermitteln.

Ein Professor der Philosophie − ein ehemaliger überzeugter Agnostiker − an der Universität von Princeton wurde Christ, als er sorgfältig das Leben einiger der großen Männer Gottes aus mehreren Jahrhunderten studierte. Die unausweichliche Tatsache, die ihn ergriff, war die geistliche Ausstrahlung ihres Lebens. Oft litten sie sehr intensiv − viele von ihnen mußten mehr Leid erdulden als die meisten anderen Menschen, und trotzdem leuchtete ihr Geist durch ihren Schmerz mit einem herrlichen Glanz, der nicht auszulöschen war. Dieser Philosoph kam zu der festen Überzeugung, daß ein übernatürliches Wesen die Quelle ihrer außergewöhnlichen Freude war, und diese Wahrheit brachte ihn zu Christus.

Ein Freund von mir sagte einmal, daß das wichtigste an uns nicht das ist, was wir tun, oder das, was wir sagen; es ist »unser unbewußter Einfluß − imprägniert mit dem Duft von Jesus«. Jesus will, daß wir seine Zeugen *sind*; er will, daß wir bei ihm sind, mit ihm Zeit verbringen, in ständiger Kommunion mit ihm sind. Was wirklich zählt, ist, wer und was wir sind. Das *Sein* ist beim christlichen Zeugnis wichtiger als das Sagen oder Tun. Der heilige Ignatius von Antioch sagte einmal: »Es ist besser, zu schweigen und zu *sein*, als zu reden und *nicht zu sein*.«

2. Er hatte Gott am Werk erlebt

Wir können nicht genau sagen, was Philippus gesehen hatte, aber da er in der schnell wachsenden Gemeinde in Jerusalem bekannt war, ist es durchaus möglich, daß er dabei war, als der Geist zu Pfingsten auf die ersten Jünger ausgegossen wurde. Vielleicht war er von der Liebe Gottes und der Gegenwart des auferstandenen Christus überwältigt. Vielleicht pries er Gott in einer vom Geist gegebenen Sprache, in Liebe und Lobpreis hingegeben. Vielleicht sah er die »vielen Wunder und Zeichen«, die von den Aposteln getan wurden, und freute sich, wenn der geheilte Krüppel in den Tempel kam – in der Lage zu laufen, zu springen und Gott zu preisen! Vielleicht schloß er sich dem Gebet zu dem souveränen Herrn an, als sie um Zuversicht beteten, um das Wort Gottes angesichts wachsender Opposition zu sprechen. Vielleicht war er gegenwärtig, als der Raum mit der Kraft Gottes erbebte und alle Anwesenden mit dem Geist erfüllt wurden. Ohne Zweifel erlebte er die liebevolle Fürsorge und die unglaubliche Großzügigkeit der neugeborenen Gemeinde, die in der machtvollen und wirksamen Predigt von Jesus Christus resultierte. Er wußte ohne Zweifel von dem dramatischen Gericht Gottes, das auf Ananias und Saphira fiel, als sie zu einem kritischen Zeitpunkt in dem Leben der Gemeinde beide den Heiligen Geist belogen. Sicherlich beobachtete er das erstaunliche Wachstum der Gemeinde von den 120 am Pfingsttag zu vielen Tausenden innerhalb einiger Wochen. Sie hatten Jerusalem mit ihrer Lehre »erfüllt«, und selbst nachdem die Apostel gewarnt und geschlagen worden waren, hörten sie nicht auf, »alle Tage im Tempel und hin und her in den Häusern zu lehren und zu predigen das Evangelium von Jesus Christus«.[15]

Nichts inspiriert mehr, als Gott am Werk zu sehen. Wenn Männer und Frauen für Christus gewonnen werden, wenn Leben verändert werden (manchmal auf dramatische Weise), wenn Christen großzügig und spontan für das Werk Gottes spenden, wenn manche von Krankheiten geheilt und andere von dämonischen Kräften befreit werden, wenn es ein herrliches Gefühl der Gegenwart Gottes in dem Lobpreis seiner Kinder gibt, wenn es ein fast greifbares Erlebnis der Liebe Gottes innerhalb des Leibes Christi gibt – dann kann man fast alles glauben oder tun! »Wir können's ja nicht lassen, daß wir nicht reden sollten von dem, was wir gesehen und gehört haben.«[16] Deshalb ist geistliche Erneuerung für Evangelisation von so grundlegender Bedeutung. Wenn das Leben der Gemeinde auf einem niedrigen Niveau ist,

172

dann ist der Glaube ein Kampf und es ist sehr viel schwerer, ein Zeugnis abzulegen, das glaubhaft wirkt. Aber wenn die Liebe und Macht Gottes im Leben seiner Nachfolger sichtbar ist, dann kann man ganz natürlich spontan erklären, worum es hier geht.

3. Das Leiden trieb ihn voran

Kurz nachdem Philippus in der Gemeinde zu seinem Amt ernannt worden war, wurde Stephanus, einer der sieben, verhaftet und vor Gericht gebracht. Die Kraft Gottes war bei ihm so offensichtlich, daß die Herrscher etwas tun mußten. Mit viel Mut zog Stephanus den Schluß aus der Geschichte des Volkes Gottes, daß immer dann, wenn Gott etwas Neues unter ihnen tat, sein Werk auf Opposition und Ablehnung stieß. »Ihr Halsstarrigen und Unbeschnittenen an Herzen und Ohren«, rief er aus. »Ihr widerstrebt allezeit dem Heiligen Geist, wie eure Väter, so auch ihr.« Es entsprach der Wahrheit und mußte gesagt werden. Stephanus wurde für seinen Mut gesteinigt, aber sein Leid gab der Gemeinde Zuversicht. In der folgenden Welle der Verfolgung, die sich gegen die Gemeinde richtete, wurden sie alle in ganz Judäa und Samaria zerstreut. »Die nun zerstreut waren, zogen umher und predigten das Wort«.[17] Ohne Zweifel dachten Philippus und andere tief über den Inhalt der Rede von Stephanus nach. Vielleicht trieb die Wahrheit dessen, was er gesagt hatte, und die geistliche Ausstrahlung während seiner Rede Philippus dazu, zu den »Unberührbaren« nach Samarien zu gehen.

Paulus schrieb später: »Viele Brüder in dem Herrn haben aus meiner Gefangenschaft Zuversicht gewonnen und sind desto kühner geworden, Gottes Wort zu reden ohne Scheu.«[18] »Das Blut der Märtyrer ist die Saat der Gemeinde«, und in jedem Zeitalter hat die Verfolgung von Christen fast immer zu der Verbreitung des Evangeliums geführt. Bonhoeffer hat gesagt: »Die Gemeinde ist die Gemeinschaft derer, die um des Evangeliums willen verfolgt und zu Märtyrern geworden sind.« Er war ebenfalls einer der zahllosen Millionen, die ihr Leben um Christi willen geopfert haben.

In seinem ausgezeichneten Buch über die Evangelisation – damals und jetzt – schreibt Michael Green von drei Ugandern, die der politischen Verbrechen gegen General Amin beschuldigt worden waren und sich im Gefängnis bekehrt hatten. »Sie wuchsen in der Macht und Liebe des Heiligen Geistes. Dann wurden sie zur Hinrichtung geführt. Sie drängten Bischof Festo Kivengere, dem es gestattet war, sie zu trösten, zu den Hinrichtern zu gehen und ihnen vom Evangelium zu erzählen, während sie voller Freude vor der Menge Christus bezeugten und weiterhin den Gott priesen, der ihnen vergeben hatte und der sie bald empfangen würde. Das geschah bis zu dem Augenblick, in dem von dem erstaunten Exekutionskommando die Schüsse kamen. Diese Geschichte verbreitete sich wie ein Lauffeuer.«[19]

Das Problem mit einem Großteil der Kirche im Westen ist die Tatsache, daß es ihr zu gut geht. In den meisten Orten kostet es wenig, ein Christ zu sein. Das Image der Kirche ist zu weich, als daß es sich lohnen würde, sie zu verfolgen. Es lohnt sich nicht, ihrer Bewegung entgegenzuarbeiten, da sie sich sowieso auf dem Rückzug befindet. Aber wenn die Gemeinde anfängt, die neue Gesellschaft Gottes zu sein, eine wirksame Gegenkultur, die den habgierigen Geist dieser Zeit herausfordert, die an Einfluß gewinnt, dann wird sie mit Bestimmtheit verfolgt werden. Wenn sündige Menschen mit selbstsüchtigen Ambitionen von dem Licht und der Liebe Jesu Christi bedroht werden, dann werden sie zurückschlagen. Wenn die Gemeinde bereit ist, vom Heiligen Geist erneuert zu werden, und das zu Verfolgung führt, dann werden Christen entweder den Mut haben, kühn für Christus zu zeugen, oder sie werden die Gemeinde verlassen. Es wird für die Gemeinde eine Zeit der Reinigung sein. Es wird eine Zeit machtvoller Evangelisation sein.[20]

In einem bemerkenswerten Gleichnis sagte der Bericht der anglikanischen Kirche in England folgendes: »Als Jesus zu seinen Jüngern sagte: ›Ich will euch zu Menschenfischern machen‹, da schwebte ihm und ihnen das Bild vor Augen, daß sie sich an die tiefen Stellen des besonders verräterischen Sees von Galiläa begeben würden, ein Netz über die Seite des Bootes werfen und dann versuchen, das Netz ans Ufer zu bringen. Es handelte sich um eine gefährliche Operation in einem gefährlichen Milieu, aber ihr Lebensunterhalt hing davon ab. Es war ihr Beruf. In Europa haben wir heutzutage das Bild eines Fischers (ich entschuldige mich hier bei Tiefseefischern), der in Sicherheit am Flußufer unter einem Schirm sitzt mit einer Angelrute, der gelegentlich einen kleinen Fisch fängt und in seinen Eimer wirft. Er geht kein Risiko ein und fängt sehr wenig Nennenswertes. Es handelt sich hier um einen Zeitvertreib am Wochenende und nicht um sein tägliches Leben. Sein Lebensunterhalt hängt nicht davon ab.«[21] Solange wir mit der Evangelisation »spielen«, ohne selbst irgendein Risiko einzugehen oder einen Preis zahlen zu müssen, werden wir auf unsere Gesellschaft wenig Einfluß haben. Wenn wir die Evangelisation nicht als einen sanften Sonntagssport sehen, sondern als das ernste, teure Geschäfte des täglichen Lebens − als den Lebensunterhalt der Gemeinde −, werden wir zwar in manchen Sturm geraten, aber wir werden eine große Fischernte zur Ehre Gottes einbringen. In manchen Teilen werden die Christen von den Führern ihrer Gemeinden gebeten, *nicht* zu evangelisieren, weil es heißt, die religiöse und politische Situation sei zu empfindlich. Wie hätten Stephanus oder Philippus darauf reagiert?

Die Botschaft

An der Botschaft von Philippus war nichts vage, defensiv oder zurückhaltend. »Philippus aber kam hinab in die Hauptstadt Samariens und predigte ihnen von Christus.« (Apg. 8,5) »Da sie aber glaubten den Predigten des Philippus von dem Reich Gottes und von dem Namen Jesu Christi ...« (8,12) Er »predigte ihm das Evangelium von Jesus«. (8,35) Die Botschaft, die Gott uns anvertraut hat, ist Jesus Christus. Ihr Zentrum ist nicht eine bestimmte Aussage oder eine Philosophie, sondern die Person von Christus selbst.

»Die Evangelisation ist die Darlegung der Ansprüche Christi in der Kraft des Geistes für eine Welt in Not von einer Gemeinde der Liebe.«[21] Die »Ansprüche« Christi beruhen auf der Grundlage der Einzigartigkeit seiner Person, seines Todes für unsere Sünden, seiner Auferstehung von den Toten und seiner Wiederkunft, um die Lebenden und die Toten zu richten. Der Hebräerbrief wurde an die geschrieben, die in ihrem Glauben wegen der Kämpfe der Jüngerschaft schwankten; und die ganze Botschaft des Briefes lautet einfach: *Es gibt niemanden wie Jesus!* Er wird als das letzte Wort Gottes beschrieben, als Schöpfer der Welt, der die Herrlichkeit Gottes reflektiert und den Stempel seines Wesens trägt; er erhält das Universum durch das Wort seiner Kraft. Er hat sich ein für allemal als das einzige Sündenopfer gegeben, damit wir jetzt mit Zuversicht in die Gegenwart Gottes kommen können durch das Blut Jesu. Es gibt niemanden, der ihm gleich ist.[22]

Ohne Jesus gibt es deshalb nichts von letzter Bedeutung; wir haben den Hauptzweck unserer Existenz verfehlt. Petrus sagte ganz freimütig angesichts der jüdischen Führer, die erst vor kurzem für den Tod Jesu gesorgt hatten: »In keinem andern ist das Heil, ist auch kein andrer Name unter dem Himmel den Menschen gegeben, darin wir sollen selig werden.«[23] Paulus schrieb, daß wir eines Tages alle mit ihm zu tun haben werden. »Wir müssen alle offenbar werden vor dem Richterstuhl Christi.«[24] Christus selbst lehrte deutlich und wiederholt über das zukünftige Gericht, denn in seiner großen Liebe für uns hat er nicht nur von unserer größten Not gesprochen, sondern er starb auch, um unsere Sünden zu tragen und somit dieser Not zu begegnen. Es ist jetzt dringend, daß wir uns von unseren Sünden abwenden, ihm als Herrn und Heiland vertrauen und seinen Geist in unserem Herzen empfangen. Wie werden wir dem gerechten Gericht Gottes entkommen, wenn wir eine solche große Erlösung nicht achten?[25]

Wie sollen wir andern helfen, dem Gericht Gottes zu entkommen, wenn wir uns dieses Evangeliums scheuen, sich seiner schämen oder den Eindruck vermitteln, daß wir uns dafür entschuldigen müssen, daß wir Christen sind? Wie sollen wir die Wahrheit und Dringlichkeit des Evangeliums vermitteln, wenn wir es in hochgestochener philosophischer Form ausdrücken oder seinen Inhalt so verwässern, daß es der persönlichen Annahme nicht mehr wert ist? Wie sollen wir andern helfen, an Jesus zu glauben, wenn er nicht im Mittelpunkt unserer Botschaft und die verzehrende Leidenschaft unseres Lebens ist? Wie sollen die Menschen glauben, daß es niemanden gibt wie Jesus, wenn sie sehen, wie seine Nachfolger sich miteinander streiten, nicht gewillt sind, zusammenzuarbeiten, und sich hauptsächlich mit Dingen beschäftigen, die im Vergleich zu Christus trivial sind? Wie werden Männer und Frauen von ihrem Bedürfnis für Gott überzeugt werden, wenn wir nicht ernsthaft um die Verlorenen besorgt sind, wenn wir der Evangelisation gegenüber gleichgültig sind, und wenn wir nicht gewillt sind, den Preis zu zahlen, um Menschen für Christus zu erreichen? Das sind Fragen, die viele Außenstehende ernst nehmen, und die Gemeinde sollte es auch tun.

Gott hat uns den Dienst der Versöhnung anvertraut. Wir sollen Menschen dazu auffordern, sich mit Gott durch Jesus Christus zu versöhnen. »So sind wir nun Botschafter an Christi Statt, denn Gott vermahnt durch uns.«[26] Aber wir müssen uns daran erinnern, daß Christus selbst das Reich Gottes verkündet hat. Es ist das erklärte Ziel Gottes, »daß alle Dinge zusammengefaßt würden in Christus«[27], und Gott beabsichtigt, daß die ganze Welt durch Christus versöhnt werden soll. Evangelisation, die sich nur mit persönlicher Erlösung befaßt, ist keine neutestamentliche Evangelisation. Die Predigt von Christus erstreckt sich auf jeden Bereich des Lebens – das Persönliche, Soziale, Politische, Bildung, alles. Ich sprach darüber mit Dr. William Glasser vom Fuller Theological Seminary, und er stellte mir eine rhetorische Frage: »Was ist das Evangelium für Südafrika? Daß Christus für deine Sünden gestorben ist?« Als ich einige evangelistische Missionswochen an südafrikanischen Universitäten durchführte, konnte ich nicht erwarten, daß man mir zuhörte, wenn ich nicht irgendwie auf die brennenden Fragen einging, die diese Studenten bewegten. Was sagt Gott zur *Apartheid*? Was bedeutet es für einen Christen, der Regierung untertan zu sein (Römer 13)? Sicherlich predige ich über Gottes Antwort auf die Sünde des Menschen durch den Tod und Auferstehung des Sohnes Gottes. Aber der Evangelist muß sich die Fragen, die Leute stellen, anhören und sie ernst nehmen; nur dann kann er relevant sein.

Professor David J. Bosch aus Südafrika hat es wie folgt ausgedrückt: »Wenn wir nur den Teil des Evangeliums mitteilen, der sich auf die persönlichen Nöte und Probleme bezieht (Bist du einsam? Hast du das Gefühl, daß du versagt hast? Brauchst du einen Freund? Dann komm zu Jesus!), während wir über ihre Beziehung zum Nächsten, Rassismus, Ausbeutung und offensichtliche Ungerechtigkeit schweigen, verkündigen wir nicht das Evangelium. Das ist vielmehr die Quintessenz dessen, was Bonhoeffer »billige

Gnade«[28] genannt hat. Viele haben heute das, was sie als das christliche Evangelium gehört haben, abgelehnt und statt dessen die marxistische Philosophie angenommen, weil sie die evangelistische Botschaft, die sie so oft gehört haben, nicht für realistisch halten: wenn man den einzelnen verändert, wird man die Welt verändern. David Bosch hat es so ausgedrückt: »Das Christentum, das nicht mit dem einzelnen beginnt, beginnt überhaupt nicht; aber ein Christentum, das beim einzelnen aufhört, hört auf.« Ohne Zweifel ist Gott unendlich um die Erlösung des einzelnen besorgt, aber sein Ratschluß gilt für die Heilung der Schöpfung. Alles muß unter seine souveräne Herrschaft oder in sein Reich kommen.

Als Philippus das Reich Gottes predigte, war seine Predigt deshalb durch viele Zeichen des Reiches begleitet: »Das Volk aber neigte sich dem, was Philippus sagte, einmütig zu, wie sie hörten und sahen, *was er für Zeichen tat.* Denn die unsauberen Geister fuhren aus vielen Besessenen aus mit großem Geschrei, auch viele Gichtbrüchige und Lahme wurden gesund gemacht; und ward eine große Freude in derselben Stadt.«[29] Unsere Gesellschaft ist heute zum großen Teil durch Depression, Frustration und Verzweiflung gekennzeichnet. Mehr denn je müssen wir die Gute Nachricht vom Reich Gottes verkündigen und demonstrieren. Gott herrscht über Sünde, das Böse und den Tod. Wenn die Menschen sehen, wie seine Macht die Herzen der Menschen ändert, zerstörte Beziehungen wiederherstellt, Unterdrückung bricht, Gerechtigkeit verwirklicht, emotionale Wunden und körperliche Krankheiten heilt, dann werden sie wirklich auf das Evangelium aufmerksam werden.

Zumindest müssen wir mit freudiger Begeisterung die herrlichste Frohe Botschaft der Welt verkündigen. Deswegen haben Drama und Pantomime, Musik und Tanz in der Verkündigung der Frohen Botschaft einen wichtigen Platz in einer Welt, die immer weniger fähig ist, Wörter aufzunehmen. »Heute brauchen wir überzeichnete Bilder, Gleichnisse, Geschichten, Phantasiegeschichten, wenn man will. Der säkulare Mensch des Westens ist zu traurig, zu langweilig, er leidet an einer Unterernähung der Persönlichkeit. Es ist an der Zeit, daß wir aufstehen und unsere Geschichte mit Begeisterung erzählen.«[30] Mit einem Team, das in Musik, Tanz und Drama begabt war, habe ich die freudige Überraschung vieler »wahren Außenseiter« über die Vitalität und die Relevanz des christlichen Evangeliums erlebt. In den Gefängnissen, auf den Straßen, in den Schulen und Universitäten habe ich gesehen, wie die Frische dieser Form der Kommunikation die Apathie und Opposition vieler gegen die Kirche überwindet.

Ein führender Terrorist schrieb mir aus einem Gefängnis in Nordirland nach einem Gottesdienst in diesem Gefängnis: »Ich habe eine Zeitlang erwogen, ob ich Christi werden soll, aber nachdem ich Ihr Team gesehen habe, hatte ich keinerlei Zweifel mehr, und ich bin jetzt durch das Blut Christi errettet.« Sein Brief offenbarte zwei interessante Tatsachen. Erstens, trotz eines Lebens, das sich der Gewalt verschrieben hatte, war er geistlich hungrig. Zweitens war es die Ausstrahlung meines ganzen Teams, und nicht meine Worte, die ihn wirklich ansprachen. Warum soll der Teufel alle besten Kommunikationsmöglichkeiten haben?

Es ist bedeutsam, darauf hinzuweisen, daß der evangelistische Dienst von Philippus nicht vollkommen war. Im Falle von Simon, dem okkulten Zauberer, mangelte es ihm an geistlichem Unterscheidungsvermögen. Simon wurde getauft (vermutlich von Philippus) und »hielt sich zu Philippus«. Es bedurfte des Apostels Petrus, diese falsche Bekehrung zu entlarven: »Dein Herz ist nicht rechtschaffen vor Gott. Darum tu Buße ... Denn ich sehe, daß du bist voll bitterer Galle und verstrickt in Ungerechtigkeit.« Wir alle brauchen die Gaben anderer innerhalb des Leibes Christi. Philippus brauchte auch den Dienst von Petrus und Johannes, bevor die Gläubigen in Samarien den Heiligen Geist empfingen. Es ist oft gesagt worden, daß es ein apostolisches Zeugnis geben mußte, bevor die Samariter, deren Religion eine Korruption des Judentums war, voll in den Leib Christi aufgenommen werden konnten. Das kann sein. Es ist auch möglich, daß die Botschaft von Philippus keinen direkten Bezug auf den Heiligen Geist nahm, wie es bei Apollos in Apostelgeschichte 18 der Fall war. Wenn heute zum Zeitpunkt der Bekehrung nichts über den Heiligen Geist gesagt wird, kann das später Verwirrung stiften. Wahrscheinlich hat ein Großteil der Diskussion über die charismatische Bewegung hierin ihren Grund. Die Anweisungen von Petrus am Pfingsttag waren klar: »Tut Buße und lasse sich ein jeglicher taufen auf den Namen Jesu Christi zur Vergebung eurer Sünden, so werdet ihr empfangen die Gabe des heiligen Geistes.«[31] Die Erklärung »Das Evangelium und der Geist«, die aus dem charismatisch-evangelikalen Dialog hervorgegangen ist, nimmt dazu Stellung: »Wir stimmen überein in bezug auf die Notwendigkeit, ... die volle Reichweite der Erlösung Christi und seiner Gabe für uns in alle unsere Evangelisation und Lehre zu nehmen − d. h. ein vollständiges statt eines verstümmelten Evangeliums zu predigen.«[32]

Die Methode

Das hervorragendste Merkmal der evangelistischen Arbeit von Philippus war die folgende: er gehorchte dem Geist Gottes. Gehorsam überschritt er die Trennung zwischen Juden und Samaritern, und der Geist war offensichtlich bei ihm. Gehorsam verließ er jene fruchtbare Arbeit und reiste viele Kilometer zu der Wüstenstraße zwischen Jerusalem und Gaza, ohne zu wissen, warum er dorthin reiste. Gehorsam näherte er sich einem bestimmten Reisenden, weil der Geist es ihm sagte. Später verließ er den Mann gehorsamerweise und »predigte allen Städten das Evangelium, bis daß er kam nach Cäsarea«. Wenn wir uns mit Philippus' persönlicher Evangelisation des äthiopischen Eunuchen beschäftigen, sehen wir, daß Philippus in seinem Gehorsam zu dem richtigen Mann mit den richtigen Worten und dem richtigen Dienst zur richtigen Zeit ging.

1. DER RICHTIGE MANN

Der Kämmerer aus Äthiopien war offensichtlich ein Mann, in dem der Geist Gottes am Werk gewesen war, lange bevor Philippus auf der Szene erschien. Er war in Jerusalem gewesen, um Gott anzubeten, und suchte nach ihm. Vielleicht hatten die jüdischen Siedlungen im oberen Ägypten seine Neugier geweckt. Häufig bete ich dieses Gebet von Bischof Taylor Smith: »Herr, gib mir Augen zu sehen und die Gnade, jede Gelegenheit für dich zu ergreifen.« Wenn wir glauben, daß der Geist Gottes überall in der Welt am Werk ist, müssen wir sehen, was er im Leben der Menschen tut, und dann die Empfindsamkeit und Kühnheit besitzen, die Gelegenheiten zu ergreifen, wenn sie kommen. Die Überlieferung aus Äthiopien behauptet, daß dieser Regierungsbeamte nicht nur der erste Bekehrte des Landes wurde, sondern auch der erste Evangelist. Er war ohne Zweifel der richtige Mann.

2. DIE RICHTIGE ZEIT

Als Philippus der Anweisung des Geistes folgend auf den Wagen des Äthiopiers zulief, hörte er, wie der Mann laut aus der Schrift vorlas, und zwar nicht aus irgendeiner Stelle, sondern aus Jesaja 53! Welches perfekte zeitliche Zusammentreffen! Es gibt eine Zeit zum Sprechen und eine Zeit zum Schweigen. In meiner Erfahrung als Evangelist gibt es bestimmte Augenblicke im Leben einer Person, in denen Gott besonders nahe zu sein scheint und leicht zu finden ist. Es heißt: »Suchet den Herrn, solange er zu finden ist; rufet ihn an, solange er nahe ist.«[33] Obwohl die Verbreitung des Evangeliums dringend ist, und Paulus ermahnte Timotheus: »Predige das Wort . . . es sei zur Zeit oder zur Unzeit«[34], sollten wir trotzdem erwarten, daß Gott uns zu bestimmten Personen zu solchen Zeiten führt, wenn sein Geist sie zu ihm zieht, ob sie es selbst erkennen oder nicht. Der Augenblick, wo Jesus der Samariterin am Brunnen begegnete, ist ein anderes deutliches Beispiel.

3. DIE RICHTIGEN WORTE

Er stellte eine Frage, die sich direkt darauf bezog, was der Mann tat: »Verstehst du, was du liest?« Das führte zu einer positiven Reaktion und einer

Einladung für Philippus, sich zu ihm zu gesellen, um noch mehr darüber zu sprechen. Daraus ergeben sich mehrere interessante Punkte:

a) Wir müssen Worte gebrauchen, die für die betroffene Person von Relevanz sind. In dem Falle von Philippus waren seine ersten Bemerkungen nicht nur relevant, sie waren auch höflich, und es entwickelte sich sehr einfach eine weitere Unterhaltung daraus. Ein guter Freund von mir, ein anglikanischer Geistlicher, gewann seinen Müllmann vor einiger Zeit für Christus. Er sagte zu diesem Mann: »Bill, ich möchte Ihnen den größten Müllmann der Welt vorstellen. Er wird Ihren Unrat Tag und Nacht ausleeren.« Das hatte für ihn eine direkte Relevanz. Er begriff bald, daß Jesus gekommen war, um den Unrat aus seinem Herzen zu nehmen und sein Leben völlig zu säubern. Im Prinzip ist das der gleiche Ansatz, den Jesus bei der Frau am Brunnen gebrauchte. Sie war gekommen, um Wasser zu holen, und so sprach er zu ihr vom lebendigen Wasser, das jeden Durst stillt.

b) Obwohl es hilfreich ist, einen einfachen Rahmen zu haben, durch den wir einen Menschen zu Christus führen können, beten Sie auch für das, was man als »prophetisches Zeugnis« bezeichnen könnte. Eine Frau sehnte sich danach, mit ihrer Nachbarin von Jesus zu sprechen, aber sie war keine Evangelistin, und es schien sich keine Gelegenheit zu ergeben. So betete sie eines Morgens: »Herr, was *kann* ich zu meiner Nachbarin sagen, das ihr zeigen wird, daß du sie liebst? Diese christliche Frau war es nicht gewohnt, so einfach direkte Antworten auf ihr Gebet zu hören, und so war sie erschrocken, als sie einen starken Eindruck hatte, als ob der Herr laut mit ihr gesprochen hätte, zu ihrer Nachbarin zu gehen und ihr zu sagen, keine Angst zu haben. Gehorsam ging sie hin. Sie klopfte an die Tür und fragte, ob sie wohl hereinkommen dürfte. Ganz nervös sagte sie: »Ich glaube, Gott will Ihnen heute morgen etwas sagen. Ich glaube, er sagt Ihnen: ›Haben Sie keine Angst‹.« Ihre Nachbarin brach sofort in Tränen aus. Sie hatte erst an diesem Morgen gehört, daß ihre Tochter sich einer Operation unterziehen mußte, und diese arme Mutter war voller Angst. Der Gedanke, daß Gott sich so sehr um sie kümmerte, daß er ihr persönlich eine Botschaft schickte, durchbrach alle ihre Barrieren. Sie sehnte sich jetzt danach, den Gott kennenzulernen, der sie so sehr liebte.

c) Bei der Evangelisation müssen wir unsere Bibel kennen. Philippus kannte sofort den Abschnitt, den der Äthiopier las, und aus diesem Abschnitt sprach er mit ihm über die Frohe Botschaft von Jesus. Vor allem müssen wir von der Schrift sowohl den Weg erkennen, durch den jeder Mensch Gott finden kann, als auch kurze Antworten auf die Fragen, die am häufigsten gestellt werden – Fragen, die immer wieder vorkommen. In einem meiner Bücher[35] beschäftige ich mich kurz mit einigen der Fragen oder Bemerkungen, die ich oft höre:

Wie steht es mit all dem Leid in der Welt?
Die Kirche ist so tot und irrelevant.
Wie ist es mit anderen Religionen?
Es gibt zu viele Dinge, die ich nicht verstehe.
Ich habe es schon einmal versucht, aber es hat nichts genützt.
Ich habe Angst, mich zu engagieren.
Wie kann ich die Führung Gottes erleben?
Ich könnte es nie durchhalten.
Kann ich es nicht für mich behalten?

Andere häufige Bemerkungen sind:
Ich habe nicht das Gefühl, daß ich Gott brauche.
Ist es nicht genug, wenn man es wirklich versucht, oder in die Kirche geht?
Ich kann die Bibel nicht akzeptieren.

Es ist nicht von uns zu erwarten, auf diese Fragen eine vollständige Antwort zu haben. Bei vielen von ihnen, wie die Frage des Leidens, wäre das unmöglich. Wenn wir alles über Gott und seine Wege wissen könnten, dann wäre Gott nicht größer als unser kleiner, begrenzter Verstand, und es lohnte sich nicht, an ihn zu glauben. Aber es ist hilfreich, einige durchdachte, biblisch orientierte Bemerkungen zu diesen Fragen zu haben, damit sie, wenn möglich, nicht zu Entschuldigungen gegen den Glauben oder zu Hindernissen werden.

In vielen Fällen werden diejenigen, die nicht glauben können, einfach nicht glauben wollen. Oft ist es eine Frage des Willens: Wenn man einen Menschen gegen seinen Willen überzeugt, hegt er immer noch die gleiche Meinung. Fernerhin, wenn der Glaube einer Person auf einem intelligenten Argument beruht, dann ist es immer möglich, daß er einem Argument begegnet, das ihm noch klüger scheint. Paulus ging es darum, »Jesus Christus, den Gekreuzigten« in der Kraft des Geistes zu predigen, damit der Glaube derer, die ihn annahmen, nicht »auf Menschenweisheit, sondern auf Gottes Kraft« bestehe.[36] Als die Samariterin eine theologische Frage stellte in bezug auf den Ort, wo Gott angebetet werden sollte, nämlich in Jerusalem oder Samaria (eine Frage, die sich bezeichnenderweise ergab, als Jesus sehr persönliche Bereiche ihres Lebens berührte, bei denen Buße notwendig war), antwortete Jesus ihr nicht vollständig, sondern brachte sie zu den geistlichen Fragen zurück: »Gott ist Geist, und die ihn anbeten, die müssen ihn im Geist und in der Wahrheit anbeten.«[37] Es ist deshalb gut, mit den Problemen vertraut zu sein, die häufig aufgeworfen werden, und kurz zu allen positiven Stellung nehmen zu können, aber man muß dann auch das Gespräch in eine persönlichere und hilfreichere Richtung lenken können.

Eine Person zu Christus führen

Wenn ich in einer Stadt meinen Weg verloren habe und jemanden darum bitte, mir zu helfen, mich zurechtzufinden, dann möchte ich, daß er mir sagt: »Erst nach links, dann nach rechts, dann nach links – und dann sind Sie da!« Ohne Zweifel könnten sie es mir in sehr viel ausführlicherer und akkuraterer Weise sagen, aber diese einfachen Anweisungen sind alles, was ich in dem Augenblick brauche. Wenn jemand geistlich verloren ist, und er fragt uns nach dem Weg, möchte er ebenfalls einfache Anweisungen. Vielleicht könnten wir es in sehr viel komplizierteren und theologischen Begriffen ausdrücken, aber in dem Augenblick braucht er lediglich etwas Klares und Einfaches. Welche einfachen Anweisungen gibt es, mit denen man Christus finden kann? Ich habe es im Laufe der Jahre auf viele verschiedene Weisen getan, aber diese hier gefällt mir am besten, vielleicht deshalb, weil ich auf diese Weise im Alter von 21 Jahren selbst den Herrn gefunden habe.

Stellen Sie es sich als vier Schritte A B C D vor. Ich nenne jeden dieser Schritte, erkläre ihn, nenne Beispiele und wende sie an. Ich könnte es jemandem auf folgende Weise sagen:

A. SIE MÜSSEN ETWAS ZUGEBEN

Sie müssen zuerst einmal zugeben, daß Sie Gott brauchen, vor allem, daß Sie gesündigt haben und deshalb seine Vergebung brauchen. Sünde bedeutet, daß Sie Ihren Weg und nicht den Weg Gottes gegangen sind, daß Sie getan haben, was Sie wollten und nicht was Gott wollte. In der Bibel sagt Paulus: »Denn es ist hier kein Unterschied: sie sind allzumal Sünder und mangeln des Ruhmes, den sie bei Gott haben sollten.« (Römer 3,23) Was das gute Leben betrifft, so können Sie oben auf dem Mt. Everest stehen, und im Vergleich mit Ihnen könnte ich unten im Tal sein. Der springende Punkt ist jedoch, daß es in Wirklichkeit »keinen Unterschied« gibt, denn keiner von uns kann die Sterne berühren. Wir sind kilometerweit von den vollkommenen Maßstäben Gottes entfernt, die uns in der Bibel gezeigt werden und vor allem in dem Leben und der Lehre Jesu Christi. Unsere Sünden haben uns von Gott getrennt, und wir brauchen seine Vergebung.

B. SIE MÜSSEN ETWAS GLAUBEN

Glauben Sie, daß Christus für Sie gestorben ist. Nehmen Sie einmal an, daß diese Hand (ich halte meine linke Hand hoch) Sie darstellt, und dieser Gegenstand (ich nehme ein Buch in meine Hand) stellt Ihre Sünde dar – sie kommt wie eine »Wolkenbank« zwischen Sie und Gott. Deshalb scheint Gott unwirklich und weit entfernt zu sein. Nehmen Sie an, daß die andere Hand (ich halte meine rechte Hand hoch) Jesus darstellt – er hatte sonst

182

überhaupt keine Sünde auf sich. In Jesaja 53,6 heißt es von den zukünftigen Leiden Jesu auf dem Kreuz: »Wir gingen alle in die Irre wie Schafe, ein jeder auf seinen Weg. Aber der Herr warf alle unsere Sünde auf ihn.« (Das wird illustriert, indem ich das Buch von meiner linken Hand auf meine rechte Hand übertrage.) Wo ist jetzt Ihre Sünde? Sie wurde von Jesus übernommen, als er am Kreuz starb. Simon Petrus, der einst nicht begreifen konnte, warum Jesus sterben mußte, drückte es später wie folgt aus: »Denn auch Christus ist einmal für eure Sünden gestorben, der Gerechte für die Ungerechten, *auf daß er euch zu Gott führte.*« Als Jesus für Sie starb, hat er für Sie die Möglichkeit geschaffen, die Liebe Gottes für immer zu kennen.

C. Sie müssen sich etwas überlegen

Jesus muß in Ihrem Leben den ersten Platz einnehmen. Jesus hat einmal gesagt: »Wer mir nachfolgen will, der verleugne sich selbst und nehme sein Kreuz auf sich und folge mir nach.« (Markus 8,34) Wir müssen der Sünde ein ganz klares Nein sagen und gewillt sein, allem, von dem wir wissen, daß es in unserem Leben nicht in Ordnung ist, den Rücken zu kehren – mit Gottes Hilfe. Wir müssen nein zu unserem eigenen Ich sagen und gewillt sein, Jesus über jeden Bereich unseres Lebens herrschen zu lassen: unser Zuhause, unsere Arbeit, Zeit, Geld, Ambitionen, Beziehungen, alles. Wir müssen der *Geheimnistuerei* ein klares Nein sagen und gewillt sein, uns als Christ zu bekennen, auch wenn manche uns verspotten und gegen uns sind. Aber haben Sie keine Angst, Ihr Leben der einen Person zu öffnen, die Sie mehr liebt als sonst keiner in der Welt, und die nur das Beste für Sie und Ihr Leben will. (Manchmal bezeichne ich die Stelle in Markus 8,35–38 als das Gewinn- und Verlustkonto, das man sich ausrechnen muß.)

D. Sie müssen etwas tun

Geben Sie Jesus Ihr Leben, und wenn Sie das tun, wird er Ihnen sein Leben geben, indem der Geist in Ihnen lebendig wird. Denken Sie an den Vergleich mit der Ehe. Als ich vor Jahren heiratete, sagte der Pfarrer, der uns traute: »David, willst du diese Frau haben?« »Ja, ich will.«
»Anne, willst du diesen Mann haben?« »Ja, ich will.«
In dem Augenblick war eine neue Beziehung entstanden. In der gleichen Art und Weise könnte man es beschreiben:
»Heiland, willst du diesen Sünder?« Er sagt immer: »Ich will.«
»Sünder, willst du diesen Heiland haben?« Sobald Sie sagen »Ich will« und es auch wirklich meinen, ist eine neue Beziehung entstanden. Aus diesem Vergleich ergeben sich noch weitere Punkte:
a) Als ich bei meiner Hochzeit »ja« sagte, mußte ich versprechen, alle

anderen zu lassen und Anne den ersten Platz einzuräumen. Wenn ich zu Jesus ja sage, muß ich gewillt sein, Jesus den ersten Platz zu geben.

b) Als ich bei meiner Hochzeit »ja« sagte, empfand ich dabei überhaupt keine Gefühle. Es handelte sich um einen bloßen Akt des Willens. Genauso war es mit Jesus: Beziehungen sind nicht von Gefühlen abhängig, sondern von einer Verpflichtung und von Vertrauen.

c) Als ich bei meiner Hochzeit »ja« sagte, war das lediglich der Anfang einer neuen Beziehung. Wir mußten hart daran arbeiten, und es ist nicht immer einfach gewesen. Als ich zu Jesus »ja« sagte, war es ebenfalls lediglich der Anfang einer neuen Beziehung, und da gab es auch Schwierigkeiten. Es hat Augenblicke des Zweifels, des Ungehorsams, der Rebellion gegeben usw. Aber wenn man in jeder Beziehung sich bemüht, mit den Schwierigkeiten fertig zu werden, dann wächst und entwickelt sie sich.

Anweisungen dieser Art mögen steif und stereotyp klingen. Jede Person ist anders, und jede Unterhaltung wird anders fließen. Wir müssen sichergehen, daß jeder Schritt genau verstanden worden ist, bevor wir zu dem nächsten übergehen, und dazu müssen wir vielleicht einige zusätzliche Fragen stellen und Erklärungen sowie Beispiele geben. Der Schlüssel zu allem ist das Gebet, Empfindsamkeit für den Geist und eine echte Liebe für die betroffene Person. J. I. Packer erklärte einmal unsere Abhängigkeit vom Geist Gottes bei der Evangelisation auf diese Weise: »Ganz gleich, wie klar und überzeugend wir das Evangelium verkünden, wir haben keine Hoffnung, irgend jemand zu überzeugen oder zu bekehren. Können Sie oder ich durch unser ernsthaftes Reden die Macht Satans über das Leben eines Menschen brechen? Nein. Können Sie oder ich den geistlich Toten Leben geben? Nein. Können wir darauf hoffen, durch geduldige Erklärung Sünder von der Wahrheit des Evangeliums zu überzeugen? Nein. Können wir Menschen dazu bewegen, dem Evangelium zu gehorchen, indem wir dringlich auf sie einreden? Nein. Unserer Evangelisation fehlt es an dem nötigen Realismus, bis wir uns dieser erschütternden Tatsache bewußt geworden sind und sie auf uns den richtigen Eindruck haben machen lassen.«[38] Nur durch viel Gebet und die demütige Anerkennung unserer völligen Hilflosigkeit, und nur wenn wir die Führung und Erleuchtung des Geistes suchen, können einer Person die Schuppen von den Augen fallen, und er ist in der Lage, das Licht des Evangeliums der Herrlichkeit Christi zu sehen.[39]

Wenn eine Person die Schritte zu Christus anscheinend versteht, ist es ratsam, eine praktische Handlung vorzuschlagen. »Wenn Sie wollen«, sage ich häufig, »will ich Sie in einem einfachen persönlichen Gebet anleiten, das Sie Satz um Satz in Ihrem eigenen Herzen nachsprechen können, entweder leise oder, wenn Sie wollen, auch laut; oder ich kann Ihnen einige Schriften geben, die Ihnen helfen werden, den Schritt, den Sie unternommen haben, besser zu verstehen.« Sanft kann ich die andere Person dazu ermutigen, an Ort und Stelle ein Gebet der Hingabe zu sprechen, denn ich habe oft das Gleichnis vom Sämann erlebt, wo der Teufel schnell die Saat wegnimmt, bevor sie im Boden des Herzens eines Menschen Wurzeln schlagen kann. Wenn er gewillt ist zu beten, sage ich manchmal erst einmal schnell das Gebet vor, damit er wissen kann, daß er es gerne für sich in seinem Herzen mitsprechen möchte. Dann bete ich langsam, einige Worte auf einmal, etwa wie folgt:

Herr Jesus Christus,
du weißt, daß ich ein Sünder bin,
und ich brauche deine Vergebung.
Danke, daß du für mich am Kreuz gestorben bist,
um meine Sünde wegzunehmen.
Ich will von alledem, das in meinem Leben falsch ist, mich abkehren.
Ich bin zum ersten Mal in meinem Leben gewillt, zu dir zu kommen.
Und jetzt komme ich zu dir, ich sage: Ja, ich will.
Ich gebe dir mein Leben, mein Herr und Heiland.
Bitte gib mir dein Leben durch deinen Geist
und komme und wohne in mir für immer.
Danke, Herr Jesus.
Amen.

Er kann mir laut oder leise im Gebet folgen, und dann bete ich ein anderes kurzes Gebet der Ermutigung, in dem ich Jesus danke dafür, daß er unser Gebet erhört hat, und ihn darum bitte, daß diese Person mit dem Heiligen Geist erfüllt werde, Gottes Ziel für sein Leben erkenne, in seinem Verhältnis zu Jesu wachse (mit der Hilfe anderer Christen) und die Liebe und Wahrheit Jesu in dieser notvollen Welt verbreite.

Danach werde ich vielleicht noch eine weitere Verheißung Jesu erwähnen, um ihm gegen mögliche Zweifel zu helfen, die ihm vielleicht später kommen, und dann verabreden wir uns auf ein anderes Treffen in ein oder zwei Tagen, um noch einmal darüber zu reden. Fast immer gebe ich etwas zu lesen mit, das ihm helfen wird, die grundlegenden Schritte, die er gegangen ist, zu verstehen.[40] Dem jungen Christen muß dann sorgfältig weitergeholfen werden, entweder durch persönliche Stunden mit ihm oder durch eine Gruppe für »Anfänger«, wo man sich im Laufe mehrerer Wochen mit den folgenden Themen beschäftigt: Sicherheit in dem Herrn; Wachstum, Gebet, die Bibel, die grundlegenden Wahrheiten des Glaubens (Gott, Christus, der Heilige Geist, das Kreuz und die Auferstehung, die Gemeinde, Geistesgaben usw.); wir müssen uns auch mit dem Zeugnis, der Führung Gottes, dem Geben von Geld und anderen Fragen beschäftigen, wenn sie sich ergeben.[41]

Vergessen Sie nicht, daß es nur der Anfang ist, wenn man eine Person für Christus gewinnt. Mit der Liebe Gottes und der Empfindsamkeit seines Geistes müssen wir dieser Person dienen, bis er oder sie ein wahrer Jünger Christi wird. Wenn wir sehen, daß diese Person jemand anders für Christus gewinnt oder zumindest an dem Leib Christi voll teilnimmt, dann können wir uns in dem Herrn freuen, daß unser Mühen nicht umsonst ist. Wie wir aus diesem Buch gesehen haben, hört die Aufgabe, einander zu Jüngern zu machen, nie auf. Sie verlangt alles, was wir haben, aber sie bietet großen Lohn. William Barclay hat einmal gesagt: »Es gibt keine größere Freude in der Welt als die, eine Seele zu Christus zu bringen.« Das ist das Privileg und die Verantwortung eines jeden Jüngers.

1 Matthäus 20,28
2 Matthäus 9,35 f.
3 Siehe Matthäus 10
4 Lukas 10,1–20
5 Johannes 20,21; Apg. 1,8
6 Lukas 10,3; Markus 16,15; Matthäus 28,19
7 Von Bischof John Taylor im *Winchester Churchman* zitiert (Juli 1979)
8 Ich habe darüber ausführlicher in meinem Buch geschrieben *I Believe in Evangelism,* Hodder & Stoughton, 1976
9 John Poulton, Monatsbrief für Mai/Juni 1979 der Kommission von Weltmission und Evangelisation des Weltkirchenrats
10 Epheser 4,11
11 C. Peter Wagner, *Your Church Can Grow,* Glendale, California, USA, Regal, 1976, S. 72–76
12 1. Petrus 3,15
13 H. Boer, *Pentecost and Missions,* Lutterworth, S. 122, 128
14 1. Thessalonicher 1,5
15 Apg. 5,28.42
16 Apg. 4,20
17 Apg. 7; 8,1–5
18 Philipper 1,14
19 A.a.O., IVP, 1979, S. 26
20 *Evangelism Today,* a Report by the Church of England's Board for Mission and Unity, Church House Bookshop, Great Smith Street, London SW1P 3BN
21 *A New Canterbury Tale,* herausgegeben von Grove Books, Bramcote, Notts., England

22 Hebräer 1,1–3; 10,10–20, und andere
23 Apg. 4,12
24 2. Korinther 5,10
25 Hebräer 2,3
26 2. Korinther 5,20
27 Epheser 1,9 f.
28 *Witness to the World*, Marshall, Morgan & Scott, 1980, S. 206
29 Apg. 8,6 f.
30 John Poulton, a.a.O.
31 Apg. 2,38
32 Erhältlich bei The Evangelical Alliance, 19 Draycott Place, London SW3 2SJ
33 Jesaja 55,6
34 2. Timotheus 4,2
35 Hodder & Stoughton, 1979, Kapitel 6
36 1. Korinther 2,1–5
37 Johannes 4,1–26
38 *Evangelism and the Sovereignty of God,* IVP, 1961, S. 108
39 2. Korinther 4,3 f.
40 Gewöhnlich verwende ich meine Bücher *A New Start in Life,* Kingsway, oder *Live a New Life,* IVP, 1975. Andere Bücher sind auch erhältlich.
41 Ich habe über die weitere Arbeit mit Neubekehrten ausführlicher in meinem Buch geschrieben: *I Believe in Evangelism,* a.a.O. Siehe auch Anhang B für weitere Vorschläge in bezug auf einen grundlegenden Kursus für Neubekehrte.

KAPITEL 10

Jüngerschaft und einfacher Lebensstil

Zwei stark gegensätzliche Beispiele werden den heutigen Skandal der wirtschaftlichen Ungleichheit innerhalb der weltweiten Familie Gottes aufzeigen.

In *Time Magazine*[1] erschien ein faszinierender Artikel über amerikanische Evangelisten, die wöchentliche Fernsehshows halten. In bezug auf den Inhalt ihres Evangeliums und des Stils ihrer Darbietung könnte man viele Fragen stellen. Trotz meiner persönlichen Vorbehalte hoffe ich doch, den großzügigen Geist des Apostels Paulus zu besitzen, der schrieb: »Wenn nur Christus verkündigt wird auf alle Weise . . . so freue ich mich darüber.«[2] Ich bin sicher, daß wenigstens einige Gottes Liebe, Frieden und Heilung durch diese Programme erleben werden. Was mich viel mehr stört ist der Lebensstil dieser und anderer Prediger. Ein Evangelist erhält laut dieses Artikels von seinen Zuhörern Spenden von 51 Millionen Dollar jährlich, wovon er ein Fünfzigstel als sein eigenes Einkommen behält. Er besitzt bereits ein luxuriöses Haus, eine Flotte von Autos und zahlreiche andere materielle Vorteile. Der Journalist der Zeitschrift *Time* war verständlicherweise kritisch.

Ein Monat, nachdem ich diesen Artikel gelesen hatte, nahm ich an der internationalen Beratung über einfachen Lebensstil teil, die in England unter dem gemeinsamen Vorsitz von Ronald Sider und John Stott gehalten wurde. Am ersten Abend sprach ein Evangelist aus Columbia durch einen Dolmetscher. Er erzählte, wie er einen ganzen Tag lang in einem Dorf predigte und erschöpft und hungrig zu dem Haus des Pastors zurückkehrte, wo er zu Gast war. Der Pastor, seine Frau und fünf Kinder waren da, aber der Tisch war mit nur einem Teller gedeckt − der war ganz klar für den Besucher gedacht. Er setzte sich hin, und die Frau des Pastors legte ein Ei und eine kleine Kartoffel auf den Teller. »Ist das alles?« dachte er. »Aber ich bin so hungrig!« Trotzdem beugte er den Kopf, um Gott für das Essen zu danken. Er wollte gerade anfangen zu essen, da fragte er, ob die anderen schon gegessen hätten. Die Frau des Pastors antwortete schnell, daß sie ihnen später etwas bereiten würde. Da es bereits 22.30 Uhr abends war, fragte der Evangelist weiter. Er entdeckte, daß sie kein Geld und keine Nahrung im Haus hatten außer dem einen Ei und einer kleinen Kartoffel. Er bat die Frau, sieben andere Teller auf den Tisch zu stellen. Er teilte seine bereits äußerst dürftige Mahlzeit in acht winzige Portionen, lud sie ein, mit ihm zu Tisch zu sitzen, senkte seinen Kopf und dankte Gott.

Man könnte beliebig viele Beispiele dieser Art anführen, die einen unglaublichen Unterschied im Lebensstil verschiedener Glieder des Leibes Christi aufzeigen. Ist das die Absicht Gottes für seine Kinder auf dieser Erde? Inwiefern hilft oder hindert der Lebensstil der westlichen Gemeinde die Aufgabe der Mission oder Evangelisation in der Welt? Für viele von uns ist ein völlig neues Image sowohl als Einzelpersonen sowie als Gemeinde dringend nötig, eine radikale Jüngerschaft, die sich die Einfachheit Jesu zum Vorbild nimmt, wenn wir die Werte des Reiches Gottes auf glaubwürdige Weise demonstrieren wollen und somit mit Vollmacht über den Gott reden können, der die Welt so liebte, daß er ihr die unaussprechliche Gabe seines eigenen Sohnes gab.

Der christliche Dramaturg Murray Watts erzählte mir einmal die folgende wahre Geschichte. Ein taub geborener Mann, der in einem guten christlichen Zuhause mittleren Standes aufgewachsen war, kam zum lebendigen Glauben an Christus durch ein Ereignis in einem Zug in Indien. Er befand sich im gleichen Abteil wie ein Bettler, der Gott aus ganzem Herzen pries. Dieser Bettler war materiell völlig verarmt, aber floß über von Dankbarkeit und Lobpreis. Dieser erstaunliche Anblick berührte den tauben Mann, und er öffnete sich der Liebe Gottes, die ihn immer umgeben hatte, und ließ sie in sein Herz fließen.

Diese wahre Begebenheit kann als gutes Gleichnis dienen. Die Welt ist taub geworden gegenüber einer Gemeinde, die sich an den Materialismus verkauft hat. Nur wenn die Welt mit einer Gemeinde konfrontiert wird, die völlig von Gott abhängig ist, vielleicht weil sie freiwillig oder unfreiwillig materielle Armut akzeptiert hat um der unzähligen Armen willen, die Gott zu erreichen versucht, wird die Gemeinde irgendeinen Eindruck auf sie machen. Wohlstand und geistliche Gleichgültigkeit gehen oft Hand in Hand, genauso wie materieller Bankrott oft geistlichen Reichtum begleiten kann. Wenn andere sehen, daß wir nichts haben als Gott und ihm deshalb für alles danken und ihn preisen müssen, dann wird die Realität seiner lebendigen Gegenwart unter uns von denen gesehen, die an seiner Existenz zweifeln.

Heute gibt es keinen Mangel an frommen Worten, Bestätigungen des Glaubens, Diskussionen über Hunger oder Ausdrucksweisen der Geistlichkeit. Aber die Welt wartet immer noch auf die Demonstration dessen, was wir mit unseren Lippen verkündigen, in einer Weise, die hart und praktisch ist, die uns wirklich etwas kostet. »Ich war hungrig, und ihr habt ein Kommitee gebildet, um meinen Hunger zu untersuchen ... ich war obdachlos, und ihr unterbreitetet einen Bericht über mein Leid ... ich war krank, und ihr hieltet ein Seminar über die Situation der Unterprivilegierten ... Ihr habt alle Aspekte meines Leidens untersucht. Und dennoch bin ich immer noch hungrig, obdachlos und krank.«

»Das Leben Jesu und seiner Jünger«, schreibt John Taylor, »war nicht
nur von der Eucharistie gekennzeichnet, sondern es war auch eine Herausforderung. Er wußte, daß es nicht genug war, diese Dinge zu sagen; die Welt
wartet auf konkrete Beispiele und die Verwirklichung dessen, was gesagt
wird. In unserer Zeit ist es deshalb nicht genug, den Gegensatz zwischen
unserem Idol des Wachstums und der biblischen Theologie der Genügsamkeit aufzuzeigen; wir müssen aus der Strömung ausscheiden und einander
helfen, in fröhlichem Protest dagegen zu leben . . .«[3]
Aus diesem Grund lehrte Jesus seine Jünger nicht nur über das Geld und
Besitztümer in einer herausfordernden Art und Weise, sondern teilte auch
sein ganzes Leben mit ihnen. Wenn ihr Gehorsam nicht eine echte Realität
war, dann wußte er, daß er nur ein Luftschloß statt einer Gemeinde auf
einem Felsen bauen würde, gegen den weder die Tore der Hölle noch sonst
irgendwelche anderen Tore standhalten könnten. Wie können diese wesentlichen Bestandteile wirksamer Jüngerschaft sich erweisen und entwickelt
werden?

Gehorsam

Von Anfang an bemühte sich Jesus, seinen Nachfolgern die absolute Notwendigkeit des völligen Gehorsams ihm gegenüber als Herr ihres Lebens
beizubringen. Er war gekommen, um das Reich Gottes einzuleiten, zu dem
seine Herrschaft über jeden Bereich ihres Lebens gehörte, ob sie es begriffen
oder nicht, und ob sie damit einverstanden waren oder nicht. In Lukas 5
sehen wir, wie Jesus, der Sohn des Tischlers aus Nazareth, Simon, dem
erfahrenen Fischer, sagte, er solle am hellichten Tag seine Netze in den See
werfen. Wir können seinen Protest als den eines Professionellen begreifen:
»Herr, wir haben die ganze Nacht hart gearbeitet, ohne etwas zu fangen!«
Aber die Gegenwart Jesu in dem Boot war so beeindruckend, daß Simon
sagte: »Aber auf dein Wort hin werde ich die Netze ins Wasser tun.« Der
Fang war erstaunlich. Hier war die erste und wichtigste Lektion, die Simon
lernen mußte, wenn er »Menschen fischen« sollte: Eine Minute Gehorsam
Christus gegenüber ist unendlich mehr wert als große Anstrengung selbst bis
zum Punkt der Erschöpfung in der Energie und Weisheit des Fleisches.
Während der kurzen Zeit der Jüngerschaft mußte diese Lektion immer
wieder gelehrt werden, aber an dem erstaunlichen Wachstum der frühen
Gemeinde sehen wir, wie wirksam sie sich erwiesen hat. Eine effektive
Armee zeichnet sich stets durch einen sofortigen Gehorsam auf das Wort des
Befehls aus. Sowohl konventionelle Armeen, spezielle Einheiten und Terro-
ristennetze wissen, wie unbedingt notwendig das ist. Ohne einen Gehorsam,

der keine Fragen stellt, wird die Effektivität einer Gruppe ernsthaft beeinträchtigt. Um diese Qualität der Reaktion zu erhalten, sind zahlreiche Stunden der Ausbildung von scheinbar geringfügigen Aspekten von wesentlicher Bedeutung.

Wir müssen vor allem Gehorsam in bezug auf materiellen Besitz lernen. Juan Carlos Ortiz hat oft erwähnt, wie wir diejenigen Bibelverse auswählen, die uns Trost geben, aber solche ignorieren, die uns beunruhigen. Wir lesen gern die Zusicherung Jesu: »Fürchte dich nicht, du kleine Herde! Denn es ist eures Vaters Wohlgefallen, euch das Reich zu geben.« Aber wir übersehen leicht den nächsten Vers: »Verkauft, was ihr habt, und gebet Almosen.«[4] Diese aufopfernde Handlung des Gehorsams könnte jedoch ein wesentlicher Teil der Art und Weise sein, in der Gott uns das Reich geben will. Wenn wir die Herausforderung Jesu nicht ernst nehmen, wundern wir uns vielleicht, warum das Reich Gottes nicht in der Kraft kommt, die Jesus anscheinend versprochen hat. Das liegt daran, daß wir den unabhängigen Geist der Welt angenommen haben, der sagt: »Ja, aber . . .«, und wie sehr wir auch versuchen, es zu begründen, ist ein »Ja . . . aber« an Jesus nichts anderes als Ungehorsam. Deshalb gibt es keine größere Demonstration des Geistes: »Der Geist Gottes ist nur denen gegeben, die ihm gehorchen.«[5]

In Matthäus 6,19−24 stellt Jesus die Frage in einer Reihe von scharfen Gegensätzen dar. Wir müssen zwischen zwei Schätzen wählen (irdisch oder himmlisch), zwei Zuständen (Licht oder Dunkelheit) und zwei Herren (Gott oder Mammon). In anderen Worten, wir müssen uns mit der tiefgreifenden Frage konfrontieren: Wer oder was nimmt in meinem Leben den ersten Platz ein? Und nirgendwo ist die Frage klarer beantwortet als in unserer Einstellung zu unserem Besitz.

Es ist wichtig zu betonen, daß Jesus den Privatbesitz nicht verbietet. Selbst als die Teilung des Besitzes unter Christen den Höhepunkt der Großzügigkeit erreicht hatte, sagte Petrus zu Ananias über den Verkauf seines Landes: »Hättest du ihn doch wohl mögen behalten, da du ihn hattest; und da er verkauft war, war es auch in deiner Gewalt.«[6] Mehrere der Jünger hatten eigene Besitztümer, wie aus der Feststellung hervorgeht, daß sie weiterhin (griechisches Imperfekt) verkauften, was sie hatten, um für die zu sorgen, die nichts hatten.[7] Jesus ist auch nicht gegen weise Vorsorge für die Zukunft. Wie Paulus später schrieb: »Wenn aber jemand die Seinen, sonderlich seine Hausgenossen, nicht versorgt, der hat den Glauben verleugnet und ist ärger als ein Heide« (1. Timotheus 5,8). Jesus will auch nicht, daß wir die vielen guten Gaben der Schöpfung Gottes mißachten oder verachten. Die Materie ist nicht böse an sich, wie die Gnostiker lehrten. »Denn alles, was Gott geschaffen hat, ist gut, und nichts verwerflich, was mit Danksagung empfangen wird« (1. Timotheus 4,1−5). Paulus wußte, was es heißt, übrig zu haben, und Mangel zu leiden. Er kannte den Frieden des Herrn, ob er hungrig war oder im Überfluß schwelgte (Philipper 4,12).

Wogegen Jesus entschieden sprach, war das Ansammeln von Schätzen *»für euch selbst«*. Das ist nicht nur töricht, denn alle diese irdischen Schätze werden früher oder später zerfallen oder verschwinden; es ist auch selbstsüchtig angesichts der großen Not der Männer, Frauen und Kinder überall in der Welt – eine direkte Verleugnung der Liebe Gottes und, noch schlimmer, eine Form der Abgötterei, »denn wo euer Schatz ist, dort wird auch euer Herz sein«.

»Weltliche Besitztümer haben die Tendenz, die Herzen der Jünger von Jesus abzuwenden. Wem widmen wir unser Leben? Das ist die Frage. Verlangt es unsere Herzen nach irdischen Gütern? Versuchen wir Hingabe an sie mit Hingabe an Christus zu verbinden? Oder sind wir exklusiv ihm gewidmet? . . . Wo unser Schatz ist, da ist unser Vertrauen, unsere Sicherheit, unser Trost und unser Gott. Vorräte sammeln ist Abgötterei . . . Alles, was uns daran hindert, Gott mehr als alles andere zu lieben, . . . ist unser Schatz, und der Ort, wo unser Herz ist . . . Wenn unsere Herzen ganz und gar Gott gegeben sind, ist es klar, daß wir nicht zwei Herren dienen *können*; es ist einfach unmöglich . . . Unsere Herzen haben nur Raum für eine alles umfassende Hingabe, und wir können uns nur an einem Herrn festhalten . . .«[8]

»Das Auge ist die Leuchte des Körpers«, sagte Jesus. In anderen Worten, ohne die klare Sicht des Auges muß mein ganzer Körper in Dunkelheit wandeln und sich bewegen. Er kann nicht sehen, was er tut oder wohin er geht. Nur wenn unser »Auge« (ein biblisches Synonym für »Herz«) sich ganz auf das Licht Christi richtet, kann mein ganzes Leben eine klare Richtung haben. Aber wenn mein Auge oder Herz einem anderen Herren dient – denn es kann nicht zwei dienen –, dann bleibt mein ganzes Leben in tiefer Finsternis. »Die Liebe des Geldes ist die Wurzel allen Übels« – jeder Tag beweist die unausweichliche und häßliche Wahrheit dieser Aussage.

Als Jesus seine Jünger aussuchte, ließ Jesus deshalb keinen Kompromiß zu. Selbst dem liebenswerten, talentierten, vielversprechenden, reichen Jüngling, der nach Gott suchte, sagte Jesus: »Verkaufe alles, was du hast, und verteile es an die Armen, und du wirst einen Schatz im Himmel haben.« Der Mann ging traurig fort. Aber Jesus konnte nicht mit sich handeln lassen, denn kein Mensch kann zwei Herren dienen.

Dieses bekannte Ereignis enthält einige interessante und lehrreiche Einzelheiten. Erstens, wie Ron Sider bemerkt hat: »Als Jesus dem reichen Jüngling sagte, er müsse seinen Besitz verkaufen und das Geld den Armen geben, sagte er damit nicht: Werde bettelarm und lebe ohne Freunde. Vielmehr sagte er: Folge mir nach. In anderen Worten, er lud ihn ein, sich einer

Gemeinschaft der Güterteilung und Liebe anzuschließen, wo seine Sicherheit nicht von dem Besitz des einzelnen abhängig war, sondern von der Offenheit zum Geist und der Liebe der neugefundenen Brüder und Schwestern.«[9] Zweitens, worum es Jesus vor allem geht, ist nicht Armut, sondern Gehorsam. Gehorsam könnte zur Armut führen, wenn das das ist, was Jesus von uns verlangt, aber die Wahl der Armut selbst könnte die Wahl meines eigenen Lebenswegs sein oder eines religiösen Ideals, das nicht dem Gebot Jesu entspricht. Drittens, nachdem wir das gesagt haben, und angesichts der Gefahr der Gesetzlichkeit in der Frage des Lebensstils, sind viele von uns sehr geschickt, wir spüren Auswege auf und sagen: »Ja . . . aber«. Ron Sider hat deshalb völlig recht, wenn er sagt, daß 99 Prozent aller westlicher Christen zu 99 Prozent der Zeit hören müßten: »Gib jedem, der von dir bittet« und »Verkaufe deinen Besitz«. Wir dürfen nie die verführerische Gefahr des Besitzes verharmlosen (1. Tim. 6,9–10; Jakobus 4,1–2 usw.). Habgier ist vielleicht die schwerwiegendste Sünde im Westen (oder Norden) heute, und keine habgierige Person wird das Reich Gottes erben. Die Warnungen gegen alle Formen der Habgier in der Schrift sind sehr scharf. Immer wieder kommen wir zu der grundlegenden Frage zurück: Wer oder was nimmt in unserem Leben den ersten Platz ein? Nur wenn die Herrschaft Christi ganz klar anerkannt ist, und unsere Einstellung zu unserem Besitz wird das deutlicher prüfen als alles andere, können wir wahrhaft seine Jünger sein. Während wir uns ebenfalls vor Pharisäertum oder einem Rückfall zu dem Gesetz hüten müssen, verlangt Gott von uns in der Frage des Lebensstils einen wahren biblischen Radikalismus, der sich weigert, sich dieser Welt anzupassen.

Glaube

Das ist ebenfalls von entscheidender Bedeutung, wenn wir Gott am Werk sehen wollen. Wer an mich glaubt, wird auch meine Werke tun, wie Jesus während seiner letzten Unterhaltung mit ihnen zu seinen Jüngern sagte (Joh. 14,12). »Und was ihr bitten werdet in meinem Namen, das will ich tun, auf daß der Vater verherrlicht werde in dem Sohne.«

Wenn Jesus uns in Matthäus 6,25–34 sagt: »Sorget euch nicht«, dann stellt er uns eine andere entscheidende und durchdringende Frage: »Auf wen oder was vertrauen Sie nun wirklich? Was ist der klare Gegenstand Ihres Glaubens?« Wieder ist die Logik zwingend, denn wir stehen unausweichlich der folgenden Alternative gegenüber: *entweder* wir vertrauen auf unseren himmlischen Vater – für alles, *oder* wir vertrauen letztlich auf irgendeine Form von weltlicher Sicherheit. Materielle Besitztümer erzeugen oft Angst. Wir machen uns Sorgen, ob wir genug Geld haben, das zu kaufen, was wir dann haben wollen, und wenn wir es bekommen, machen wir uns Sorgen, ob es sicher oder in gutem Zustand ist. Wir sorgen uns darum, ob wir genug haben, um uns Sicherheit für die Zukunft zu geben. Wir machen uns Sorgen über die Änderungen in dem Wert unseres Geldes und Besitzes, über wirtschaftliche Instabilität, Inflation, Börsensturz und Rezessionen. Jesus warnte uns vor dem geistlichen Schaden, der aus solcher Angst kommt: die Saat des Wortes Gottes kann leicht durch die Sorgen, Reichtümer und Vergnügen des Lebens erstickt werden.[10] Wenn wir Glauben an die Treue unseres himmlischen Vaters haben, werden wir einen Tag nach dem anderen leben: »Darum sorget euch nicht für den anderen Morgen, denn der morgige Tag wird für das Seine sorgen. Es ist genug, daß ein jeglicher Tag seine eigene Plage habe.«[11]

All das könnte sich etwas naiv oder unverantwortlich anhören, bis wir erkennen, daß Jesus uns aus dem Reich dieser Welt in das Reich Gottes ruft – ein Reich, das sich durch die liebende Fürsorge und Großzügigkeit der Nachfolger Jesu auszeichnet. Vor allem in dieser Qualität unseres gemeinsamen Lebens erleben wir die Realität der Liebe Gottes, und dadurch wird unsere Furcht vertrieben und ermöglicht es, daß wir einen wahren Glauben an ihn entwickeln.

Das war der Lebensstil, den Jesus selbst wählte, und er wies seine Jünger an, das gleiche zu tun. Man könnte fast sagen, daß die Vollmacht und Wirksamkeit ihres Dienstes von ihrer Bereitschaft abhingen, in allem Gott zu vertrauen. Man erinnere sich an das Gebot an die Zwölf: »Geht aber und predigt und sprecht: Das Himmelreich ist nahe herbeigekommen. Macht Kranke gesund, weckt Tote auf, reinigt Aussätzige, treibt böse Geister aus. Umsonst habt ihr's empfangen, umsonst gebt es auch. Ihr sollt nicht Gold noch Silber noch Kupfer in euren Gürteln haben, auch keine Tasche zur Wegfahrt, auch nicht zwei Röcke, keine Schuhe, auch keinen Stecken« (Mat. 10,7–9). Die meisten von uns verstehen sehr gut, daß manchmal ihr Glaube nicht dieses Niveau erreichen konnte. Wie konnten 5000 mit Nahrung versorgt werden? Wie war es, als sie selbst hungrig waren? Jesus wies sie einfach und sanft zurecht: »Ihr Kleingläubigen!«[12] Ganz gleich, wie sehr wir mit ihnen Sympathie empfinden mögen, es war ihr kleiner Glaube in bezug auf diese materiellen Dinge, der zu einem kleinen Glauben in geistlichem Dienst führte. Als die Jünger etwas später fragten, warum sie einen Dämon nicht von einem kleinen Jungen austreiben konnten, antwortete Jesus ihnen: »Um eures Kleinglaubens willen.«[13] Deswegen prüfte und dehnte er ihren Glauben ständig aus in bezug auf die gewöhnlichen, alltäglichen Dinge des Lebensstils; nur, wenn sich ihr Glaube entwickelte, würden sie den Glauben für die sehr viel wichtigere Arbeit des Reichs Gottes besitzen.

Die gleiche Prüfung erfuhren die siebzig, als sie ausgesandt wurden:

»Tragt keinen Beutel noch Tasche noch Schuhe . . . Und wo ihr in eine Stadt kommt und sie euch aufnehmen, da esset, was euch wird vorgesetzt, und heilet die Kranken, die daselbst sind, und saget ihnen: Das Reich Gottes ist nahe zu euch gekommen . . .« Und so gingen sie los, ohne Erfahrung, ohne großes Wissen, aber mit einfachem Glauben, und sie »kamen wieder mit Freuden und sprachen: Herr, es sind uns auch die bösen Geister untertan in deinem Namen.« Jesus freute sich auch: »Ich preise dich, Vater . . ., daß du solches den Weisen und Klugen verborgen hast und hast es den Unmündigen offenbart« – d. h. denen, die einen festen Glauben an die Realität und Treue ihres himmlischen Vaters besaßen (Lukas 10,1–21).

Viele von uns würden gerne einen schönen Kompromiß schließen. Natürlich wollen wir erst nach dem Reich Gottes trachten, aber irdische Schätze üben weiterhin ihre Anziehung auf uns aus, zerren an unserem Herzen, führen zu Angst und vermindern unsern Glauben. Wir wollen nicht extravagant reich sein, vorausgesetzt, wir besitzen finanzielle Sicherheit. Indem wir das Beste aus beiden Welten wollen, verlieren wir die weltbewegende Macht des Reiches Gottes. Wieder muß ich betonen, daß Jesus nicht persönliches Eigentum verbietet, aber wenn wir irgendwie anfangen, ein tiefes Verlangen nach diesen Dingen zu spüren, kann es sein, daß wir uns vom Glauben entfernen und uns »viel Schmerzen machen« (1. Timotheus 6,10).

»Es ist Mangel an Glauben, der uns irdische statt himmlische Schätze wählen läßt. Wenn wir wirklich an himmlische Schätze glaubten, wer von uns wäre so dumm, Gold zu kaufen? Wir glauben eben effektiv nicht. Der Himmel ist ein Traum, eine religiöse Phantasie, die wir anerkennen, weil wir orthodox sind. Wenn die Menschen an den Himmel glaubten, dann würden sie ihre Zeit damit verbringen, sich auf ihren Aufenthalt dort vorzubereiten. Aber niemand tut das. Es gefällt uns lediglich die Versicherung, daß uns etwas Schönes erwartet, wenn das wirkliche Leben vorüber ist.«[14]

Das ist sehr wichtig. Wir können uns der Tatsache freuen, daß ein Mensch vom Glauben gerechtfertigt ist. Aber wie real ist dieser Glaube, bevor wir wissen können, daß wir gerechtfertigt sind? John White schreibt: »Wir müssen gegenüber jedem Glauben in bezug auf die persönliche Rechtfertigung Verdacht hegen, der nicht durch einen Glauben an Gottes Macht über die materiellen Dinge in unserem alltäglichen Leben bestätigt wird. Glauben an ein herrliches Leben nach dem Tode läßt sich nicht nachprüfen. Glaube, daß der Herr mich heute mit dem versorgen wird, was ich brauche, läßt sich ganz bestimmt nachprüfen.«[15]

Das ist genau die Herausforderung an den reichen Jüngling. Nachdem er ihm sagte, er solle all seinen Besitz verkaufen und Almosen an die Armen geben, versprach Jesus ihm, daß er einen »Schatz im Himmel« haben würde. »Komm, folge mir nach«, sagte Jesus. Aber an diesem kritischen Punkt hatte der Jüngling keinen wahren Glauben an Jesus. Er glaubte ihm nicht, oder wenn er ihm glaubte, dann wollte er ihm nicht gehorchen. Jesus gab seinen erschrockenen Jüngern gegenüber zu, daß es nicht einfach ist für einen Reichen, ins Reich des Himmels zu kommen. Aber er versprach denen, die glaubten, alles für ihn verlassen zu haben: »Und wer verläßt Häuser oder Brüder oder Schwestern oder Vater oder Mutter oder Kinder oder Äcker um meines Namens willen, der wird's vielfältig empfangen und das ewige Leben ererben.«[16] In gewissem Maße erlebten die Jünger sofort die größeren Reichtümer, die Gott für uns bereit hat, wenn wir unser ganzes Leben in seine Hände legen. Sie entdeckten eine Tiefe der Beziehungen in ihrer apostolischen Truppe, die sie nie zuvor gekannt hatten. Sie teilten ein gemeinsames Leben. Sie lebten zusammen, arbeiteten zusammen, beteten zusammen, lernten zusammen. Sie hatten alles aufgegeben und deshalb so viel mehr gewonnen.

Die Frage ist, wenn es finanziell wirklich ums Ganze geht, an wen oder was glauben wir nun wirklich? Haben wir wahren Glauben an Jesus? Durch den Glauben sind wir gerechtfertigt, und durch den Glauben werden wir die Kraft Gottes in unserem Dienst sehen. Es ist Gottes Zurechtweisung an uns wohlhabende Christen, während wir uns mit irdischen Schätzen und Sicherheiten umgeben, daß Gottes Kraft heute so offensichtlich viel stärker am Werk ist unter denen, die wenig oder gar nichts von den Gütern dieser Welt haben. Aber sie sind reich an Glauben.

Integrität

Wegen der ständigen Gefahr von falschen Propheten, deren Werk sich durch Betrug und Korruption auszeichnete (was heute auch noch der Fall ist), betonten Paulus und die anderen Führer in der Urgemeinde wiederholt ihre völlige Integrität in all ihrer evangelistischen, seelsorgerlichen und Lehrarbeit: »Wir sind ja nicht wie die vielen, die mit dem Worte Gottes Geschäfte machen; sondern wie man aus Lauterkeit und aus Gott reden muß, so reden wir vor Gott in Christus . . . wir meiden schandbare Heimlichkeit und gehen nicht mit List um, fälschen auch nicht Gottes Wort; vielmehr weisen wir durch Offenbarung der Wahrheit uns aus vor aller Menschen Gewissen im Angesicht Gottes . . . Und wir geben niemand ein Ärgernis, auf daß unser Amt nicht verlästert werde; sondern in allen Dingen erweisen wir uns als Diener Gottes . . . Gebet uns Raum in euren Herzen! Wir haben niemand Unrecht getan, wir haben niemand verletzt, wir haben niemand übervorteilt.«[17] Ohne eine Spur der Heuchelei oder des Stolzes konnte Paulus in seiner offenen, entwaffnenden Weise sagen: »Ihr wisset, wie ich von dem ersten Tage an, da ich in die Landschaft Asien gekommen, allezeit bei euch gewesen bin und dem Herr gedient habe mit aller Demut . . . Ihr wisset ja, wie wir uns unter euch gehalten haben um euretwillen . . . Ihr erinnert euch doch, liebe Brüder, unsrer Arbeit und unserer Mühe . . .«[18] So könnten wir die Beispiele beliebig fortsetzen.

Die Integrität des Botschafters ist entscheidend für die Autorität der Botschaft und ihre Kraft, Menschen zu bekehren. Jesus konnte seine Kritiker herausfordern: »Wer von euch kann mich einer Sünde überführen?« (Siehe Johannes 8,46.) Obwohl Jesus von einem ziemlich gesicherten Familiengeschäft kam, war seine Familie keineswegs wohlhabend, und er selbst wurde freiwillig arm für uns, damit wir durch seine Armut wirklich reich werden könnten. Vielleicht wegen der trügerischen Natur des Reichtums sah Jesus, daß eine besondere Einfachheit des Lebensstils ein wesentlicher Teil zur Glaubwürdigkeit eines gesamten Dienstes war. Deshalb bestand er darauf, daß seine Jünger genauso leben sollten. Sie hatten einen gemeinsamen Geldbeutel und gaben regelmäßig den Armen (wie aus Johannes 13,29 und anderen Stellen hervorzugehen scheint). Sie enthielten sich einiger der materiellen Besitztümer und Bequemlichkeiten, an die die meisten von ihnen gewöhnt waren. Und später lehrten sie andere, auf die gleiche Weise zu leben: »Wenn wir aber Nahrung und Kleider haben, so lasset uns genügen. Denn die da reich werden wollen, die fallen in Versuchung und Stricke und viel törichte und schädliche Lüste, welche die Menschen versinken lassen in Verderben und Verdammnis« (1. Timotheus 6,8−9). »Der Wandel sei ohne Geldgier; lasset euch genügen an dem, was da ist.« (Hebräer 13,5)

Es war ein Merkmal des falschen Propheten, daß er »ein Herz durchtrieben von Habsucht« besaß (2. Petrus 2,14); »um des Nutzens willen achten sie das Ansehen der Person« (Judas 16). Aus diesem Grund durfte jemand, der ein führendes Amt in der Gemeinde begehrte, »nicht geldgierig« sein (1. Timotheus 3,3) und nicht »schändlichen Gewinn suchen« (1. Timotheus 3,8; Titus 1,7).

»Die Armut der Botschafter Christi ist der Beweis ihrer Freiheit . . . Als Bevollmächtigte des Glaubens legt ihnen Jesus eine strenge Armut auf . . . Sie sollen sich nicht wie Bettler benehmen und alle Aufmerksamkeit auf sich lenken, noch sollen sie anderen Leuten zur Last fallen. Sie sollen in der Kampftracht der Armut in die Welt gehen und so wenig für eine Reise mitnehmen wie der, der weiß, daß er am Ende des Tages bei einem Freund unterkommen wird. Das wird ein Ausdruck ihres Glaubens sein, nicht an Menschen, sondern an ihren himmlischen Vater, der sie gesandt hat und der sich um sie kümmern wird. *Dadurch wird ihr Evangelium glaubwürdig.*«[19] (Hervorhebung des Autors.)

In der Welt der Wirtschaft und Reklame von heute sind viele Menschen natürlicherweise mißtrauisch, wenn etwas sich so anhört, als wollte jemand etwas verkaufen. Wie echt ist die Ware? An welchem Punkt stimmt was nicht? Ist es auch wirklich so, wie es aussieht? Wenn derjenige, der die »Ware« preist, selbst daran persönlich finanziell oder materiell profitiert, dann sind wir doppelt vorsichtig. Es ist deshalb unbedingt notwendig, daß wir als Botschafter Christi, die von der freien Gabe Gottes sprechen, aus dem Werk, zu dem Gott uns berufen hat, keinen persönlichen oder finanziellen Profit ziehen. Wenn wir weltliche Werte nicht ablehnen und keinen sehr viel einfacheren Lebensstil annehmen, wird es unserem Dienst in den Augen einer ungläubigen und zynischen Welt an Glaubwürdigkeit mangeln.

Heute kamen einige Werbeschriften von einem bekannten Evangelisten mit der Post. Eine leidenschaftliche Abhandlung über die Not dieser Stunde war begleitet von einer starken Aufforderung: »Geben Sie sich dem Heiligen Geist hin und bitten Sie um seine Führung in Ihrem speziellen Dankopfer – für die Güte, die er Ihnen erwiesen hat!« Und, falls mir das immer noch nicht ganz klar sein sollte, enthielt die Sendung auch einen frankierten Umschlag für meine »Antwort«, zusammen mit einem Vordruck, den ich ausfüllen sollte, mit der Überschrift: »Meine Spende, um den Trend umzukehren!« Ich wurde dazu aufgefordert, den Vordruck zu unterzeichnen, auf dem stand: »Lieber Bruder (Name des Evangelisten), ich danke Gott für seine Güte, für seine Liebe, daß er mich auserwählt hat und mich dazu bewegt hat, mich zu erheben und zu einem seiner Partner in der Prophetie zur Heilung der Nationen zu werden . . . Ich habe die Führung des Heiligen Geistes empfunden, . . . DM als meine November-Spende zur Evangelisation der Heiden zu schicken . . .« Am Ende des Vordrucks wurde ich daran erinnert, daß dies die Stunde Gottes sei! Sicherlich antworten viele Christen auf diese Spendenbriefe. Verschiedene Witwen meiner eigenen Gemeinde haben großzügig auf ähnlichen Druck reagiert. Ohne Zweifel wird dieser Evangelist weiterhin »erfolgreich« sein. Da er Christus zu predigen scheint, kann es sein, daß Gott seine Bemühungen auf irgendwelche Weise segnen wird. Aber dem ganzen Ansatz fehlt es an der Glaubwürdigkeit des Herrn.

Wenn säkulare Journalisten oder Vertreter des Rundfunks mich über meine Arbeit als Evangelist interviewen, wird stets gefragt: »Was springt für Sie dabei heraus?« Dabei interessieren sie sich nicht für die Befriedigung, die mir meine Arbeit gibt, sondern für die finanzielle Belohnung. Die Integrität meiner Arbeit als Evangelist hängt davon ab, daß ich auf diese Frage ehrlich antworten kann. Wenn Habsucht eine der am weitesten verbreiteten und schwerwiegendsten Sünden ist, dann ist es von höchster Bedeutung, daß die Gemeinde sich gegen den starken und subtilen Druck dieser Versuchung schützt.

Diese Anfechtung besteht wohl vor allem für die, deren Arbeit unabhängig und nicht streng in der Disziplin einer örtlichen Gemeinde verankert ist. In einer solchen Gemeinde muß regelmäßig über die Verantwortung des Christen gelehrt werden, großzügig dem Herrn und seinem Werk zu geben. Das Hauptziel dieser Lehre besteht jedoch darin, daß Gott durch unser freudiges Geben verherrlicht wird und die Christen durch solches Geben gesegnet werden. Das Ziel gut organisierter Methoden zur Geldsammlung besteht darin, Geld zu sammeln. Statt hauptsächlich um die Anbetung Gottes und die Freiheit der Kinder Gottes besorgt zu sein, verschiebt sich das Hauptaugenmerk auf die wirtschaftliche Gesundheit eines religiösen Projekts. An diesem Punkt wird die Integrität derjenigen, die daran beteiligt sind, in Frage gestellt.

Identifizierung

Genauso wie Gehorsam, Glaube und Integrität natürlich in vollkommener Weise in dem Leben Jesu offenbart wurden, so ist das größte Vorbild der Identifizierung in der Inkarnation zu finden. Hier wurde das Wort Gottes ein Mensch und weilte bei uns. In den einfachen Worten Martin Luthers über Jesus: »Er aß, trank, schlief, erwachte; er war müde, traurig, voller Freude; er weinte und er lachte; er kannte Hunger, Durst und Schweiß; er sprach, er plagte sich ab, er betete . . . zwischen ihm und anderen Menschen gab es keinen Unterschied, außer daß er Gott war und keine Sünde hatte.«
Obwohl sich die theologische Debatte heute hauptsächlich um die göttliche Natur Jesu dreht, haben orthodoxe und weniger akademisch gebildete Christen eher Schwierigkeiten mit der menschlichen Natur Jesu. Weil wir ihn als von gewöhnlichen Menschen grundsätzlich verschieden und anders sehen, ist es möglich, daß die Gemeinde als Ganzes sich oft in ihr religiöses Ghetto zurückgezogen hat und deshalb in ihrer Mission versagt hat, Gottes Werkzeug in der Heilung der gesamten Schöpfung Gottes zu sein. Wir haben das Heilige und das Weltliche falsch getrennt. In dem Versuch, uns von der Welt unbefleckt zu halten, haben wir uns manchmal von der Welt völlig getrennt. Wie können wir dann die von Gott gegebene Aufgabe der Versöhnung ausführen? Paulus lehnte solche religiöse Loslösung von der Welt ab: »Denn wiewohl ich frei bin von jedermann, habe ich doch mich jedermann zum Knechte gemacht, auf daß ich ihrer viele gewinne . . . Ich bin allen alles geworden, damit ich auf alle Weise etliche rette. Alles aber tue ich um des Evangeliums willen, auf daß ich seiner wahrhaftig werde.«[20] Hier sehen wir die Anwendung des Prinzips der Inkarnation zur effektiven Evangelisation und einem Dienst aus Mitleid für eine verlorene Welt.

Überall in der Schrift sehen wir ganz deutlich, wie Gott auf der Seite der Armen ist. Obwohl er die Person nicht ansieht und allen gegenüber großzügig ist, die nach ihm rufen, ist er ein Gott der Gerechtigkeit. Weil die Reichen die Armen unterdrücken, sei es aus Habgier oder Fahrlässigkeit, und deshalb dem Gewicht ihres Leidens noch hinzufügen, muß Gott auf der Seite der Armen sein. Fernerhin identifiziert er sich mit den Armen. Wenn wir den Armen gegenüber freundlich sind, leihen wir dem Herrn (Sprüche 19,17). Wenn wir praktische Hilfe denen anbieten, die hungrig, durstig, einsam, nackt, krank oder im Gefängnis sind, dann ist es, als ob wir Jesus helfen (Mat. 25,34−40). Der Grund, warum Jesus von gewöhnlichen und oft armen Leuten willkommen geheißen wurde, lag zum Teil darin, daß er sich bewußt mit ihnen identifizierte. Er war gekommen, »den Armen das Evangelium zu predigen«, und er konnte das tun, weil er keinen Ort hatte, wohin er seinen Kopf legen konnte. Auf dem Kreuz wurde ihm im wörtlichsten Sinne das Letzte genommen. Keiner kann ärmer sein als ein nackter Mensch, der an einem Kreuz hängt. Dennoch spricht der Apostel Paulus mehrfach von der »Kraft des Kreuzes« − materiell bedeutet es nichts, geistlich alles.

Ähnlich verhielt sich auch die Urgemeinde. Petrus und Johannes konnten dem verkrüppelten Bettler an der Schönen Pforte des Tempels weder Gold noch Silber geben, aber sie hatten die Kraft des Geistes Christi: »Im Namen Jesu Christi von Nazareth, stehe auf und wandele.«

Die Liebe und Großzügigkeit der Urgemeinde war so außerordentlich, daß es nicht überrascht, daß Gott durch sie mit »vielen Wundern und Zeichen« wirken konnte. Weil sie Gott in ihrem Umgang mit geringeren materiellen Reichtümern treu waren, konnte er ihnen seine viel größeren geistlichen Reichtümer anvertrauen. Ihre Bereitschaft, nach dem Prinzip der Genügsamkeit zu leben, so daß jeder Überfluß für jedes gute Werk zur Verfügung stand, war ein klarer Beweis der Gnade Gottes unter ihnen, und diese Gnade offenbarte sich klar auf viele verschiedene Weisen. Es ist kein Wunder, daß das Wort Gottes sich so schnell verbreitete, und nicht am wenigsten unter den Armen und Notdürftigen jener Zeit.

Die Gemeinde des Westens richtet sich heute jedoch hauptsächlich an die wohlhabende Mittelklasse. Liegt das daran, daß wir kulturelle Schranken errichtet haben, die es vielen sehr schwer machen, die »Frohe Botschaft für die Armen« zu hören? Unsere Kirchengebäude, unsere Pfarrhäuser, unser Kleidungsstil, unsere Sprache und Musik − alle können zu hoch selektiven Faktoren werden, die bestimmen, welche Gesellschaftsschicht wir wahrscheinlich für Jesus Christus erreichen werden. Das soll nicht heißen, daß wir uns statt dessen darum bemühen sollen, feuchte und zugige Gebäude zu haben (manche von uns haben die sowieso); aber sobald wir für unsere Gebäude einen materiellen Ehrgeiz entwickeln, stehen wir in großer Gefahr, die Tür des Evangeliums denen zu verschließen, die den Heiland so sehr brauchen. Es ist ernüchternd, sich die Tatsache zu vergegenwärtigen, daß die größte Zeit des Wachstums der Gemeinde in den ersten drei Jahrhunderten der Kirchengeschichte war, wo es überhaupt keine Kirchengebäude oder materiellen Besitz gab.

Als ich kürzlich auf einem Besuch in den Vereinigten Staaten von Amerika war, besuchte ich mehrere Gemeinden verschiedener Traditionen, die alle auf ihre Weise höchst beeindruckend waren. Die vielen Einrichtungen in ihren Gebäuden, die gute Organisation, die Qualität der Vordrucke für die Gottesdienste, die farbigen Informationskarten auf jedem Sitz, die präzise Pünktlichkeit der Gottesdienste, die musikalische Qualität des Organisten und Chores, die schönen Farben ihrer Gewänder und die große Zahl der Mitglieder − alles das fiel mir sofort auf. Ich gewann den Eindruck, daß es sich um eine ausgezeichnete Darstellung handelte, die mit dem Organisationstalent von Geschäftsleuten über die Bühne lief. Unsere Gottesdienste in England schienen im Vergleich amateurhaft und schäbig. Es wurde mir klar, daß wir viel von ihnen zu lernen hatten. Verwaltung ist schließlich auch eine der Geistesgaben. Trotzdem mußte ich darum kämpfen, die Gegenwart Gottes zu empfinden und seine Stimme zu hören. Es herrschte wenig Freiheit in der Anbetung, und ich fragte mich, wie viele echte Bekehrungen es wirklich außerhalb des sozialen und kulturellen Ethos dieser Gemeinde gab. Ich befürchtete, daß wirklich »unkirchliche« Mitglieder der Gesellschaft sich in der Mittelklasse-Atmosphäre dieser Versammlungen recht unwohl und auffällig fühlen würden.

Im Gegensatz dazu besuchte ich eine andere Gemeinde[21], die kein eigenes Gebäude hatte, sondern eine riesige Schulturnhalle für ihren Gottesdienst am Sonntag benutzte. Jede Woche rollte ein enthusiastisches Team von Helfern die Teppiche aus, stellte 2000 Stühle und eine Bühne auf und organisierte eine Lautsprecheranlage. Der Gegensatz zwischen den mehr konventionellen Gemeinden und dieser war enorm. Mit einer fast völligen Abwesenheit von Struktur und Organisation waren die Gottesdienste entspannt, die Anbetung empfindsam und intim, und unter der sanften Kontrolle des Hauptpastors gab es Gelegenheiten für viele, mit Geistesgaben den ganzen Leib Christi zu erbauen. Die Gemeinde war innerhalb von vier Jahren von null auf 2000 Personen angewachsen, und die meisten davon waren echte Bekehrungen. Viele von den Neubekehrten waren durch die konventionelle Formalität der mehr etablierten Gemeinden desillusioniert worden. Die Gegenwart des lebendigen Gottes in diesem Gymnasium war offensichtlich. Seine Liebe, Freude, Leben und Großzügigkeit, die in dieser Gemeinschaft sichtbar zum Ausdruck kamen, waren überwältigend. Bekehrungen, Heilungen, Befreiungen und Segnungen vieler verschiedener Art konnte man jede Woche erleben. Jeder, der nach geistlicher Realität suchte, hätte das Leben dieser Gemeinde höchst bedeutungsvoll gefunden. Vom materiellen Standpunkt stand ihnen sehr wenig zur Verfügung; geistlich gesehen konnte es keinen Zweifel geben, daß Gott in Vollmacht dort gegenwärtig war. Hier war der Leib Christi in seiner Inkarnation. In diesem Milieu hörten die gewöhnlichen Sünder froh das Evangelium.

Liebe

Das ist die höchste aller Qualitäten, ohne die alle unsere Predigt ein tönendes Erz oder eine klingende Schelle ist. Die verfolgte Urgemeinde wurde vor allem durch die Liebe Gottes kontrolliert und getrieben. ». . . so waren wir euch zugetan und wollten euch nicht nur am Evangelium Gottes teilhaben lassen, sondern auch an unserem eigenen Leben; denn ihr wart uns sehr lieb geworden.« (1. Thess. 2,8) Ihre ansteckende Liebe zog Menschen an wie ein Magnet, zu ihnen und zu dem Herrn; die Armen und Verachteten, die Kranken und die Lahmen, Juden und Heiden, Sklaven und Freie, Männer und Frauen, selbst einige wenige, die reich und einflußreich waren – sie kamen alle, außer denen, deren Herzen von Eifersucht entbrannt oder gegenüber Gott verhärtet waren. Insofern jene Christen einander liebten, konnten andere sehen, daß sie offensichtlich Jünger Jesu waren und daß Gott offensichtlich bei ihnen war. Liebe ist immer der stärkste Beweis der Gegenwart des liebenden Gottes.

Die christliche Liebe zeichnet sich jedoch stets durch aufopferndes Geben aus: »Gott hat so die Welt geliebt, daß er seinen eingeborenen Sohn gab.« Der größte Akt der Liebe hatte nichts Sentimentales an sich. Die Liebe muß auf eine Weise sichtbar werden, die die bloßen Worte des Evangelisten bei weitem übersteigt. Niemand kann die ersten Kapitel der Apostelgeschichte lesen, ohne zu bemerken, daß das erstaunliche Teilen von Besitztümern und das gemeinsame Leben die Liebe Gottes unter ihnen auf eine Weise demonstrierte, durch die andere fast unwiderstehlich zu Jesus Christus angezogen wurden.

»Alle aber, die gläubig waren geworden, waren beieinander und hatten alle Dinge gemeinsam. Auch verkauften sie Güter und Habe und teilten sie aus unter alle, je nachdem einer in Not war . . . Der Herr aber tat hinzu täglich, die gerettet wurden, zu der Gemeinde.« (Apg. 2,44–45.47)

»Die Menge aber der Gläubigen war ein Herz und eine Seele; auch nicht einer sagte von seinen Gütern, daß sie sein wären, sondern es war ihnen alles gemeinsam. Und mit großer Kraft gaben die Apostel Zeugnis von der Auferstehung des Herrn Jesus, und große Gnade war bei ihnen allen. Es war auch keiner unter ihnen, der Mangel hatte; denn wie viel ihrer waren, die da Äcker oder Häuser hatten, die verkauften sie und brachten das Geld des verkauften Gutes und legten es zu der Apostel Füßen; und man gab einem jeglichen, je nachdem einer in Not war.« (Apg. 4,32–35) Man beachte, daß die Bemerkung über das Zeugnis, das mit großer Kraft gegeben wurde, inmitten der Beschreibung ihres gemeinsamen Lebens erscheint. In anderen Worten, es war genau in dem Zusammenhang dieser liebevollen, aufopfernden Fürsorge füreinander, daß die Gute Nachricht von Jesus einen solchen Eindruck machte.

In Apostelgeschichte 6 sehen wir, wie sich das gleiche wiederholt. Einige griechische Witwen, die in Not waren, blieben ohne Hilfe. Als die Apostel jedoch etwas unternahmen, um sich um ihre materiellen Bedürfnisse zu kümmern, indem sie sieben Männer auswählten, die »voller Glauben und des Heiligen Geistes« waren, lesen wir: »Und das Wort Gottes breitete sich aus, und die Zahl der Jünger ward sehr groß zu Jerusalem . . .«

Niemand war gezwungen, sein Eigentum zu verkaufen oder Geld zu geben. Keinerlei Druck wurde ausgeübt, das Recht zum Privatbesitz aufzugeben. Es ist klar, daß viele Christen wenigstens einige ihrer Besitztümer und Länder behielten, obwohl eine Anzahl von ihnen weiterhin das, was sie hatten, verkauften, als weiterhin Bedürfnisse bestanden. Aber in dieser neuen Gemeinschaft herrschte eine solche Liebe Gottes, daß sie sich danach sehnten, diese Liebe für ihre Brüder und Schwestern bei den offensichtlichen Bedürfnissen, die entstanden, zum Ausdruck zu bringen: »Wenn aber jemand dieser Welt Güter hat und sieht seinen Bruder darben und schließt sein Herz vor ihm zu, wie bleibt die Liebe Gottes in ihm?« (1. Johannes 3,17) Als sogar eine Hungersnot prophezeit wurde, reagierte die neuentstandene nichtjüdische Gemeinde in Antiochien sofort mit Liebe für ihre jüdischen Brüder in Judäa, indem sie soviel Geld schickten, wie sie konnten. Jeder trug dazu bei, so wie es ihm möglich war. (Apg. 11,27–30)

Bei dem Versuch, die biblischen Werte in bezug auf den Lebensstil in westlichen Gemeinden zu lehren, bin ich gewöhnlich auf starke und entschlossene Opposition gestoßen, außer vielleicht von Studenten. Die meisten Christen sind bereit, Lehre über Glauben, Liebe, Hoffnung, Dienst und Mission zu akzeptieren. Aber wenn man den Bereich des Geldes, der Besitztümer und eines einfachen Lebensstils berührt, dann stößt man auf eine empfindliche Stelle. Ich habe oft darüber nachgedacht, warum das so ist. Der Grund liegt zum Teil darin, daß unsere Sicherheit oft letzten Endes auf diesen Dingen ruht, wie sehr wir das auch mit unserem Bewußtsein leugnen mögen; zum Teil, weil der Gott des Mammons in unserem Leben einen viel stärkeren Einfluß hat, als viele von uns erkennen; zum Teil auch, weil die meisten von uns instinktiv wissen, daß wir nicht allein dem Druck der Welt widerstehen und nach einem biblischen Maßstab leben können. Die Schwierigkeit liegt darin, daß sehr wenige westliche Gemeinden irgend etwas von dem Gemeinschaftsleben wissen, in dem die Christen ihren Besitz und sogar ihr ganzes Leben miteinander teilten und das im Neuen Testament die Norm war. Die besten Beispiele dieser Art von Gemeinschaft finden wir heute in den Gemeinden der Dritten Welt oder dort, wo die Gemeinde aktiv verfolgt wird. Für zahllose Christen im Westen heißt »Jüngerschaft« nichts weiter als regelmäßiger Kirchenbesuch, einen Teil des Einkommens zu spenden – gewöhnlich höchstens den Zehnten, und oft viel weniger – und Teilnahme an einer begrenzten Zahl von Gemeindeaktivitäten.

Aus diesem Grunde bietet der Lebensstil der meisten westlichen Christen und Gemeinden keine prophetische Herausforderung an die umgebende Wohlstandsgesellschaft. In der Tat, er läßt sich kaum davon unterscheiden. Wir haben unbewußt die Werte und Maßstäbe der Welt angenommen; und da der Lebensstandard in den letzten dreißig Jahren erheblich gestiegen ist, so geben wir Christen genauso wie unsere Nachbarn mehr für unsere Autos und unsere Teppiche aus, für Fernsehen, Waschmaschinen, Möbel und Stereogeräte, bis wir die meisten dieser Dinge als Notwendigkeiten des »modernen Lebens« betrachten. Wo gibt es einen seriösen Versuch, mit »genug« zu leben, mit »Nahrung und Kleidung zufrieden« zu sein und den Rest für jedes gute Werk zu spenden? Wo ist diese gegenseitige Hingabe in Liebe, damit wir wahrhaft unseren Besitz teilen, unseren Lebensstandard trotz Inflation reduzieren und die Liebe Christi in greifbarer, aufopfernder Weise zum Ausdruck bringen?

Ron Sider hat es wie folgt ausgedrückt: »Im Neuen Testament sehen wir, wie Jesus eine neue Gemeinschaft von Menschen ruft, die einen völlig neuen Lebensstil lebte. Die Urgemeinde war eine neue Gesellschaft. Sie war ein neuer Leib, in dem alle Beziehungen transformiert wurden ... Wenn irgend etwas im Neuen Testament überhaupt klar ist, dann ist es die Tatsache, daß sie ihre Besitztümer miteinander auf massive Weise teilten ... Extreme von Wohlstand und Armut sind nicht etwas, was Gott für sein Volk wünscht ... Wenn der eine weltweite Leib von Gläubigen es wagen würde, diese Vision in die Praxis umzusetzen, damit etwas wie wirtschaftliche Gleichheit innerhalb des weltweiten Leibes Christi zustande käme ... das wäre wahrscheinlich der größte einzelne Schritt zur kraftvollen Evangelisation, den wir tun könnten. Als die Gemeinde in Jerusalem anfing, auf dramatische Weise ihren Besitz untereinander zu teilen, vermehrte sich das Werk Gottes. Die evangelistische Wirkung der Finanzteilung war einfach erstaunlich. Leider ist der radikale Charakter der *koinonia* des Neuen Testaments von der heutigen Gemeinde im Westen meistens abwesend.«[22]

Ich will nicht mehr für mich in Anspruch nehmen, als daß ich gerade angefangen habe, darüber zu lernen. Ich werde stets aufs neue herausgefordert und nehme an, daß das in den kommenden Jahren noch zunehmen wird. Aber ich weiß, daß manche Schritte in Richtung auf einen einfacheren Lebensstil zum Teil dadurch gefördert wurden, daß wir seit acht Jahren in einem größeren Haushalt lebten, in dem wir uns ernsthaft diesem Ziel gewidmet haben, und somit die Freiheit hatten, einander zu Liebe und guten Werken zu ermutigen. Obwohl unser Fortschritt beschämend langsam und gering gewesen ist, kann ich nur sagen, daß wir die Reichtümer Christi und Tiefen christlicher Gemeinschaft entdeckt haben, die wir vorher nie gekannt haben. Zusammen haben wir wenigstens einen Grad der Befreiung von den Anfechtungen dieser Welt erlebt. Wir sind noch weit entfernt von dem, was der Apostel Paulus von sich selbst sagen konnte: ». . . die Armen, aber die doch viele reich machen; als die nichts haben, und doch alles haben.«[23] Aber wir wissen doch etwas besser, was der Apostel gemeint hat. Auf diese Weise konnten wir sowohl Geld als auch Personal dem Reich Gottes zur Verfügung stellen.

Das Geld spricht

Kürzlich fragte mich ein führender Bischof der anglikanischen Kirche, ob ich es für richtig halte, in diesem höchst komplizierten 20. Jahrhundert der Technik eine neutestamentliche Gemeinde zu reproduzieren. Meine Antwort war, daß ich die Prinzipien des Neuen Testaments für zeitlos hielt, aber daß ihre Anwendung stets für die gegenwärtige Generation relevant sein muß. Wir sollen die Urgemeinde nicht einfach kopieren. Zur gleichen Zeit jedoch, wenn die evangelistische Wirkung der westlichen Gemeinden meist recht schwach ist, wenn die Nöte der Gegenwart ständig zunehmen und die Krise der Gemeinde heute hauptsächlich in ihrem Mangel an geistlicher Kraft, geistlichem Leben und Liebe besteht, dann ist es unbedingt geboten, daß wir uns die grundlegenden Prinzipien genau ansehen, die die Gemeinde vor 2000 Jahren so wirkungsvoll machten und die das gleiche in anderen Bereichen der Welt bewirken, vor allem in der Dritten Welt.

Ein wichtiger Bereich sind ohne Zweifel die Person und das Werk des Heiligen Geistes. Wir brauchen unbedingt Christen und Gemeinden, die ständig vom Geist erfüllt sind. Dafür gibt es keinen Ersatz. Aber wenn das Leben und die Liebe Jesu sich klar offenbaren sollen − und ohne das sind alle unsere Worte des Evangeliums leer −, muß die Gemeinde erneut lernen, was es bedeutet, der Leib Christi auf Erden zu sein. Sie muß die neue Gesellschaft Gottes demonstrieren, die von Liebe gekennzeichnet ist und sich in treuem praktischen Teilen von Besitz und Leben erweist. Das Geld spricht −

vor allem in dieser habgierigen Generation. Wenn andere sehen, daß unser Glaube in praktischen und materiellen Dingen wirklich etwas bedeutet, dann wird die Frohe Botschaft von Jesus Christus sehr viel mehr als nur religiöse Worte sein.

James K. Baxter schrieb einmal: »Die ersten Christen begannen erst, ihre Güter in einer freien und vollen Art miteinander zu teilen, nachdem zu Pfingsten die Bombe des Geistes in ihren Seelen explodiert war. Vorher wären sie zu diesem freien und freudigen Teilen nicht fähig gewesen. Die Gewohnheit des Ansichreißens ist eine der am tiefsten verwurzelten Gewohnheiten des Menschen. Zu sagen: »Das gehört dir und nicht mir!« und die Worte auch in die Tat umzusetzen, ist genauso ein Wunder Gottes wie die Auferstehung von den Toten.«[24] Durch solche Wunder der Gnade Gottes können andere einen Blick der Realitäten erleben, die wir so laut mit unseren Lippen verkünden. Aber ohne solche greifbaren Beweise der Liebe Gottes unter uns werden wir die Zurechtweisung von E. M. Forster annehmen müssen, der von dem »armen, geschwätzigen, kleinen Christentum« sprach.

»Meine Kindlein, lasset uns nicht lieben mit Worten noch mit der Zunge, sondern mit der Tat und mit der Wahrheit.«[25]

1 4. Februar 1980
2 Philipper 1,18
3 *Enough is Enough*, SCM, S. 62, 1975
4 Lukas 12,32f.
5 Apostelgeschichte 5,32
6 Apostelgeschichte 5,4
7 Apostelgeschichte 4,34
8 Dietrich Bonhoeffer, *The Cost of Discipleship*, SCM, 1959, S. 154–157
9 Zitiert in *Rich Christians in an Age of Hunger*, Hodder & Stoughton 1977, S. 87
10 Lukas 8,14
11 Matthäus 6,34, J. B. Philipps
12 Matthäus 16,7f.
13 Matthäus 17,14–21
14 John White, *The Golden Cow*, Marshall, Morgan & Scott, 1979, S. 39
15 A.a.O., S. 41–42
16 Matthäus 19,29
17 2. Korinther 2,17; 4,2; 6,3; 7,2
18 Apostelgeschichte 20,18; 1. Thessalonicher 1,5; 2,9
19 Bonhoeffer, a.a.O., S. 186f.
20 1. Korinther 9,19–23
21 Calvary Chapel, Yorba Linda, Placentia, California
22 Aus einem Interview in der Zeitschrift *Third Way*, 13. Januar 1977
23 2. Korinther 6,10
24 *Thoughts about the Holy Spirit*
25 1. Johannes 3,18. Eine empfindsame und ausgewogene Stellungnahme zu diesem Thema befindet sich in »Eine evangelikale Verpflichtung zu einem einfachen Lebensstil«, Anhang A
Die Hauptgedanken dieses Kapitels wurden zuerst als Ansprache auf der internationalen Konferenz über einfachen Lebensstil in England im März 1980 vorgetragen.

KAPITEL 11

Der Preis der Jüngerschaft

Jesus hat seinen Nachfolgern nie ein einfaches Leben versprochen. Es ist wahr, daß er gekommen ist, um der tiefsten Not eines jeden von uns zu begegnen. Nur in ihm können wir Vergebung für die Vergangenheit finden, ein neues Leben in der Gegenwart und eine herrliche Hoffnung für die Zukunft.

Zur gleichen Zeit jedoch kam Jesus, um seine Gemeinde zu bauen. Statt ein bequemer Klub, der nur zum Wohle seiner Mitglieder existiert, soll die Gemeinde Gottes Werkzeug der Heilung der gesamten Schöpfung sein und hauptsächlich zum Wohl der Nichtmitglieder existieren. Mitgliedschaft der Gemeinde bedeutet deshalb notwendigerweise Jüngerschaft, und das bedeutet die volle Annahme der Anforderungen, die Jesus ganz klar stellte. Jesus war so ehrlich über den Preis der Nachfolge, daß viele der begeisterten Massen, die sich um ihn scharten, sich abwandten und nicht mehr mit ihm gingen. Nur 120 warteten auf die Verheißung des Heiligen Geistes im Obergemach; obwohl mehr als 500 dem auferstandenen Christus begegnet waren, gehörten wahrscheinlich die meisten, die bereit waren, seinen Ruf anzunehmen, zu den 120. Vom rein zahlenmäßigen Standpunkt aus gesehen, war sein Dienst nicht außergewöhnlich erfolgreich gewesen. Und es ist nicht schwer zu erkennen, warum. Obwohl er die Kranken heilte und den Unterdrückten half, ohne irgendwelche Bedingungen zu stellen, machte er denen, die er rief und von denen er wollte, daß sie ihm angehören, den Preis der Jüngerschaft ganz klar.

Als ein Mann ihm sagte: »Ich will dir folgen, wo du hingehst«, sagte Jesus zu ihm: »Die Füchse haben Gruben, und die Vögel unter dem Himmel haben Nester; aber des Menschen Sohn hat nichts, wo er sein Haupt hinlege.«[1] Hier warnte Jesus diesen Mann, der gern ein Jünger sein wollte, wo der Gehorsam des Glaubens hinführen würde. Vom weltlichen Standpunkt aus bedeutete es ein Leben ständiger Ungewißheit und Unsicherheit; aber vom geistlichen Standpunkt her bedeutete es ein Leben ständiger Gewißheit, gegründet im unsichtbaren Bereich[2], und der völligen Geborgenheit in der Liebe Gottes. Jesus ruft Menschen dazu auf, ganz und gar Gott zu vertrauen und nicht den ungewissen Reichtümern dieser Welt. Glaube ist der zentrale Bestandteil aller wahren Jüngerschaft, denn ohne Glaube ist es unmöglich, Gott zu gefallen. Zur Prüfung der Realität des Glaubens muß der Jünger deshalb damit rechnen, sich häufig in Situationen zu befinden, wo er auf

Gott vertrauen muß. Wie ihr Meister wußten diese ersten Jünger häufig nicht, woher die nächste Mahlzeit kommen sollte, oder wo sie die Nacht verbringen würden. Indem sie dem Ruf Jesu folgten, hatten sie ihr Zuhause, ihre Jobs, ihr Geld und ihren Besitz zurückgelassen und vertrauten völlig auf ihn. Und obwohl er sie nie im Stich ließ und ihnen versprach, daß ihr Vater im Himmel alle ihre Bedürfnisse befriedigen würde, schwankte ihr Glaube häufig, wenn er geprüft wurde. »Oh, ihr Kleingläubigen! Warum habt ihr gezweifelt? Habt ihr keinen Glauben?« So wies er sie zurecht. Ständig bemühte er sich, seine Jünger zu ermutigen, sie zu belehren, zu führen und zu stärken, denn Jesus wußte, daß alle Lehre umsonst sein würde, bis sie nicht gelernt hatten – manchmal auf sehr unangenehme Weise –, ihm zu vertrauen und zu gehorchen.

Der Pfad des Gehorsams

Von den ersten Tagen des Dienstes Jesu an staunten Leute wiederholt über die Autorität seiner Person. »Die Leute waren über seine Lehre erstaunt; anders als ihre eigenen Lehrer lehrte er mit einem Ton der Autorität.«[3] Manchmal fragten sie mit Erstaunen: »Wer ist der? Selbst Wind und Meer sind ihm gehorsam!«[4] Aber viele erkannten nicht, daß ihm alle Autorität im Himmel und auf Erden gegeben war.[5] Jesus war nicht nur ein Wunder-Wirker mit ungewöhnlicher Autorität; er war der Herr der Herrlichkeit mit aller Autorität. Bei dem Namen Jesu muß sich jedes Knie beugen und jede Zunge bekennen, daß er Herr ist. Bei ihm kann es keine halben Sachen geben. Wenn wir seine Jünger sein wollen, müssen wir seine höchste Autorität in jedem Bereich unseres Lebens anerkennen, ohne Ausnahme. Mit Jesus ist es alles oder nichts. Im Reich Gottes zu sein bedeutet, Jesus als König anzuerkennen, und wenn Jesus der König ist, hat sein Wort Autorität, und man muß ihm gehorchen.

Die ersten Jünger verstanden das genau. In Apostelgeschichte 4, als man Petrus und Johannes sagte, »daß sie durchaus nicht redeten noch lehrten in dem Namen Jesu«, anworteten sie: »Richtet ihr selbst, ob es vor Gott recht sei, daß wir euch mehr gehorchen als Gott. Wir können's ja nicht lassen, daß wir nicht reden sollten von dem, was wir gesehen und gehört haben.« Später beteten sie um Kühnheit, das Wort Gottes zu verkündigen. Nach erneuten ernsthaften Drohungen in Apostelgeschichte 5 antworteten Petrus und die Apostel: »Man muß Gott mehr gehorchen als den Menschen. Der Gott unsrer Väter hat Jesus auferweckt, welchen ihr an das Holz gehängt und getötet habt.« Es ist deshalb kein Wunder, daß ihre Gegner sich erbosten und sie umbringen wollten, und es ist kein Wunder, daß sich das Wort Gottes wie ein Lauffeuer verbreitete. Jene ersten Christen lernten den Gehorsam, ganz gleich, was es für persönliche Opfer bedeutete. Für manche bedeutete es ganz wörtlich, daß sie für das Evangelium ihr Leben gaben. Deshalb war Gott in ihnen so mächtig am Werk. Er gibt seinen Geist denen, die ihm gehorchen.[6]

In den Worten von J. B. Phillips: »Vielleicht wegen ihrer Einfachheit, vielleicht wegen ihrer Bereitschaft zu glauben, zu gehorchen, zu geben, zu leiden und, wenn nötig, zu sterben, fand der Geist Gottes, was er immer sucht – eine Gemeinschaft von Männern und Frauen, so in Glaube und Liebe vereint, daß er in ihnen und durch sie mit geringstem Hindernis wirken kann.«[7]

Dieser Ruf Jesu an seine Jünger war jedoch auch ein Ruf der Liebe. Ihr Gehorsam auf sein Wort bedeutete Vertrauen auf seine Liebe. Weil Jesus uns liebt und für uns sein Leben gegeben hat, sucht er bei uns eine völlige Liebe, eine Liebe, deren Realität sich dadurch erweist, daß wir seinen Geboten gehorchen. Wollen wir wirklich seine Jünger sein? Wollen wir wirklich Gottes besten und vollkommenen Willen für unser Leben? Wollen wir uns ehrlich einem Gott anvertrauen, der alles fordert, aber der uns mehr liebt, als uns sonst jemand lieben könnte, und der sich nur nach unserem höchsten Gut sehnt?

Die Prüfung muß der unbedingte Gehorsam auf sein Wort sein. Wenn wir sein Wort ablehnen, stellen wir seine Weisheit in Frage und bezweifeln seine Liebe. Dann können wir nicht seine Jünger sein.

Das ist die wichtige Wahrheit hinter einigen der Worte Jesu, die für uns wie für die Menge damals sehr hart erschienen. »So jemand zu mir kommt und hasset nicht seinen Vater, Mutter, Weib, Kinder, Brüder, Schwestern, auch dazu sein eigenes Leben, der kann nicht mein Jünger sein.«[8] Damit wollte Jesus ausdrücken, daß unsere Liebe für ihn so klar und ohne zu zögern den wichtigsten Platz einnimmt, daß im Vergleich dazu unsere Liebe für diejenigen, die uns am nächsten stehen und die wir am meisten lieben, wie Haß ist. Die Herrschaft Jesu bedeutet, daß niemand einen gleichrangigen Anspruch auf unsere Loyalität und unseren Gehorsam haben kann. Es kann keinen Kompromiß geben. Es gibt keine bedingte Kapitulation. »Und wer nicht sein Kreuz trägt und mit nachfolgt, der kann nicht mein Jünger sein. Also auch ein jeglicher unter euch, der nicht absagt allem, was er hat, kann nicht mein Jünger sein.«[9]

Angesichts eines solchen Rufes zu einem Leben totalen und kompromißlosen Gehorsams sollte es uns nicht überraschen, wenn wir in die starke Versuchung geraten, diesen Ruf Christi zu qualifizieren und die strengen Forderungen zu verändern, indem wir im Lichte der modernen Kultur eine »vernünftigere« Haltung einnehmen, denn unsere Kultur, so begründen wir das für uns selbst, ist »so anders als die des ersten Jahrhunderts«. Mit unserem intellektuellen und theologischen Ansatz reden wir uns eine »ausgeglichenere« Anschauung ein, die den Eifer jener neutestamentlichen Enthusiasten dämpft, oder wir interpretieren die Lehre Jesu so, daß wir raffiniert ihre direkte und beunruhigende Herausforderung vermeiden. Es ist wichtig, so sagen wir, die Dinge nicht zu wörtlich zu nehmen. Wir dürfen nicht dem Gesetz verfallen. Wir dürfen die wichtigen Prinzipien der Hermeneutik nicht vernachlässigen. Jesus mag zwar *gesagt* haben: »Liebt eure Feinde!« Was er jedoch wirklich *meinte*, war: »Rächet euch nicht an jemandem, der euch etwas angetan hat.« Als Jesus *sagte*: »Ich bin der Weg . . . niemand kommt zum Vater, denn durch mich«, da *meinte* er doch sicher: »Ich bin ein Weg, durch den ihr zu Gott kommen könnt, aber es gibt natürlich auch viele andere.« Als Jesus *sagte*: »Trachtet am ersten nach dem Reich Gottes«, was er wirklich *meinte*, war: »Obwohl es viele andere Dinge geben wird, nach denen ihr erst trachten müßt, um zu existieren und ein normales Leben zu führen, paßt auf, daß ihr das Reich Gottes nicht völlig aus eurem Leben ausschließt.« Auf diese Weise können wir versuchen, uns dem klaren Ruf Jesu zu absolutem Gehorsam zu entziehen. Die Tragödie ist, unsere ganze Einstellung zu ihm ist verkehrt, wenn wir das tun. Wir glauben nicht, daß er uns liebt, und daß er nur das für uns will, was für uns am besten ist. Und in unserem Unglauben und Ungehorsam können wir nicht wahrlich seine Jünger sein.

Die Notwendigkeit des Glaubens

Wir haben bereits gesehen, daß das Ziel Jesu in der Prüfung unseres Gehorsams darin besteht, uns zu dem Punkt des echten Glaubens an ihn zu bringen. Letzten Endes hängt alles von der Gnade Gottes ab — seiner unverdienten Liebe, wenn er die Initiative nimmt und sich uns zuwendet, wenn wir verloren und hilflos sind. Aber obwohl alle Gaben Gottes für uns aus Gnade gegeben werden, so müssen sie durch Glauben empfangen werden. Glaube ist unbedingt notwendig. Glaube ist die offene Hand, mit der wir das entgegennehmen, was Gott uns in seiner Gnade anbietet. Wir sind deshalb durch den Glauben gerechtfertigt. Wir haben Zugang in die Gegenwart Gottes durch den Glauben. Wir empfangen den Geist durch den Glauben, und Christus wohnt in unseren Herzen durch den Glauben. Diejenigen, auf die der Geist zu Pfingsten und bei anderen Gelegenheiten fiel, wurden manchmal als »voller Glauben und des Heiligen Geistes« beschrieben, und »durch Glauben in seinem Namen« konnte Gott unter ihnen mit ungewöhnlicher Kraft wirken. Wir sehen, wie Philippus, der später der Evangelist genannt wurde, im Glauben an die ungewöhnlichen Eingebungen des Geistes Gottes in Apostelgeschichte 8 handelte, wodurch zuerst den Samaritern und dann dem äthiopischen Eunuchen neues Leben zuteil wurde. Man beachte den Glauben von Ananias, als er nervös zu dem gefürchteten Saulus von Tarsus ging, dem Erzfeind der christlichen Gemeinde; ebenso den Glauben von Simon Petrus (wenngleich ein zögernder Glaube), als er die Grenze zwischen Juden und Nichtjuden überschritt und das Haus von Kornelius betrat. Die ganze Geschichte der Urgemeinde ist eine ununterbrochene Demonstration des aktiven Glaubens an den auferstandenen Christus. Ihr missionarisches Unternehmen stellt einen wunderbaren zweiten Band zu den Geschichten der großen Helden des Glaubens in Hebräer 11 dar.

In allen diesen Beispielen sehen wir jedoch, daß der Glaube, der in der Lage ist, Gottes Gnade zu empfangen, sich durch Gehorsam auf das Wort Gottes erweist. Ohne Gehorsam gibt es keinen Glauben. »Durch den Glauben ward *gehorsam* Abraham, als er berufen ward, auszugehen in ein Land, das er erben sollte, und er ging aus . . .«[10] Um Bonhoeffer zu zitieren: »Nur wer glaubt, ist gehorsam, und nur wer gehorsam ist, glaubt . . . Wenn Menschen klagen, daß es schwer ist für sie zu glauben, ist es ein Zeichen absichtlichen oder unbewußten Ungehorsams . . . Nur der Teufel hat eine Antwort auf unsere moralischen Schwierigkeiten, und er sagt: »Stelle weiterhin Probleme (des Glaubens), und du wirst der Notwendigkeit des Gehorsams entkommen.«[11]

Es ist von Bedeutung, daß Johannes in seinem Evangelium den Ungehorsam Jesus gegenüber als das Gegenteil von dem Glauben an ihn darstellt: »Wer an den Sohn glaubt, der hat das ewige Leben. Wer dem Sohn *nicht gehorcht*, der wird das Leben nicht sehen, sondern der Zorn Gottes bleibt über ihm.«[12] Paulus schreibt auch ganz ausdrücklich, daß, während wir durch den Glauben an Jesus errettet sind, Gottes rechtschaffenes Gericht auf die kommen wird, die »Gott nicht kennen wollen, und auf die, die nicht gehorsam sind dem Evangelium unseres Herrn Jesus«.[13] Genauso wie Glauben und Gehorsam Hand in Hand gehen, genauso sind auch Unglaube und Ungehorsam zwei Seiten der gleichen Münze. Es nützt nichts, Jesus »Herrn« zu nennen, wenn wir nicht tun, was er sagt.

Calvin hat einmal gesagt: »Während der Glaube allein rechtfertigt, ist der Glaube, der rechtfertigt, nie allein.« Er ist immer von guten Werken begleitet, denn Glaube ohne Werke ist tot. Und die Grundlage der guten Werke, von denen Jakobus in seinem Brief spricht, ist Gehorsam dem Wort Gottes gegenüber. »Seid aber Täter des Worts und nicht Hörer allein, wodurch ihr euch selbst betrüget.«[14]

»Hier geht es um einen wesentlichen Punkt − den allerwichtigsten. Wir brauchen mehr ›Entscheidungen‹ bei der Evangelisation, effektiveres Gemeindemanagement und Organisation, mehr Geld für die Gemeinden, und manchmal brauchen wir sogar bessere Gebäude und Einrichtungen.

Aber wehe uns Christen, wenn wir nicht klar erkennen, daß die größte Not der Stunde darin besteht, Christen zu helfen, die Lehren Christi klar zu verstehen und ihnen zu gehorchen . . . Ein Gebet zu sprechen, um Christus ins Herz einzuladen, ein emotionales Erlebnis zu haben, für Christus zu zeugen, den ›Plan der Erlösung‹ mit anderen zu teilen, in die Fülle des Heiligen Geistes zu kommen, die Bibel zu lehren und viele andere christliche Handlungen sind gültig und gut. Aber sie bedeuten nichts, *absolut nichts* . . . wenn wir Jesus nicht in unserem Privatleben gehorchen.«[15]

Der Jünger Jesu ist der Nachfolger Jesu. Er hat sich verpflichtet, den Weg zu gehen, den Jesus geht. Er hat sich einem Leben absoluten Gehorsams verpflichtet. Wenn er nicht gehorcht, muß er sofort Buße tun und Christus um Vergebung bitten, denn die Sünde bricht die Jüngerschaft und verdirbt die Beziehung. Ohne Gehorsam gibt es keinen Glauben, und ohne Glauben gibt es keine Jüngerschaft.

Der Weg des Kreuzes

Jesus lehrte seine Jünger wiederholt, daß er nur einen Weg gehen konnte: »Des Menschen Sohn muß viel leiden und verworfen werden von den Ältesten . . .«[16] Es ist wichtig, die deutliche Unterscheidung zwischen Leiden und Ablehnung zu beachten. Wenn Jesus nur gelitten hätte, dann hätte er vielleicht von seinen jüdischen Zeitgenossen viel Mitleid bekommen. Sein Leiden hätte sich durch große Würde und Ehre ausgezeichnet. Aber so war es nicht. Die Qual und Ironie des Ganzen war, daß er, obwohl er sie alle liebte und sie willkommen hieß, von Menschen verachtet und abgelehnt wurde. Vom menschlichen Standpunkt aus war seine Passion völlig ohne Ehre: »Er war so verachtet, daß man das Angesicht vor ihm verbarg; darum haben wir ihn für nichts geachtet.«[17] Er trug den furchtbaren Schmerz und die Schande des Kreuzes. Er wurde von den Soldaten verspottet, durch die Geißeln, Dornen und Nägel gequält; die Menge rief ihm spottend zu, einer der Verbrecher fluchte ihn an, und er wurde von fast allen seinen Freunden verlassen. Das Kreuz besaß keinerlei Würde. Klausner, der jüdische Historiker, hat geschrieben: »Die Kreuzigung ist der furchtbarste und grausamste Tod, den sich der Mensch je ausgedacht hat, um sich an seinem Mitmenschen zu rächen.« Cicero nannte sie »die grausamste und furchtbarste Qual«.

Und doch mußte Jesus diesen Weg gehen, und er sah jeden Versuch, ihn davon abzulenken, als Werk des Teufels, selbst als der Vorschlag von einem Jünger kam, der ihm sehr nahe stand. Christus hätte ohne das Kreuz nie Christus sein können. Das war die wichtigste Lektion, die Petrus sofort nach seinem großen Bekenntnis lernen mußte. Auf diesem Felsen würde Jesus seine Gemeinde bauen. Aber die Gemeinde hätte nie ohne das Kreuz die Gemeinde sein können. Das Kreuz ist für den Menschen stets ein Anstoß gewesen. Selbst der religiöse Mensch sieht es so, zum Teil, weil es ihm allen menschlichen Stolz unter den Füßen wegzieht, und zum Teil, weil es uns ständig daran erinnert, daß wir den Weg des Kreuzes gehen müssen, wenn wir Jesus nachfolgen wollen.»Der Knecht ist nicht größer als sein Herr. Haben sie mich verfolgt, so werden sie euch auch verfolgen.«[18] Der Jünger wird bald herausfinden, wie wahr das ist. Paulus schrieb:»Und alle, die gottesfürchtig leben wollen in Christus Jesus, müssen Verfolgung leiden.«[19] Ein Jünger ist nur dann ein Jünger, wenn er am Leben Christi teilhat, und dazu gehört eine Teilnahme an seinem Schmerz, seinem Leiden, seiner Verachtung und seiner Kreuzigung.»Wisset ihr nicht, daß alle, die wir in Jesus Christus getauft sind, die sind in seinen Tod getauft? ... wenn wir in ihm eingepflanzt sind zu gleichem Tode ... weil wir ja wissen, daß unser alter Mensch samt ihm gekreuzigt ist ... Sind wir aber mit Christus gestorben ... ich bin mit Christus gekreuzigt ... Welche aber Christus Jesus angehören, die haben ihr Fleisch gekreuzigt samt den Lüsten und Begierden ...«[20]

Was bedeutet der Weg des Kreuzes für uns heute, wenn die Mehrheit der Christen wahrscheinlich nicht mit der Kreuzigung oder einer anderen Form des Märtyrertums zu rechnen hat? Ein junger Mann fragte einmal einen älteren Christen:»Was bedeutet es, mit Christus gekreuzigt zu werden?« Der ältere Mann dachte einen Augenblick lang nach und antwortete dann: »Mit Christus gekreuzigt zu werden bedeutet dreierlei. Erstens: Der Mensch, der gekreuzigt ist, bewegt sich nur in eine Richtung; er schaut nicht zurück. Zweitens, der Mensch, der gekreuzigt ist, hat sich von der Welt verabschiedet; er blickt nicht zurück. Drittens, der Mensch der gekreuzigt ist, hat keine weiteren eigenen Pläne. Er ist völlig in den Händen Gottes. Ganz gleich um welche Situation es sich handelt, sagt er: ›Ja, Herr!‹« Das ist eine gute Beschreibung der Bedeutung des Weges des Kreuzes. Was muß dann sterben − oder ist gestorben, wie es häufiger im Neuen Testament ausgedrückt wird −, wenn wir wahre Jünger Jesu Christi werden?

Erstens, unsere alte Natur ist gestorben

Das ist die große Wahrheit, die Paulus in Römer 6 zum Ausdruck bringt. In den ersten drei Kapiteln des Römerbriefes verkündet Paulus die Universalität der Sünde: alle haben gleichermaßen gesündigt und stehen unter dem Gericht Gottes. Am Ende dieses Abschnittes fragt Paulus: Wie kann Gott zugleich gerecht sein und den Sünder rechtfertigen? Wie kann einem Sünder vergeben werden und er von einem heiligen Gott angenommen werden? Darauf gibt es nur eine Antwort: durch die Gnade Gottes, die man durch den Glauben empfängt – Glauben an Christus und seinen Tod am Kreuz. In Römer 4 fährt Paulus dann fort, sich näher mit dem Wesen des wahren Glaubens zu befassen, des Glaubens, der errettet. Dann zieht er im fünften Kapitel die Parallele und stellt den Gegensatz dar zwischen Adam und Christus. Wir könnten es auf folgende Weise illustrieren: Da wir alle »in Adam« sind, befinden wir uns aufgrund des Ungehorsams Adams natürlich im Reich Satans, wo die Sünde herrscht. Sobald wir jedoch »in Christus« sind, treten wir aufgrund des Gehorsams Christi bis zum Tode ins Reich Gottes ein, in dem die Gnade herrscht. Wir sind jetzt vom Tod ins Leben übergegangen. Wir gehören dem alten Leben nicht mehr an; wir sind ihm gegenüber jetzt tot. Indem wir das Kreuz Christi als das einzige Mittel akzeptieren, durch das wir von dem Reich Satans in das Reich Gottes überwechseln, identifizieren wir uns voll mit dem Gekreuzigten. Das bedeutet, daß wir mit ihm gestorben sind. Und insofern wir mit ihm gestorben sind, sind wir auch gegenüber der alten Welt des Selbst und der Sünde gestorben, und sie dürfen an uns keinen Teil mehr haben. »Also auch ihr, haltet euch dafür, daß ihr der Sünde gestorben seid und lebet Gott in Christus Jesus. So lasset nun die Sünde nicht herrschen in eurem sterblichen Leibe, Gehorsam zu leisten seinen Gelüsten.«[21]

Emil Brunner drückte es einmal auf ganz bemerkenswerte Weise aus: »In dem Kreuz Christi sagt Gott zu Menschen: ›Da solltest du sein. Jesus mein Sohn hängt dort an deiner Statt. Seine Tragödie ist die Tragödie deines Lebens. Du bist ein Rebell, den man am Galgen aufhängen sollte. Aber siehe, ich leide an deiner Stelle, und wegen dir, weil ich dich liebe, trotz dem, was du bist. Meine Liebe für dich ist so groß, daß ich dir dort begegne, dort am Kreuz. Ich kann dir nirgendwo anders begegnen. Du mußt mir dort begegnen, indem du dich mit dem einen am Kreuz identifizierst. Durch diese Identifizierung kann ich, Gott, dir in ihm begegnen und sage zu dir, was ich zu ihm sage: ›Mein geliebter Sohn‹.«[22]

Solche Identifizierung, während sie uns das unglaubliche Privileg bringt, daß wir Kinder Gottes genannt werden, garantiert uns auch Leiden um Christi willen. Manche stellen sich vor, daß wir heute nicht zu einem Leben des Leides gerufen werden, weil Jesus ein für allemal für uns gestorben ist, um alle unsere Sünde auf sich zu nehmen. Sicherlich werden wir nie leiden, um für unsere Sünden zu sühnen, denn Jesus hat das Werk der Sühne ein für allemal am Kreuz vollbracht. Es geschieht für sie kein Opfer mehr.[23] Aber das Kreuz ist kein Weg, dem Leid zu entkommen, sondern ist vielmehr eine Verheißung des Leidens für alle Jünger Christi. Paulus sagte einmal: »Nun freue ich mich in den Leiden, die ich für euch leide, und erstatte an meinem Fleisch, was noch mangelt an den Trübsalen Christi, seinem Leibe zugut, welcher ist die Gemeinde.«[24] Natürlich fehlte nichts am Tode Christi in bezug auf die Wegnahme der Sünde der Welt. Aber der Weg Christi ist der Weg des Kreuzes, und heute leidet er immer noch durch seinen Leib, die Gemeinde.

Obwohl wir in Christus jetzt in dem Reich Gottes sind, wo die Gnade herrscht — und in dem Sinne sind wir von der Autorität der Sünde und des Satans in unserem Leben befreit —, ist der geistliche Kampf sehr stark, bis der Tag kommt, wenn Christus alle seine Feinde unter seine Füße tut. Wir sind in Christus frei — das stimmt —, aber wir sind frei, um zu kämpfen. Der Verfasser des Hebräerbriefes ermahnte seine Leser, diesen ständigen Kampf gegen die Mächte des Bösen nicht aufzugeben: »Gedenket an den, der ein solches Widersprechen von den Sündern wider sich erduldet hat, auf daß ihr nicht matt werdet und nicht in eurem Mut ablasset. Ihr habt noch nicht bis aufs Blut widerstanden im Kampf wider die Sünde . . .«[25] Der Christ befindet sich sicherlich im Bereich der Gnade und ist ein für allemal in bezug auf den Bereich der Sünde gestorben. Paulus fordert deshalb wiederholt seine Leser auf: »Werdet, was ihr seid.«

So argumentiert Paulus in Römer 6 und in anderen Briefen. Er erklärt, was die Christen in Christus sind, und ermahnt sie dann, ein Leben zu leben, das ihrer Berufung entspricht. Wir müssen das werden, was wir sind. Das alte Selbst ist der Sünde gegenüber gestorben durch das Kreuz Christi. Wir müssen im Lichte unseres neuen Lebens in Christus leben und uns weigern, den alten Bereich der Sünde in irgendeiner Weise uns beherrschen zu lassen. Man kann sagen, daß der Christ, der sündigt, töricht ist! Natürlich sündigen wir alle, entweder durch Unwissen, durch Schwachheit oder durch unsere bewußte Schuld. Wir hören immer noch auf die Stimme des Versuchers. Wir sind immer noch von den trügerischen Vergnügen dieser Welt angezogen. Zur gleichen Zeit sind wir jedoch töricht, wenn wir sündigen, denn sobald wir es tun, verderben wir unsere Beziehung zu Christus (und fast mit Sicherheit zu anderen), wir verlieren den inneren Frieden, wir fallen in Gebundenheiten zurück und werden im Dienst Christi wirkungslos und unfruchtbar. Wir verlieren die Freude unseres Heils. Gott sehnt sich in seiner unendlichen Geduld und Barmherzigkeit danach, uns wiederherzustellen, und wird das auch tun, sobald wir wahrhaft Buße tun. Aber oft müssen wir auf harte Weise lernen, daß Gottes Wort die Wahrheit ist und seine Anweisungen gut. Es steht uns frei, sie zu ignorieren, wenn wir das wollen, aber es steht uns nicht frei, die Konsequenzen zu ignorieren.

Unsere Freiheit und Fruchtbarkeit in Christus zu erhalten wird weder schnell noch einfach sein. Deshalb brauchen wir das Gemüt Christi, der sich demütigte und bis zum Tode gehorsam wurde, selbst zum Tode am Kreuz.[26] Wir sollten das Beispiel der Leiden Christi sorgfältig beachten und in seine Fußstapfen treten.[27] Wir sollten uns nicht durch die »Hitze« überraschen lassen, »sondern freuet euch, daß ihr mit Christus leidet, auf daß ihr auch zur Zeit der Offenbarung seiner Herrlichkeit Freude und Wonne haben möget«.[28]

Zum Kern jeder Selbstverleugnung oder Selbstentleerung gehört nicht eine Entschlossenheit, irgendwie mit unserem alten egoistischen Leben fertig zu werden, denn das ist bereits mit Christus gekreuzigt worden. Vielmehr ist es eine Entschlossenheit, den Willen Gottes zu tun und fest in der Freiheit zu stehen, die Gott uns bereits durch sein eigenes Leiden gegeben hat. Wir können diese Freiheit verlieren, indem wir in einen von zwei entgegengesetzten Fehlern verfallen, Gesetzlichkeit oder Ungesetzlichkeit; aber das ist nicht nötig.[29] Wir können gewinnen und den Kampf bestehen, aber es wird ein Kampf sein, und es wird dem Jünger unmöglich sein, das Leid zu vermeiden, ganz gleich in welcher Form es auftreten sollte.

Zweitens, die Anziehung der Welt muß sterben

Deswegen bestand Jesus darauf, daß der reiche Jüngling alle selbstsüchtigen Ambitionen aufgeben mußte, seine weltlichen Güter verkaufen und das Geld an die Armen verteilen sollte, und dann konnte er kommen und Jesus nachfolgen. Wenn es diesen Tod der Welt gegenüber mit all ihren Maßstäben und Werten nicht gibt, bleiben wir an sie gebunden und können nicht Jünger Jesu sein. »Habt nicht lieb die Welt, noch was in der Welt ist. So jemand die Welt liebhat, in dem ist nicht die Liebe des Vaters. Denn alles, was in der Welt ist, des Fleisches Lust und der Augen Lust und hoffärtiges Leben, ist nicht vom Vater, sondern von der Welt.«[30] Wir müssen alle weltlichen Bindungen, die unsere Herzen so subtil und machtvoll von Jesus reißen, aufgeben. Jesus will uns nicht aus der Welt herausnehmen, sondern uns vor dem Bösen bewahren, während wir in die Welt ziehen, um sie für ihn zu erlösen. Wir sind nur dann frei, das zu tun, wenn wir frei von der Anziehung der Welt auf unser Leben sind.

In jeder Weise ruft Gott uns, unsere frühere Beziehung zur Welt völlig abzubrechen. In Christus werden wir eine völlig neue Person: »Darum ist jemand in Christus, so ist er eine neue Kreatur; das Alte ist vergangen, siehe, es ist alles neu geworden!«[31] In diesem neuen Bereich muß deshalb unsere Beziehung mit jedem und allem »in Christus« sein, wenn sie in den Augen Gottes gut und richtig sein soll. Im ersten Jahrhundert lehrten die Gnostiker (die heute unter anderen Namen ihre Nachfolger haben) eine falsche Lehre in bezug auf die Dualität von Geist und Materie. Sie lehrten, daß sich Gott nur für die Entwicklung unseres Geistes interessiert, und deshalb konnten wir entweder dem Verlangen unseres Fleisches völlig nachgeben oder ihm völlig entsagen. Die Gnostiker wurden deshalb bekannt entweder für ihr völlig ungezügeltes Verhalten, vor allem im sexuellen Bereich, oder für ihre extreme Askese. »Faß das nicht an, schmecke das nicht, berühre das nicht.« Paulus bemerkte dazu ganz richtig: »... die einen Schein von Weisheit haben durch selbsterwählte Frömmigkeit und Demut und dadurch, daß sie des Leibes nicht schonen, nicht aus Ehrfurcht, sondern um des Fleisches Gelüsten zu dienen.«[32] An anderer Stelle bezeichnete er sie als Lehren von Dämonen und schrieb: »Denn alles, was Gott geschaffen hat, ist gut, und nichts ist verwerflich, was mit Danksagung empfangen wird ...«[33] In anderen Worten, es gibt viele Dinge in dieser Welt, die grundsätzlich gut sind, denn sie sind von Gott geschaffen worden. Aber wir leben in einer gefallenen Welt, die unter die Kontrolle des Bösen geraten ist. Deshalb können wir die guten Dinge, die Gott uns in seiner Welt gegeben hat, nur dann genießen, wenn sie von Christus erlöst und unter seine Herrschaft gebracht worden sind. Sobald das geschieht, sind sie »in Christus« und können dann mit Dank empfangen und genossen werden.

Das klassische Beispiel dafür finden wir im Leben Abrahams. Gott rief ihn, sein Land und das Haus seines Vaters zu verlassen und zu irgendeinem unbekannten Land zu reisen. Er wußte nicht, wo er hinging, aber er wußte, mit wem er dorthin ging. Später wurde er dazu aufgefordert, seinen einzigen Sohn aufzugeben, den Sohn, den Gott ihm verheißen hatte, als Opfer zu Gott. Weil er gewillt war, seinen wertvollsten Besitz preiszugeben, in dem Vertrauen, daß Gott selbst die Toten auferwecken kann, wurden ihm durch den Glauben die von Gott verheißenen Segnungen zuteil. Bonhoeffer schrieb über das bemerkenswerte Ereignis mit Isaak: »Abraham kommt von dem Berg mit Isaak herunter, genauso wie er ihn bestiegen hat, aber die ganze Situation ist anders.« In neutestamentlicher Ausdrucksweise: Abraham hatte seine enge Beziehung mit Isaak unter die Herrschaft Christi gebracht. Sie war jetzt »in Christus«. »Christus war zwischen Vater und Sohn getreten. Abraham hatte alles verlassen und war Christus gefolgt, und während er ihm folgt, kann er in die Welt zurückgehen und dort leben wie zuvor. Nach außen hin ist das Bild unverändert, aber das Alte ist vergangen, siehe es ist alles neu. Alles mußte durch Christus hindurchgehen.«[34] Nur wenn jeder Teil unseres Lebens durch den gleichen Vorgang gegangen ist, kann es für Christus erlöst sein und mit Dank für Gott empfangen werden.

Zu lernen, in der Welt zu sein, aber nicht von der Welt, wird uns oft ein Maß an Leid verursachen. »Gehorsam dem Evangelium gegenüber in einer Welt, in der Satan immer noch aktiv ist, heißt, mit Spannung zu leben. Das ist ein Teil der Bedeutung der Inkarnation. Die Inkarnation ergibt nur durch Glauben an Gott einen Sinn. Wenn sie echt ist, wird das Leben der Gemeinde dem von Jesus Christus parallel sein. Als Christen werden wir ständig zurück in eine völlige Abhängigkeit vom fleischgewordenen Christus gezwungen. Wir sollten höchst beunruhigt sein, wenn wir in der Welt zu

Hause sind oder völligen »inneren Frieden« besitzen. Das christliche Leben in einer nichtchristlichen Welt ist Spannung, Streß und manchmal sogar Qual. Ein ganzes System sozialer Methoden zielt darauf ab, den einzelnen der Welt anzupassen und Spannungen zu eliminieren. Ein Nachfolger Jesu zu sein bedeutet, den Skandal der Worte Jesu zu akzeptieren, daß er nicht gekommen ist, um Einträchtigkeit zu bringen, sondern Streit; nicht Frieden, sondern das Schwert. (Matthäus 10,34−36) »Denn nur so kann es letzten Endes wahren Frieden geben.«[35] Von diesem Leiden gibt es für den Christen kein Entrinnen. Wenn sich die ganze Schöpfung danach sehnt, von der Knechtschaft der Vergänglichkeit frei zu werden, sehnen wir als Christen uns »selbst nach der Kindschaft und warten auf unsres Leibes Erlösung«. Aber auf diesen Augenblick müssen wir geduldig warten.[36]

Die Qual von Beziehungen

Kein Mensch ist eine Insel. Unser Leben ist jeweils miteinander verknüpft, so daß das, was wir sind und tun, stets andere Menschen beeinflußt. Das Neue Testament weiß deshalb nichts von einem alleinstehenden Christen. Christus ruft uns zu einer Gemeinschaft mit sich selbst und mit allen, die seine Jünger geworden sind. Obwohl er will, daß wir unsere von Gott gegebene Individualität behalten, denn Gott liebt Vielfalt, besteht er darauf, daß wir unsere Unabhängigkeit verlieren, denn sie ist die Wurzel aller Sünde. Wir müssen uns der Autorität Christi unterwerfen, und aus Ehrfurcht vor Christus müssen wir uns einander unterwerfen. Nur auf diese Weise, als Glieder des Leibes Christi zusammengefügt, kann sich das Leben Christi heute auf dieser Erde offenbaren. Nur wenn wir tief miteinander in Liebe vereint sind, wird die Welt anfangen, die Wahrheit über Jesus Christus zu glauben und zu wissen. Aber genau an diesem Punkt entstehen Probleme.

Der deutsche Philosoph Schopenhauer verglich Menschen einmal mit einer Herde von Stachelschweinen in einer Winternacht. Die Temperatur liegt unter dem Nullpunkt und deshalb sind sie gezwungen, sich zusammenzudrängen, um sich zu wärmen. Aber sobald sie eng beieinander sind, tun sie sich gegenseitig weh. Deshalb bewegen sie sich wieder voneinander weg, nur um sich in der Kälte wieder zusammenzudrängen. Unsere natürliche, aber sündige Unabhängigkeit ist hauptsächlich eine Verteidigungsmaßnahme gegen enge und schmerzhafte Beziehungen.

Viele Gemeinden wissen wenig von der Tiefe christlicher Gemeinschaft, die das Neue Testament als normativ darstellt. Viele Versammlungen bestehen hauptsächlich aus isolierten und unabhängigen einzelnen, die sich vielleicht einen kleinen Kreis gleichgesinnter Freunde aussuchen, mit denen sie etwas Gesellschaft haben, wenn überhaupt. Wir sind als Jünger Christi berufen, unser Leben miteinander zu teilen und, wenn es sein muß, unseren Besitz. Wir müssen einander unsere Herzen öffnen, unsere Masken abnehmen und echt und ehrlich werden. Und wenn christliche Gemeinschaften das ernsthaft zu tun versuchen, in der Kraft des Heiligen Geistes, dann werden sie bald zwei Entdeckungen machen. Erstens, sie werden tiefe und liebevolle Beziehungen mit Brüdern und Schwestern in Christus finden, und das kann sich als enorm bereichernd und erfüllend erweisen. Aber zweitens werden sie auch Schmerz finden, weil wir immer noch sündhafte Menschen sind, die, wenn sie sich zum Wärmen zusammendrängen, aneinander anecken und sich verletzen. Dann entsteht die Versuchung, sich voneinander zu trennen, sich auf eine sichere und weniger schmerzvolle Distanz zurückzuziehen, kleine Barrieren zu errichten und uns vor jenen verletzlichen tiefen Beziehungen zu schützen, wo es anzunehmen ist, daß wir immer wieder verletzt werden. Wenn wir das tun, zerstören oder zumindest schwächen wir erheblich die Liebe und Einheit, die Christus befohlen hat, für die er gebetet hat, gestorben ist und, die zu schaffen er seinen Geist geschickt hat. Wenn wir versuchen, uns diesem Preis der Jüngerschaft zu entziehen, haben wir unseren Herrn verleugnet und den Geist betrübt. Hätte sich Jesus von seinen Jüngern zurückgezogen, als sie ihn verletzten, wäre die christliche Gemeinde nie geboren worden.

Obwohl Jesus unser Sündenträger wurde in dem einzigartigen Sinn, daß er alle unsere Sünde und Schuld auf sich nahm, ruft er alle von uns, die sich zu seinen Nachfolgern bekennen, dazu, Lastenträger zu sein: »Einer trage des andern Last, so werdet ihr das Gesetz Christi erfüllen.«[37] In dem Zusammenhang dieses Verses bedeutet das nicht nur, die Ängste anderer zu tragen, sondern auch die Sünden. In dem vorausgegangenen Vers schreibt Paulus: »Liebe Brüder, wenn ein Mensch etwa von einem Fehl übereilt würde, so helfet ihm wieder zurecht mit sanftmütigem Geist . . . Einer trage des andern Last.« Die einzige Art und Weise, in der ich das tun kann, ist, daß ich ihm die Sünde vergebe, die er begangen hat, die vielleicht eine schwere Sünde gegen mich war. Auf diese Weise löse ich meinen Bruder von der Last seiner Sünde und Schuld, und gleichzeitig befreie ich mich vom Gefängnis meiner eigenen Unversöhnlichkeit. Zum Wesen der Vergebung gehört die Befreiung. Als Jesus sagte: »Vergebt, und euch wird vergeben«, könnte man das genauso gut übersetzen: »Befreit, und ihr werdet befreit.« Um jemandem zu vergeben, der mich verletzt hat, brauche ich die Gnade und Barmherzigkeit Gottes, die ich nur am Kreuz Christi finde. Vergebung ist nie einfach. Sie kostete Jesus das Leben, und für mich kann sie die Kreuzigung von Stolz, Bitterkeit, Ressentiment oder Rache bedeuten. Ich mag zahlreiche Gründe haben, warum ich nicht vergeben will, und mit denen ich das zu rechtfertigen versuche. Manche dieser Gründe mögen logisch richtig und menschlich verständlich sein. Aber Gott gebietet mir, Buße zu tun. Nichts macht seinen Geist so traurig wie Mangel an Vergebung. Das zerstört nämlich die Gesundheit seines Leibes. Es hindert sein Werk. Die Wurzel der Bitterkeit führt zu Problemen, und durch sie beschmutzen sich viele. Gründe und Ausreden bedeuten am Fuß des Kreuzes gar nichts. Am Kreuz fange ich an zu erkennen, wieviel mir Gott in Christus vergeben hat, daß ich durch seine Liebe gezwungen bin, meinem Bruder zu vergeben, selbst wenn er siebenundsiebzigmal gegen mich gesündigt hat. Ich habe vielleicht nicht die Gnade, es zu tun. Aber wenn ich als Jünger Christi gewillt bin, dann wird seine Gnade stets genügen, auch und gerade in diesem lebenswichtigen Bereich der Vergebung.

Es ist nicht möglich, die Bedeutung von alledem zu sehr zu betonen. Im ersten Johannesbrief beginnt der Apostel mit der enormen Begeisterung, das »Wort des Lebens« tatsächlich gesehen und berührt zu haben. In Jesus wurde das Leben offenbar, und »wir haben es gesehen«. Petrus war ebenfalls begeistert, daß »wir Augenzeugen seiner Majestät« waren. Aber wie kann sich das Leben von Jesus heute offenbaren? Wie kann die Herrlichkeit Gottes gesehen werden, wenn Jesus nicht mehr auf dieser Erde wandelt wie vor zweitausend Jahren? Die Antwort des Neuen Testaments ist klar: Die Herrlichkeit Gottes ist heute in der Gemeinde zu sehen.[38] Johannes schreibt: »Niemand hat Gott jemals gesehen. Wenn wir uns untereinander lieben, so bleibt Gott in uns . . .«[39]

Manchmal stellen wir uns den Preis der Jüngerschaft so vor, daß wir alle unsere Sünden aufgeben müssen. Zweifelsohne gehört das dazu, aber es bedeutet noch viel mehr. Jesus hatte keine Sünde, aber er gab alle seine Rechte auf, und machte sich andern gegenüber schwach und verwundbar. Das kostete ihn sein Leben, aber auf diese Weise konnte er anderen das Leben schenken. Wenn wir auch Gott gehorsam sind, mit ihm und miteinander in ungebrochener Gemeinschaft bleiben, dann müssen wir nicht nur unsere Sünde aufgeben, sondern auch unsere Rechte und uns anderen gegenüber verwundbar und schwach machen. Dabei können wir verletzt werden. Aber auf diese Weise wird sich das Leben Jesu offenbaren, und Gottes Herrlichkeit wird in der Gemeinde sichtbar.

Phil Bradshaw hat es auf folgende Weise ausgedrückt:»Christus hatte keine Verteidigung. In seinem Leben und Tod absorbierte er die Sünde der ganzen Welt, ohne mit Sünde zu erwidern: ». . . welcher nicht widerschalt, da er gescholten ward . . .« (1. Petrus 2,23). Wenn wir diese Straße entlanggehen wollen (d. h. die Qualität der Gemeinschaft unter uns praktizieren, die Jesus mit seinem Vater hatte), brauchen wir nicht einmal auf die Welt zu schauen, um den Preis zu erfahren. Unser eigener christlicher Bruder wird seine Sünde auf uns häufen – seinen Zorn, seine Verurteilung, Frustration, Anschuldigungen, Forderungen, Ängste. Die Herausforderung an uns besteht darin, nicht mit unserer eigenen Sünde zu antworten ... Wenn wir Einheit im biblischen Sinn suchen, dann lehrt die Schrift, daß es uns das Leben kosten wird, indem wir uns dem Herrn und einander geben. Diese Art der Gemeinschaft wird durch Sanftmut erzeugt, und der Preis der Sanftmut ist ein gebrochener Geist. Was diese Gebrochenheit erzeugt, ist die Aufgabe unserer Rechte ... Einheit kostet viel. Aber ... die Belohnung ist etwas, das die Kraft hat, uns zu heilen, uns wiederherzustellen und Menschen zur Erkenntnis der Wahrheit zu bringen. Dadurch wird das gemeinschaftliche Leben, das wir miteinander teilen, zur Herrlichkeit Gottes auf Erden.«[40]

Jesus hatte während seines irdischen Dienstes ein Hauptanliegen: seinen Vater im Himmel zu verherrlichen. Aus diesem Grund erschien er oft äußerst streng, wenn er seine Bedingungen der Jüngerschaft darlegte. Sein Plan für die Gemeinde und die Welt ist so großartig, daß er es sich nicht leisten kann, halbherzige Jünger zu haben. Christus sagte einmal zu den lauwarmen Christen von Laodicea: »Ich werde dich ausspeien aus meinem Munde.« Die Herrlichkeit Gottes wird sich in denen offenbaren, die bereit sind, den Pfad des Gehorsams zu akzeptieren, den Weg des Kreuzes und den Schmerz der Beziehungen. Das ist das Leben, das Jesus liebte, indem er stets das tat, was seinem Vater gefiel. Nur wenn wir Jesus auf diesem Weg nachfolgen, kann es Heil für die Welt geben.

1 Lukas 9,57
2 Hebräer 11,1
3 Matthäus 7,29
4 Markus 4,41
5 Matthäus 28,18
6 Apostelgeschichte 5,32
7 Aus dem Vorwort zu The Young Church in Action, Bles 1955, S.vi
8 Lukas 14,26
9 Lukas 14,27.33
10 Hebräer 11,8
11 The Cost of Discipleship, SCM, S.54,58,63
12 Johannes 3,36. Luther übersetzt hier »glaubt«
13 2. Thessalonicher 1,8
14 Jakobus 1,22
15 Carl Wilson, a.a.O., S.273
16 Markus 8,31
17 Jesaja 53,3
18 Johannes 15,20
19 2. Timotheus 3,12
20 Römer 6,3–8; Galater 2,20; 5,24
21 Römer 6,11f.
22 Quelle unbekannt
23 Hebräer 10,18
24 Kolosser 1,24
25 Hebräer 12,3f.
26 Philipper 2,5ff.
27 1. Petrus 2,21
28 1. Petrus 4,12f.
29 Galater 5
30 1. Johannes 3,15f.
31 2. Korinther 5,17
32 Kolosser 2,21–23
33 1. Timotheus 4,1–5
34 A.a.O., S.89
35 Howard Snyder, Community of the King, IVP, 1977, S.115f.
36 Römer 8,21–25
37 Galater 6,2
38 Epheser 3,21
39 1. Johannes 4,12
40 Towards Renewal, Nr.19, Herbst 1979

KAPITEL 12

Grenzenlose Hoffnung

F.R. Maltby sagte, daß Jesus seinen Jüngern drei Dinge versprach: Sie würden absurd glücklich sein, völlig furchtlos und ständig in Schwiergkeiten! Das ist eine gute Zusammenfassung der neutestamentlichen Gemeinde. Fast überall im biblischen Zeugnis von Gottes Beziehungen mit seinem Volk finden wir das folgende paradoxe Leitmotiv:

Freude und Weh sind fein gewoben
Eine Bekleidung für die göttliche Seele.

(William Blake)

Wie Schatten von Licht und Dunkelheit durcheinandertanzen über die rastlosen Gewässer dieser Erde, sehen wir Freude und Schmerz, Herrlichkeit und Qual, Lachen und Weinen, Leben und Tod.

Wir können das ganz deutlich im Leben Jesu auf dieser Erde erkennen. Seiner Geburt mit der triumphierenden Darstellung himmlischer Herrlichkeit voll des Lobpreises der Engel folgte das furchtbare Massaker der Säuglinge. Bei seiner Taufe öffnete sich der Himmel, der Geist kam herab und Gott selbst bestätigte, daß dies sein geliebter Sohn war; kurz danach sehen wir, wie Jesus mit seinem Feind sechs erschöpfende Wochen lang in der Wildnis kämpft. Der blendende Blick der Ewigkeit auf dem Berg der Verklärung führte zu dem Austreiben böser Geister und dann zu der Zurechtweisung der Jünger, weil sie es aus mangelndem Glauben nicht selbst tun konnten. Als die siebzig begeistert von ihrem Erlebnis der Kraft Gottes zurückkehrten, »frohlockte Jesus im heiligen Geist«[1]; bald danach jedoch wurde er von seinen Feinden beschuldigt, daß sein Dienst dämonisch inspiriert sei. Die freudige Begeisterung der Massen, die Palmzweige wedelten und »Hosanna!« riefen, war im scharfen Gegensatz zu dem Augenblick, als Jesus über Jerusalem weinte wegen ihrer geistlichen Blindheit und des bevorstehenden Gerichts. Die Zärtlichkeit des Abendmahls war die Einleitung des Verrats, der Festnahme, Verleugnung und der Verzweiflung: Petrus weinte bitterlich und Judas erhängte sich. Obwohl Jesus die Kranken heilte, die Toten auferweckte und mit allen Notleidenden Mitleid hatte, dürstete es der Menge in Jerusalem nach seinem Blut: »Kreuzige ihn! Kreuzige ihn!« Obwohl er andere errettete, wollte er sich selbst nicht retten. Obwohl er anderen verhieß, daß er nie jemanden im Stich lassen würde, der sich auf ihn verließ, rief er in furchtbarer Qual am Kreuz:»Mein Gott, mein Gott, warum hast du mich verlassen?«

Ähnlich verhielt es sich auch mit der neutestamentlichen Gemeinde. Dem mächtigen Wind des Geistes zu Pfingsten, der zu Tausenden von Bekehrungen führte, zu dramatischen Heilungen und vielen »Wundern und Zeichen«, folgten Festnahmen und Prügel und Gottes schnelles Gericht über Ananias und Saphira, weil sie den Heiligen Geist belogen. Das dramatische Wachstum der Gemeinde in Apostelgeschichte 6 ging dem Märtyrertod von Stephanus in Apostelgeschichte 7 und der Verfolgungswelle gegen die Gemeinde in Apostelgeschichte 8 voraus. Bischof Cuthbert Bardsley sagte einmal: »Wir hören wunderbare Geschichten über das, was geschieht, wenn es eine Ausgießung des Heiligen Geistes gibt – Bekehrungen, Zungenreden, Wunder, große Versammlungen. Aber sie bringt auch Furcht, Frustration und Schmerz.«[2] Freude und Leid waren zu Pfingsten fein gewoben, und das ist immer so gewesen, wo der Geist in erfrischender und erneuernder Kraft auf das Volk Gottes gewirkt hat.

Petrus warnte mit Recht die christlichen Flüchtlinge, die überall in Kleinasien zerstreut waren: »Ihr Lieben, lasset euch die Hitze nicht befremden, die euch widerfährt, daß ihr versucht werdet. Meinet nicht, es widerführe euch etwas Seltsames, sondern freuet euch, daß ihr mit Christus leidet, auf daß ihr auch zur Zeit der Offenbarung seiner Herrlichkeit Freude und Wonne haben möget. Selig seid ihr, wenn ihr geschmäht werdet über dem Namen Christi; denn der Geist, der ein Geist der Herrlichkeit Gottes ist, ruht auf euch.«[3] Man beachte die Reihenfolge: Ihr Lieben, Hitze, freuet euch, ihr leidet, Herrlichkeit, ihr werdet geschmäht, der Geist ruht auf euch. Nach diesem Muster erfolgt die Nachfolge Jesu.

Wir sehen die gleiche Gegenüberstellung von Gegensätzen in vielen Psalmen. »Wenn der Herr die Gefangenen Zions erlösen wird, so werden wir sein wie die Träumenden. Dann wird unser Mund voll Lachens und unsere Zunge voll Rühmens sein.« Zusammen mit dieser großen Freude finden wir ein Seufzen und einen Ruf nach weiterer Erfrischung: »Herr, bringe zurück unsre Gefangenen . . . Die mit Tränen säen, werden mit Freuden ernten.« Inmitten der Tränen lebt jedoch die Hoffnung, daß diejenigen, die jetzt weinen, später »kommen mit Freuden und bringen ihre Garben.«[4]

Unser persönliches und Gemeinschaftsleben ist vergleichbar zu den Jahreszeiten. Es kann nicht ständig Erntezeit sein. »Nur Sonne führt zur Wüste« heißt ein weises arabisches Sprichwort. Wir brauchen den kalten, harten Winter, wir brauchen den Regen. Aber in den Tagen der Einöde brauchen wir auch die Hoffnung auf den Frühling und Sommer: »Wenn der Winter kommt, kann der Frühling noch lange auf sich warten lassen?«[5]

In vielen Teilen der Gemeinde heute haben wir einen langen und unfruchtbaren Winter hinter uns: mit nackten Zweigen, fruchtlosen Obstgärten, unfruchtbarem Boden und keiner Spur von Ernte. Bei aller geistlichen Dürre jedoch, zusammen mit der düsteren Stimmung der feindlich gesinnten Welt von heute, ist der geistliche Hunger vieler Menschen gewachsen. Genau zu dieser Zeit sollten wir erwarten, daß Gott in seiner Gemeinde etwas Neues tun wird. Kardinal Suenens hat es wie folgt ausgedrückt: »Die Kirche hat in ihrer Geschichte keinen so kritischen Augenblick gekannt. Vom menschlichen Standpunkt aus gesehen ist am Horizont keine Hilfe zu erkennen. Wir sehen nicht, von wo die Rettung kommen kann, es sei denn von IHM; es gibt keine Erlösung, es sei denn in seinem Namen. In dieser Zeit erleben wir am Horizont der Kirche, wie der Heilige Geist sich offenbart, Manifestationen der Handlung des Heiligen Geistes in einer Art und Weise wie in der Urkirche. Es ist, als ob die Apostelgeschichte und die Briefe des hl. Paulus wieder zum Leben erweckt würden, als ob Gott noch einmal in unsere Geschichte einbricht.«[6] Gott tut ohne Zweifel durch seinen Geist etwas Neues in der Gemeinde. Wir sehen die ersten zarten grünen Schößlinge des Frühlings, die durch den harten Boden brechen; die dunklen Wolken, von dem Wind getrieben, werden durch Sonnenstrahlen durchbrochen. »Der Geist Gottes kann durch das, was vom menschlichen Standpunkt aus vorhergesagt wird, mit seinem Sonnenschein der Überraschungen hindurchatmen.«[7]

Obwohl es vieles gibt, das uns ermutigen und unsere Hoffnung stärken kann (wenn wir in die richtige Richtung schauen), müssen wir mit Leiden rechnen, bevor es eine Ernte geben kann: »Wenn das Weizenkorn nicht in die Erde fällt und erstirbt, so bleibt's allein; wenn es aber erstirbt, so bringt es viel Frucht.«[8] Praktisch bedeutet das, daß wir in bezug auf unser Ansehen sterben, in bezug auf unsere Rechte und Privilegien, in bezug auf unsere Vorurteile, in bezug auf unsere Ambitionen, in bezug auf unsere Bequemlichkeiten, in bezug auf unsere Abhängigkeit und Selbstgenügsamkeit, in bezug auf unsere Selbsterhaltung. Wenn wir nicht uns selbst in dieser und anderer Weise sterben, dann wird es keine Frucht geben, keine Ernte und keine Hoffnung für diese Welt.

Oft unterscheiden sich unsere Vorstellungen vom geistlichen Leben und geistlicher Kraft völlig von dem Vorbild Jesu. Oft gleichen wir den ersten Jüngern, die ein natürliches, aber weltliches Verständnis der Werte im Leben hatten, und wiederholt mußte Jesus diese Werte auf den Kopf stellen, bevor die Jünger die revolutionären Konzepte des Reiches Gottes begreifen konnten. Zum Beispiel war Jesus vom Augenblick seiner Empfängnis vollkommen vom Geist erfüllt und wurde vom Geist bei seiner Taufe gesalbt. Was bedeutete das für ihn? Absichtlich wurde er in jedem Aspekt so, wie *wir* sind, allerdings war er ohne Sünde. Oft war er schwach und verwundbar; er kannte den Schmerz der Einsamkeit und Verachtung; er erduldete Spott und Mißverständnis; er erlebte »Weinen und Tränen; er lernte Gehorsam durchs

Leiden; er wurde versucht, geschlagen und gekreuzigt; er war ein Mensch des Leidens; der Kummer war ihm nicht fremd. Wenn *wir* vom Geist erfüllt sind, wollen wir jedoch manchmal so werden, wie *Gott* ist: voller Kraft, Autorität und Herrlichkeit, überfließend mit Geistesgaben, so daß wir die Schwachen mit unserer Stärke aufrichten können. Der Apostel Paulus wies die Christen in Korinth zurecht, die meinten, sie seien bereits am Zielpunkt angekommen: »Ihr seid schon satt geworden? Ihr seid schon reich geworden? ... Wir sind Narren um Christi willen, ihr aber seid klug in Christus; wir schwach, ihr aber stark; ihr herrlich, wir aber verachtet. Bis auf diese Stunde leiden wir Hunger und Durst und Blöße und werden geschlagen und haben keine sichere Stätte ... Wir sind geworden wie der Abschaum der Welt, jedermanns Kehricht, bis heute.«[9] Jesus zu folgen heißt, seinem Weg des Leidens und der Kreuzigung zu folgen. Wie der Herr, so soll sein Jünger sein.

Wo es Tod gibt, da gibt es Hoffnung

Jesus war hauptsächlich aus zwei Gründen bereit, sein Leben sowohl im Dienst als auch im Tod zu opfern. Erstens wußte er, daß nur durch die unsägliche Qual des Kreuzes Menschen Vergebung empfangen konnten, und aus diesem Grund war er in die Welt gekommen. Zweitens erduldete er das Kreuz wegen der Freude, die ihm vor Augen stand.[10] Er wußte, daß das Beste noch kommen würde. Paulus akzeptierte den Schmerz der Nachfolge Jesu aus den gleichen Gründen. Erstens, obwohl sein Leiden nie die Sünde sühnen konnte, erkannte er: »(Ich) erstatte an meinem Fleisch, was noch mangelt an den Trübsalen Christi, seinem Leibe zugut, welcher ist die Gemeinde.«[11] Sein Leiden war nötig für andere, daß durch seine Schwäche die Macht Christi vieler Menschen Leben berühren und verändern könnte. Zweitens wußte er, »daß dieser Zeit Leiden der Herrlichkeit nicht wert sei, die an uns soll offenbart werden.«[12] Er war voller Hoffnung. Im Gegensatz dazu zeigt sich, daß, wenn wir nicht gewillt sind, den Preis der Jüngerschaft und geistlicher Erneuerung zu zahlen, wir an unserem Leben festhalten, uns an unseren vorübergehenden Privilegien festklammern und in der Liebe Gottes unsicher sind. Wenn wir loslassen, dann bekommen wir Angst, daß Gott uns nichts läßt als sich selbst! Was für ein furchtbares Urteil über unseren Glauben, über unsere Hoffnung und Liebe! Pascal sagte einmal: »Es ist eine glückliche Zeit für die Gemeinde, wenn nichts sie aufrechterhält als Gott.«[13] Wir werden die Sicherheit und Realität der Liebe des Vaters nie kennen, bis wir an dem Punkt des mutigen Glaubens angekommen sind, wenn wir von ihm allein abhängig sind. Psalm 27 illustriert diesen Punkt lebhaft.

Der Herr ist mein Licht und mein Heil; vor wem sollte ich mich fürchten? Der Herr ist meines Lebens Kraft; vor wem sollte mir grauen? Wenn die Übeltäter an mich wollen, um mich zu verschlingen, meine Widersacher und Feinde, sollen sie selber straucheln und fallen. Wenn sich auch ein Heer wider mich lagert, so fürchtet sich dennoch mein Herz nicht; wenn sich Krieg wider mich erhebt, so verlasse ich mich auf ihn. Eines bitte ich vom Herrn, das hätte ich gerne: daß ich im Hause des Herrn bleiben könne mein Leben lang, zu schauen die schönen Gottesdienste des Herrn und seinen Tempel zu betrachten. Denn er deckt mich in seiner Hütte zur bösen Zeit, er birgt mich im Schutz seines Zeltes und erhöht mich auf einen Felsen.«[14]

Jesus sucht heute nach denen, die ihm nachfolgen werden, ganz gleich, was es kostet. Wenn viele Tausende andere bereit sind, für ihre politischen oder religiösen Ideale ihr Leben zu geben, dann will Jesus, daß diese Welt durch eine Revolution der Liebe auf den Kopf gestellt wird, aber er kann nur durch die effektiv wirken, die ihr Leben an ihn verloren haben und die sein Reich als absolute Priorität setzen. In dieser Welt sind wir an einem Augenblick ernster Gefahr angekommen. Wir können nicht mit Zuversicht in die Zukunft blicken, und wir haben nichts, das wir zuversichtlich unseren Kindern hinterlassen können. Das ist der Augenblick, in dem wir alles für Christus verlieren sollen und unser Leben auf den Gott der Hoffnung setzen.

Welche Hoffnung hat der Jünger Jesu, wenn das Leid auf ihn zukommt – und zwar nicht als theoretische Möglichkeit, sondern erschreckende Realität, wie es heute in vielen Teilen der Welt geschieht, und es wahrscheinlich immer mehr zunehmen wird?

Christus kennen

Der Apostel Paulus hat ein höchstes Ziel: Christus immer mehr kennenzulernen. Er wußte auch, daß das Leiden beinhalten würde, wenn diese Erkenntnis Tiefe besitzen sollte. »Ja, ich achte es noch alles für Schaden ... Ich möchte ja ihn erkennen und die Kraft seiner Auferstehung und die Gemeinschaft seiner Leiden und so seinem Tode gleichgestaltet werden ...«[15] Er erkannte, als er und andere so »über die Maßen beschwert waren ... daß wir auch am Leben verzagten«, daß es deshalb geschah, »daß wir unser Vertrauen nicht sollten auf uns selbst stellen, sondern auf Gott, der die Toten auferweckt«, und sobald er den Wert und die Bedeutung davon erkannte, fügte er hinzu: »... welcher uns von solchem Tode erlöst hat und erlösen wird. Auf ihn hoffen wir, er wird uns auch hinfort erlösen.«[16] Wenn wir Gott nur dann kennen, wenn die Sonne scheint, wird unsere Erkenntnis oberflächlich sein, aber wenn wir ihm zu Zeiten des Sturms vertrauen, wird die Beziehung reifen. Das am weitesten entfernte Objekt, das wir im hellen Tageslicht sehen können, ist die Sonne. Aber in der Dunkelheit der Nacht sehen wir unzählige Sterne, die sehr viel weiter entfernt sind als die Sonne. »Ich werde euch die Schätze der Dunkelheit geben.«[17]

Zahllose Männer und Frauen haben im Laufe der Jahrhunderte diese Wahrheit erfahren. George Matheson, der mit Blindheit geschlagen und in der Liebe enttäuscht war, schrieb ein Gebet, in dem er darum bat, daß er Gottes Willen akzeptieren möge, »nicht mit stumpfer Resignation, sondern mit heiliger Freude, nicht nur ohne Murren, sondern mit deinem Gesang des Lobpreises.« Richard Wurmbrand, der vierzehn Jahre in verschiedenen kommunistischen Gefängnissen um seines Glaubens an Christus willen verbracht hatte, war »kalt, hungrig und in Lumpen«. Im Laufe der Jahre »brachen sie vier Wirbel meines Rückens und viele andere Knochen. Sie schnitten an Dutzenden von Stellen an mir herum. Sie brannten und schnitten achtzehn Löcher in meinen Körper.« Trotzdem, »allein in meiner Zelle ... tanzte ich jede Nacht vor Freude ... Ich hatte eine Schönheit in Christus erkannt, die ich nicht zuvor erkannt hatte.«[18] Das Leid, wenngleich es auch böse ist, bedeutet nicht immer Tragödie. Es kann zu großer Tiefe und Geistlichkeit führen. Gott kann es gebrauchen, um unsere Erkenntnis seiner selbst zu erweitern.

Anderen dienen

Gott ist Liebe, und das Wesen der Liebe Gottes ist derart, daß er seinen einzigen Sohn um der Welt willen gab. Gottes Liebe gibt immer; sie zeichnet sich durch aufopfernden Dienst aus. Wir müssen unser Leben der Liebe Gottes und unsere Herzen zueinander öffnen. Solche Verwundbarkeit wird zu Schmerz führen, aber auch zu einer lebendigen Hoffnung und zu der Möglichkeit, daß die Liebe Gottes die erreicht, die gequält und hilflos sind. Jürgen Moltmann schreibt: »Ein geschlossener Mensch hat keine Hoffnung mehr. Eine solche Person ist voller Angst. Eine geschlossene Gesellschaft hat keine Zukunft mehr. Sie tötet die Hoffnung des Lebens für die, die an ihrem Rand stehen, und zerstört sich schließlich selbst. Die Hoffnung wird gelebt und erwacht zum Leben, wenn wir aus uns selbst herausgehen und in Freude und Schmerz am Leben anderer teilhaben.«[19] Wenn Christus ein offenes Leben für andere lebte, dann muß der Leib Christi heute das gleiche tun. Unser Leben mit anderen teilen ist stets voller Risiko. Früher oder später bedeutet es den Tod für uns selbst, und einige unserer alten Sicherheiten werden zerstört. Aber aus dem Tod heraus kommt die Auferstehung: »Denn mitten im Leben werden wir immerdar in den Tod gegeben um Jesu willen, auf daß auch das Leben Jesu offenbar werde an unsrem sterblichen Fleische.«[20] Das ist zugleich das Geheimnis und das Wunder des Evangeliums. Wenn wir uns einander öffnen, werden wir Schmerz kennen, und wahrscheinlich Kreuzigung, aber auf diese Weise wird das Leben der Auferstehung Christi in Vollmacht erlebt.

Eine lebendige Hoffnung auf Gott bedeutet, daß wir Gott in allem vertrauen, was er in unserem Leben tut. Ein Koch wird ein Stück Steak schlagen, bevor er es kocht, um es zart zu machen; ähnlich schafft die Sünde in uns ein Härte des Herzens, und deshalb kann es sein, daß Gott uns durch viele schmerzhafte Erlebnisse bringt, um unsere Herzen zart und voller Mitleid zu machen, wie sein Sohn. Wenn unsere Herzen durch Leiden zart werden, dann werden wir vielleicht einen reicheren Dienst an denen erleben, die leiden. Paulus wußte zum Beispiel, daß sein Leiden anderen großen Mut machen würde: »Gelobt sei Gott, der Vater unsres Herrn Jesus Christus, der Vater der Barmherzigkeit und Gott allen Trostes, der uns tröstet in aller unsrer Trübsal, damit wir trösten können, die da sind in allerlei Trübsal, mit dem Trost, mit dem wir selber getröstet werden von Gott . . . Haben wir aber Trübsal, so geschieht es euch zu Trost und Heil. Haben wir Trost, so geschieht es zu eurem Trost, welcher sich wirksam erweist, wenn ihr leidet mit Geduld dieselben Leiden, die auch wir leiden. Und unsre Hoffnung steht fest für euch, weil wir wissen, daß, wie ihr des Leidens teilhaftig seid, so werdet ihr auch des Trostes teilhaftig sein.«[21] Paulus war deshalb bereit, unglaubliche Härten und Leiden zu erdulden, damit die Kraft Christi auf ihm ruhe[22], und damit andere auch sehr viel kühner sein mögen, das Wort Gottes ohne Furcht zu sprechen.[23] Wenn wir persönlich in verschiedenen Anfechtungen erfahren haben, daß die Kraft Christi genügt, dann haben wir natürlich ein Recht, zu denen zu sprechen, die ähnliche Anfechtungen erleben. Diejenigen, die viel gelitten haben, ganz gleich aus welchem Grund, und ihr Leiden voller Glauben und Hoffnung durchstanden haben, besitzen sehr viel mehr Autorität bei ihrem Zeugnis für Christus als solche, die einfach darauf vertrauen, daß Gottes Wort sich als wahr erweisen wird, wenn die Anfechtungen kommen werden.

Gebt die Hoffnung nicht auf

Der Teufel macht sich gerne viel aus der Verzagtheit der Christen. In manchen Orten ist das christliche Werk heute außerordentlich harte Arbeit.

Christen sind gegen die Depression, die sich in unserer Gesellschaft immer mehr breitmacht, nicht immun. Überall sehen die Menschen das sinnlose Gewirr ihrer gegenwärtigen Existenz und stehen einer hoffnungslosen Zukunft gegenüber, weil sie keine Hoffnung für die Zukunft haben. Unsere materialistische Gesellschaft ist geistlich bankrott. Deshalb hat sich eine Stimmung resignierter Apathie und Verzweiflung auf einen großen Teil der Welt gelegt, obwohl die wohlhabende Minderheit sich vorübergehend in die Phantasiewelt der Unterhaltung und des Reisens flüchten kann – zwei Industrien, die in der westlichen Gesellschaft blühen.

Paulus kannte zu seiner Zeit die starke Versuchung der Entmutigung. Zweimal schrieb er in 2. Korinther 4, daß er die Hoffnung nicht aufgibt – was darauf schließen läßt, daß er durchaus in dieser Versuchung stand. Er erwähnte die deprimierende geistliche Blindheit, die so viele daran hinderte, das »Licht des Evangeliums, der Herrlichkeit von Christus« zu sehen. Er sprach auch von der körperlichen und geistigen Erschöpfung, die von vielen Christen im Dienst erlebt wird, und sprach davon, wie er angefochten, perplex, verfolgt und niedergeschlagen war. Er erkannte den heftigen geistlichen Kampf, der in der Welt tobte, und fühlte die Konflikte auf jeder Ebene. Er nannte auch zwei gute Gründe, warum er entschlossen war, die Hoffnung nicht aufzugeben.

Erstens war er sich des großen Privilegs zutiefst bewußt, das der christliche Dienst ihm »durch die Barmherzigkeit Gottes« gegeben hatte. Nicht nur können wir Gott selbst erkennen, sondern er hat uns dazu berufen, Botschafter Christi zu sein und seine Liebe und Barmherzigkeit anderen zu bringen. Das Wort Gottes ist uns anvertraut worden, die einzig wahre Botschaft in der Welt, die jemandem Vergebung für die Vergangenheit bringen kann, ein neues Leben für die Gegenwart und eine herrliche Hoffnung für die Zukunft; genauso wie Gott die Finsternis unserer Herzen mit dem Licht von Jesus Christus zerstreut hat, so kann er das gleiche auch für andere tun. Deshalb, schrieb Paulus, geben wir die Hoffnung nicht auf; wir predigen weiterhin Jesus Christus als Herrn in dem Bewußtsein, daß Gott jeden zu einer neuen Kreatur in Christus machen kann.

Zweitens hatte Paulus die große Hoffnung auf die zukünftige Herrlichkeit stets vor Augen. »Darum werden wir nicht müde; sondern ob auch unser äußerlicher Mensch verfällt, so wird doch der innerliche von Tag zu Tag erneuert. Denn unsre Trübsal, die zeitlich und leicht ist, schafft eine ewige und über alle Maßen wichtige Herrlichkeit uns, die wir nicht sehen auf das Sichtbare, sondern auf das Unsichtbare. Denn was sichtbar ist, das ist zeitlich; was aber unsichtbar ist, das ist ewig.« Diese Zuversicht im Hinblick auf die Zukunft befähigt ihn, soviel in der Gegenwart zu erdulden: »Wir haben allenthalben Trübsal, aber wir ängstigen uns nicht. Uns ist bange, aber wir verzagen nicht. Wir leiden Verfolgung, aber wir werden nicht verlassen. Wir werden unterdrückt, aber wir kommen nicht um und tragen allezeit das Sterben Jesu an unsrem Leibe, auf daß auch das Leben Jesu an unsrem Leibe offenbar werde.« Paulus war bereit, jede Anfechtung zu durchstehen in dem Bewußtsein, daß anderen Hilfe zuteil würde (»es ist alles um euretwillen«) und daß das Beste noch bevorstand. Es ist ernüchternd, manchmal über die »leichte Trübsal« des Paulus nachzudenken (siehe 2. Korinther 11). Da ist von Prügel, Schiffbruch, ständigen Gefahren, harter Arbeit und Mühsal die Rede, von vielen schlaflosen Nächten, Hunger, Durst und Kälte – von seiner täglichen Furcht für alle Gemeinden ganz zu schweigen. Und doch war ihm das alles nichts im Vergleich zu der »über alle Maßen wichtigen Herrlichkeit«, die Gott für jeden wahren Jünger Christi bereitet hat.

C.S.Lewis schrieb einmal: »Die Hoffnung ist eine der theologischen Tugenden. Das bedeutet, daß es keine Form der Flucht vor der Wirklichkeit oder des Wunschdenkens ist (wie manche moderne Menschen meinen), wenn man sich auf die nächste Welt freut, sondern es ist etwas, das Christen tun sollten. Das bedeutet nicht, daß wir die Welt der Gegenwart in dem Zustand lassen sollen, in dem sie ist. Wenn man die Geschichte liest, dann stellt man fest, daß die Christen, die am meisten für die Welt der Gegenwart getan haben, genau die waren, die am meisten an die nächste dachten. Die Apostel selbst, die die Bekehrung des Römischen Reiches auslösten, die großen Männer, die das Mittelalter aufbauten, die englischen Evangelikalen, die den Sklavenhandel abschafften, alle hinterließen ihre Spur auf der Erde, genau deshalb, weil ihr Denken sich mit dem Himmel beschäftigte. Seit Christen weithin aufgehört haben, an die andere Welt zu denken, sind sie diesbezüglich so wirkungslos geworden. Ziele auf den Himmel ab, und du bekommst die Erde noch obendrein; ziele auf die Erde, und du bekommst weder den einen noch die andere.«[24] Die alten Prediger sagten es oft auf ähnliche Weise: Du kannst nicht gut leben, bis du gut sterben kannst. Wenn du dir des Himmels gewiß bist, dann kannst du dich völlig dem Dienst für andere hier auf Erden widmen. »Denn Christus ist mein Leben, und Sterben ist mein Gewinn.«[25] Was für eine herrliche Hoffnung. In der Liebe Gottes begründet, von der uns nicht einmal der Tod trennen kann, können wir uns rückhaltlos dem Werk Christi in der Welt hingeben. Die christliche Hoffnung ist kein frommer Traum. Sie beruht auf solidem Beweismaterial in bezug auf die Auferstehung Christi von den Toten, zusammen mit spezifischen Verheißungen, die er uns wiederholt gegeben hat.

Mehr denn je müssen wir heute an unserer zukünftigen Hoffnung festhalten. Christus warnte seine Jünger, daß es gegen Ende der Zeit viele falsche Lehren geben würde, die viele vom Weg abführen würden. Es würde auch

Kriege und Erdbeben geben, Verfolgung und Böses. Kataklysmische Ereignisse und kosmische Zeichen würden ebenfalls jenem Tag vorausgehen: »Und es werden Zeichen geschehen an Sonne und Mond und Sternen, und auf Erden wird den Leuten bange sein, und sie werden zagen, denn das Meer und die Wasserwogen werden brausen, und die Menschen werden verschmachten vor Furcht und vor Warten der Dinge, die kommen sollen über die ganze Erde; denn auch der Himmel Kräfte werden ins Wanken kommen. Und alsdann werden sie sehen des Menschen Sohn kommen in einer Wolke mit großer Kraft und Herrlichkeit. Wenn aber dieses anfängt zu geschehen, so sehet auf und erhebet eure Häupter, darum daß sich eure Erlösung naht.«[26] Wir können nicht sagen, worauf sich diese Worte genau beziehen, noch können wir über die Interpretation der Beschreibung von Petrus des Tags des Herrn dogmatisch sein, wenn »die Himmel zergehen mit großem Krachen; die Elemente aber werden vor Hitze schmelzen, und die Erde und die Werke, die darauf sind, werden verbrennen«.[27] Solche poetischen Beschreibungen wären jedoch mit einer nuklearen Katastrophe in Einklang zu bringen, und die Möglichkeit einer solch furchtbaren Form des völligen Selbstmords der Menschheit wächst von Jahr zu Jahr.

Wenn die Nationen der Dritten Welt nukleare Waffen haben sollten, gibt es keinen guten Grund, warum sie sie nicht gebrauchen sollten. Nachdem die Armen so lange unterdrückt und gekrüppelt worden sind durch den Geiz der Wohlstandsländer, wäre es verständlich, wenn Jahre der Frustration zu nuklearer Gewalt führen. Billy Graham sagte 1980, wenn Gott nicht unsere westliche Gesellschaft richtet, müsse er sich bei Sodom und Gomorra entschuldigen. Die Sünde von Sodom war nicht nur sexuelle Perversion, obwohl es davon auch in der westlichen Welt genug gibt. Gott verkündete durch seinen Propheten Hesekiel: »Siehe, das war die Schuld deiner Schwester Sodom: Hoffart und alles in Fülle und sichere Ruhe hatte sie mit ihren Töchtern; aber dem Armen und Elenden halfen sie nicht, sondern waren stolz und taten Greuel vor mir. Darum habe ich sie auch hinweggetan.«[28] Stellen wir uns vor, daß wir, die wir mit ähnlicher Nachlässigkeit und Arroganz gehandelt haben, dem Gericht Gottes entkommen werden? In der Vergangenheit hat Gott oft das Böse des Menschen gebraucht, um seine göttlichen Ziele zu erreichen. Es gibt wenig Grund, in bezug auf die Zukunft optimistisch zu sein. Von jedem Standpunkt der menschlichen Perspektive sieht sie außerordentlich düster aus.

Der Ruf zur Jüngerschaft ist jedoch ein Ruf zur verheißenen Herrlichkeit Gottes. Angesichts der Dringlichkeit der Zeit, in der wir leben, müssen wir so leben, daß Christus geehrt wird, daß die Wunden in seinem Leib geheilt werden, und daß die Ankunft des Tages des Herrn beschleunigt wird. Heute kann man es sich nicht leisten, religiöse Spiele zu treiben. Die Zeit geht schnell dahin: Christus sucht nach Jüngern, die sich nicht vor ihm schämen, die kühn in ihrem Zeugnis sind, seinem Wort gehorchen, vereint in seiner Liebe und von seinem Geist erfüllt. Es ist uns nicht versprochen worden, daß die Aufgabe einfach sein wird. Freude und Weh werden fein gewoben sein; Tränen, Schmerz und Schweiß werden sich mit Liebe und ausdrücklicher Freude vermischen. Christus will Jünger, die nicht nur Hoffnung haben, sondern sie auch andern vermitteln. Was wir empfangen, sollen wir weitergeben, damit auch andere durch die Finsternis emporsteigen, die die Erde bedeckt. »Mache dich auf, werde Licht; denn dein Licht kommt, und die Herrlichkeit des Herrn geht auf über dir!«[29] Die Jünger Christi können mit dieser Hoffnung immer noch den Verlauf dieser Welt ändern. Wie der hl. Franz von Assisi müssen wir beten, daß wir dort, wo Haß herrscht, Liebe geben mögen, wo Verletzung, Vergebung; wo Zweifel herrscht, Glaube; wo Verzweiflung ist, Hoffnung; wo Trauer herrscht, Freude; wo Finsternis ist, Licht. »Schenke uns, daß wir nicht so sehr danach trachten, getröstet zu werden, als zu trösten; verstanden zu werden, als zu verstehen, geliebt zu werden, als zu lieben, denn wenn wir geben, empfangen wir, wenn wir vergeben, wird uns vergeben, und wenn wir sterben, werden wir zum ewigen Leben geboren.«

Der Jünger Christi kann nicht verlieren: wenn er alles gibt, gewinnt er alles; wenn er sein Leben verliert, findet er es. Jim Elliott, der als Missionar unter den Aukas in Südamerika 1956 den Märtyrertod fand, faßte es wie folgt zusammen: »Er ist kein Narr, der gibt, was er nicht behalten kann, um zu bekommen, was er nicht verlieren kann.«

Der Herr regiert!

1 Lukas 10,21
2 Zitiert in *Church of England Newspaper*, 13. September 1973
3 1. Petrus 4,12–14
4 Psalm 126
5 P. B. Shelley, *Ode to the West Wind*
6 *A New Pentecost?* Darton, Longman & Todd 1975, S. 90
7 Kardinal Suenens
8 Johannes 12,24
9 1. Korinther 4,8–13
10 Hebräer 12,2
11 Kolosser 1,24
12 Römer 8,18
13 Zitiert von Kardinal Suenens, a. a. O., S. xi
14 Psalm 27
15 Philipper 3,10
16 2. Korinther 1,10
17 Jesaja 45,3
18 *Tortured for Christ*, Hodder & Stoughton 1967, S. 19 und *In God's Underground*, W. H. Allen 1968, S. 54
19 *The Open Church*, SCM 1978, S. 35
20 2. Korinther 4,11 f.
21 2. Korinther 1,3–7
22 2. Korinther 12,9 f.
23 Philipper 1,14
24 *Mere Christianity*, Collins, S. 116
25 Philipper 1,21
26 Lukas 21,25–28
27 2. Petrus 3,10
28 Hesekiel 16,49 f.
29 Jesaja 60,1

Eine Verpflichtung zu einem einfachen Lebensstil (im Evangelium begründet)

Vier Tage lang waren wir zusammen, 85 Christen aus 27 Ländern, um laut der Lausanner Erklärung von 1974 einen »einfachen Lebensstil zu entwikkeln«. Wir haben uns bemüht, die Stimme Gottes zu hören durch die Seiten der Bibel, durch die Rufe der hungrigen Armen, und durch jeden der Teilnehmer. Und wir glauben, daß Gott zu uns gesprochen hat.

Wir danken Gott für seine große Erlösung durch Jesus Christus, für seine Offenbarung in der Schrift, die das Licht für unseren Weg ist, für die Kraft des Heiligen Geistes, uns zu Zeugen und Dienern in der Welt zu machen.

Wir sind beunruhigt durch die Ungerechtigkeiten in der Welt, besorgt um ihre Opfer und sehen uns zur Buße getrieben für unsere Verantwortung dabei. Wir sind auch zu frischen Entschlüssen bewegt worden, die wir in dieser Verpflichtung zum Ausdruck bringen.

1. DIE SCHÖPFUNG

Gott ist der Schöpfer aller Dinge, und wir feiern die Güte seiner Schöpfung. In seiner Großzügigkeit hat er uns alles gegeben, um es zu genießen, und wir empfangen es von seinen Händen mit demütigem Dank (1. Timotheus 4,4.6.17). Die Schöpfung Gottes zeichnet sich durch einen reichen Überfluß und eine Vielfalt aus, und es ist seine Absicht, daß ihre Ressourcen gut verwaltet und zum Wohl aller geteilt werden.

Wir verurteilen deshalb die Zerstörung der Natur, die Verschwendung und das Horten. Wir beklagen das Elend der Armen, die aufgrund dieser Übel leiden. Wir stimmen auch nicht mit der Eintönigkeit der Askese überein. Denn alle diese leugnen die Güte des Schöpfers und reflektieren die Tragödie des Sündenfalls. Wir erkennen unsere eigene Verwicklung in diesen Sünden und tun Buße.

2. DIE VERWALTUNG

Als Gott den Menschen schuf, Mann und Weib, nach seinem eigenen Bild, machte er ihnen die Erde untertan (1. Mose 1,26−28). Er machte sie zu den Verwaltern ihrer Ressourcen, und sie wurden ihm gegenüber als Schöpfer verantwortlich für die Erde, die sie entwickeln sollten, und ihren Mitmenschen gegenüber, mit denen sie ihre Reichtümer teilen sollten. Diese Wahrheiten sind so grundlegend, daß die authentische menschliche Erfüllung von einer richtigen Beziehung zu Gott, dem Nächsten und der Erde mit all ihren Gütern abhängt. Die Würde der Menschen wird beeinträchtigt, wenn sie keinen gerechten Anteil an diesen Schätzen haben.

Durch treulose Verwaltung, bei der wir die begrenzten Ressourcen der Erde nicht bewahren, sie nicht voll entwickeln oder sie nicht gerecht verteilen, sind wir Gott ungehorsam und entfremden Menschen von seiner Absicht für sie. Wir sind deshalb entschlossen, Gott als den Besitzer aller Dinge zu ehren, uns daran zu erinnern, daß wir Verwalter und nicht Besitzer von jedem Stück Land oder Besitztum sind, das wir haben mögen, und sie im Dienst an anderen gebrauchen, und uns um Gerechtigkeit für die Armen bemühen, die ausgebeutet sind und machtlos, sich selbst zu verteidigen.

Wir freuen uns auf die Zeit, »wenn alles wiedergebracht wird« bei der Wiederkunft Christi (Apostelgeschichte 3, 21). Dann wird unser volles Menschsein wiederhergestellt; deswegen müssen wir die menschliche Würde heute fördern.

3. Armut und Reichtum

Wir bestätigen, daß unfreiwillige Armut ein Verbrechen gegen die Güte Gottes ist. In der Bibel steht sie in Beziehung zur Machtlosigkeit, denn die Armen können sich selbst nicht schützen. Gott ruft Herrscher, ihre Macht zu gebrauchen, um die Armen zu verteidigen, und nicht, um sie auszubeuten. Die Gemeinde muß mit Gott und den Armen gegen die Ungerechtigkeit stehen, mit ihnen leiden und die Herrschenden dazu auffordern, die Rolle zu erfüllen, die ihnen von Gott gegeben ist.

Wir haben darum gekämpft, unseren Verstand und unser Herz den unangenehmen Worten Jesu über den Reichtum zu öffnen.

Er sagt: »Sehet zu und hütet euch vor aller Habgier; denn niemand lebt davon, daß er viele Güter hat.« (Lukas 12,15) Wir haben auf seine Warnungen über die Gefahren des Reichtums gehört. Denn Reichtum bringt Sorge, Eitelkeit und falsche Sicherheit, die Unterdrückung der Schwachen und Gleichgültigkeit gegenüber dem Leid der Bedürftigen. Deswegen ist es schwer für einen Reichen, ins Himmelreich zu kommen (Matthäus 19,23), und die Habgierigen werden davon ausgeschlossen. Das Reich ist eine freie Gabe, die allen geboten wird, aber es ist vor allem eine frohe Botschaft für die Armen, denn ihnen wird am meisten zuteil durch die Veränderungen, die es bringt.

Wir glauben, daß Jesus immer noch manche Menschen (vielleicht sogar uns) dazu ruft, ihm in einem Lebensstil totaler, freiwilliger Armut nachzufolgen. Er ruft alle seine Nachfolger zu einer inneren Freiheit von der Verführung der Reichtümer (denn es ist unmöglich, Gott und dem Geld zu dienen) und zu aufopfernder Großzügigkeit, »daß sie Gutes tun, reich werden an guten Werken, gerne geben, behilflich seien« (1. Timotheus 6,18). In der Tat, die Motivation und das Vorbild der christlichen Großzügigkeit ist nichts weniger als das Beispiel von Jesus Christus selbst, der, obwohl er reich war, arm wurde, damit wir durch seine Armut reich werden könnten. (2. Korinther 8,9). Es war eine teure, zielbewußte Selbstaufopferung; wir wollen seine Gnade suchen, um ihm nachzufolgen. Wir fassen den Beschluß, arme und unterdrückte Menschen kennenzulernen, von ihnen über Fragen der Ungerechtigkeit zu lernen, uns zu bemühen, ihr Leiden zu erleichtern, und sie regelmäßig in unsere Gebete aufzunehmen.

4. Die neue Gemeinschaft

Wir freuen uns, daß die Gemeinde die neue Gemeinschaft des neuen Zeitalters ist, dessen Mitglieder ein neues Leben und einen neuen Lebensstil haben. Die erste christliche Gemeinde, die am Pfingsttag in Jerusalem gegründet wurde, zeichnete sich durch eine Qualität der Gemeinschaft aus, die zuvor unbekannt war. Diese vom Geist erfüllten Gläubigen liebten einander in solchem Ausmaß, daß sie ihren Besitz verkauften und teilten. Obwohl ihr Verkauf und ihr Geben freiwillig waren und mancher Privatbesitz behalten wurde (Apostelgeschichte 5,4), wurde er den Bedürfnissen der Gemeinschaft unterstellt. »Auch nicht einer sagte von seinen Gütern, daß sie sein wären« (Apostelgeschichte 4,32). Das bedeutet, sie waren frei von der selbstsüchtigen Behauptung des Besitzerrechts. Und das Ergebnis ihrer veränderten wirtschaftlichen Beziehungen war: »Es war auch keiner unter ihnen, der Mangel hatte.« (Apostelgeschichte 4,34)

Dieses Prinzip der großzügigen und aufopfernden Besitzteilung, die sich darin zeigt, daß wir uns selbst und unsere Güter für Menschen in Not zur Verfügung halten, ist ein unabläßliches Merkmal jeder vom Geist erfüllten Gemeinde. Deshalb sind diejenigen von uns, die in einem Teil der Welt wohlhabend sind, entschlossen, mehr zu tun, um die Not der weniger privilegierten Gläubigen zu erleichtern. Sonst werden wir jenen reichen Christen in Korinth gleichen, die zuviel aßen und tranken, während ihre armen Brüder und Schwestern hungrig blieben, und wir werden die scharfe Zurechtweisung verdienen, die Paulus ihnen gab dafür, daß sie die Gemeinde Gottes verachteten und an dem Leib des Herrn schuldig wurden. Statt dessen sind wir entschlossen, ihnen zu einem späteren Zeitpunkt zu gleichen, wenn sie den verarmten Christen in Judäa halfen, »damit es Gleichheit gäbe« (2. Korinther 8,10–15). Es war eine schöne Demonstration fürsorglicher Liebe und der Solidarität von Juden und Nichtjuden in Christus.

In dem gleichen Geist müssen wir Wege suchen, die körperschaftlichen Angelegenheiten der Gemeinde mit einem Minimum an Ausgaben für Reisen, Verpflegung und Unterkunft zu regeln. Wir fordern Gemeinden und außergemeindliche Organisationen dazu auf, sich bei ihrer Planung der Notwendigkeit von Integrität im gemeinsamen Lebensstil und Zeugnis bewußt zu sein.

Christus ruft uns, das Salz und Licht der Welt zu sein, um ihren gesellschaftlichen Verfall zu hindern und ihre Finsternis zu erleuchten. Aber unser Licht muß leuchten, und unser Salz salzig bleiben. Wenn die neue Gemeinschaft sich auf höchst offensichtliche Weise von der Welt in ihren Werten, Maßstäben und Lebensstil unterscheidet, konfrontiert sie die Welt mit einer radikalen, attraktiven Alternative und übt somit ihren größtmöglichen Einfluß für Christus aus. Wir verpflichten uns, für die Erneuerung unserer Gemeinden zu beten und zu arbeiten.

5. Persönlicher Lebensstil

Jesus, unser Herr, ruft uns zur Heiligkeit, Demut, Einfachheit und Zufriedenheit. Er verheißt uns auch seine Ruhe. Wir bekennen jedoch, daß wir es oft unheiligen Wünschen gestattet haben, unsere innere Ruhe zu stören. Ohne die ständige Erneuerung des Friedens Christi in unseren Herzen wird unsere Betonung des einfachen Lebens einseitig sein.

Unser christlicher Gehorsam fordert einen einfachen Lebensstil, ungeachtet der Nöte anderer. Trotzdem machen die Tatsachen, daß 800 Millionen Menschen völlig verarmt sind und etwa 10 000 jeden Tag an Hungersnot sterben, jeden anderen Lebensstil unvertretbar.

Während einige von uns dazu berufen sind, unter den Armen zu leben, und andere, ihr Zuhause den Bedürftigen zu öffnen, sind wir alle dazu entschlossen, einen einfacheren Lebensstil zu entwickeln. Wir haben die Absicht, unser Einkommen und unsere Ausgaben zu überprüfen, um mit weniger auszukommen und mehr wegzugeben. Wir stellen keine Regeln oder Vorschriften auf, weder für uns selbst noch für andere. Dennoch sind wir entschlossen, Verschwendung aufzugeben, und sind gegen Extravaganz in persönlichem Lebensstil, Kleidung, Häusern, Reisen und Gemeindegebäuden. Wir erkennen auch den Unterschied zwischen Notwendigkeit und Luxus an, zwischen Feiern und gewöhnlicher Routine und zwischen dem Dienst Gottes und Sklaverei der Mode. Es erfordert gewissenhaftes Nachdenken und Entscheidungen von uns, zusammen mit Mitgliedern unserer Familie, wo die Linie zu ziehen ist. Diejenigen von uns, die dem Westen angehören, brauchen die Hilfe unserer Brüder und Schwestern der Dritten Welt in der Beurteilung unserer Maßstäbe der Ausgaben. Diejenigen von uns, die in der Dritten Welt leben, erkennen an, daß wir auch der Versuchung des Geizes ausgesetzt sind. Deshalb brauchen wir das Verständnis, die Ermutigung und Gebete voneinander.

6. INTERNATIONALE ENTWICKLUNG

Wir stimmen den Worten des Beschlusses von Lausanne bei: »Wir sind von der Armut von Millionen schockiert und beunruhigt von der Ungerechtigkeit, die sie verursacht.« Ein Viertel der Weltbevölkerung genießt einmaligen Wohlstand, während ein anderes Viertel abgrundtiefe Armut erdulden muß. Diese groteske Ungleichheit ist eine furchtbare Ungerechtigkeit; wir weigern uns, sie stillschweigend anzuerkennen. Der Ruf nach einer neuen internationalen Wirtschaftsordnung bringt die gerechtfertigte Frustration der Dritten Welt zum Ausdruck.

Wir sind zu einem deutlicheren Verständnis der Beziehung zwischen Ressourcen, Einkommen und Konsum gelangt; Menschen verhungern häufig, weil sie nicht genug Geld haben, um Nahrung zu kaufen, und weil sie keinen Zugang zur Macht haben. Wir befürworten deshalb die wachsende Betonung christlicher Organisationen auf Entwicklung statt Hilfe. Denn der Transfer von Personal und angemessener Technologie kann Menschen befähigen, ihre eigenen Ressourcen zu nützen, während zur gleichen Zeit ihre menschliche Würde respektiert wird. Wir sind entschlossen, großzügiger zu menschlichen Entwicklungsprojekten beizutragen. Wenn es um das Leben von Menschen geht, darf es nie einen Mangel an Finanzen geben.

Aber das Handeln der Regierungen ist wesentlich. Diejenigen von uns, die in den wohlhabenden Nationen leben, schämen sich, daß ihre Regierungen meistens ihre Ziele für offizielle Entwicklungshilfe zur Erhaltung von Nahrungsvorräten für Notsituationen oder der Liberalisierung der Handelspolitik nicht erreicht haben.

Wir sind zu der Überzeugung gelangt, daß in vielen Fällen multinationale Firmen örtliche Initiative in Ländern drosseln, wo sie am Werk sind, und jede grundlegende Änderung in der Regierung ablehnen. Wir sind davon überzeugt, daß sie stärker kontrolliert werden und größere Rechenschaft über ihre Aktivitäten ablegen müssen.

7. GERECHTIGKEIT UND POLITIK

Wir sind auch davon überzeugt, daß die gegenwärtige Situation der sozialen Ungerechtigkeit Gott so widerwärtig ist, daß sehr durchgreifende Veränderungen notwendig sind. Wir glauben nicht an eine irdische Utopie, aber wir sind auch keine Pessimisten. Es kann Veränderungen geben, wenngleich nicht allein durch eine Verpflichtung zu einem einfachen Lebensstil oder durch menschliche Entwicklungsprojekte.

Armut und überschwenglicher Reichtum, Militarismus und die Waffenindustrie sowie die ungerechte Verteilung des Kapitals, Landes und der Ressourcen sind Fragen der Macht und Machtlosigkeit. Ohne eine Verschiebung in der Macht durch strukturelle Veränderung können diese Probleme nicht gelöst werden.

Die christliche Gemeinde ist zusammen mit dem Rest der Gesellschaft unvermeidlich in die Politik verwickelt, die »die Kunst, in Gemeinschaft zu leben«, ist. Diener Christi müssen seine Herrschaft in ihren politischen, sozialen und wirtschaftlichen Verpflichtungen zum Ausdruck bringen und ihre Liebe für ihre Nächsten, indem sie am politischen Vorgang teilnehmen. Wie können wir sonst zur Veränderung beitragen?

Erstens werden wir für Frieden und Gerechtigkeit beten, wie Gott es gebietet. Zweitens werden wir uns bemühen, Christen über die moralischen und politischen Fragen zu unterrichten, um somit ihre Vision zu klären und ihre Erwartungen zu steigern. Drittens werden wir aktiv werden. Manche Christen sind zu besonderen Aufgaben in der Regierung, Wirtschaft oder Entwicklung berufen. Alle Christen müssen an dem Kampf teilnehmen, eine gerechte und verantwortliche Gesellschaft zu schaffen. In manchen Situationen verlangt Gehorsam zu Gott Widerstand gegen eine ungerechte etablierte Ordnung. Viertens müssen wir bereit sein, zu leiden. Als Nachfolger Jesu, des leidenden Knechts, wissen wir, daß Dienst immer Leiden mit sich bringt.

Während es einer persönlichen Verpflichtung zur Veränderung unseres Lebensstils ohne politische Aktion zur Veränderung von Systemen der Ungerechtigkeit an Wirksamkeit mangelt, fehlt es politischer Aktion ohne persönliche Verpflichtung an Integrität.

8. Evangelisation

Wir sind tief besorgt um die vielen Millionen Menschen in der Welt, die das Evangelium noch nicht gehört haben. Nichts, was wir über Lebensstil oder Ungerechtigkeit gesagt haben, verringert die dringende Notwendigkeit, evangelistische Strategien zu entwickeln, die in verschiedenen kulturellen Milieus angebracht sind. Wir dürfen nicht aufhören, überall in der Welt Christus als Heiland und Herrn zu verkünden. Die Gemeinde hat ihren Missionsbefehl, Zeugen »bis an das Ende der Erde« (Apostelgeschichte 1,8) zu sein, noch nicht ernst genommen.

Der Ruf zum verantwortlichen Lebensstil darf nicht von dem Ruf zu verantwortlichem Zeugnis getrennt werden; die Glaubwürdigkeit unserer Botschaft wird ernsthaft beeinträchtigt, wenn wir ihr durch unser Leben widersprechen. Es ist unmöglich, das Heil Christi mit Integrität zu verkündigen, wenn er uns offensichtlich nicht von unserer Habgier erlöst hat, oder seine Herrschaft, wenn wir keine guten Verwalter unseres Besitzes sind, oder seine Liebe, wenn wir unsere Herzen den Notbedürftigen verschließen. Wenn Christen füreinander und für die Armen sorgen, dann wird Jesus Christus sichtbar attraktiver.

Im Gegensatz dazu ist der wohlhabende Lebensstil mancher westlicher Evangelisten, wenn sie die Dritte Welt besuchen, verständlicherweise für viele ein Ärgernis.

Wenn Christen allgemeinhin einen einfachen Lebensstil annehmen würden, glauben wir, daß beträchtliche Mittel des Geldes und Personals für Evangelisation und Entwicklung frei würden. Durch unsere Verpflichtung zu einem einfachen Lebensstil widmen wir uns aufs neue vollen Herzens der Evangelisation der Welt.

9. Die Wiederkunft des Herrn

Die Propheten des Alten Testaments verurteilten die Abgötterei und Ungerechtigkeiten des Volkes Gottes und warnten vor seinem kommenden Gericht. Ähnliche Verurteilungen und Warnungen befinden sich im Neuen Testament. Der Herr Jesus kommt bald wieder, um zu richten, zu erlösen und zu regieren. Sein Gericht wird auf die Habgierigen fallen (die Abgötterei betreiben) und auf alle Unterdrücker. Von dem Tag an wird der König auf seinem Thron sitzen und die Erlösten von den Verlorenen trennen. Diejenigen, die ihm dienten, indem sie einem der Geringsten seiner notbedürftigen Brüder oder Schwestern gedient haben, werden erlöst werden, denn die Realität des heilbringenden Glaubens erweist sich in dienender Liebe. Aber diejenigen, die sich stets dem Schicksal der Menschen in Not gegenüber als gleichgültig erwiesen haben und damit Christus in ihnen, werden unwiderruflich verlorengehen (Matthäus 25,31−46). Alle von uns müssen erneut diese feierliche Warnung von Jesus hören und sich erneut dazu entschließen, ihm in den Armen zu dienen. Wir rufen deshalb unsere Mitchristen überall dazu auf, das gleiche zu tun.

Unser Entschluß

Von dem Opfer unseres Herrn Jesus Christus befreit, in Gehorsam auf seinen Ruf, in tiefem Mitleid mit den Armen, besorgt um die Evangelisation, Entwicklung und Gerechtigkeit und in der Erwartung des Tages des Gerichts verpflichten wir uns demütig, einen gerechten und einfachen

Lebensstil zu entwickeln und uns gegenseitig darin zu stützen und andere zu ermutigen, sich uns in dieser Verpflichtung anzuschließen.

Wir wissen, daß wir Zeit brauchen werden, um die Konsequenz dieser Verpflichtung zu durchdenken, und diese Aufgabe wird nicht einfach sein. Möge der allmächtige Gott uns Gnade schenken, ihm treu zu sein! Amen.

»Eine evangelikale Verpflichtung zu einem einfachen Lebensstil« wurde von der internationalen Konsultation über einfachen Lebensstil in Hoddesdon, England, 17.–21. März 1980, verfaßt und bestätigt.

Die Konsultation wurde von der Abteilung für Ethik und Gesellschaft der Theologischen Kommission der evangelikalen Weltgemeinschaft (Vorsitzender Dr. Ronald Sider) und dem Lausanner Komitee zur Weltevangelisation der Theologie und Bildungsgruppe von Lausanne (Vorsitzender: Rev. John Stott) unterstützt.

Ich danke dem Sekretär der Theologischen Kommission der evangelikalen Weltgemeinschaft für seine Erlaubnis, den Text der Verpflichtung hier wiederzugeben.

Ein Jüngerschaftskursus

(Der Autor möchte darauf hinweisen, daß das prinzipielle Format dieses Kursus auf einem Studienführer zur Evangelisation beruht, *In the Spirit of Love* (Im Geist der Liebe), von Bob Roxburgh und George Mallone von Vancouver, BC, Kanada, 1975).

Das Ziel dieses Kurses ist es, zu persönlichem Studium während der Woche zu ermutigen, gefolgt von einer Gruppenarbeit auf Grund des Studiums während der Woche. Das folgende ist nur ein *Beispiel*, andere Tehmen könnten auf ähnliche Weise entwickelt werden.

1. DIE MACHT DES HEILIGEN GEISTES

Beachten Sie: Bitte studieren Sie die Bibelabschnitte und Fragen während der Woche, vor der Gruppenarbeit

A) Tägliche Bibelabschnitte und Fragen zum Studium

Montag: Apostelgeschichte 1,1–14 »Die Verheißung des Geistes«
1. Selbst nach 40 Tagen, als Jesus seine Auferstehung bewiesen hatte und von dem Reich Gottes sprach, fehlte den Jüngern noch etwas Wesentliches (siehe auch Lukas 24,44–53).
   Was war es?
   Was mußten sie tun?
   Wann würde es geschehen?
   Warum war es nötig?
2. In welcher Hinsicht waren ihre Vorstellungen von der Zukunft falsch? (siehe V. 6–8)
   In welche ähnlichen Irrtümer verfallen wir möglicherweise heutzutage?
3. Wie bereiteten sie sich auf das Kommen des Geistes vor?

Dienstag: Apostelgeschichte 2,1–36 »Die Ausgießung des Geistes«
1. Wie können wir heute vom Geist erfüllt werden? Siehe Apostelgeschichte 2,38; 5,32; Johannes 7,37–39.
2. Wie sollte sich die Fülle des Geistes in unserem Leben auswirken? Siehe V. 4,11.17–18,22ff. usw.
3. Welchen Platz haben Zungenreden und andere Geistesgaben in Verbindung mit der Fülle des Geistes? (4.17f)

4. Ist die Erfüllung (oder Taufe?) mit dem Geist immer etwas, das nach der Bekehrung geschieht? Wie können wir (a) jungen Bekehrten, (b) anderen Christen helfen, die fühlen, daß sie »etwas mehr« brauchen?

Mittwoch: Apostelgeschichte 3,1–26 »Das Zeugnis in Jerusalem«
1. Ist es je recht, Heilung mit solcher Zuversicht zu verkünden (oder dafür zu beten), wie es bei Petrus der Fall war? (1–10) Welche Rolle sollte die Heilung in dem Zeugnis der Gemeinde heute spielen?
2. Ohne Zweifel gab es andere kranke Menschen, die Petrus zuhörten, aber worauf zielte seine Predigt vor allem ab? Was können wir davon lernen?

Donnerstag: Apostelgeschichte 8,1–25 »Das Zeugnis in Judäa und Samaria«
1. Was »half« ihnen, den Anweisungen Christi in Apg. 1,8 zu gehorchen? Was können wir davon über die Eingebung des Geistes lernen?
2. Was können wir von dem Dienst des Philippus lernen? (Wenn genügend Zeit vorhanden ist, lesen Sie auch Verse 26–40)
3. Wie erklären Sie die Ausgießung des Heiligen Geistes nach der Belehrung dieser Samariter (14ff.)?

Freitag: Apostelgeschichte 28,16–31 »Zeugen bis an die Enden der Erde«
1. Paulus hatte seit Jahren das Evangelium nach Rom bringen wollen. Was können wir davon über Gottes Werk in unserem Leben in Antwort auf unsere Gebete lernen?
2. Wie bezeugte Paulus Christus vor den jüdischen Führern? Wann kann solche Kühnheit am Platz sein?

Samstag und Sonntag:
1. *Persönliche Anwendung*
   (a) Wie können wir ständig vom Geist erfüllt werden? Was sind Ihre hauptsächlichen Hindernisse?
   (b) Was tun Sie oder können Sie gegenwärtig tun, um in Ihrer Gegend, in der Stadt und in der Welt für Christus zu zeugen?
2. *Anwendung auf die Gemeinde*
   (a) Was hindert die Kraft des Geistes in Ihrer Gemeinde?
   (b) Wie sollten wir erwarten, daß die Kraft des Geistes in und durch die Gemeinde offenbar wird?

B) Gruppenstudium
1. Berichten Sie kurz über Ihre Antworten zu Ihren Fragen des Bibelstudiums.
2. Welche Schwierigkeiten haben wir, wenn es darum geht, Ungläubigen von unserem Glauben zu erzählen? Was können wir daran tun?

z. B.

Ich kenne die Botschaft nicht

Ich besitze nicht das Vertrauen, daß das Christentum immer »wahr« ist

Ich kann die Fragen nicht beantworten, mit denen mich die Leute bombardieren

Es ist mir schwer, mit Leuten über meinen persönlichen Glauben zu reden

Ich habe ein schlechtes Gewissen, wenn ich die Dinge anderen aufdränge

Man verliert zu viele Freunde, wenn man das tut

Es scheint mir nicht so furchtbar dringend zu sein

Ich fühle mich wie ein Heuchler, wenn ich über das neue Leben spreche, wenn bei mir selbst vieles nicht in Ordnung ist

Ich habe keine Gelegenheit, mit irgendwelchen Nichtchristen Kontakt zu knüpfen

Sie fragen mich nie, und deshalb sage ich ihnen nie etwas davon

Ich habe Angst, allein davon zu reden; ich hätte gern jemanden bei mir

Es kommt mir so unnatürlich vor

Ich habe nie gesehen, wie das empfindsam geschah; es scheint immer so taktlos und anstößig

und andere

C) *Verse zum Lernen*
Johannes 7,37−39

2. Der Leib Christi und die Gaben des Geistes

Beachten Sie: Bitte studieren Sie die Bibelabschnitte und Fragen während der Woche, vor der Gruppenarbeit

A) *Tägliche Bibelabschnitte und Fragen zum Studium*

Montag: 1. Korinther 12,1−11 »Verschiedene Gaben«
1. Wie können wir zwischen wahren und vorgetäuschten Geistesgaben unterscheiden? (1−3)
2. Geben Sie eine kurze »Definition« jeder der Geistesgaben, die in V. 4−11 erwähnt werden. In anderen Worten, wie würden Sie sie jemand anders beschreiben?
3. Glauben Sie, daß das eine vollständige Liste der Geistesgaben ist? Wenn nicht, welche anderen würden Sie hinzufügen?

Dienstag: 1. Korinther 12,12−31 »Ihr seid der Leib Christi«
1. Wie sollen wir unsere Gaben untereinander erkennen und fördern? (12−25)

2. Können Sie Vers 26 in Ihren eigenen Worten erläutern?
3. Was sind die »höheren Gaben«, nach denen wir ernsthaft streben sollen (31)?

Mittwoch: Römer 12 »Ein lebendiges Opfer«
1. Wenn wir die Gaben Gottes zu seinem Ruhm gebrauchen sollen, was müssen wir dann tun? (1—6)
2. Welche weiteren Gaben erwähnt Paulus in V. 6—8? Können Sie sie einfach in Ihren eigenen Worten erläutern?
3. Was finden Sie persönlich bei den praktischen Anweisungen in Vers 9—21 höchst relevant oder schwierig?

Donnerstag: Epheser 4,1—16 »Aufwachsen in Christus«
1. Warum ist die Einheit des Geistes wirklich wichtig? (1—6)
2. Welche Bestandteile führen zur Erbauung des Leibes Christi und zur Reife? (7—16)

Freitag: 1. Korinther 3 »Nur Gott schenkt Wachstum«
1. Welchen Problemen stand die Gemeinde von Korinth gegenüber, und welchen ähnlichen Gefahren können wir heute begegnen? (1—19)
2. Welche Art von Prüfung sollen Christen erfahren? Was heißt es, mit »Gold, Silber, wertvollen Steinen« zu bauen? (10—23)

Samstag und Sonntag
1. *Persönliche Anwendung*
  (a) Welche Gaben gebrauchen Sie in der Gemeinschaft?
  (b) Um welche Gaben beten Sie? Wie könnten Sie sie entwickeln?
2. *Anwendung auf die Gemeinde*
  (a) Denken Sie an bestimmte Christen, deren Gaben Ihnen in der Vergangenheit geholfen haben, und danken Sie Gott dafür.
  (b) Wie entwickelt sich die Gemeinde nach den Prinzipien von Epheser 4, 7—16?

B) *Gruppenstudium*

1. Berichten Sie kurz über Ihre Antworten zu Ihren Fragen des Bibelstudiums.
2. Diskutieren Sie darüber, wie Gaben innerhalb der Gemeinschaft entwickelt werden können, um den Leib Christi aufzuerbauen.

3. Der Missionsbefehl

Beachten Sie: Bitte studieren Sie die Bibelabschnitte und Fragen während der Woche, vor der Gruppenarbeit

A) Tägliche Bibelabschnitte und Fragen zum Studium

Montag: Matthäus 28,1−20 »Darum gehet hin . . . und siehe«
1. Welche Punkte in Vers 1−15 tragen zu dem Beweis der Auferstehung Christi bei? (kurz!)
2. Welche Stellung hat Jesus in der Welt und der Gemeinde als Resultat seiner Kreuzigung und Erhöhung? (16−18; siehe Phil. 2,8.11; Eph. 1,20−23)
3. Was heißt »zu Jüngern machen«?
4. Taufen und lehren: Welchen Platz sollten das Wort und Sakrament haben beim »Jünger machen«?

Dienstag: Markus 16,9−20 (Nicht alle Manuskripte enthalten diesen »längeren Schluß« von Markus, aber er gehört zumindest zur Überlieferung der Gemeinde, ob er nun zum wahren Wort Gottes gehört oder nicht)
1. Welche weitere Bestätigung der Auferstehung finden wir hier? Warum zögern die elf zu glauben?
2. Welchen Platz sollte die Taufe beim Predigen des Evangeliums haben? Siehe auch 1. Korinther 1,13−17.
3. Welche Bedeutung haben diese Zeichen für die Evangelisation von heute? (17−20, siehe Römer 15,18f.)

Mittwoch: Lukas 24,44−53; 1. Korinther 15,1−11 »Ihr seid Zeugen«
1. Worin besteht der wesentliche Punkt des Evangeliums, der zum Heil führt? (siehe beide Abschnitte)
2. Was heißt es, ein Zeuge für Christus (Apg. 1,8) oder ein Zeuge »dieser Dinge« zu sein?
3. Worin besteht der Wert eines persönlichen Zeugnisses? (1. Korinther 15,6−11)

Donnerstag: 2. Korinther 5,10−21 »Motivation«
1. Führen Sie mindestens 5 Motive zur Evangelisation in diesem Abschnitt auf. Was können Sie von ihnen lernen?
   Schreiben Sie irgendeinen gemeinsamen Aspekt auf, oder was Ihnen sonst besonders auffällt.

Freitag: 1. Korinther 9,15−27 »Auf daß ich ihrer viele gewinne«
1. Auf welche verschiedene Weisen können Sie (persönlich) heute »das

Evangelium predigen«? Haben Sie den gleichen Drang, wie Paulus ihn in den Versen 15–18 beschreibt? Wenn nicht, warum nicht?

2. Erklären Sie die Prinzipien der Verse 19–23 in Ihren eigenen Worten. Wie bezieht sich das zum Beispiel auf Ihre Situation?
3. Wogegen sollten wir uns schützen, und wie? (24–27)

Samstag und Sonntag
1. Persönliche Anwendung
Wenn jemand, den Sie kennen, gerade ein Christ geworden wäre, wie würden Sie Ihm weiterhelfen, vorausgesetzt, daß Ihnen diese Verantwortung übertragen würde? (Führen Sie so viele Einzelheiten auf, wie Raum und Zeit erlauben!)
2. Anwendung auf die Gemeinde
  (a) Wie effektiv ist Ihre örtliche Gemeinde dabei, »Jünger zu machen«?
  (b) Was könnte man realistisch noch tun – wer und wie?

B) Gruppenstudium

1. Berichten Sie über Ihre Antworten zu Ihren Fragen des Bibelstudiums.
2. Diskutieren Sie einige der Probleme, die Sie bei der Evangelisation haben. Wie könnten sie überwunden werden?
3. Welche evangelistische Arbeit wollen Sie außerhalb Ihres Gemeindegebäudes tun?

C) Verse zum Lernen
Matthäus 28,18–20

4. DIE FROHE BOTSCHAFT MITTEILEN

Beachten Sie: Bitte studieren Sie die Bibelabschnitte und Fragen während der Woche, vor der Gruppenarbeit

A) Tägliche Bibelabschnitte und Fragen zum Studium

Montag: Lukas 19,1–10 »Zachäus«
1. Wie brachte Jesus das »Heil« zu seinem Haus? (Beschreiben Sie jeden einzelnen Schritt)
2. Was bedeutet Buße, und inwieweit sollte eine Person die Konsequenzen der Buße verstehen, bevor sie zum Glauben an Christus kommt?

Dienstag: Apostelgeschichte 8,26–40 »Philippus, der Evangelist«
1. Welche Lektionen können Sie von diesem Abschnitt lernen, der zeigt, daß Philippus ein solch guter Evangelist war?

2. »Er erzählte ihm die frohe Botschaft von Jesus« (35) Welche Schritte würden Sie gebrauchen (mit Versen), um eine Person zu Christus zu führen?

Mittwoch: Johannes 3,1−21 »Nikodemus«

1. Inwieweit ist es nötig, wie wir aus dem Beispiel von Jesus erkennen, die Fragen einer Person zu beantworten, bevor wir sie zum persönlichen Glauben an Christus führen können?
2. Was können wir über die Souveränität des Geistes in der Evangelisation lernen? Wie haben der menschliche Wille und die Verantwortung des Menschen damit zu tun?
3. »Wer nicht glaubt, ist bereits verdammt.« (18) Warum? Und warum glauben manche nicht? (19−21)

Donnerstag: 1. Korinther 1,18; 2,5 »Wir predigen den gekreuzigten Christus«

1. Was ist in unserer Botschaft die Kraft Gottes? Siehe 1,18, 23 f.; 2,2.5
2. Was bedeutet es, den gekreuzigten Christus zu predigen?
3. Warum kann ein Gefühl der Schwäche, Unzulänglichkeit und Nervosität bei der Evangelisation ein Plus sein?

Freitag: Apostelgeschichte 20,17−37 »Evangelisation und danach«

1. Zweimal sagt Paulus: »Ich habe es nicht unterlassen« − und vermittelt den Eindruck, daß es nicht einfach ist, jemandem das Evangelium mitzuteilen. Was hat er nicht unterlassen?
2. Wie sollen wir auf uns selbst »und auf die ganze Herde acht geben« (28) − wobei mit Herde zumindest jeder gemeint ist, für den uns Gott eine besondere Verantwortung gegeben hat?
3. Welche Lektionen lehrte Paulus mit seinem Leben und Beispiel?

Samstag und Sonntag

1. *Persönliche Anwendung*
   Anhand von Johannes 4,1−37 überprüfen Sie Ihre Position als Zeuge Christi. Haken Sie die entsprechende Beurteilung ab.
   Nachdem Sie Ihre Position geprüft haben, beten Sie, daß Gott die Schwächen in Ihrem Zeugnis für Christus stärken wird.
2. *Anwendung auf die Gemeinde*
   (a) Auf welche Weise könnte Ihre Gemeinde ihre Evangelisation stärken?
   (b) In welcher Weise könnte sie ihre Arbeit mit Neubekehrten verbessern?
   (c) Wie könnten Christen in Ihrer Gemeinde für die Evangelisation und die Arbeit mit Neubekehrten besser ausgebildet und -gerüstet werden?

	Dieser Bereich entwickelt sich	Schwach	eine neue Idee
Empfindsam gegenüber der Führung des Geistes (4)			
Bereit, das Evangelium zu ungelegenen Zeiten mitzuteilen (6)			
Bereit, die Initiative zu ergreifen (7)			
Bereit, soziale und kulturelle Barrieren zu durchbrechen (7−9)			
Empfindsam gegenüber den wahren Bedürfnissen anderer Menschen (10−15)			
Ehrlich über persönliche Probleme (16−18)			
In der Lage, echte von unechten Problemen zu unterscheiden und unechte Probleme beiseite zu schieben (19−21)			
Menschen zu einem Punkt der Entscheidung zu bringen (25−36)			
Jesus anderen mitteilen zu wollen (32)			

B) *Gruppenstudium*
1. Berichten Sie kurz über Ihre Antworten zu Ihren Fragen des Bibelstudiums.
2. Diskutieren Sie einige der Gelegenheiten zur Evangelisation in Ihrer Nachbarschaft und/oder am Arbeitsplatz. Was tun Sie? Welche Schwierigkeiten haben Sie. Was könnte man sonst noch tun?

C) *Verse zum Lernen*
Römer 3,23; 6,23; Jesaja 53,6; Markus 8,34; Offenbarung 3,20

5. Antworten auf Fragen, die häufig gestellt werden

Beachten Sie: Bitte studieren Sie die Bibelabschnitte und Fragen während der Woche, vor der Gruppenarbeit. Diesmal werden Sie eine Konkordanz und andere Hilfsmittel benötigen, mit denen Sie bei Ihrer Arbeit beginnen können, obwohl einige Verse angeführt werden.

A) Tägliche Bibelabschnitte und Fragen zum Studium
Wie würden Sie auf die folgenden Fragen antworten (mit Versen, wenn möglich)?

Montag: »Ich glaube nicht an Gott.«
(Siehe Römer 1,18–23; Johannes 14,8–11; Johannes 1,14–18; 1. Johannes 4,12)

Dienstag: »Ich brauche Gott nicht.«
(Siehe Johannes 3,3–18; Epheser 2,1–3.12; Hebräer 9,27)

Mittwoch: »Warum müssen die Menschen leiden?«
(Siehe Lukas 13,1–5; Römer 8,15–25; 2. Korinther 4,16–18; Psalm 73)

Donnerstag: »Was ist mit denen, die nie das Evangelium gehört haben?«
(Siehe Lukas 12,47–48; Römer 1,18–23; 3,19–24; Apg. 10,34f.; 1. Mose 18,25)

Freitag: »Wie steht es mit anderen Religionen?«
(Siehe Johannes 15,6; Apg. 4,12; 1. Timotheus 2,5–6; Hebräer 1,1–3)

Samstag: »Ich meine, ich bin gut genug, wie ich bin!«
(Siehe Johannes 3,3–7; Römer 2,1–3; 9–20; Epheser 2,8–10; Galater 2,16)

Sonntag: Schreiben Sie andere Fragen, Einwände oder Entschuldigungen auf, die Sie häufig gehört haben, und nennen Sie, wenn möglich, Bibelstellen, mit denen Sie ihnen antworten können.

B) Gruppenstudium
1. Berichten Sie kurz über Ihre Antworten auf die Fragen des Bibelstudiums.
2. Diskutieren Sie darüber, wie man am besten ausgerüstet ist, auf solche Fragen zu antworten. Siehe 1. Petrus 2,15

C) Verse zum Lernen
Beliebige von den oben angeführten

6. HAUSBESUCHE UND SEELSORGE

Beachten Sie: Bitte studieren Sie die Bibelabschnitte und Fragen während der Woche, vor der Gruppenarbeit

A) *Tägliche Bibelabschnitte und Fragen zum Studium*

Montag: Hausbesuche, um für Christus zu zeugen
1. Warum ist das notwendig? Matthäus 9,35–10,1; Römer 10,13–15
2. Welche Prinzipien können Sie aus Lukas 10,1–20 lernen, die für heute relevant sind, und in welchem Zusammenhang?
3. Einige allgemeine Bemerkungen:
   Wann man gehen soll: Wählen Sie eine Zeit, die wahrscheinlich passen wird. Vermeiden Sie es, zur Sendezeit von populären Fernsehprogrammen an der Tür zu erscheinen.
   Was man tun soll: Klopfen Sie an (beharrlich), beten Sie, warten Sie. Die Tür öffnet sich , lächeln . . .!
   Was man sagen soll: Erklären Sie sofort, wer Sie sind (keine Jehovas Zeugen usw.), woher Sie kommen, was Sie tun.
   Versuchen Sie in das Haus eingelassen zu werden, entwickeln Sie ein Gespräch. Haben Sie keine Eile, haben Sie Geduld; schreiben Sie sobald wie möglich einen Bericht über das Gespräch (natürlich erst, wenn Sie außer Reichweite sind!).

Dienstag: Hausbesuche bei Neubekehrten (zum Beispiel nach einer Evangelisationsversammlung usw.)
1. Nach 1. Thessalonicher 2,1–13: wie sollte Ihre Einstellung sein – über einen längeren Zeitraum?
2. Nach Apg. 20,19–35: was sollten Sie lehren, und worauf müssen Sie achten – über einen längeren Zeitraum?
3. *Einige allgemeine Bemerkungen:* Machen Sie den Besuch sobald wie möglich, nachdem Ihnen der Name gegeben worden ist – wenn möglich, innerhalb von 24 Stunden.
   Seien Sie freundlich und fangen Sie an, eine warme Beziehung zu entwickeln.
   Besuchen Sie jemanden vom gleichen Geschlecht und etwa dem gleichen Alter.
   Interessieren Sie sich für ihn oder sie als Person.
   Lesen Sie einen kurzen Abschnitt zusammen, z. B. Psalm 103.
   Treffen Sie sich regelmäßig, aber für relativ kurze Zeit.
   Leihen Sie der Person nützliche Literatur.

Mittwoch: Krankenbesuche
1. Was können wir von Jakobus 5,13–16 lernen?

2. *Allgemeine Bemerkungen:*
Seien Sie weder zu fröhlich noch zu düster.

Setzen Sie sich hin (aber nicht immer aufs Bett – der Druck könnte weh tun).

Wenn eine Person taub ist, sprechen Sie laut und schreiben Sie, was Sie sagen wollen.

Seien Sie in keiner großen Eile, aber bleiben Sie nicht zu lang.

Machen Sie keine voreiligen Versprechungen, die Sie nicht einhalten können.

Lesen Sie einige passende Verse und beten Sie (kurz) – manchmal, indem Sie die Hand einer Person halten (oder ihr Hände auflegen), während Sie beten.

Wenn der Patient sehr krank ist, lesen Sie einen bekannten Abschnitt, zum Beispiel Psalm 23.

Wenn der Patient bewußtlos ist, lesen Sie trotzdem und beten Sie laut.

Hinterlassen Sie passende Traktate oder Broschüren.

Donnerstag: Seelsorge für die, denen es an Heilsgewißheit mangelt
1. In 1. Johannes 5, 13 sehen wir, daß wir unseres Heils gewiß sein sollen. Wie? Siehe 1,1–3.7; 2,3.15.29; 3,9.14.21; 4,13; 5,4.19
2. Versuchen Sie herauszufinden, warum diese Zweifel weiterhin bestehen.
3. Zeigen Sie das Wesen des Glaubens von Lukas 1, 30.38.46–49, usw. Helfen Sie der Person, sich auf die Verheißungen in Gottes Wort zu verlassen – siehe Matthäus 7, 24–27; 2. Petrus 1,2–4.19. Beten Sie, daß die Person mit dem Heiligen Geist erfüllt werde – siehe Lukas 11,9–13.

Freitag: Seelsorge für die Niedergeschlagenen und Deprimierten
1. Lesen Sie Psalm 42–43 und Römer 8, 26–39 zur Vorbereitung. Was können wir hier über Gottes Antwort auf unsere Kämpfe lernen?
2. Seien Sie sehr sanft und verständnisvoll. Beten Sie für die Gaben der Erkenntnis und Wahrheit, damit das wahre Problem offenbar wird.
3. In manchen Fällen kann es notwendig sein, ihnen (sanft) Zeit zu geben, offen (a) jede Sünde zu bekennen, vor allem Sünde gegen andere, und (b) die Verletzungen, die ihnen andere zugefügt haben. Es kann für sie auch richtig sein, die Sünde des Selbstmitleids zu bekennen und anzufangen, Gott das Opfer des Lobpreises zu bringen.

Samstag: Seelsorge für diejenigen, deren Beziehungen nicht in Ordnung sind
1. Was können wir allgemein von Philipper 2,1–5; 4,1–7; Epheser 4,25–32 und 2. Korinther 6,14–7,1 lernen? (Die meisten der Briefe des Paulus behandeln dieses enorme Thema!)

Sonntag: Auswertung

(a) *Persönlich:* In welchen Bereichen –
sind Sie schwach?
würden Sie weitere Ausbildung schätzen?
Fühlen Sie sich (ganz gleich wie schwach) von Gott berufen zu dienen?
(b) *In der Gemeinde:* In welchen Bereichen könnte Ihre Gemeinde gestärkt werden, und wie?

B) Gruppenstudium
1. Diskutieren Sie einige der Antworten auf Ihre Fragen.

C) Verse zum Lernen
Jesaja 50,4

7. VORBEREITUNG UND HALTEN VON ANSPRACHEN

Beachten Sie: Bitte studieren Sie das folgende während der Woche vor dem Gruppenstudium.

Einleitung: Die meisten Leute sind sehr nervös bei dem Gedanken, daß sie eine Ansprache halten sollen, ganz gleich wie kurz! Die meisten Leute sind jedoch sehr wohl dazu fähig! Eine gute, einfache Ansprache muß jedoch gut vorbereitet werden. Mark Twain:»Ich brauche drei Wochen, um eine gute spontane Rede vorzubereiten!« Die Vorbereitung einer Ansprache läßt sich mit dem Bau eines Hauses vergleichen.

A) Auswahl des Grundstücks
Wenn die Bibel der »Grund« oder Boden ist, dann wird das »Grundstück« ein Vers oder Abschnitt in der Bibel sein – 1. Petrus 4,11. Unsere Gedanken sind unwichtig; das Wort Gottes ist wesentlich.
1. Gebrauchen Sie den gesunden Menschenverstand.
2. Ein Notizbuch ist nützlich (vor allem wenn Sie regelmäßig Ansprachen halten).
3. Erfahren Sie die Bedürfnisse Ihrer Hörer so weit wie möglich.
4. Beten Sie – bevor Sie mit der Vorbereitung anfangen.

B) Legen Sie das Fundament
Studieren Sie den Vers/Abschnitt/das Thema so gründlich wie möglich, bis es Ihnen wirklich klar ist, was Gott in seinem Wort sagt. Ohne dies wird es Ihrer Ansprache an innerer Überzeugung mangeln, und sie kann leicht in sich zusammenbrechen.

C) Studieren Sie den Plan, oder arbeiten Sie Ihre Botschaft sorgfältig aus. Ihre Ansprache soll EIN ZIEL haben: Es ist oft nützlich, Ihr Ziel in einem kurzen Satz zusammenzufassen und niederzuschreiben, damit sich der Rest der Ansprache darauf beziehen kann. Seien Sie skrupellos! Was ist die Botschaft Gottes, die Sie bringen sollen? (Es gibt gewöhnlich viele verschiedene Weisen, an einen Bibelabschnitt heranzugehen. Erinnern Sie sich an die Worte von Wesley: »Ich empfahl sie in die Hände von Christus«)

D) Der Aufbau des Gerüsts
1. Ein einfacher Plan: Fassen Sie den Hauptpunkt in einer Überschrift zusammen. Erklären Sie ihn, führen Sie Beispiele an und zeigen Sie, wie er angewandt werden kann.
2. Teilen Sie Ihre Ansprache in verschiedene Absätze auf mit entsprechenden Überschriften (etwa 2–3 pro Ansprache). (a) Gebrauchen Sie die Worte des Verses. (b) Stellen Sie Fragen (Wer? Was? Warum? usw.) (c) Reime und Sprichwörter helfen beim Einprägen, wenn es kunstvoll gemacht wird.

E) Errichten Sie die Mauern
Geben Sie Ihrer Ansprache Substanz. Wir müssen »stimulieren«, »anweisen«, »ernähren«, »aufrühren« usw. Die meisten Ansprachen werden etwas Lehre enthalten. Nicht nur »vertraue auf Jesus« – sondern erklären Sie warum usw.
Dafür sollte man mehr als nur eine Bibelübersetzung gebrauchen, eine Konkordanz und einen gut ausgewählten Kommentar haben.

F) Vergessen Sie nicht die Fenster – Beispiele sind sehr wichtig.
Notieren Sie sich Geschichten, Zitate, Ereignisse aus den Nachrichten. Diese sind oft wertvoll, um den Weg der soliden Lehre zu erleuchten.

G) Machen Sie es bewohnbar
Es soll kein Museum sein, sondern ein Haus, in dem man wohnen kann. Das heißt, die Ansprache soll relevant sein! Schlagen Sie praktische Handlungen vor, wenn möglich.

H) Überprüfen Sie die Vorder- und Hintertür
Anfang und Ende einer Ansprache sind besonders wichtig. Man kann mit einer Frage, einer überraschenden Feststellung, einem Ereignis aus den Nachrichten, einer Geschichte, Reklame, einem Rätsel oder Problemen usw. beginnen. Man muß auch wissen, wann und wie aufzuhören!

Letzte Vorbereitung und die Ansprache selbst: Bei den meisten Leuten (jedoch keineswegs bei allen) ist es ratsam, zumindest so anzufangen:
1. Schreiben Sie die Ansprache ganz aus, und fassen Sie sie dann zu kurzen Notizen zusammen.

2. Sprechen Sie sie einmal vor (oder flüstern Sie!).
3. Nehmen Sie eine natürliche Haltung ein (lächeln, stillstehen, künstliches Gehabe vermeiden). Sprechen Sie mit natürlicher Stimme, nur etwas lauter, als bei einer gewöhnlichen Unterhaltung.
4. Variieren Sie den Ton und die Geschwindigkeit Ihrer Rede. Machen Sie Pausen.
5. Zu allen Zeiten BETEN. Korinther 2,1−5

Praktische Arbeit: Bereiten Sie eine kurze Ansprache vor von nicht mehr als fünf Minuten Dauer über irgendeinen Vers oder ein Thema der Bibel, und halten Sie sie bei dem nächsten Gruppenstudium.

Ausgewählte Bibliographie

Babbage, Stuart B., *The Mark of Cain*, Paternoster, 1966
Barclay, William, *More New Testament Words*, SCM, 1948
Baxter, James K., *Thoughts about the Holy Spirit*, Fortuna Press, 62 Friend St. Karori, NZ
Beall, James Lea, *Your Pastor, Your Shepherd*, Logos 1977
Boer, H., *Pentecost and Missions*, Lutterworth
Bonhoeffer, Dietrich, *Life Together*, SCM, 1954
– *Cost of Discipleship*, SCM, 1959
Bosch, David J., *Witness to the World*, Marshall, Morgan and Scott, 1980
Brown, Colin ed., *The International Dictionary of the New Testament*, Paternoster, 1976
Bruce, A. B., *Training of the Twelve*, Kregel, 1971
Coleman, Robert, E., *The Master Plan of Evangelism*, Revell, 1963
Edwards, Jonathan, *Thoughts on the Revival*
Foster, Richard J., *Celebration of Discipline*, Hodder & Stoughton, 1980
Green, Michael, *I Believe in the Holy Spirit*, Hodder & Stoughton, 1975
– *Evangelism – now and then*, IVP, 1979
– *I Believe in Satan's Downfall*, Hodder & Stoughton, 1981
Griffiths, Michael, *Give Up Your Small Ambitions*, IVP, 1977
Harper, Michael, *Spiritual Warfare*, Hodder & Stoughton, 1970
– *A New Way of Living*, Hodder & Stoughton, 1973
– *This is the Day*, Hodder & Stoughton, 1974
Hartman, D. and Sutherland, D., *Guidebook to Discipleship*, Harvest House, Irvine, California, USA, 1976
Henricksen, Walter A., *Disciples Are Made, Not Born*, Victor Books, 1974
Hinnebusch, Paul, *Praise a Way of Life*, Word of Life, 1976
Hummel, Charles, *Fire in the Fireplace*, Mowbrays, 1978
Kittel, *Theologisches Lexikon des Neuen Testaments*
Koch, Kurt E., *Christian Counselling and Occultism*,
– *Occult Bondage and Deliverance*, Evangelization Publishers, 7501 Berghausen Bd, Western Germany, 1970
Lewis, C. S., *Screwtape Letters*, Bles, 1942
– *Mere Christianity*, Collins, 1952
Lovelace, Richard F., *Dynamics of Spiritual Life*, Paternoster, 1979
Loyola, St. Ignatius, *Spiritual Exercises*, Newman, 1954
Miller, Keith, *The Taste of New Wine*, Word, 1965
Moltmann, Jürgen, *The Open Church*, SCM, 1978

Morton, T. Ralph, *The Twelve Together,* Iona Community, 1956
Muggeridge, Malcolm, *Christ and the Media,* Hodder and Stoughton, 1977
Nevius, John, *Demon Possession*
Nida, Eugene, *Customs, Culture and Christianity,* Tyndale, 1963
Ortiz, Juan Carlos, *Disciple,* Lakeland, 1971
Packer, J. I., *Evangelism and the Sovereignty of God,* IVP, 1971
— *Under God's Word,* Marshall, Morgan and Scott, 1980
Powell, John, *Why Am I Afraid to Tell You Who I Am?* Collins, 1969
Quoist, Michael, *Prayers of Life,* Gill, 1963
Richards, John, *But Deliver Us From Evil,* Darton, Longman & Todd, 1974
Richards, Lawrence O., *A New Face For The Church,* Zondervan, 1970
— *A Theology of Christian Education,* Zondervan, 1975
Saunders, J. Oswald, *Problems of Christian Discipleship,* OMF, 1958
Sider, Ronald, J., *Rich Christians in an Age of Hunger,* Hodder &
    Stoughton, 1977
Snyder, Howard A., New Wineskins, Marshall, Morgan and Scott, 1977
— *The Community of The King,* IVP, 1977
Stewart, James S., *Heralds of God,* Hodder & Stoughton
Stott, John R. W., *Christian Counter-Culture,* IVP, 1978
Stott, John R. W. ed., *Obeying Christ in a Changing World,* Collins, 1977
Suenens, Cardinal, *A New Pentecost?* Darton, Longman & Todd, 1975
Taylor, John, *Enough is Enough,* SCM, 1975
Townsend, Anne, *Prayer Without Pretending,* Scripture Union, 1973
Tozer, A. W., *The Divine Conquest,* Ravel, 1964
Wagner, C. Peter, *Your Church Can Grow,* Glendale, C. A., Regal, 1976
Wallis, Jim, *Agenda for Biblical People,* Harper & Row, 1976
White, John, *The Golden Cow,* Marshall, Morgan, and Scott, 1979
— *The Cost of Commitment,* IVP, 1976
Wilson, Carl, *With Christ in the School of Disciple-Building,* Zondervan,
    1976
Wright, J. Stafford, *Christianity and the Occult,* Scripture Union, 1977
Wurmbrand, Richard, *Tortured for Christ,* Hodder & Stoughton, 1967
— *In God's Underground,* W. H. Allen, 1968
Yoder, John Howard, *Politics of Jesus,* Eerdmans, 1976

Zeitschriften
Evangelical Quarterly Mission, Box 794, Wheaton, Illinois, 60187, USA
New Covenant, PO Box 617, Ann Arbor, Michigan 48107, USA
Pastoral Renewal, PO Box 8617, Ann Arbor, Michigan 48107, USA
Third Way, 19 Draycott Place, London SW3 2SJ